菅野　正　著

清末日中関係史の研究

汲古叢書41

汲古書院

序文

本書はこれまで発表してきた中国近代史、近代日中関係史に関する論文のなかから、題名に係る「清末日中関係史」に関する論文をえらんで編序をたてたものである。

本書の主たる研究課題は、広くは「近代における中国と日本」である。日本の対中国問題、中国の対日本問題であり、即ち近代日中外交史・近代日中関係史である。そして研究対象の時期を、清朝末期から民国初期、十九世紀末期から二十世紀初期、つまり辛亥革命をはさんでその前後の時期に限定するものである。

一般に、一国の外交史、国際関係史には、他国との文化交流と受容の側面と、文化摩擦と反発の側面の、両面性を有するものである。また一方、中国近代史は、「西方からの衝撃」に対する中国の「対応」、つまり、「ウエスタンインパクト」に対して中国がどのように「レスポンス」したか、十九世紀半ばより西方諸国から加えられてくる様々な衝撃に対し、中国がどのようにそれを受けとめ、それに対応し、そして変容していったか、中国近代史はその過程であると一般に理解されている。

いわば中国近代史そのものが、外交史或は国際関係史の性格を大きな要素としてもっているが、文化交流と文化摩擦の側面よりみれば、後者の側面が非常に大きい訳である。

一方、日本について言えば、中国に衝撃を加える国は、ウエスタン諸国、即ち米国を含む西欧諸国だけでなく、地理的には中国から東方に位置する日本も、その中に含まれるということである。しかもその衝撃は、十九世紀末ごろから始り、二十世紀に入ると徐々に大きくなるということである。従って、日中関係史について言えば、その受容と反発の両面への振幅が大きく、両国関係は時に前進し、時に後退しながら、紆余曲折の過程を経緯しながら進展してきた訳である。

三十数年以前に、義和団事変に関する問題の勉強を始めてより以来、研究の対象は　それとは別の時期の、それとは別の課題のものに移ってきて、今日まで何篇かの論文を書いてきたが、多くは以上の様な視点に立ってのものであった。今、本書を刊行するに際し、今まで発表してきた論文を何らかの基準で分類してみると、結局「近代華南社会のなかの日本」、「日貨排斥の形態をとる民族運動」、「義和団事変とその周辺」の三分野とその他にまとめられる。本書は、各分野から三～四篇をえらび、それらを第一部・第二部・第三部に収め、三部作で構成したものである。その際、これまで日本で、中国で殆ど取り上げてこられなかった課題に関する論文計十一篇をえらんで、編序をたてたものである。

次に、第一部・第二部・第三部各部の課題を簡単にのべておく。

第一部　近代華南社会と日本

日清通商条約が締結され、上海、福州、厦門等に日本領事館が設置されるのは、一八七〇年代の前半であるが、日本が本格的に進出し始めるのは、十九世紀末、下関条約によって台湾を領有してから後である。とくに福建に対しては、一八九八年、いわゆる不割譲宣言をさせてからで、勢力範囲化たらしめるべく様々のことを企図した。それが福建で様々な摩擦を起した訳である。一方、英国・仏国・米国は、一八四〇年代前半に、それぞれ南京条約、黄埔条約、望厦条約によってこれら五港を開港させ、近代的外交関係に入った。それより以後五十有余年にわたって、強固な地盤を形成してきた。独国ものちに進出してきた。後発の日本は、ここで列国と角逐した。日本と英国は、当時国家レベルでは同盟下にあったが、華南の現場では争う。互いに「仮想敵国」とみなしていた日本と米国は、辛亥革命の時期に、福建においてその勢力扶植のために争う。

第二部　初期対日民族運動

通常、日貨排斥の形態をとる組織的な民族運動としては、一九〇八年辰丸事件をめぐる運動を以て最初のものとし、以後、今日の日中全面戦争に至るまで何回も起っている。実はその一九〇八年の前後にもいくつかの運動が起っていた。その実態を紹介するものである。その際、運動の主体をめぐって、いわゆる革命派の動向に視点を合せたい。第一章、第二章の運動は、一連の対日民族運動の祖型的なものとして注目されるし、そこに多くの課題を内包していると考える。第三章、第四章の論文は、民国初期の主として南洋華僑による運動の紹介であるが、後者は前者をどのように継承したか検討するものである。

第三部　義和団事変と日本

「義和団事変とその周辺」と分類されるものであるが、「周辺」という意味は㈠義和団事変後に締結された辛丑条約（北京議定書）㈡義和団事変と列国（日本を含む）等、義和団事変と関連するものの意味である。第一章、栄禄が講和全権委員に任命されたのは、そもそもは日本の就任勧告によるものであったこと、第二章、北京議定書の締結過程を、日本全権小村公使の賠償交渉を中心に検討せんとしたものであること、その意味で「義和団事変と日本」の中に入れた。日清戦争に勝利して国際的に認知され、やがてインパクトを加えるウエスタン諸国の一員となり、義和団事変に際しては、八国連合軍の一員として出兵して、連合軍の中心として活動し、事変後の国際的な講和会議に初めて登場し、外交の掛引に意を用いる。その日本の立場とその当時の日本の輿論を検討する。

本書で使用する資料は、日本・中国の新聞、雑誌、『日本外交文書』等であるが、さらに『外務省外交史料館保管文書』、『防衛庁防衛研究所図書室保管文書』等、未公刊の資料が多い。それによって知り得た史実もあった訳である。従ってそれを紹介する際、できるだけ「資料をして語らしめる」手法をとった。原資料もできるだけ記載するようにした。資料を長々と羅列した部分、重複して引用した部分もある。

本書に採録した諸論文は、今まで殆ど取り上げてこられなかった課題について考察したものである。従って、これらについての先行論文、専著がなく、参考にする文献も少なかった訳である。手さぐりの状態で模索したもので、見当違いの視方をしている場合、誤解している場合もあろうと思う。ご教示を頂ければ幸いである。

二〇〇二年九月

菅　野　正

目次

第一部　近代華南社会と日本

第一章　戊戌維新期の上海亜細亜協会

はじめに

一八九八年（明治三十一年、清国光緒二十四年、戊戌年）当初、日本における東洋振興団体としては、東邦協会、亜細亜協会（前身の名は興亜会）、同文会、東亜会、海外教育会等があった。この年十一月、東亜会と同文会が合併して、東亜同文会が設立され、一九〇〇年には亜細亜協会がこれに合流した。(1)

ところで、所謂百日改革の戊戌維新運動のあったこの九八年、清国の上海においても、亜細亜協会が設立された。上海亜細亜協会の成立については同年七月発刊の『日本人』第七〇号に

而して其創立に就ては吾人は福本日南の労多しとせざる可からず。……幸い此挙には我か小田切領事の賛成あり、上海道台蔡鈞の盡力あり、遂に勅裁を仰ぎ、前者を其頭に戴きて成立するに至りぬ。(2)

とある。

また巻末の『資料』㈠にあげたように、「右列（亜細亜協会）十六条の章程は、光緒戊戌年四月朔日（五月二十日）待鶴山人（鄭観応）の起草に係る。同志の鄭孝胥、日本総領事小田切等が亜細亜協会の設立に賛成した。……日本総領

事小田切を正会長に、待鶴山人を副会長に公選した。入会を認められ署名して資金を援助した人は、約百余名、すべて、官界、商界で名声のある人であった。……突如、晩夏に、北京で政変が起り、人々は恐怖し、協会は即刻解散した、人々は多く残念がった」とある。

また、「上海的亜細亜協会成立于是年閏三月初七日、假鄭観応之寓所挙行[3]」と四月二十七日を成立した日と、特定するのもある。

しかし、実際はどうであったのか。

以上のことも含め、上海亜細亜協会に係る問題を検討しようとするのが小論の目的である。

一　日清要人の来往と連帯論

日清戦争後、一八九六年、十三名の官費留学生が日本に派遣されて以来、以後その数も徐々であるが増加し、清国に駐在する日本の言論人も増えた。

とくに、九七年末、「膠州の変」がおこって以来、日清間に、有志者の往来は急に頻繁になってきた。

まず上海時務報館主汪康年、外交主筆曾広銓（曾紀澤の子、曾国藩の孫）の来日がある。「先生与湘郷曾敬貽君広銓游日本、遍歴東京・横浜・大阪・神戸・長崎等処、匝月而帰。先生此行用意至遠、于采訪政治風俗而外、兼寓有与其国之朝野名流联絡声気之意義、非尋常游歴之比[4]」とある。

翌九八年一月、東京に入り、八日、東京経済学協会は両氏を招待した。田口卯吉は「東洋に国を成せるものは支那と日本と二国のみ、両国人民間の交際を親密にせんことを」とのべ、島田三郎は「中国は文明の輸入に努力せんことを深く望む」旨発言し[5]、汪康年は同会への招待に謝辞をのべ、両者の前言に対して同意の旨をのべ、経済学協会の例会の性格を意識してか、とくに清国の貨幣制度の改革に努力したい旨をのべ[6]、さらに清国の新聞界事情について詳細に語った[7]。十五日に大阪入りして、孫実甫（清商）・白岩竜平（大東汽船社主）・山本梅崖らと会談した。山本が、「膠州の変」についてふれ、「西人の心は東人を殲滅するに非ざれば則ち已まざるなり、……此れ余の中東両国益す隣交を固うせんことを論ずる所以なり」とのべると、汪康年は同意を示し、さらに「故に極めて中国の人多く貴国の学校に来り書を読み、又多く貴国に遊歴し、民人をして彼此相親ましめんことを願う[8]」と言った。

同じ一月、参謀本部神尾光臣大佐、宇都宮太郎大尉が、漢口に張之洞を訪ね、日本と清国との連合、両国は英国と連合して、露国、独国に対抗することを協議した[9]。

その結果、三月には、張之洞の命令で、日本の軍事、教育制度視察のために、姚錫光・張彪・黎元洪等が来日した。亜細亜協会はこの視察団一行を宴会に招待した。これに関連して『大阪朝日新聞』は次のように報道している。

亜細亜協会の清客招待　清国の有志家姚錫光、張彪、徐鈞薄、黎元洪、呉服英、瞿世瑛の諸氏来遊の行あり、亜細亜協会にては頃日東京上野精養軒に一行を招きて清宴を催せり、榎本会頭、花房副会頭、同協議員岸田吟香、長岡護美、大倉喜八郎、……曾根俊虎諸氏、其他清浦奎吾、……其他無慮五十余名の来会あり、座定まるや姚氏は立て一行を代表して一場の演説をなせり、其大要、東大陸今日の実況より日清両国は同文の邦、同種の民、真に唇歯輔車の関係を有し、同心協力して一に興亜の道を講ぜざる可らざるを以て、今後益両者の友誼を敦睦ならしめざる可からず、幸に日本には亜細亜協会の如き団体ありて、大に此策を講究せられつゝあるは、余輩の敬服する所なり、自今は余輩も其主旨を賛して微力を致すを期せんといふに在り[10]。

五月には、清浦奎吾前司法大臣、松平正直内務次官が、清国視察に赴いた[11]。北京訪問のあと、華南に行き、上海では「汪康年に二・三回面談せり、文廷式にも面会し」、さらに漢口に行って張之洞とも会談し、その訪問談を語っている。[12] さらに百日改革の終焉期に伊藤博文が清国に赴き、光緒帝や清国要人と会見したことは周知の事実である。

一方で、アジアの振興、日本・清国の連帯への動きが、日清戦争終了後、明治三十年（一八九七年）頃より漸くたかまってきた。

宗方小太郎は「明治三十年二月、上海に在り。李盛鐸・羅誠伯・梁啓超・汪康年等と往来し、興亜の策を商量した」[13] とある。

とくに「膠州の変」ののち、西欧諸国の清国への積極的な進出に対して、日本・清国の和親、東亜の大同盟論がたかまってくる。

「東亜は応に東亜の大同盟をなす可き而已」「対岸の大陸を見よ、尨然たる大清帝国、彼は同文の国、豈に是れと結んで協力共に東洋の平和を擔ふべきものに非ずや」「唯東洋の平和のために、又我黄人種の運命のために、我国は須く支那に一臂を借し、正義を押して暴慢なる白人を挫かざる可からず」「日本は東洋の先覚者なり、東亜連衡の主動者たるべし、此れをなすは日本の天職なり」[14]「日清両国の政治的和親は必ず一層の深きを加ふ可し」[15]

さらには、日清英同盟論も生れてくる。日本は、日清戦争後、清国が賠償金を完済するまで威海衛を保障占領していた。そしてこの九八年五月に清国がそれを果したので、日本軍が撤兵した。その時、英国はそれを継承する型で、威海衛を租借した。それは露国が旅順・大連を租借することに対抗するもので、その租借期間も、露国が旅大を租借している期間、即ち二十五年間であった。英国の威海衛租借は明かに露国の渤海湾進出への対抗シフトであった。こういった状況が進展していく中で、日清英同盟論が生れた。四年後に実現する日英同盟の胚胎はこの時にあったとされている。[16]

『太陽』は西欧勢力の清国進出、即ち清国が困難な状況に陥入るのに対し、「若し露国が旅順大連を占領した時に方て、断々乎として之れに抗議を提せば、清国の我に親しむは更に一層大なるものありしならむ、惜しい哉、天、好機を我に与えて、我れは之を捉ふるの手段を缺き、以て東洋の均勢をして殆んど破滅に帰せしむ、誰れか長太息せざるものあらむや」と、日本の「何の畫策する所あるを見ざるは何ぞや」[17]と日本政府・内閣を批判した。

一方で、『報知新聞』は、その社説で亜細亜協会等を名ざしして、その「無為」を批難した。「西人東漸の勢いは今に至って最早極度に達せり、所謂稀有の独立帝国清は已に列強の瓜分支裂する所と為り、土崩瓦解将に遠きに非ざらんとす、正に清帝国危難の秋にして東洋の人民生色なきの時なり、是れ誠に亜細亜協会、東邦協会等が大に為あるべき時に非ずや、……人感ずれば則ち動く、東邦協会並に亜細亜協会は此度の東亜の変に関しては更に動く所なき者の如し、知らず彼等は此度の事変に感ぜざる者か、已に感じたるも、何等か別に期する所ありて忍んで動かざるものか、……而して政府の動かざるは無為にして、各協会の動かざるは無為に非ざるか、或は無為に二つなし、均しく無為なるも、政府の無為は咎むべくして協会の無為は愧づるに足らざるものか[18]……」と。

二　上海亜細亜協会設立へ

上海亜細亜協会設立はどういう経緯で発議されたかをみてみたい。

先に「亜細亜協会設立は福本日南の労多しとす」とあったが福本誠（日南）は「日本」新聞の記者であり、東邦協会や東亜会に関与してきた[19]。福本は、九八年一月に、『日本人』誌上で、

満漢人たると日本人たるとを問わず、斉しく起ちて天下の寇讎を仆し、人類の公敵を滅し、東大陸を垂亡に救い

て以て亜細亜の亜細亜を維持せざる可からざるに非ずや。[20]

とのべていた。

福本の説をうけて、『日本人』はさらに「東亜の為め一大同盟を作るべし」を掲げ、「此際誰れか奮然東亜の為め献身して南船北馬して日清韓の義徒を糾合して、一大興亜会を組織して東方の問題に付き協議して、其決議の実行を政府に迫り之をなさざるや……如斯く日清韓が在朝と在野の区別なく無数の国士を網羅して一大興亜会を起す上は、単に之れを名義上の成立に止めず、将来政治上有力なる一大団躰をなすべし[21]」と主張していた。

その福本は欧州への出張の途上、九八年三月下旬に上海に立ち寄った。四月十一日、日本の同志に宛てた書信の中で、当時の上海の情勢を次のようにのべている。

三月三十一日を以て当地に着し候、兼て諸夫子よりの先声等ありし為なるべく、清国の有志続々として日々来訪し、何れも禹域復興の相談に余念なく候、……扨其有志家の重る人には、文廷式、志鈞、汪康年、曾広銓、陳季同、姚文藻、江標（等十五名）是等の人々は兎に角も当今支那に在て俊傑の士として許さる、者なりとの事にて、現に上海には盛宣懐あり呉大澂あれども、与に共に同席せしむるを許さずと申居候ほど、其意気以て視るべきものあり。以上の諸氏と今日迄已に四回の会合を重ね、其中三回は彼方より招かれ、一回は此方より答礼を兼ね招き候へば、談は追々に進み候ひし。来る水曜日にも亦更に文廷式、志鈞、姚文藻等より、又々招待し来り居、此他六七名の人々とも、一公会をなし候、……扨是等の人々の中には、二三の急進論者も有之候共、大部は漸進論者にて、内に対しては公武合体論、外に向いては日清同盟論に有之、先づ其公武合体論を助長せしむること、目下の必要なりと存候。其方面より誘導に力を盡し居申候。夫れとて中々寝過になり居る国柄なれば、容易ならず。汪康年などは独りで悶殺致居候。

扨日清同盟論は朝野となく官民となく、当国目下の大希望に有之。因て此際日清人士の間に、東邦協会的乃至亜細亜協会的の一大協会を興さんことを慫慂候処、全体同意に有之。幸なる哉当地目下の道台蔡鈞は、両江総督劉坤一の知遇を受け、当世風の人物にて、他の鉄路督辦大臣盛宣懐等と亦亜細亜協会の必要を認め居りたる際なれば、小田切領事（万寿之助）と議り、先づ之が成立に盡力せしめ、既に草案迄も出来上り候。之を要するに、清国人士の今日日本を信頼せることは非常に有之。[22]

福本誠がこのように小田切領事に「一大協会を興さんことを慫慂」したが、しかし、福本が日本政府当局より、その慫慂をうけていた訳でもない。

また、今まで、清国で、東亜経綸の実績を残していた訳でない民間人の福本が、上海到着匆々、上海の著名な有志者と次々に会談し得たのも、小田切領事等が、「先声」をなしていたためであり、その福本が欧州に遊歴に行ったあと、小田切領事が、そのあとをうけて、協会設立へ向け、奔走・尽力したのである。

小田切領事は、亜細亜協会の前身である興亜会の経営する支那語学校に入り、当校が文部省所管の東京外国語学校に移管されると同時に、そこに移り[23]、卒業後、外務省に入った。一時米国に勤務した以外は、殆ど中国各地の領事館に勤め、一八九七年には上海総領事代理になっていた。非常に堪能な語学力でもって、上海の各界の人々と交遊があり、官界、商界に多くの友人、知己を得ていた[24]。そして、福本誠の「慫慂」をうけて、亜細亜協会上海支部というような型で、亜細亜協会を上海にも設立すべく尽力した。

しかし、清国側の当時の記録では、『申報』四月二十九日「興亜有機」に

亜細亜協会……日本小田（切）君富卿、奉政府命航海来華、署理総領事之職、遂謀之我華当道、開支会於滬上。[25]

と、日本政府の指示によるかのように記し、また、『張謇日記』四月三十日に

道希（文廷式）復置酒、聞日廷又遣其大臣来滬、図輿協会。(26)

とある。「其大臣」とは前述の清浦前法相のことと思われるが、清浦が協会設立を促すため日本政府より派遣されるかのように記されている。(27)

またこうもある。

日本政府便指駐滬領事小田切出面、利用原有的亜細亜協会組織、在中国的地主和資産階級的〝名流〟中進行活動。(28)

小田切領事が外務省官僚であるため、その協会設立への活動を、日本政府の指示・訓令に基くもののように記されるが、前述のように、福本誠の呼びかけに始り、それをうけて小田切領事がその成立に尽力したものであるが、日本政府の設立の直接の指示によるものではなかった。

小田切領事の協会に関する外務省への報告は、管見の限りこれより約四カ月のちの七月下旬になって、初めて、稟請をかねて報告されている一件だけである。(29)（この報告は以下『小田切報告』と表記する）

三　上海亜細亜協会の入会者

上海亜細亜協会にはどんな人々が係ってきたのか。「興亜大会集議記(30)」には、「主席者」として、文廷式（前翰林院侍読学士）、鄭孝胥（前神戸大阪総領事）、何嗣焜（上海南洋公学総理）、鄭観応（招商総局総辦）を記しており、「与会者」として、小田切領事、三井洋行総辦小宝三吉、三菱洋行総辦某君、日本翻訳官某君、志鈞（満州貴族、南洋大臣洋務局総辦）、張謇（状元、南通大生紡績社主）、江標（前湖南学政）、厳信厚（中国通商銀行董事）、曾広銓（時務報外交主筆）、沈敦和（ケンブリッジ大学卒、南洋大臣翻訳官、呉淞開埠局総辦）、汪康年（時務報館主）、盛宣懐（鉄路督辦大臣）、陳希同（江南製造局翻訳官、求是報主筆）、経元善（上海電報局総辦）、呉劍華（大公報館主）ら二十余名[31]の名を記している。
『小田切報告』では、「此協会ニ賛成ノ重ナル者ハ、本邦人ニ在リテハ郵船会社、正金銀行、三井物産会社ノ各支店主任者等ニシテ、当国人ニ在テハ、文廷式、鄭観応、厳信厚等著名ノ官商数十名ナリ、盛宣懐、上海海関道蔡鈞ハ当国官習上ノ関係ニ由リ、当冊中ニ名ヲ列セスト雖モ、其成功ヲ希望スルノ言ヲ表シ、湖広総督張之洞、湖南巡撫陳宝箴ノ如キモ亦之有益ノ挙ト認ムルハ、小官ノ茲ニ明言スルヲ憚ラサル所ナリ」としている。

そして、『大公報』は、協会設立準備会のあった頃、「此会也、聯中日之歓、叙同文之雅、誠亜洲第一盛事、興起之転機也[32]」と報じている。

『申報』も四月二十八日の「興亜論」で「故近效日本以為興亜之機、并当連絡日本以固興亜之局、……則強俄之左臂断、即泰西之虎口亦閉、転敗為功、転禍為福、以承地球興亜之運、国之幸、亦民之幸也[33]」とある。

しかし、協会に係った人が多かったことは、人々の考えも様々であることを示し、協会に対し、積極的な人もいれば、消極的な人もいた。懸念を抱く人もいれば、現実の利害と対立する人もいた。福本誠も「此協会中に、玉石共に聚めなば、……頗る潔癖家もあり、毛嫌家有之候へ共、勉めて大同論を主張して之に合せしむる様致し居候[34]」と言っている。

鄭観応は積極的であった。

江標は亜細亜協会設立準備会に出席して、「暢発崇論宏議」し「我知此会果能持久、則亜州気象自当浡然以興、誠何患強敵生心、咨其鷹瞵鶚視哉[35]」といった。

鄭孝胥はすでに亜細亜協会々員であり、当初は上海での設立に積極的であった。しかし、のちには、後述するように、協会大旨第五条に関して、小田切領事の刪除要求には断乎反対し、協会を脱退するとまで言った。また協会の編報監督就任要請も固辞した[36]。

張謇は、四月二十七日の日記に、協会設立計画のあることを記した後に「日人言則甘矣、須観其后」と記し、日本の行動を慎重に観察すべきことを書き留めている[37]。批判的にみていた。

これらの事と関連するのか、『小田切報告』の「此協会ニ賛成ノ重ナル清国人」の中に、鄭孝胥、張謇の名はない。また胡思敬は『戊戌履霜録』の中で、日清戦争後の状況をのべたあと「二月創興亜会於上海、置酒高会、江標、張謇与焉。……自是両国人士、議釈怨修好、然創鉅痛深、未易遽合也[38]」とある。

協会に係った人すべてが積極論者でもなかった。逆に「毛嫌い」する人もいた。

上海亜細亜協会を批判的にみていた者は、日本国内にもいた。例えば、華南の航路開設をめぐって大阪商船と競っていた大東汽船の社主であり、近衛篤麿に協力して東亜同文会設立へ向け奔走中であった白岩竜平はこういっている。「彼福本日南欧州漫遊の時当地へ立寄候時に濫觴し、小田切領事等の目下専ら奔走致居候亜細亜協会は、官民知名の士を網羅致居候得共雑駁極り、其裏面は一笑を値せざる事も有之申候。乍去此方成立致候へば是は是にて成立せしめ、我会は其中より粋を抜く事必要に御座候。矢張一時の機運に駆られて官吏の手に製造され候会抔は、何処も同じ永続の見込無之は勿論に御座候[39]。」白岩もこの協会が、官吏の主導によって推進された官製の協会と受けとっていたようである。

亜細亜協会に対して、清国側で懸念を抱く背景には以下のような事情があった。

一つは、九八年一月に、大阪商船が、日本政府の航海助成金を得て、上海～漢口航路を開設したことである。第一船天竜丸、第二船利根川丸（ともに四百噸クラス）の二隻が就航した。「乗客貨物を満載して漢口着……進んで之に当れるの勇気を賛し、且万難を排して能く其最終の勝利を得た大吉報に接し、……商船の此挙あるを聞き、該会社の為のみならず、邦家の為、慶祝措く能はず[40]」と報じられているが、実際は「両船はもと瀬戸内海の航行に用いていた小汽船にして客室少なく且不潔なれば、従って乗客貨物も鮮少なるは惜しむべし[41]」が実情のようである。

航路開設について、清国側には、

遭到招商局、太古公司反対、以致招聘買弁不易、后経駐滬日領内部活動、始就緒[42]。

と、小田切領事の「万難を排して」開設に到ったことを言っている。実際に、第二船が就航の際、「何故か鎮江税関で荷物の積上げをなさしめず、又通州にて無頼漢数十名にて短艇を出さず、其上妨害も試みたる由」領事に申請して道台に談判を開始し、さらに北京政府に談判せんことを申請する筈であると報じられている[43]。

それと関連するのか、前述の「興亜大会集議記」や『小田切報告』の「協会設立ニ賛同スル重ナル本邦人」の中に、大阪商船関係者の名はない。

このように、大阪商船の長江航路開設は、清国人、上海人にとって警戒すべきことであった。長江航路は、妨害・反対の「万難を排し」ての開設であった。後に、大阪商船が二千頓クラスの新造船を投入し、航行回数を増やしてくると、怡和洋行（ジャーディン・マディソン）、太古洋行（バターフィールド・スワイヤ）、輪船招商局のいわゆるご三家（三公司）の妨害をうけたことは周知のことである。

同時にそれは、先に白岩竜平が亜細亜協会に対する批判の背景をもなしていた。

下関条約締結後、最初に、白岩竜平が、大東新利洋行（後の大東汽船）を設立して蘇州・杭州の内河航行権を得て、さらに日本政府の補助金下付を請願していたところに[44]、後発の大阪商船に、長江航路のための補助金が下され、現地で小田切領事が、奔走・尽力して航行権獲得の「勝利を得た。」その小田切領事は、亜細亜協会設立を推進していた。協会は、小田切領事、日本政府の支援をうけているものと白岩竜平にはうつった。

第二番目に、五月上旬におこった沙市事件とそれの処理の件があろう。

沙市は、下関条約によって開港場となり、翌九六年、日本領事館が設置され、英国、独国が続いて領事館を開いた。四川省との物資の流通・集散の拠点であった。

その沙市で、五月八日、税関で放尿した酔漢を、門丁が殴打・負傷させたことから、翌九日、その治療費を求めて集ってきた群衆が、税関、官舎、招商局、その躉船、怡和洋行、洋務局、および日本領事館に放火する事件にまで発展した。日本領事館員は、停泊中の船内に避難し、日本は直に軍艦高雄を現地に派遣して鎮静させた。一方で清国側に厳しい処分と損害賠償を求め清国当局と交渉に入った。

事件後の沙市は、「暴徒数人」を梟首し、日本人に投石する者があるなど異様な雰囲気であったらしい。また沙市事件直後漢口でも「暴民某夜を期し税関を焼き、居留地を襲う等の謠言起」っていたという[45]。

次に、九八年初頭から、列国が清国の沿岸地域に殺到して、いわゆる「勢力範囲」を設定したこと、それに日本が追随したことがある。

曹州教案に始って、独軍の膠州湾占領、そして九八年三月、独国の膠州湾の九十九年租借と、鉄道建設権と砿山開発権の取得、即ち「勢力範囲」の設定がある。これをみた露国は、旅順・大連の租借と南満鉄道の建設権を取得した。この間、英国は、二月、長江流域を他国に割譲或は租借させないことを照会し、さらに、英国が前述の如く独国、露国に対抗して、威海衛の租借権を獲得した。さらに、九竜半島の「新界」地域を租借地として獲得した。四月には仏国も広州湾一帯を租借した。

日本は、こうした西欧諸国を批判し、その結果、日清連合、アジアの連帯論が生れてきたが、その日本が一方で、勢力範囲の確定をめざし、「厦門の長期借用を清国に申込むべし」[46]という論調もある中、四月日本は清国に、福建省の土地および島嶼の他国への不割譲を誓約する交換公文を発布せしめるにいたる。結局、日本も西欧列国と同じ、そのあとを追随しているに過ぎないとの意識を植えつけることになったと思われる。以上のようなことが亜細亜協会に対して警戒心を抱く背景にあったと思われる。「日本人の言は則ち甘し、須からく其后を観るべし」であった。協会設立への雰囲気も五月に入って変ったようで、特に沙市事件発生よりのちはその熱気も薄れ、準備活動もスローペースになったようである。

四　上海亜細亜協会成立の日時

次に上海亜細亜協会は、成立した日時はいつだったのか。果して正式に設立されたのかの問題がある。先に引用した「興亜大会集議記」に、

亜細亜協会……今駐滬小田切総領事、睹中国民智未開、義関唇歯、復於本月初二日邀集中国士大夫、倡辦於滬上、假広福里鄭寓、会議興起亜洲之事、主席者為文廷式、鄭孝胥、何梅生（嗣焜）、鄭観応、与会者……

とあり、本月初二日に、鄭観応の邸宅で、亜細亜協会設立のため会議をしたとある。

その「本月初二日」について、これを四月初二＝五月二十一日とする人があるが、(47)一方『鄭孝胥日記』閏三月初二に

文芸閣（廷式）来、議立亜細亜協会、欲以初五日為第一会、而以余及文（廷式）、何（嗣焜）及鄭陶斉（観応）出名招客、勉諾之。

とあって、会議の記載が符合する。従って、会議のあった本月初二日は、閏三月初二日であって、即ち四月二十二日

であったと特定できる。

その後、何回かの会議・会合があった。

初五日開催予定の会議が、初六日＝四月二十六日に延期されたことは、『鄭孝胥日記』四月二十四日に見え、その当二十六日の日記には、

午后、詣公司、季直（張謇）、芸閣（文廷式）来、遂同過鄭陶斉（観応）。是夜来会者二十余人、日人来者四人。[48]

とあり、また協会関係者と会合、往来したことは、二十五日、二十八日の同日記にも見え、『張謇日記』四月二十七日にも、

道希（文廷式）、眉孫（何嗣焜）、太夷（鄭孝胥）約同会小田切万寿之助于鄭陶斉寓。……又以為政府不足鞭策、為联絡中国士大夫振興亜細亜協会之挙……預会者凡二十人[49]……

とある。

一方で、『時事新報』の四月三十日発「上海特報」には

興亜会　題号の如き一大会を組織し、清国改革の運動を試みんとの計画、当地知名の清人間に起り、我国の総領事代理小田切万寿之助も奔走盡力し、既に数回協議会を催して将来の事計りたる由、尚一方には矢野公使に請うて、総理衙門の同意を経、尚当地道台より南洋大臣劉坤一氏に協議し、其同意を以て劉総督より北京政府に運び、普く天下の同士を糾合して清国改新の手段を講ずる筈にて、民智を開発し、人材を養育し、各省人士の連合を固うするは、其の重なる目的なり[50]……

と数回の協議会があったことを報道している。

そして、上海亜細亜協会は、四月二十七日に成立したとする人もある。[51]

前述の『張謇日記』同日にも、会議があったことを記しているし、これまた先述の『申報』四月二十九日「興亜有機」でも、「前日為会議之期」とあり、当日、会議が開かれたことは確かである。しかし、これも、四月下旬何回か開かれた協議会、設立準備会の一日であって、「設立大会」の日ではなかったと思われる。

そして、『大阪朝日新聞』は「上海近信」五月十三日発で「……亜細亜協会を設立せん事を企起し、既に去月発起人の相談会あり……発会式は来月頃なるべし[52]」と報じ、発会式は六月にずれこみそうだと観察している。

以下、この間の経緯を見てみたい。五月に入って、設立への熱意が薄れてきたのではないかといったが、恐らく、協会章程、協会大旨の作成、調整に時間を要したものと思われる。

日本側の協会章程はどのようなものであったのか。先に福本誠は四月十一日に「亜細亜協会の必要を認め……小田切領事と議り、先づ之が成立に盡力せしめ、既に草案迄も出来上り候。……差当り日清語学校を興し、月刊会報を発行せん抔の箇条は章程中に既に包含せられ候」と記し[53]、章程は「同洲ヲ連絡シ、民智ヲ開通シ、交際ヲ親密ニシ、通商ヲ発達スルニ在[54]」る同協会の目的を具体化するものであったろうと思われる。

日本側の協会章程草案は『湘報類纂』所収の「日本興亜会章程十五条」がそれであろう。巻末、資料㈡にあげる。

佐藤宏は、章程の第三番目の条項のみを紹介している。それは、

　与是会者、無論国之大小強弱、但既誠心簽名入会後、皆須泯畛域之見、親如兄弟、同徳協心、共勤盛会。

とあり、佐藤はそれを「出来過ぎたる所あり[55]」としているが、これは『資料』㈠にあげる協会大旨、協会章程の中に、これと同様のものはない。他の十四条も同文のものはない。調整の過程で削除・修正されたのであろう。

『鄭孝胥日記』五月十四日

　遂詣公司、擬亜細亜協会章程稿。以論稿還汪穰卿（康年）。夜……穰卿亦来、談至十二点乃去[56]。

と汪康年に章程の検討を委託したようである。

ところで、一方で鄭観応は五月二十日「資料」㈠にあるような協会章程十六条の草案を作成した。

亜細亜協会関係の章程、規則としては、明治十三年（一八八〇年）三月一日制定の「興亜会規則　全十七条」、十六年（一八八三年）一月改正の「亜細亜協会規則　全五章二十五条」、二十四年（一八九一年）十一月改正の「亜細亜協会規則　全六章二十六条」の三種があったが[57]、鄭観応は、「興亜会規則」を参考にしたようである。

この興亜会規則は、興亜会設立時に制定されたものだが、「曾根俊虎は会員拡大に強い行動力を発揮し、上海で興亜会規則書を三〇〇〇部配布したり、清国北洋大臣李鴻章に入会勧誘書を提出したり、ペルシャ、インドに公用、商用で出張している人に託して、その王族、貴族の入会を頼んだりもした[58]」とあって、上海地方ではかなり流布しており、また会の名称を亜細亜協会と改称した後も、改称前の興亜会の名称が一般に通用していた。

『鄭孝胥日記』六月一日に

鄭陶斉来、議協会章程[59]

とあり、両者で協議した。そして最終的には、鄭観応が作成した草案を基調にして協会章程十六条が確定した模様である。

この協会章程は、いわば施行細則のようなもので、その基本となるべき協会大旨作成の検討が、これとは別に始められていた。これは小田切領事の要望によるものではなかったかと思われる。

『鄭孝胥日記』六月二日に

詣公司、擬協会大旨六条、送与鄭陶斉、小田切来[60]。

とある。ところが、協会大旨の条文をめぐって、『鄭孝胥日記』六月六日には次のように記載がある。

鄭陶斉来字、之所擬第六条協会大旨、日本領事小田切欲删去。其文曰〝本会或遇同洲有失和之事、在会中人皆宜極力排解、使帰親睦。〟余曰〝此不可去、必去此条、僕当辞会。〟陶斉復商之小田切、遂請注其下曰〝日本会員有不欲存此条者〟云云、余遂听之。[61]

この条文をめぐって相当なやりとりがあったことが窺われる。

ここで問題になっている第六条とは、『資料』㈠の中の協会大旨では第五番目の条項に相当するものである。協会大旨の原案は全六条であったものが、検討の過程で一条削除されたのであろう。

その後も修正があったが、ともかく、こうして、協会大旨、協会章程が確定された。『小田切報告』に同封された亜細亜協会創辦大旨全五条、協会創辦章程全十六条がそれであろう。しかし、それは結局、「日本興亜会章程十五条」にある主旨は全く骨抜きにされ、殆ど反映されるものでなく、しかもその表記も抽象的なものになった。

そして『大阪朝日新聞』が、五月中旬に、亜細亜協会の発会式は六月頃になるだろう、と報じた如く、六月十六日に協会の第一回の会合が開かれた。

『鄭孝胥日記』同日に

晩赴亜細亜協会第一集、小田切未至、来者船津、永井二日人。[62]

とある。ところが、何故か、小田切領事はその会合に出席せず、船津辰一郎領事館員らが出席した。

五　『小田切報告』に見る上海亜細亜協会

六月中旬、協会として第一回会合があった。その後、協会がどのような活動をしたのか。殆どなかったのではないかと思われる。鄭孝胥が、協会の編報監督就任を固辞した[63]以外、協会活動に関することを記載する資料を管見の限り見出し得ない[64]。

そして、これよりおよそ一月半ほどのち七月二十七日になって、小田切領事は上海亜細亜協会に関して、初めて、外務省に対して報告・稟請を行った[65]。いままで、この小論の中で『小田切報告』といってきたものである。そしてこれが協会に関しての唯一の報告である。四月二十二日の協会設立準備会の席上で、小田切領事は、「日本政府と亜細亜協会にすでに照会した」といっているが、小田切領事としては、ある程度骨子がまとまった段階で、報告・稟請をせんとの考えであったと思われる。

その中で「東方局面ヲ保全スルノ必要及其手法ノ一トシテ団体ヲ設立スルノ必要ヲ議シ、数十日ノ熟商ヲ経テ、纔カニ過頃ニ至リ亜細亜協会ナルモノノ礎石ヲ据付ケタリ……（協会設立ニ関係シ、若クハ賛成スル当国人ノ姓名ハ、其筋ノ認識ヲ受クル迄ハ秘密ニ付スル約束ナリ……）右ノ如ク協会ノ礎石丈ハ其据付ヲ了セシト雖モ、未ダ之ヲ公然発表スル能ハサル事情アリ、是レ他ニアラズ、戦役ノ後北京ノ有志者相議シテ強学会ナルモノヲ組織セシニ、御史ノ弾劾ニ遭フテ烟散霧消シ、過刻ニ至リ同地ニ於テ、保国会ト名ツクル一会ヲ設立セラレシガ、是亦強学会ト同シク或者ヨリ弾章ヲ呈セリトノ事ヲ聞ク……協会創立ニ関係アル当国官商モ亦協会カ他日強学保国両会ト同一ノ運命ニ陥リ、独リ協会設立ノ目的ヲ完成スル能ハサルノミナラズ、官職ヲ有スルノ士ハ地位ヲ危クシ、民間ニ在ル徒ハ猜疑ヲ招クノ恐レアルヲ以テ、協会ガ或ル手法ニ由リ、当路者ノ認識ヲ得ル迄ハ、之ヲ公然発表セサルノ得策ナルヲ唱道スルモノ多シ……」という。

従って、小田切領事は、「総理衙門ニ対シ、日清両国有志者結合シ、協会設立ノ企画アルヲ通知シ、併セテ其認識ヲ求ムル事」を在北京日本公使に内諭されたいと稟請した。

小田切領事が、協会設立には総理衙門の承認が必要であるとしたとは、五月上旬にも既に報道されていたが、総理衙門の承認を得ることが条件で、ともかく、七月下旬の段階で、亜細亜協会が正式に成立した、とは小田切領事は認識していないことを示している。冒頭にあげた『日本人』第七〇号（同年七月発刊）には「…遂に勅裁を仰ぎ、小田切領事を其頭に戴きて成立するに至りぬ」と明記していたが。

『小田切報告』の中で、「過刻ニ至リ亜細亜協会ナルモノ礎石ヲ据付ケタリ」といっているのは、協会大旨、協会章程が漸く確定されたことを意味しているかと思われるが、その『小田切報告』に同封された協会大旨五条、協会章程十六条は、『資料』㈠の中にあるそれとも若干の異同があるが、異同について、細かいものは省略する。主なところでは、『資料』、協会大旨の第三番目の条

本会隨時籌款、以興応辦各務、如各種学校、蔵書館、博物館及研究自治立憲章程、登諸日報。

は、協会大旨の中で、比較的具体的で重要な部分と思われるが、それが、

本会隨時籌款、以興維新応辦各務。

と抽象的に表記されているだけである。

また協会大旨の第五番目の条文の最後の「日本会員有不願斯条者」は削除されている。

協会章程での細かな異同は省略する。ただ第一条の役員のところに「会報監督二員」を加え、第二条の役員の職務のところに、「会報監督主監定会報」が加っている。また、第十二条中の「現時会長未定」は削除されている。

また、『小田切報告』の中では、小田切領事が亜細亜協会会長に選出されたことには言及していない。五月二十日、鄭観応が起草した協会章程の第十二条には「現時会長未定」とあるが、冒頭にあげた二つの記録は、小田切領事が会長になったことを記している。いつかの時点で会長就任を内諾したことがあったのであろうか。

また小田切領事はこうも言っている。

万一ニモ協会其者ニ関係スルノ帝国政府政略ノ運行ニ障碍ヲ与フルノ恐アル場合ニ於テハ、少クトモ小官丈ケハ断然関係ヲ絶テ身ヲ事外ニ措クヘキヲ以テ、何分ノ儀御示知アラン事希望ノ至リニ堪ヘス

この報告は、戊戌改革の上諭が続々と出されながら、必ずしも順調に進捗せず、むしろその障害が出始めた七月も下旬に送られたもので、外務省が接受したのは八月四日である。

小田切領事は、亜細亜協会の完成には、総理衙門の承認をとりつける必要があるとし、北京政府との折衝に、在北京公使の斡旋を要請している。協会完成の成否を日本政府にゆだねた形になっている。

そして、この報告の中から、総じて、小田切領事自身が、この時点での協会設立への積極的な意欲が余り伝ってこない。協会そのものが、当初の構想とは違ったものとなっており、[66]余り期待できないもの、この時点で、この上海亜細亜協会は、日本にとっても、そう利益をもたらすものでないと判断していたためではなかろうか。自身が、協会から身を引くとも考えを示している。

『時事新報』、『大阪朝日新聞』は、既に五月初めにこう報じていた。亜細亜協会は、「其の事や善し、」「然れども、其の内情に通ぜる人の語る所によれば、左程の希望を属すべきものにあらずと云へり[67]」と。

小田切領事は、会合・協議を重ねるうち、早くからこう感じとっていたのでなかったか。協会章程、大旨の制定が清国側ペースで調整されていく中、結果的には、小田切領事の「希望を属し」満足のいくものにならなかったようで、七月下旬の段階で、それが設立への積極的な意欲は感じられない。

この『小田切報告』は実は、小村寿太郎外務次官宛になっており、小村次官は、総理衙門の承認を得るべく、在北京公使に内諭あらんことを切望した部分と、『鄭孝胥日記』で問題にしていた協会大旨第五条に関して、小田切領事

が「若シ協会ニシテ不穏ノ挙動アル時ハ直チニ之ヲ解散スル事」と表記した部分の二つの箇所に特に朱点を施して関心を示していたが、しかし、この報告は、外務大臣にも回送されていないようで、さらに、この報告・稟請に対して何の訓令も出されていない。小田切領事が、協会から身を引くべきかどうかについても指示がなく、総理衙門に承認を得るための在北京公使への訓令もなかった。

そして、上海亜細亜協会は実際的な活動を殆ど行わないまゝに終ったようである。

鄭観応は『資料』㈠に

忽季夏京中有変、人心震恐、故即解散、人多惋惜。

とあるように、突如、晩夏、北京で政変が起り、人々は恐怖し、協会は即刻解散した、人々は多く残念がった、と記している。

しかし、その鄭観応は別のところではこうも記している。

日本駐滬総領事小田切万寿之助、曾邀余襄辦亜州協会於滬上、各省名士願入会者頗多、俄、法領事疑忌、因稟請当道不准、事遂中止、聞者惜之。(68)

上海亜細亜協会が未完に終ったとも記している。

おわりに

戊戌維新期、次のような記録がある。

要するに支那人を動かす点に於て上海は北京よりも寧ろ至便の地位に立てるを利用して、先づ同地の尤も勢力あ

る新聞を買取り、此を根拠として次に北京と広東とに及ぼし[69]、

当時、清国で何か事業を企図する場合の一般的な考え方であろうが、小田切領事の亜細亜協会設立の構想もこれと部分的に通ずるものがあろう。

小田切領事は、協会設立の目的は「同洲ヲ連絡シ、民智ヲ開通シ、交際ヲ親密ニシ、通商ヲ発達スルニ在リ」という。この目的を実現するため協会設立に尽力した。一応の「基礎」ができた。しかし、小田切領事が構想した協会はついに完成しなかった。

亜細亜協会の事業の一つは、「来日使節の接待会等のサロン活動」であったという[70]。戊戌政変のあと、康有為・梁啓超の亡命・来日ののち、同年十二月、東京で、亜細亜協会は、新任の李盛鐸公使・清国武官を迎え宴席に招くと、清国側がこれに返礼の饗宴を開くなど、交流会は開かれていた[71]。そしてこの上海亜細亜協会についても「ほとんど、サロン的な活動に終始したもののようである[72]」との指摘もあるが、決してそれだけでもなかったようで、さらに別な目標の実現を目ざして努力はしたようである。

この九八年十一月、東亜会と同文会は合併して、近衛篤麿の下、東亜同文会が設立された。この時、亜細亜協会は加らなかったが、翌々一九〇〇年になって、協会は東亜同文会に合流した。亜細亜協会が構想したこと、例えば日清語学校設立、刊報発行等は、それを実現する型になったというべきか。白岩竜平が、亜細亜協会は、「成立致候へば是は是にて成立せしめ。我会（同文会）は其中より粋を抜く事必要に御座候」といっていたが、文字通り結果的にその型に納ったというべきか[73]。

小田切領事は上海亜細亜協会設立の目的の一つは「通商ノ発達」であるといっている。それが重要な課題であったろうと思われるが、上海亜細亜協会の大旨、章程の中に、それが実現を促すような文言は殆どない。

「通商ノ発達」という点については農商務省はすでに計画していた。『小田切報告』を受けてのすぐ後の八月十九日に、農商務次官柴四朗の名で、「清国に於ける各種事業の調査員派遣」に関して、各当業者及び団体へ向けて照会した。

それは、茶業、生絲、綿織物輸入の状況から始って、あらゆる農産物、水産物の生産・通商、塩業、牧畜業、燐寸販路、金融事情、日清間金融通の方法、鉄道その他交通機関設備の計画、沿海河川航運業、商業取引の慣習情態、開港場の居留地問題、日本人企業の見込等、数十に及ぶ業種、事業についての調査研究員を清国沿海地域、揚子江沿岸の各都市、及び漢口より内地、内陸の各省、遼東半島等へ派遣する大々的な規模のもので、九月下旬に日本を出発し、略三四カ月間の調査になるというものである[74]。

農商務省としても、清国との通商の発達と事業の展開を本格的に調査・計画し始めるというものである。下関条約第六条第四項で「開港場において工場を設定することを得」たことの実現への基礎的調査も含めてのことであろう。

小田切領事は、長江航行権獲得に引続き、「通商ノ発達」のため、以上の事業の一部を、これに先んじて、上海亜細亜協会の設立によって実現しようとしたのであろう。

資　料

(一)『鄭観応集』下冊二一八～二二〇頁、盛世危言后篇

（　）内は、『小田切報告』同封のものとの異同。しかし主なものだけにし、細かい異同は省略する。

亜細亜協会創辦大旨

一、本会以联結同洲、開通民智、研究学術為主。凡我亜洲諸邦士、商人等皆可入会。

（研究学術の四文字なし）

一、本会考求有益于国、有利于民者、同心合力、使之施于実事。

一、本会随時筹款、以興応辦各務、如各種学校、蔵書館、博物院及研究自治立憲章程、登諸日報。

（本会随時筹款、以興維新応辦各務。）

一、本会無論貴賤、智愚、貧富、凡入会者一視平等。

一、本会或遇同洲有失和之事、在会諸人皆宜設法排解、使帰親睦。日本会員有不願厮〔斯〕条者。

（日本会員有不願厮〔斯〕条者の項なし）

（条文の番号　通し番号にする）

協会創辦章程　立会宗旨及応辦各事已詳創辦大旨及日本協会章程

一、本会立会長一員、副会長一員、正董事一員、副董事二員、監会一員、議員二十員、司事二員。如日后事繁人多、議再加議員協辦。

二、会長総理会務、副会長佐之、董事経理庶務、副董事佐之、監会主稽核賬目、議員主酌議会務、司事受董事指任各事。

三、会長及監会議員皆由公挙。董事由会長選任、司事由董事選任。

四、司事応酌与薪水、自会長以下皆無津貼各費。
五、欲入会者、開列姓名住址、并将一個月或数個月会費送交董事、即注明入会、無庸請人介紹。
六、在滬諸会員月納会費一元、在地処月納五角。如有一時納百元以上者、常為会員、無庸毎月納費。
七、願入会列名、無力月捐者、収入会資銀二元、不再収月捐、惟須由議員介紹。有捐銀百元以上者、当贈以会中所絵亜洲地圖、并提明姓名銀数、将来按月送報、不収報資。有捐銀千元以上者、另議褒謝。
八、公挙之議員按月一会、如有屢月至期不到、又不預先通知者、公議另挙更替。
九、毎月開月会一次、在会者均可到会、互相討論、依次宣明。
十、遇有緊要応辦会務、隨時可以開会。届期由董事先行通知各会員、到者酌収会費。
十一、毎年春秋開大会一次、届期登報、假座張園、所有会員均可叙議。応将会報選刊東方要事及有関会務者、并列入会人名。
（第十条、第十一条と入れ替る）
十二、会中捐款。現時会長未定、由会董交中国通商銀行及正金銀行収存。如有公用会議准付之款、非中、日首董簽名不能支取。
（現時会長未定はなし）
十三、本会以上議章、不過粗挙大概、至応辦各事及毎事之条理、皆隨時会議議定補入。
（本会応編会報、選刊東方要事及有関会務者、擬先以三月為度、出報一次、俟経費充足後、再議毎月一出。）
十四、議事従違仿泰西議章、三占従二。
十五、入会之人如有行為不端、声名狼藉者、即由会員公議開除。

十六、会中将来擬開設各種大書院、先考取会中子弟入院肄業、俾入会者先受利益。俟経費充足后、規模増広、即未入会者亦可入院肄業、以示大公之議。
右列十六条章程、系光緒戊戌年四月朔日待鶴山人所擬。同志鄭君考胥、日本総領事小田切等賛成創設亜細亜協会。先挙議員二十四位、假座滬上待鶴書屋、毎逢月朔会議。公挙日本総領事小田切為正会長、待鶴山人為副会長。已認入会簽名捐資者約百余位、皆官、商名誉中人。俄、法領事聞有中日協会、頗生疑忌。日本総会長過滬、同人公宴于張園、意極融洽。忽季夏京中有変、人心震恐、故即解散、人多惋惜。

〔日本総会長過滬、同人公宴于張園の部分について、注（27）にあるように清浦奎吾前法相を指すと思われる。当時亜細亜協会会長は榎本武揚であるが、清浦を会長と誤解していたようである。〕

(二)　日本興亜会章程十五条
注（30）＝『湘報類纂』己集上、もと『湘報』第六十九号（光緒二十四年四月六日＝五月二十五日）の所載の「興亜大会集議記」の後半の部分のもの

一　是会専為振興亜細亜洲。開通民智発紓地力。無論亜洲大小国。皆准入会。
一　時会専以立志気開智識為主。凡入会之人。務須以受人侮笑為恥。以力求上達為心。庶同洲風化。日進高明。
一　與是会者。無論国之大小強弱。但既誠心簽名。入会後皆須泯畛域之見。親如兄弟。同徳同心。共襄盛会。
一　是会無論官紳及士農工商。倶准入会。雖人各有貴賤賢愚之不等。亦当一視同仁。
一　已入是会者。皆須奮発志気。講求実在学問。所有内治外交兵農禮楽砿務商情工法器械格致之道。須各認専門攷求。以立亜洲富強之本。

一　入会之人。賢者当竭其才。明者当盡其智。貧者当労其力。富者当助其資。各奏爾能。和衷共済。則振興不難矣。
一　同洲之内。有志之士。無地無之。総会之外。各国各省各府州県。宜広立分会。與総会一気呵成。以広声気而聯友助。
一　入会之人。宜将姓名歳数籍貫。以及所学何事。所執何業。註明草冊。以便各国各省各府州県分会。随時彙送総会註冊。列諸報端。俾知各處風声賢愚。以便当道査考。
一　入会之人。有精砿学農学工芸学律学兵学商学天学地学算学化学電学光学声学医学格致学者。各分会宜随時報明。通知各国。以便挙用。
一　是会経費。皆由入会人籌損。多寡聴人自便。毋庸相強。亦不必先為限制。
一　会中応辦善挙頗多。俟王侯将相。富賈巨紳。憫時救世之君子。助以鉅欵。方可次第挙行。
一　擬先設亜洲協会月報。次仿西人設軍中紅十字会例。預選名医。備籌薬費。如亜洲各国。遇有災難。会中人須出其財力。以相資助。不可坐視推諉。
一　亜洲協会月報。公挙有名望者主稿。凡有各洲新出利器。有關亜洲大局利害者。当随時登報。其有任意欺侮不合公理諸事。均可送報照登。普告天下。以辨是非。
一　擬設亜洲協会公所。於会董中公挙常在滬上辦事者十人。或稽査銀銭帳目。或督理亜洲協会月報。或管理各處往来信件。以一年為期。期満。去留公同酌定。有緊要事件。集衆公議。
一　凡捐有鉅資於会中。暨有功於会中。為会中所尊崇者。除登報外。允当鋳像勒碑。以資観感。用此相維相繋。庶亜細亜振興有日。不至見笑侮於各洲。此其大略也。若有良法。容俟公議続増。更願同洲同志。勿吝薬石之教云。

注

（1）『東亜先覚志士記伝』上巻、四一四～四二五頁『対支回顧録』上巻、六七四～六八四頁『東亜同文会史』一九八八年三月。なお東亜会については、藤谷浩悦「戊戌変法と東亜会」（『史峯』二、一九八五年）参照。小論は本論考より多くの教示を得た。

（2）佐藤宏「清国革新的諸会」（『日本人』第七〇号、一八九八年七月）なお小田切万寿之助の当時の自署する肩書は、「在上海総領事代理　一等領事」であるが、小論では以下小田切領事　と表記する。

（3）祁竜威「戊戌変法時期維新派和〝帝党〟対帝国主義的幻想―以亜細亜協会的活動為例―」（『光明日報』一九六三年七月十七日）小論は、本論考より多くの指教を得た。なお中国の資料を引用する際、その繁体字、簡体字を常用漢字に改めている。

（4）『汪穰卿先生伝記』巻二―年譜一（『近代稗海』二二二四頁）。

（5）『大阪朝日新聞』明治三十一年一月十二日。

（6）『東京経済雑誌』第九百十号　明治三十一年一月十五日「経済学協会一月例会」。

（7）「支那新聞記者の支那新聞談」『毎日新聞』大阪、明治三十一年一月十一日。

（8）「清国新聞記者」『毎日新聞』大阪、明治三十一年一月十七日。

（9）『近代中国史事日誌』一八九八年一月三日。

（10）「亜細亜協会の清客招待」『大阪朝日新聞』明治三十一年三月二十二日。

（11）『伯爵清浦奎吾伝』上、一九三五年七月　四二七～四二八頁。

（12）『時論』第十二号、明治三十一年七月三十日、「清浦松平両氏の遊清談」。

（13）『対支回顧録』下巻、列伝　三七五頁。

（14）『万朝報』「東亜の大同盟」上、中、下、明治三十年十一月二十六、二十八、三十日。

（15）『大阪朝日新聞』社説「続続日清和親論」明治三十年十二月十六日。

（16）「滬報所説（日清英同盟論）」『大阪朝日新聞』明治三十年十二月十三日。
なお朴鐘玄「十九世紀末中国改革論者の聯盟論について」（『東洋史研究』第四十二巻第一号、昭和五十八年六月）参照。
（17）「日清同盟の真意義」『太陽』第四巻十一号、明治三十一年五月二十日。
（18）『報知新聞』社説「各協会の無為」明治三十一年五月十一日。
（19）『東亜先覚志士記伝』下巻　五四二頁～。
（20）福本誠「東大陸の為にフランク、マソン的秘密結社を興す可し」『日本人』第五十九号、一八九八年一月。
（21）窮節「東亜の為め一大同盟会を作るべし」『日本人』第六十一号　一八九八年二月。
（22）『対支回顧録』下巻　八七六～八七九頁　列伝福本誠。
（23）「興亜会報告」第二十九集（明治十五年六月三十日）第三十集（七月三十日）。
（24）『対支回顧録』下巻　四一五～四一六頁。
（25）「興亜有機」『申報』光緒廿四年閏三月初九日（四月二十九日）。これは『湘報』第六十二号（光緒二十四年閏三月二十七日＝五月十七日）に転載された。
（26）『張謇全集』第六巻日記　光緒二十四年閏三月十日（四月三十日）（以下、この場合『張謇日記』と表記す）。
（27）「鄭孝胥日記」（中国近代人物日記叢書）四月初五日（五月二十四日）「鄭陶斎（観応）来言、以明日公宴日本清浦（奎吾）、松平（正直）及盛京卿（宣懐）、准以十二点斉集張園」同、翌初六日（五月二十五日）に「詣張園、集者二十余人、客有松平、清浦、稲垣（日本派至暹羅公使）盛京卿四人。……」
（28）注（3）の論考。
（29）外務省外交史料館保管文書『在内外協会関係雑件』「上海ニ於テ亜細亜協会設立ノ件　報告並ニ稟請」在上海総領事代理小田切万寿之助より外務次官小村寿太郎宛　明治三十一年七月二十七日、以下この場合、小論中では『小田切報告』と略記する。
（30）『湘報類纂』己集上、もと『湘報』第六十九号（光緒二十四年四月六日＝五月二十五日）所載の前半の部分のもの。それは

『大公報』より転載されたものである（一九六五年、中華書局版『湘報』六〇八―六一〇頁）。

(31) この他に薛次弁観察、施子英観察、姚稷臣太史、楊子萱太守、李格才大令、唐傑臣観察、李谷生司馬等。

(32) 注（30）に同じ。

(33)「興亜論」『申報』光緒二十四年閏三月初八日（四月二十八日）。

(34) 注（22）に同じ。

(35) 註（25）に同じ。孔祥吉「江標」（『清代人物伝稿下編第六巻』）参照。

(36)『鄭孝胥日記』五月十三日（七月一日）。

(37)『張謇日記』閏三月初七日（四月二十七日）「道希（文廷式）、眉孫（何嗣焜）、太夷（鄭孝胥）約同会小田七《ママ》万嵗《ママ》之助于鄭陶斎（観応）寓。日人以甲午之役、有豪毛之利、啓唇歯之寒、悔而図救、亟連中、英。又以為政府不足鞭策、為聯絡中国士大夫振興亜細亜協会之挙、盖徹土未雨之思、同舟遇風之惧也。独中朝大官昏然、徒事媕婀耳。預会者凡二十人。日人言則甘矣、須観其后。」

(38) 胡思敬『戊戌履霜録』巻二邦交志（『戊戌変法文献彙編』一）なお沈鏡如「戊戌変法与日本」（『歴史研究』一九五四年六期）で、「…二月創興亜会於上海」の部分を引用するに際し「（一八九八年）二月、創興亜会於上海……」と表記しているが、同論文が『戊戌変法』（中国史専題討論叢書　一九八六年）に再録された時、この引用部分は何故か「（一八九七年）二月、創興亜会于上海……」と改められている。一八九八年が正しいと思う。

(39) 白岩竜平より近衛公爵宛書状（七月二十九日上海）『近衛篤麿日記』明治三十一年八月五日の「来状」の条に所収。

(40) 有賀長文「長江航路の開設に就て」『東洋経済新報』第七十七号、明治三十一年一月十五日。

(41)「大陸嘯傲録（十三）－揚子江に就て」『読売新聞』明治三十一年九月二十一日。

(42)『近代上海大事記』一八九八年一月三十日、「大阪商船会社之航業……西暦一八九八年（光緒二十四年）至中国開始長江航路。時招商、太古、怡和、麥辺、鴻安五家聯合以抵制之。大阪商船頗陥於困難之境、……」（張心澂『帝国主義者在華航業発展史』一九二九年、一〇五頁）。

(43)「大阪商船会社長江航路開始の景況」『東洋経済新報』第七十九号、明治三十一年二月五日。

(44)「上海蘇州杭州間航通業実況及其拡張改良に関する請願具情書」明治三十年三月十八日。上海領事館経由、外務逓信両大臣へ提出。請願者は大東洋行（白岩竜平）『近衛篤麿日記－付属文書』一九三頁～。

(45) とりあえず『宗方小太郎文書』報告第三十三号（明治三十一年五月十六日）第三十四号（五月二十三日）「沙市事件」のみあげる。他にも『時事新報』はじめ、日本の新聞も報じている。次の記録は、事件直後の沙市の異様な雰囲気を伝えている。「沙市暴動後ノ人気　暴動後沙市埠頭ニ暴徒数人ノ首ヲ梟シタルコト幾分カ支那人ニ感化ヲ与ヘタルカ如シ現時ニ於テハ日本人市中ヲ通行スル場合ニ於テモ尾石ヲ投スルカ如キコトナク呼フニ洋老爺ヲ以テス其意旦那サント云フコトナリト」村木正憲『清韓紀行』明治三十三年　二五一頁（『幕末明治中国見聞録集成』第五巻、一九九七年）。

(46) 石川安治郎「厦門の長期借用を清国に申込むべし」『東京経済雑誌』第九二四号、明治三十一年四月二十三日。

(47) 注（1）の論考。

(48)『鄭孝胥日記』閏三月初六日（四月二十六日）。

(49)『張謇日記』閏三月七日（四月二十七日）注（37）に同じ。

(50)『時事新報』五月八日。

(51) 注（3）の論考。

(52)『大阪朝日新聞』五月十八日。

(53) 注（22）　福本誠の書信。

(54)『小田切報告』の表記。

(55) 注（2）の佐藤宏論文。

(56)『鄭孝胥日記』閏三月廿四日（五月十四日）。

(57)『興亜会報告・亜細亜協会報告』第二巻　二五九～二六一頁、二七一～二七五頁、なお、『亜細亜協会報告』は一八八五年

九月発刊を最後にして一八九八年当時は刊行されていない。

(58) 黒木彬文「興亜会・亜細亜協会の活動と思想」同右書（一九九三年九月）所収。

(59)『鄭孝胥日記』四月十三日（六月一日）。

(60) 同右日記　四月十四日（六月二日）。

(61) 同右日記　四月十八日（六月六日）。

(62) 同右日記　四月廿八日（六月十六日）。

(63) 同右日記　五月十三日（七月一日）。

(64)『時事新報』六月二十三日所載、西郡宗三郎「北京特報」六月六日に上海亜細亜協会とどう係るのか、次のような記録がある。「大東協助会　有名なる康有為の主唱にて、此頃清国学者の計畫に係る保国会は、北京には賛成者の乏しき為め設立することを得ざるを以て、今後上海に設立する由なるが、康氏と利害を同うする梁啓超は、更に大東協助会なるものを組織し、日清両国人の親密を計る由にて、我公使館員にも賛成を求めたるよし。」

(65) 注（29）、外務省外交史料館保管文書。

(66) 鄭観応は、「小田切万寿之助は亜細亜協会の人である、思慮深く大局を見通せる人である。こう言う、清国は宜しく日本にならって変法自強し、宿嫌を思うなかれと、奥国が独国、伊国と連合し、英国、西国、米国と連帯して、露国、仏国、独国に対抗したように。また言う、よろしく露国、日本にならい、品学優秀、練達の文部省、大蔵省の退任の高官を招いて、政事に参与せしめ、商工業を振興せしめよと、また各省に初等、高等の学校を開設して英才を養成し、民困を救い、外侮を防ぐようにすべきと。そして小田切領事は清国に教育農商務、軍事関係の書籍を多く恵贈してきた。」と記しているが（「贈日本駐滬小田切総領事論時事歌並序」『鄭観応集』下冊、一三〇五～六頁）、小田切領事はこういったことを協会大旨・章程に具体化しようと構想していたかも知れない。

(67)『大阪朝日新聞』五月十日、『時事新報』五月八日。

(68)『盛世危言増訂新編』巻七辺防七。

『鄭観応集』上冊八一一頁には「八巻本増」として注記の型で記されている。

(69)『近衛篤麿日記』明治三十一年七月二十日の条の森井国雄よりの来状七月十八日。

(70)酒田正敏『近代日本における対外硬運動の研究』一九七八年、六一～六二頁「興亜会・亜細亜協会」。

(71)「日清両国紳士の宴会」『東亜時論』第二号　明治三十一年十二月。

(72)注（1）の論考。

(73)注（39）、『東亜同文会報告』は一九〇〇年までにすでに五回は刊行されている。

(74)『時論』第十六号　明治三十一年八月二十七日「清国に於ける各種事業の調査員派遣」。

第二章　義和団運動後の福建と日本

はじめに

一九〇三年春、閩浙総督許応騤は総督の地位を解任され、楊文鼎按察使らの高官が処分された[1]。その原因は何であったのか。その背景は何であったのか。そこには、義和団運動の影響が、直接的に、間接的にあったと思う。小論の目的は義和団運動期、厦門事件以後の福建を考察しようとするものであるが、日本が重要に係っているので、日本との関係において考えてみたい。

一　福建省における義和団運動

福建省における義和団運動は、一九〇〇年六月末、福州附近が閩江の数十年来の大洪水に見舞われ、米価高騰などによる社会不安の増大が[2]、その要因でもあった。また福州城内で「山東語ヲ操ル者、排外的演説[3]」をしたとか、「山東人陸続入来して大道演説[4]」をしたとか、山東省からの働きかけを窺わせる。さらに町の要所要所に、義和団の名で

「外人殺すべし、許応騤総督を暗殺すべし」と、洋人とともに総督をも名ざしにした檄文も張り出されたとかで、[5]相対的に「当福建ハ十八省中、最モ平安ノ土地」[6]と報告されているが、実際は相当激しい状況であったようである。それは閩浙総督許応騤が、「東南互保協定」が訂立されてほどなく、福州駐在各国領事と協議の後、七月十四日に「福建互保協定」を締結したことと関係があろう。その基本精神は「東南互保協定」と同じで、「福建地方官が、洋人の傷害を謡言する匪徒を取締り、各国官商および伝教洋人の身命・財産を保護する」[7]もので、「東南互保協定」を福建省に、適用するものであった。[8]それへの反発もあったろう。

そして、福建の義和団運動で最も注目すべきことは、彼らがその目標に「台湾恢復」を掲げたことであった。[9]六月、厦門から次のような報告がなされている。清国人の学校で某教師が「台湾ハ果シテ吾輩等ノ恢復シ得ルモノナルヤ否ヤ」と問うた所、生徒は「恢復シ得ベシ、コレヨリ四ケ月ヲ期シテ恢復シ得ベシ」と答えたと。「台湾割譲ハ如何ニ頑冥ニ彼等ノ脳中ニ印セシヤ、本地ニハ尚台湾恢復ナド云ヘル事ヲ夢ミル痴漢モ往々有之、何ニカ動機サヘアレバ必ズ恢復ノ二字ヲ唱ヘ居ル事推シテ知ルベシ」と報告されている。[10]

七月、やはり厦門で次のような風説があった。簡大師の残余勢力が計画をたて、台湾より厦門を経て天津地方に赴き、義和団を招引して漸々南下し、台湾に入って同島の勢力と相応じて暴起して台湾を恢復すべし、と。[11]ここにいう簡大師とは、日清戦争後、台湾の割譲に反対し、「台湾民主国」[12]崩解のあとも、台湾で活動した抗日運動の指導者で、のち福建で逮捕され、台湾に引渡されて日本軍によって処刑されたものである。

そして八月二十三日には、同じ厦門で、「台湾恢復」をよびかける檄文が張られた。「助清滅洋」の主張の他に、台湾恢復は今この一挙にあることを呼びかけた。[13]

「…已にして日本郵便局の門外に一貼紙あるを発見せるものあり。……即ち左の如し。…

義和団は天地の正義たり、術を神に受て之を人に伝ふ、刀戟も入らず槍も中らず、雲を掣し風を禦し進退自在なり、北より南に及び向ふ所敵なし、此次団友数千百人、神を奉じて此に来り、大に同志を徴す、台湾割拠は神人の怒る所、恢復把握は此刹那に在り、爾等信を投じ迅に来て兵を秉れ、倘且くも遅疑せば天刑立ちに至らん。

光緒二十六年七月二十九日（八月二十三日）

而して北方に於る団匪の用ひたる「助清滅洋」といへる印象を捺しあり。之に依りて之を見れば在来の団匪なるが知きなるも、其間台湾を恢復せんと云ふは、或は台湾土匪の游流せるものの団匪と相呼応して其狼心を逞うせんとするにあらざるなきか。……」[14]

この「台湾恢復」の主張は、それがどんなに小さなものであり、局部的なものであっても、日本としては「一笑話」としては無視できない重要なものであった。現実、台湾割譲後も散発的に続いている台湾抗日運動との連携を考えた場合、その予防策を考えることは重要であった。

そして、八月二十四日におこったのが厦門事件で、厦門本願寺布教所が焼失したため、治安維持の名目ですぐさま厦門停泊の日本軍艦和泉から陸戦隊が上陸して厦門を軍事占領した事件であった。

日本は、これより半月前の八月十日に、厦門占領を閣議決定していた。そして八月十五日には北京公使館街が救出され、義和団運動の帰趨が見え出した八月二十日、山県有朋首相は福建・浙江省を、通商上、軍事上において日本の勢力範囲とする「南進経営」論の意見書を提出していた。[15]八月二十三日には台湾総督府民政長官後藤新平が厦門に渡っていた。そして翌二十四日早朝、布教所から出火した。これは謀略性の濃い事件とされ、実は日本人による放火であるという。

この厦門占領は、英国・米国・独国の疑惑を呼んだ。英国もこれに対抗するため軍艦より水兵隊を上陸させた。英国を始めとする列国の抗議で、日本は台湾からの大兵の派遣を断念し、陸戦隊も撤退させた。厦門の軍事占領は失敗した。日本は、華北での軍事行動を背景に、華南での勢力範囲の拡大を有利に展開せしめようとしたのであろう。[16] 「台湾恢復」を唱える勢力に打撃を与え、軍事占領の既成事実をつくり、来る講和会議の席上で、華南での勢力範囲の拡大を有利に展開せしめようとしたのであろう。[16]

この厦門軍事占領の企図は、列国から疑惑の目でみられ、福建人には、日本に対する相当な悪感情を残した。以後の日本の対清国政策、南進策は、列国に対しては細心の注意を払いながら、福建人に対しては感情の融和を計ることから出発しなければならなかった。[17] 閩江洪水による被害に対し、台湾総督府が、三井洋行（物産）、台湾銀行、大阪商船等の名義で、さらに巨額の四万元の義捐金を出さしめ、援助し続けたのもそのためであったろう。[18]

そしてこの秋、室田義文弁理公使を福州・厦門に特派した。厦門事件の調査が目的であったが、同時に南清政策を確定するにあった。「閩浙総督許応騤等ヲ籠落シ、ソノ歓心ヲ収攬シ、彼等ヲシテ諸事日本ニ倚頼セシムル様[19]」訓令を与え、室田も「南清貿易ヲ開拓セント欲セバ必ズ先ツ其立脚地ヲ此所ニ求メザルベカラズ　或ハ台湾統治ノ上ニ於テモ厦門地方ノ治乱盛衰ハ実ニ至大ノ関係ヲ有スルヲ見ル……之ヲ我版図ニ帰セシメントセバ先ツ其資力ヲ投ジ　商業及交通ノ上ニ其勢力ヲ樹立シ　而シテ後徐ロニ計画スルニアリ　若シ否ラスシテ今日直チニ威嚇的挙動ニ出テ　同地方ヲ占領スルカ如キハ……決シテ策ノ得タルモノニアラズ……同地方ニ対スル日本ノ威信ヲ扶植スルハ実ニ今日ノ急務ナリ」と考え、室田全権は許応騤総督との間に十一月四日、「一種の盟約」を締結した。[20] 匪徒が擾乱し、危急の事態が発生すれば、日本は派兵して日本商民を保護するという項目を含め、[21]「福建互保協定」を日清間で、再確認したものであった。これによって「此地方一帯ニ於ケル永遠ノ平和ヲ図ルト共ニ、漸ヲ追フテ之ヲ我威力ノ下ニ服従セシムル[22]」ものとした。ここに厦門事件以後の福建政策の基本方針ができあがった。

二　福建武備学堂の設立

義和団運動が進展してきた六月、陸軍大臣桂太郎は、福島安正少将に訓令して、「子は列国に保険料を支払はんが為に赴くなり、宜く往て戦死すべし。子が小枝隊を率いて敗滅するとも、将来日本に対して偉大の功たるを失はざるべし。兎に角子は保険料として、列国連合の間に派遣を命ぜらるゝなりとて出発せしめたり。[23]」福島は、臨時派遣軍司令官となり、北京公使館救出作戦に当ったが、公使館救出後も北京に滞った。それはその語学力を生かして、外交官的な任務をにない、情報将校の第一人者として列国の情報把握につとめた。[24]

そして各国の利害が錯綜して難航していた辛丑条約締結の見通しがほぼ見え出した一九〇一年六月帰国した。帰国した福島安正は参謀本部第二部長（情報・地理担当）として、直ちに八月には華南地方の視察に派遣された。

福島は一八九九年にも渡清し、南京、武昌、杭州、上海を訪れ、劉坤一、張之洞等と会見しているが、[25]今回の渡清は、義和団運動の直後のことであり、上海の外字新聞は、「其用向単ニ避暑旁南清漫遊ノ為メ渡航」といっているが「上海へ陸兵ヲ駐セシムル為」と報道する等、いろいろ憶測も流れ、その挙動は各国からも注目された。[26]

今回は「上海、漢口、杭州、福州、広東、香港の地方を巡視した[27]」。そして「長江沿岸視察を主とし、劉坤一、張之洞に会見し、北清事変に於ける我軍隊の効果を実際に収むる為めに協議する処あり。南清の民情益々我に向う」と記録されている。記録の後半の部分の記述については、具体的には、同年十一月、仙台を中心に挙行された陸軍大演習に、多数の清国文武官が参観のため来日することになって現れた。「前年清国事変に於ける日本軍威武発揚の影響を受け、演習陪観の清国文武官九十名の多きに及べり」と。その人選は、各省総督・巡撫によるもののようで、湖広総督張之洞（十四名）、両江総督劉坤一（二十四名）、閩浙総督許応騤（十九名）安徽（十名）、湖南（七名）、江蘇（七名）、江蘇（五名）、江西（五名）の各巡撫派遣と自費参加者三名の合計である。殆どが、華中、華南から派遣されたものであり、即ち福島本部長が視察、協議した地方と関係する。

そして福建省から許総督によって派遣されたのが、福勝営統領二品頂戴候補道の孫道仁以下十九名であった。[28]そしてこの孫道仁と、福建に武備学堂を設立する詰めをしたと思われる。在福州豊島領事は「閩浙総督ハ今回拙官等ノ勧誘ニ依リ……孫道仁以下ノ士官、……陸軍大演習参観ノ為不日本邦ニ向ケ出発、……同人ハ当地ニ武備学堂ヲ創立シ本邦士官招聘ノ素望ヲ抱キ、……可然御便宜ヲ被与様……猶同統領ハ許総督唯一ノ信任武官ニシテ目下福建省ニ洋式勇二千人ノ訓練致候」[29]と書き送っているが、武備学堂創立と日本人士官招聘の件は、福島が八月福州に行った際、福島と許総督、孫道仁の間で既に話し合されていたことでないかと思う。

孫道仁は、陸路提督の祖父、父をもち、とりわけ父孫開華は、清仏戦争の際に台湾で仏軍を破って名将を唱われ、道仁も幼にして武芸を習い、早くから行伍の間に名があり、日清戦争の際には、山海関作戦に参加し、一八九七年に福建に来ていたのである。[30]そして孫道仁が後に福建軍界において所謂出世をする端緒を開かれたのは、この時の許総督の推挙によるものであろう。[31]

陸軍大演習の参観者は、ひとり福建省からだけではなかったが、日本はとくに、福建省を重要視したようである。招聘した参観者数も劉坤一、張之洞の派遣人数とほぼ同数で、孫道仁には日本政府は儀礼的にせよ、勲二等を叙勲した。

小村外相も児玉陸相に対し「大演習ニ……孫道仁一行到着ノ上ハ諸事便宜ヲ与へ、可成来視ノ目的ヲ貫徹セシムル様」依頼していた。[32]「来視の目的」は言うまでもなく、武備学堂の設立と日本士官の派遣である。日本政府はあげてそれに協力した。

次のようなこともあった。孫が在日の間に、陸軍用背嚢二千個と兵士制服多数を誂え、そのうち背嚢六十個（武備学堂第一期生六十人分だろう）を帰国の際に携帯して持ち帰ったところ、上海税関で、これは、辛丑条約第五条の「武器・弾薬およびその材料の輸入を二ケ年禁止する」の規定に違背するのでないかという問題がおこった。孫は二千個の背嚢等については、背嚢を一旦台湾に廻航し、福州より官用船を出して引取ろうとした。ところが、孫がこういった「変則ノ取扱」を考えたについては、実は孫が在日の時、当時の桂太郎総理および福島安正将軍等が、孫に対し「右背嚢等ハ必ズ特別ノ取計ヲ以テ清国ヘ輸入デキル様、可取計旨直接孫統領ニ御申聞相成リタル由ニテ、孫ハ深ク之ヲ信ジ必ズ輸入出来可得コトト自信シ」したのだという。結局この一件は、日本政府と台湾総督府との間の連絡不徹底もあり、また輸入禁止期間中は避ける方が得策という他国への配慮もあり、六十個の背嚢も上海駐留日本兵士用に引取って一件は落着したが[33]、日本政府は条約に抵触することを承知の上で、その持込みを約束するなど、これは日本があげて、孫道仁を支援し、協力し、便宜を与えようとした一つの例証であろう。

陸軍専門学校創設の試みは、他の新式学堂の設立とともに、十九世紀末から推進されてきたが、二十世紀に入って所謂「新政」の一環として積極的に進められた。日本は武備学堂の創設を支援し、兵制改革に日本人士官を派遣した[34]。これもひとり福建省だけではなかった。しかし、福建省には、相当力を入れたようである。福建武備学堂の創設は、福島安正が渡清した一九〇一年夏に、その構想を話し合ったようだが、来日した孫道仁を通じて具体的に詰めていったのである。

日本は、福建武備学堂の総教習に歩兵大尉橋本斉次郎、副総教習に砲兵大尉吉村利光の両士官以下、准士官二名、文学教官一名、東文学堂から教官二名を補助員として派遣した。橋本は当時参謀本部付であり、本部長の福島安正の推薦だったと思われ、孫道仁が帰国の際に同行したようで、現官のまま福州に着任した(35)。吉村は、福岡の同郷の先輩、橋本の推薦と思われ、遅れて学堂開設の頃着任した模様である(36)。

福建省以外からも官紳子弟が一律に受験でき(37)、入学試験を実施したところ、六十名収容に対して千有余名の志願者があったという(38)。開設時期は、当初一九〇二年四月が予定されていたようだが、事情で遅れ、六月二十日には、旧福州巡撫衙門跡地に開校した(39)。許応騤総督が創辦者、孫道仁と楊文鼎按察使の両名が総辦者となり、前記日本人教習と中国人教官数名で出発した。

日本人教習は専ら日本語で講義する通訳制で教授した。一般の緑営では、ドイツ人下士官指導の下、モーゼル式単発銃、旧式クルップ砲、マキシム砲を使用しているのに対し、同学堂では、のちには明治三十一年式六連発村田銃を使用したという(40)。

同学堂の課程は、正科及び速成科の二つに分れ、正科は修業年数三年で、普通軍事学を教授し、卒業後は士官に採用され、速成科は修業年数一年で、簡略の軍事学を教授し、卒業後は準士官に採用されるもので、正科、速成科各科六十名が定数であった(41)。

教育課程は軍事の学と術に二分されるが、学堂の規則は厳重を極め、放課後もその復習をすすめ、みだりに書報を渉猟するを許さず、邪思を抱くを防ぎ、故なく堂外に出て外部と交接するを許さず、さらに、冬・夏二回の試験を行い、成績如何によっては留年に決め、学堂規則違反者に対してはその軽重によって処罰し、少しも寛貸せず、とある(42)。

義和団運動後のこの頃は、各地で革命宣伝の出版物が流布され、革命思想が漸く広がってくる時期で、新式の学堂の学生や或は在日留学生が革命へ傾斜していく中で、当局者が、このような風潮への対応に苦慮したことを窺わせる。

武備学堂の副総教習となった吉村利光大尉は、翌一九〇三年九月疑似コレラで急逝した(43)。その後を砲兵中尉務川信彦がついだ。ところがその翌年八月には、橋本斉次郎少佐が黒死病で死去した。橋本は許応騤総督その他から非常に信頼され、一意清国陸軍のため軍事教育、将校養成に尽力し、在任中に少佐に昇任した。教務の余暇には、福建事情の調査・研究をして、情報を収集した。ところが、その在任中に日露戦争が勃発した。橋本は満州の戦場に勇奮戦務に当らんとしばしば上申したが許されなかった。日本陸軍では、福建方面の事情に通じたしっかりした人物を配慮しておく必要を感じ、台湾対岸の福建に、その陸軍指導の為めの我が将校の在任する事も亦大局の上から極めて必要であったので、敢てその希望をいれなかったのである、[44]というのである。

台湾では抗日運動が散発的に起っており、一九〇一年、簡大師を処刑した。翌年、漳州では、住民が、その簡大師のために寺院の建立を要求したとか、[45]台湾恢復への心情がかなりあることを示している。さらに、景廷賓は「掃清滅洋」のスローガンを掲げ、新たな運動の芽がないとは言えなかった。

日本指導型で士官養成機関をつくり、親日的な軍隊を育成し、台湾における民族運動と連携する勢力を牽制し、「福建における永遠の平和を図る」ことであったろう。

三　福建樟脳の独占開発

児玉源太郎台湾総督は、厦門事件以後の形勢を論じて次の如く述べた。「北清事変ハ南清経営ニ非常ノ障害ヲ与ヘ、就中厦門ノ出来事ハ彼地紳士等ヲシテ疑惑ヲ起サシメタルコト甚ダ大ナリ。然レドモ紳士等ハ清国政府及ヒ清国官吏ノ到底依頼スベカラザルヲ看破シ、異種異文ノ政府ニ属センヨリハ、同種同文ノ治下ニ立タンコトヲ望メルハ異口同音ナルガ如シ。故ニ今後諸般ノ事業ヲ計画センニハ、務メテ国際上ノ繁雑ヲ避ケ、地方紳士ト提携スルノ方針ヲ取ルコト必要ナリ」[46]。

厦門の軍事的占領の失敗、それによっておこった現地人及び外国人の悪感情へ配慮せねばならず、強引な軍事的進出は十分注意せねばならず、この際に、経済的活動を中心とすること、その事業の推進には福建社会の実力者と連携する方針を取ることが得策であると認めた。これが厦門事件以後の日本の基本政策となった。

児玉は、福建省を中心とした華南において、いくつかの事業を計画した。こういった経済活動は、台湾総督府の「対岸経営」の一環として実施された。その経営の一つとして計画されたのが福建の樟脳開発であった。そしてこれら事業の実行機関として設立されたのが、「三五公司」であった。

「三五公司」の資本金は、台湾総督府と清国側が半額ずつ出資して、表面上は日清合弁会社であったが、実際は、台湾総督府が「対岸経営」方策を実施するための国策会社的色彩の強い機関であった。これが若し順調に発達すれば、満州における満鉄の如き植民地会社となり得る性質のものであったという[47]。

そして福建の樟脳開発は、「今宇内、此事業ニ経験ト知識ヲ有スルモノハ独り台湾アルノミ」[48]と、台湾での開発の実績をもつ台湾総督府の嘱託愛久沢直哉によって推進された。当時、樟樹の樹液を蒸留して得られる結晶は、無煙火薬、セルロイドの製造原料、防臭剤、医薬品として需要が高まっていた。

しかし、開発の動機は別な側面もあった。開発の計画は既に早くからあったようだが、かつて「台湾民主国」で指導的役割を果したことのある林朝棟が[49]、江蘇・江西省で製脳事業を試みていずれも失敗したあと、福建省布政使周蓮の斡旋によって、福建省内において樟脳の製造・販売の特許を得たとの情報を、日本が得たのは一九〇一年四月であった[50]。しかし、一人の清国人が開発の特許を得ることは、他の清国人、他の外国人にもその道を開くことになり、そのことは、「台湾ニ於ケル我樟脳事業ノ将来ニモ大ナル影響ヲ及ボス」[51]と考え、まず樟脳開発の技術的な可能性、将来性について調査させた後、「有望ノ事業」という報告をまって(52)、いよいよ開発事業に乗り出すこととなった。在厦門上野専一領事の指示のもとに、前記愛久沢が衝に当った。「外国人等ガ未タ之ニ着手セサルニ先タチ、速ニ之ニ関スル特権ヲ我方ニ取得致度、之レ……該地方ニ我利益ヲ拡張シ、我勢力ヲ扶植スルカ為メニ有益(53)」と考えた。

後藤長官は児玉総督に対し、日本の専売事業とすることによって日本の潜勢力を扶植すること、上諭を発せしめて閩浙総督の事業とすること、日本が年々若干の金額を納入して福建の財政困難を補うこと、臨時機密金の支出を認め、朝廷・閩浙総督以下の官吏に対し臨時撫宜の方法を以て允諾せしめる策を定めること、この事業に経験と知識をもつのは日本人をおいて他にないため、外国公使に商議する必要のないこと、この交渉は敏速に行うこと、許総督以下の高官に権宜の策として秘密団結の方法を講ずること等を進言し、「許総督以下ノ総テノ官吏カ唯利是事トシ一方ニハ国庫ノ空乏ヲ塡補スルニ苦シミ、一方ニハ自己ノ利ヲ貪ルニ熱中スル秋」であるから「運動」如何でその実現の可能性があることを示唆した(54)。小村外相も上野領事に対し、この件に関しては「厳ニ秘密ヲ守リ而シテ敏活ニ我希望ヲ達スル様御尽力相成度」とし、「相当ノ運動費モ御請求ニ依リ支出可致候(55)」と指示していた。

上野領事は同年秋一時帰国して日本政府と協議し、小村外相もさらに台湾総督府と協議した結果、㈠閩浙総督に官業として製脳事業を興さしむること　㈡製脳事業を日本人に請負わしむること　㈢製脳業はある一定期間、この請負人以外と契約をなさしめざること　㈣製造人は製造高に応じて相当の税金を閩浙総督に納付すること　㈤請負人は名代人で、実際の資金支出及業務は、台湾総督府専売局の事業とすることを基本方針として、具体的な事業内容と交渉方法を指示し、愛久沢を福州へ出張せしめて交渉に当らせた(56)。これより先、児玉総督も後藤長官に「福建総督己下ノ官吏ヲ買収シ本件ヲ認諾セシムルコト……此運動費ヲ拾五万円トシ陸軍省外務省機密費中ヨリ支出ス」と指示していた(57)。

しかし、この間に早くも、他国が異議をさしはさむ恐れがあるとの布政使周蓮の情報を上野は報告している。[58]

愛久沢は指示に従い十二月福州に出向き、許総督の女婿である洋務局提調彭思桂を、在福州豊島領事とともに訪問した。そし外務省の訓令にもある贈金については、領事などの政府関係者名を避け、「商人より献金」を装うを得策とし、十三日の日記に「彭氏ヲ訪フ、其用向ハ一、贈賄ヲナスコト（五千弗）、一、進物ヲナスコト（金時計二個）、一、契約覚書ヲ呈スルコト」と記している。[59]

しかし翌一九〇二年になって、在福州英国領事プレイフェアが、樟脳は各国いずれの国民にも輸出を禁ぜられているものでないのに、日本人に専売権を与えるのは不都合とのべ、在北京英国公使にもその旨を建言したので、清国外務部も承諾を与えることを躊躇したという。[60] 北京の内田公使も、各国から出るであろう反対論をもっとも危惧していた。[61]

許総督も、初め日本人に請負わしむることを躊躇したという。[62] 北京政府もその認可に難色を示した。そこで、日本は愛久沢を北京に送って種々説明を行わしめ、日本公使も加って総理衙門と交渉を重ね、[63] 四月には再び福州で交渉を重ねさせた。北京でも日本公使と外務部とで直接協議した。ついに外務部より契約案に承認が与えられ、[64] 許総督は厦門道台延年を官脳局督辧に任命することに決め、[65] 六月二日、延年、上野領事、愛久沢立会いで、事実上日本に専売権を与える契約書に調印した。[66]

八月愛久沢は部員を率い、厦門を中心にして樟脳開発事業を始めんとした。ところが忽ち、列国から猛烈な反対運動・妨害が始った。北京政府より許総督に種々難題が持ち込まれとか、九月になっても着手できない状況で、愛久沢も開業の地を厦門から福州へ移すことも考えた。「仏国人は小刀的細工で妨害をし、英国商天祥洋行は製脳事業への参入をはかった。」[67] 在厦門英国領事は、福建省内に於ける樟脳自由売買を清国官憲が干渉するのは条約違反と認める旨の英国外務卿の公告をなし、その旨許総督にも申入れ、英国領事は「窃カニ英商ヤ籍民を使嗾シテホシイマヽニ清国内地デ製脳ニ従事セシメ、……窃カニ後援トナリ、威勢ヲ示シテ其不法行為ヲ貫カントセリ[68]」とある。福州地方官が、英国商永昌洋行に対し、樟脳売買を許可した風説もあったので、豊島福州領事が確めたところ、許総督は、英国商に自由売買を許可した事実はないこと、日本の樟脳売買事業は条約違反に非ずと確信すること、その旨を英国の照会に対しても伝えたこと、樟脳は火薬製造の原料となるので、清国人民にその自由製造及び売買を禁止するのは清国の主権に属すことをのべ、日本の立場に理解を示す態度を示したという[69]。

こうして樟脳開発事業は、日本と列国、さらに清国との間に複雑な紛争をもたらした。その間の事情は、『後藤新平伝』によれば、「然ルニ福建省駐在ノ各国領事、就中英国領事ハ、我カ此挙ヲ目シテ、日人独リ貿易上ノ利益ヲ壟断スルモノト為シ、北京駐劄各国公使ト気脈ヲ通ジ、通商条約ノ条規ヲ曲解シテ、清国官憲ニ抗議スル所アリシニ依リ、我レハ法理ノ存スル所ヲ示教シ、清国官憲ヲシテ這般抗議ニ答弁セシメ、一面専売制ノ実行ヲ彼等抗議ニ頓着ナク進行セシメタリ。此ノ如ク当初ニ在リテハ、清国官憲ハ官脳契約ノ条項ヲ遵守シ、他ノ抗議ヲ排除シテ我レヲ庇護シ来リシモ、各国公使領事ノ抗議ハ頗ル頑強ニシテ、其法理上ノ争議ニ勝ヲ制スルノ理アルモ、自ラ之ヲ実践シ得ルノ力足ラザルコトヲ覚ルヤ、種々ノ陰険ナル手段ヲ運シ、無頼清人ヲ使嗾シテ専売条規ニ反シ密製ニ従事セシメ、之レニ不法ノ庇護ヲ与ヘテ清国官憲ニ対抗セシメタリシヨリ、脳務ノ拡張ニ伴ヒ紛争弥加ハリ、各国領事ハ之レヲ口実トシテ抗議ニ次グ抗議ヲ以テシ、清国官憲ヲシテ其煩累ニ堪ヘザラシメントセリ[70]」という状況であった。

四　福建高官の弾劾・解任

こうして英国を始め各国の抗議の中で、許総督等を収賄の面から弾劾する動きが出てきた。恐らく英国領事側からか、或は許総督反対派からであろうと思われるが、「親日主義」の立場をとる許総督以下を告発した訳である。御史江春霖らの弾劾により、清廷は湖広総督張之洞、広東巡撫李興鋭に密旨を下して調査を命じ、両人は総督・将軍すらも一切面会を拒絶して、一月下旬から調査員を各所に密派して探捜に従事せしめた。

弾劾されたのは許総督、楊文鼎按察使、彭思桂洋務局提調、孫道仁道台らで、許は、賄賂濫収、近親者に私し、人怨を買い、失政多き事、楊、彭、孫は他人を退け、屢々許総督の密議に参与するのみならず、楊は塩税官金を私かに商家に貸与し、孫は兵数を定額より減少してその糧食を私し、彭は許総督収賄の機関となり、総督の女婿なるにも拘らず、洋務局、銀元局その他枢要の職務を有する等の理由があげられている、と報告されている。(71)

彭思桂は一月下旬、豊島領事を訪ね、弾劾の不条理なる旨を痛論し、本件の起源は、義和団運動当時、許総督が、楊按察使、彭提調らと謀り、各国領事と「福建互保協定」を訂立したことにより、「頑固派」の攻撃を招いた結果だとし、その救済の方策を求めた。(72)豊島領事は、孫道仁と楊文鼎は共に福建武備学堂の総辦で、頗る「日本主義」の人物で、今回革職等の処分があれば、武備学堂の基礎を危くし、日本の勢力に関係を及ぼすので、この際彼らを救済するを得ば、許総督等は日本を徳として、今後日本に利益ある結果を生ず、と建言している。(73)これら「日本主義」高官の地位に変動を生ずる時は「折角草創ニ係ル武備学堂、樟脳専売其ノ他ノ事情ニ影響スル事少カラズ」と懸念された。(74)

日本は、それぞれの部署で手を尽くして、出来るだけその地位に変動ないよう運動した。孫道仁の進退は、武備学堂の日本人教習の地位とも関係するので、「本邦ノ勢力ニ影響スル所アルヲ以テ袖手傍観スベカラザルモノ」とし、小田切上海総領事が張之洞に働きかけた。三月二十四日の処分の上諭では、孫は「熱中営求利ヲ好メリ、惟平日尚練兵ヲ知リ新法ヲ講求セリ」とし、通判に降格されたものの、なお武備学堂総辦の地位を保ったのは、小田切総領事の「運動多少ノ功ヲ奏シタルモノニ相違無之」とされている。(75)

許総督は先の上諭で交部議処が決ったが、日本は北京でも、内田公使を通じて清廷に働きかけた。しかし、余り立ち入って干与提議すれば却って清廷の疑惑を惹起するし、内政干渉にもなることに注意しながらも、(76)許総督が免官になれば、その部下も多少の更迭はあるべく、そうなれば福建地方における我が事業、殊に樟脳専売事業に対して著しく不利な影響は避けられず、許総督を救済すること困難になった現状では、樟脳専売と密接な関係を有する厦門海関道延年だけは是非とも現地位より動かさざるよう、そして許総督の留任不可能であれば、せめて日本に対して利益ある後任者を任命せられるよう、そしてその新総督に延年だけは現地位より動かさざるよう尽力するよう、小村外相は内田公使に訓令していた。(77)

結局、許総督は、小村外相が許総督は現地位より動かされないだろうという慶親王から得た内田公使の報告を、豊島領事に伝えた四月四日、(78)その閩浙総督の地位を解任された。

許総督の後任に誰が任命されるかは日本にとって重大な関心事であった。熱河都統錫良が任命されたが、着任しないまますぐ四川総督に調任され、あとに、今回の弾劾事件の調査委員の一人であった広東巡撫李興鋭が任命された。まず錫良の発令は日本にとって「注意ノ必要アリ」とされた。錫良は義和団運動の際、河南巡撫で、義和団に大いに同情を示し、宣教師殺害事件を将来するに至り、また剛毅と特別に親密な間柄で、ともかく強い排外思想の持主であった。(79)「錫は有力な排日主義の一人なり。之をして福建に督せしむ、我の施設に少なからざる妨害を及ぼす火を見るより明かなり」と。錫が四川総督に調任されたのは「我国の為に慶すべき所なり。……之に代るに李興鋭を以てせしは、頗る其人を得たる者の如し。……若し之を操縦するに其道を以てせば、我福建経営の上に利する所少なからざるべき歟」とされた(80)。

処分された許総督、楊文鼎按察使や彭思桂洋務局提調は相ついで福州を去った。許が離任する時、「この行を送る者、官界の人百余名、道路観る者多くは嬉嬉然として怡色あり。珍怪の至りに候(81)」とある。

豊島領事は、今回、人身攻撃的弾劾によって確然たる罪名なくして処分された右三名はいずれも比較的事務に通じた有為の地方官で、各国領事も其の過去を惜しみ同情を表しており、無事留任した地方官は一人として有為の者なく、周蓮布政使の如きは一個の好人物にすぎず、新任の李興鋭総督も、年七十八歳で大酒飲みの痴愚の如き老病あり、今後、福建には総督始め洋務局員とも更に適当の人物無之、福建地方には頗る面白からざる現象を顕すだろうと予測している(82)。

福建官脳局督辦延年についても、転任になれば、「我方ニ於テ非常ノ不利益ヲ蒙ルベキニ付(83)」「同人ノ地位ヲ保持スル様(84)」日本政府、北京公使、福州領事とそれぞれにその後も繰り返し働きかけたが、結局、同年末には延もその地位から離れたようである(85)。

五　「二大事業」からの撤退

日本は、義和団運動期のこの時期に、福建省を中心とした大鉄道網建設を、厦門の大富豪林維源の資金援助を期待して計画した(86)。さらに陳宝琛と連絡しつつ、厦門東亜書院や福州東文学堂、泉州彰化学堂を経営した(87)。そして、日本は、華南地方に日本仏教の布教にもつとめた。これは同地方で摩擦をおこした[88]。

日本のこうした福建省への政治的、経済的、軍事的、文化的進出は、清国人には、小学校教科書に「甲午、中日和を失し、我国戦敗して台湾を割きて日本に与う、これより後、日人台湾を経営し、且つ福建を呑噬するの志あり[89]」とあるように、福建を併合せんとするとうけとられ、一九〇五年秋、日露戦争終結後、満州還付の日清協定締結の頃、日本が満州を清国に返還する代償に、福建省割譲を要求したという所謂「割閩換遼」の風説が流れた時、福州でも学生・紳士らが集会を開いてこれに反対し、日貨排斥運動をおこしかけた。これは風説でしかなかったが、その運動をまず呼びかけたのは、武備学堂の学生であった[90]。そしてその武備学堂は、翌年改組されて福建陸軍小学堂となり[91]、日本人教習も漸次、契約任期の満了とともに解雇された。

一方、樟脳専売事業は、福建高官処分のあとも英国などから反対工作が続いていたが、一九〇四年七月には日人已允停辦福建樟脳[92]したようで、そして「割閩換遼」の風説のあった一九〇五年十月、福建省当局の希望をいれ、賠償金をとってこの紛争の原因であった専売契約を撤廃した[93]。

義和団運動後、日本が福建省で興した「二大事業」は、ここに至って、二つとも日本と「特殊関係」を有する事業たるの性格を失った。

おわりに

一八九八年、日本は、清朝に福建不割譲宣言を発表させた。そしてこの義和団運動期に、日本は福建省を実質的に日本の勢力範囲にせんと企図した。しかしこの地域への日本の進出には列国、とりわけ英国は警戒した。

義和団運動期、北京公使館救出作戦において、その後の講和会議において、日本は、英国に対して基本的に依存路線・協調路線をとってきた。そして一九〇二年に両国は、日英同盟を結び、友好関係になった。そして日本は「アジアの番犬」になった。しかし、南京条約締結により開港してより以後「五十年来英国ガ巨費ヲ投ジ百難ヲ排シテ以テ今日ノ盛域ヲ致シタ(94)」厦門・福州方面への日本の進出には英国は異議を唱えた。八カ国連合軍では同一歩調をとり、国家的レベルでは同盟関係にあった両国は、華南における施策については利害はきびしく対立した。結局、義和団運動期の日本の企図した進出策は、列国、とりわけ英国との利害の対立もあり、思惑通り行くには困難があった。

注

(1)『光緒東華録』光緒二十九年二月辛亥、三月壬戌。許応騤は、戊戌改革期、保守派の牙城であった礼部の漢人尚書であった。礼部六堂官の一人として、一八九八年九月革職された。しかし、戊戌政変直後の同年十月から閩浙総督に就任していた。

(2)『日本外交文書』第三十三巻、別冊一、北清事変、上、第二四五号文書、福州豊島領事より青木外相宛、七月十日(以下この場合『日本外交文書』三十三―上、と略記する)。

(3) 同前書、第二五四号文書、福州豊島領事より青木外相宛、七月二十四日。

(4)(5)『東亜同文会報告』第十回。

(6)『日本外交文書』三十三―上、第二五三号文書、楊文鼎洋務局長の言。

(7)『日本外交文書』三十三―上、第五二八号文書附属書一、『拳匪記事』巻三(大部異同がある)。

(8) 宋顕穎「義和団運動時期的〈福建互保協定〉」『山東師院学報』一九八〇年第六期。

(9) 王魁喜「一九〇〇年福建〝義和会〟収復台湾斗争」『中日関係史論集』第二輯、一九八四年四月。

（10）『日本外交文書』三十三－上、第二四〇号文書、厦門上野領事より青木外相宛、六月三十日。
（11）同前書、第二五六号文書、上野領事より青木外相宛、七月二十四日。
（12）黄昭堂『台湾民主国の研究－台湾独立運動史の一断章』（一九七〇年）参照。
（13）『日本外交文書』三十三－上、第九八七号文書、附属書一厦門特派室田公使より加藤外相宛、十二月十日。
（14）『東洋戦争実記』第九編（三十三年九月二十三日発行）「厦門暴動詳報（承前）・暴動後の模様」なお『芸備日日新聞』八月二十九日「台湾回復を計る」に「二十六日上海発電報に曰く　近来厦門地方にては日本排斥熱昂まり、其際有志団結して台湾を回復せんとし檄文を発したる処、右檄文在厦門英国領事の手に入り当地に伝はりたり」とある。
（15）山県侯意見書、北清事変善後策、『日本外交文書』三十三－下、第二三七〇号文書。
（16）中塚明「義和団鎮圧戦争と日本帝国主義」『日本史研究』第七十五号、一九六四年等。
（17）『日本外交文書』三十三－上、第九六一号文書、豊島領事より青木外相宛、九月十三日。
（18）『対支回顧録』下巻、児玉源太郎伯項、七八四～五、七八七頁。
（19）『日本外交文書』三十三－上、第九六二号文書、青木外相より特派室田公使宛、九月十三日。
（20）（22）同前書、第九八七号文書、室田特派公使より加藤外相宛、十二月十日。
（21）同前文書、附属書三、致水師提台楊軍門函稿。
（23）「桂太郎自伝」巻三『明治資料』第七号。
（24）大江志乃夫『日本の参謀本部』一九八五年、八四頁。
（25）『対志回顧録』下巻、二七一～二七七頁。
（26）旧陸軍関係文書「福島少将上海行の用向を推測したる外字新聞記事に関する件」（国会図書館憲政資料室）曾弥外相より児玉陸相、明治三十四年九月十六日。
（27）『対支回顧録』下巻、二七六頁。
（28）『明治軍事史』下巻、一一六二頁～一一六八頁、旧陸海軍関係文書「軍事関係明治天皇御伝記資料（明治三十四年）」（国会図書館憲政資料室）。
(29) 外務省保管文書「帝国陸軍大演習関係雑纂」豊島領事より曾弥外相宛、九月十二日。
(30) 潘守正「鄭祖蔭与孫道仁」（『福建文史資料』第六輯）一九八一年八月。
(31) 孫道仁が後、辛亥革命の際に、推されて福建都督となった時、年若い日本士官学校出身の許崇智を抜擢したのは、その祖父許応駿の恩に報ゆるためだったという。（『宗方小太郎文書』続、一九二頁）
(32) 防衛庁保管文書「壱大日記」小村外相より児玉陸相宛、十月十一日。
(33) 『日本外交文書』三十三－下、第二〇一七、一八、一九号文書。
(34) 浙江武備学堂に斉藤季治郎少佐らを送る以外、南京練将学堂、安徽武備学堂、将弁学堂、南洋公学堂に士官を派遣していた。（外務省保管文書「清国兵制改革一件」）
(35) 『東亜先覚志士記伝』下巻、七六頁、橋本斉次郎項「閩海関十年報」（『福建文史資料』第十輯）に孫道仁が帰国の際「二名の日本軍官を帯来」とあり、『東亜同文会報告』第二十七回に、一九〇二年一月で、「橋本の入閩を見るに至る」とある。
(36)(43) 『対支回顧録』下巻、九四一頁（吉村利光君項）。
(37) 『中国近代学制史料』第一輯、上冊、五四九頁。
(38) 『東亜同文会報告』第三十二回。
(39) 『閩侯県志』巻三十四、新学校、開設時期は四月（『福建事情実査報告』五三〇頁）五月（『中国近代学制史料』五四九頁）六月二十日（『東亜同文会報告』第三十三回）とある。巡撫衙門の改築に時間がかかったらしい（『申報』五月十八日）。
(40) 『福建事情実査報告』四七六頁。
(41) 『中国近代学制史料』五四九頁、『東亜同文会報告』第三十三回　志願者が多いので、二学科、二倍の定数にしたのか。
(42) 『清朝続文献通考』巻一百九、学校十六。
(44) 『東亜先覚志士記伝』七六頁、『対支回顧録』下、八二四頁。
(45) 防衛庁保管文書「清国事件書類編冊」上海駐屯歩兵大隊長今井直治より寺内陸相宛、六月十四日。

(46)(47)『後藤新平伝』台湾統治編下、一七二―一七五頁。明治三十五年（一九〇二年）設立だから「三五公司」という。
(48)『後藤新平文書』（マイクロフィルム版）「厦門関係書類」後藤民政長官より児玉総督宛、九月十四日（以下この場合、『後藤文書、厦門』と略記する）。
(49)許世楷『日本統治下の台湾』（一九七二年五月）、第一部第一章「日本領有に対する阻止運動」参照。
(50)外務省保管文書「福建省ニ於ケル樟脳事業関係雑纂」厦門上野領事より後藤新平民政長官、五月二日（以下この場合『外務省文書・樟脳』と略記する）。
(51)(53)(55)後藤新平文書「対岸脳務関係」小村外相より上野領事宛、十月二十四日（以下この場合『後藤文書・対岸脳務』と略記する）。
(52)『外務省文書・樟脳』、小川技師より後藤長官宛、九月二日。
(54)『後藤文書・厦門』、後藤長官より児玉総督宛、九月十四日。
(56)『外務省文書・樟脳』、小村外相より上野領事宛、十月二十七日。
(57)『後藤文書・厦門』、児玉総督より後藤長官宛、十月二日。
(58)『外務省文書・樟脳』、上野領事より小村外相宛、十二月十四日。
(59)後藤新平文書「愛久沢直哉対岸訪問日誌」に男女用腕時計二個・二百二十弗を贈ると「彼喜ンデ之ヲ受領」したものの、五千弗については大いに驚いて再三、辞退したが、特許を得るため費した経費を弁償する意味の「運動費」である旨を含めて贈ったと記している。
(60)『後藤文書・対岸脳務』、豊島領事より小村外相宛、一九〇二年二月十一日。
(61)同前書、内田公使より小村外相宛、二月十九日。
(62)『東亜同文会報告』第三十三回。
(63)「発閩浙総督許応騤電」（光緒二十八年二月初四日）『清光緒朝中日交渉史料』巻六十六等。
(64)後藤新平文書「台湾総督府対岸経営ノ由来」。

(65)『後藤文書・対岸脳務』、上野領事より小村外相宛、二月八日。
(66)『外務省文書・樟脳』、上野領事より小村外相宛、六月三日。
(67)同前書、在福州与倉少佐より大山巌参謀総長宛、九月十二日。
(68)同前書、豊島領事より小村外相宛、一九〇三年二月七日、引用部分の日付は、不明。
(69)同前書、豊島領事より小村外相宛、二月二十五日。
(70)前掲『後藤新平伝』一七七～七八。
(71)(72)(73)外務省保管文書「閩浙総督交迭ニ際シ帝国政府ニ於テ厦門海関道延年転任予防計画一件」豊島領事より小村外相宛、一月二十八日、二月六日（この場合、以下『外務省文書・延年』と略記する）。
(74)同前書、豊島領事より在北京内田公使宛、三月二十八日。
(75)同前書、上海小田切総領事より小村外相宛、三月二十六日。
(76)同前書、内田公使より豊島領事宛、三月三十日。
(77)同前書、小村外相より内田公使宛、四月九日。
(78)同前書、小村外相より豊島領事宛、四月四日。
(79)同前書、小田切総領事より小村外相宛、四月九日。
(80)『宗方小太郎文書』報告第一三三号、明治三十六年四月二十二日。
(81)『東亜同文会報告』第四十三回。
(82)『外務省文書・延年』豊島領事より小村外相宛、五月六日。
(83)同前書、福州中村領事来電、十一月十二日。
(84)同前書、小村外相より内田公使宛、十一月十四日。
(85)同前書、中村領事より小村外相宛、十二月五日。
(86)岩壁義光「日清戦後の南海経営に関する一考察―南清鉄道敷設要求を中心に―」（『法政大学大学院紀要』一、一九七八年）。

(87) 中村孝志「東亜書院と東文学堂―台湾総督府華南教育施設の濫觴―」(『天理大学学報』第一二四輯、一九八〇年)。
(88) 入江昭「中国における日本仏教布教問題―清末日中関係の一断面―」(『日本外交史の諸問題』Ⅱ、一九六五年)。
(89) 『最新初等小学福建郷土誌』但し後、宣統年間刊行のもの、『外務省保管文書』「在福州某氏ノ情報」。
(90) 本書第二部第一章。
(91) 浙江、貴州、陝西、安徽、江西、甘粛、河南の各武備学堂も、一九〇六年に陸軍小学堂に改組されている(『中国近代学制史料』五四七~五五〇頁)。
(92) 『東方雑誌』第二年第一期(一九〇五年二月二十八日発行)「光緒三十年中国事紀」六月十二日(一九〇四年七月二十四日)。
(93) 前掲『後藤新平伝』一七九頁。
(94) 『日本外交文書』三十三ノ上、第九八七号文書、室田特派公使より加藤外相宛、明治三十三年十二月十日。

第三章　林維源の福建勧業銀行設立計画

はじめに

一九〇五年（清国光緒三十一年、明治三十八年）、厦門の富豪林維源によって、福建勧業銀行設立が計画された。この事業は、林維源の死去によって結局挫折したが、一年有余の後、養嗣子林爾嘉によって普通銀行に改組し、福建信用銀行として設立された。そしてその計画の中で、日本にも出資の要請を仄めかした事から、日本もそれの対応を検討し始めた。

その設立の過程をたどり、背景をみんとするのが小論の目的である。

一　林維源について

林維源、字は時甫、祖籍は福建龍溪、一八五七年、台湾で開墾事業で産をなした父林国華の死去により、林本源号を継承した。林本源とは林一族の総家号であり、彼は林家の家長即ち主人となった。一八七七年以後、度々政府に献金し、清仏戦争に際して巨額の処金をして、三品卿銜侯選道を賞給され、劉銘伝が台湾巡撫に就任すると、墾務兼国防大臣に推められ、さらに台湾国防事務を授けられた[1]。日清戦争が始り、清国が破れて「台湾民主国」が成立した時、議院議長に推挙されながら辞退して就任しなかったが、台湾の日本への割譲後日本籍に入るのを好まず、林爾嘉ら家族とともに厦門に移り住んだ[2]。

側室に男子なく、一統の台湾の望族より養嗣子として林爾嘉を迎え、林景仁ほか三人の孫ができるが、後に林祖寿、柏寿、松寿の三人の男子ができた。夭折した兄林維譲に何人かの孫があり、同じく夭折した弟林維濂の子に林彭寿、鶴寿、嵩寿がおり、一九〇五年当時、林維源六十八歳、林爾嘉二十九歳、林彭寿、鶴寿、嵩寿は成人に達していたが、他はすべて幼年であった[3]。

林本源の家産は一体幾何くなるのか見当もつかない位莫大なるものであったという。田圃の価値は約六、七百万円以上とか、或は千五六百万円ともいい、他に家屋、敷地、原野を有し、台北市近郊板橋にある邸宅は城廓にも等しい豪壮さであった。林維源、林爾嘉らが厦門に移り住んでから、台湾の家産は、子の林祖寿、甥の林彭寿、鶴寿、嵩寿、孫の林景仁の名義になっていたが、林維源が一家の家長で、実権を握っており、台湾総督府に支払う固定財産費を除いて、台湾での収入は、尽く厦門に輸送され、こういう点から、台湾総督府の処置が手ぬるいと憤る者もあったという。

林本源の家産は数名の管事によって管理され、その主席を総管事といい、名誉ある地位とされ、俸給は高くなかったが、種々役得があって、当時の総管事の陳少碩は勢力頗る大きく、林本源の総管事を勤る傍ら、自ら種々の事業を営んで巨万の富を築いたという。林維源は平生から、管事以下、書記、傭人等事務員の役得防止に注意したが、対岸の台湾の事業に通せず、完全には掌握できなかった[4]。

林維源はその後一度も渡台することはなかった。人となり、いわゆる保守主義、守旧主義、祖先伝来の家憲を守って、革新の意識は乏しく、個人的には自ら朴倹につとめ、人と接して謙恭とある。[5]その資産と声望でもって、南清第一の紳士たるの地位を得、「厦門地方ニ在テハ、高等官吏ト雖モ、一ツニ彼ノ鼻息ヲ窺ヒ以テ地方ノ方針ヲ定メ、且ツ該地方ノ経済社会モ亦タ、常ニ彼ノ指導ニ依ラサルコトナシ」[6]即ち、「その声望は却って総督、布政使を凌ぐものがあった」[7]という。

養嗣子の林爾嘉、字は菽荘、多少文明の空気に接し、且つ思慮に富む者とされている。一九〇三年九月より台湾銀行監査役に就任していた。[8]

二　福建勧業銀行設立への動き

林維源によって設立されんとした福建勧業銀行の計画が、誰の発議によって、何時頃から、如何なる経緯をたどって進行されたのか、よく分らないが、計画があるとの情報が外部・世間に伝るのは一九〇五年春頃である。日本当局には、厦門領事上野専一が、四月十日、林維源の「内話」を報告してきたのが最初である。北京政府商部は、林維源に資本金五百万円の銀行を厦門に創立させ、将来この銀行をして福建鉄道事業を興さしむる計画で、この程、林の意向を徴してきたので、林は自分が銀行の督辦となり、政府の資本を入れず、且つ銀行の業務に北京政府が多大の干渉をしない条件で、之を承諾し掌辦の方法を講ずべしと覆申した所、商部は林の提案に同意を与えたというものである。そしてその際、上野は、林が何となく上野の間接の援助を得たい希望があるように感じたという。林が日本に、資金援助を申出たい意向であるとの感触を得たというのである。そして上野は、この銀行の成立は、将来、日本の南清鉄道経営上に関係を及ぼすので、この機会に我が資本家を結託せしめ、将来の地歩を作る措置を採るよう、小村大臣の訓令を仰いだのである。(9)

小村大臣は、まず基本的に「我において之に参加することは得策なるべきも」としながら、突然のことであり、決定の判断をする材料として、銀行の性質、経営方法等、今少し詳細な事情を調査して、報告するよう訓令した。(10)

これについて、上野は次の様な組織で成立する筈という調査結果を報告した。

㈠銀行の性質は純然たる商工業銀行を目的とし、福建省の鉱山及鉄道の経営に着手すること、㈡銀行は株式会社組織で、外国人の資本家の参加を妨げないが、資本総額の十分の四以上に達するを得ないこと、㈢銀行の資本金として先ず五百万円を募集すること、㈣厦門に本店を置き、香港、上海、天津に支店を設けること、銀行の理事者には外国人の専門家を採用すること、なお資本金五百万円のうち、百万円（場合によっては二百万円）を林自身が出資し、二百万円を林の友人の南洋華僑が引受けるとし、五十万乃至百万円を日本の確実な資本家にて引受けてくれる者があるか、内々に相談し置かれんこと、さらに本銀行の成立をみるまでは、極力秘密にしてほしいとの要請があったとのことであった。(11)

秘密にしてほしいとしたのは、日本に資本参加要請を内々に要請した点であり、銀行設立計画それ自体は一般にも報道され、『台湾日日新報』すらが五月上旬、北京来電として次のように記している。

福建省之清国商人、推戴林維源、以資金四五百万両設立一銀行、欲以防法人専占鉄路鉱山之事業(12)

当時、福建省には、各国の勢力が入っていたが、とりわけ仏国人が前閩浙総督許応騤と密約した建寧、邵州の鉱山採掘権が、この年一九〇五年、五年の契約期限がきれるに当り、福建紳商らは、折からの利権回収運動(13)の風潮の中で、極力継続反対運動を進めたが、仏国公使からの強い要請によって、さらに二年半の延長をなし、その他海底電線の架設設計等、着々と経営を進めていた[14]。

一方、福建鉄道建設計画は、早く、十九世紀末から、日本により、断続しながら幾度か検討が進められてきたが、この一九〇五年には、清国自身による建設が計画され、福建省の実力者、林維源の親戚筋に当るという陳宝琛が鉄路総辦に就任し、それが具体化されんとしていた[15]。

『中外日報』も五月十六日付に「福建省ノ銀行設立計画」として「商部ハ福建省ノ実業ヲ振興セントシ、特ニ王清穆委員ヲ厦門ニ派遣シ、林維源ノ福建銀行設立ニ付商議セシメタリシガ、既ニ商議ヲ了ヘ章程二十余条ヲ定メタリ、其内容如何ハ未タ悉シク聞知セズト雖モ、大要ハ支那人ノ株主ヲ主トシ、外国人所有ノ株ハ十分ノ三ヲ逾ユルヲ得サルコトトシ、一株一百両、総数五万株即資本金総額五百万両ニテ、其内一百五十万両ハ林氏自ラ之ヲ引受ケタリト云フ[16]」と、数字の些細については異る点もあるが、外務省関係の報告と大体において同じ報道をしている。

これは『大清徳宗実録』にも、

商部奏、前太僕寺卿林維源、以商業起家、現擬承辦勧業銀行、不用官股、専招華商、約可集得資本銀四五百万両、請准派辦、並懇奨励以資観感、得旨、前太僕寺卿林維源、著賞加侍郎銜、著商部催令来京、督飭認真辦理[17]

とあり、これに係る商部上奏も、『申報』等に報道されている。その大要は、

実業ヲ振興スルハ資本ヲ集ルニ在リ　銀行ヲ設クルヨリ良キハナシ　方今各国其農工商諸業ノ日ニ改良ヲ加ヘ益々発達スルハ資ヲ勧業銀行ニ借ルニアリ　勧業銀行ハ実ニ諸業振興ノ基礎タリ　今ヤ清国ガ農工鉄道鉱山振興ヲ計ラサルベカラザルモノ一一ニシテ足ラスト雖モ　資本欠乏利源日ニ枯レ殆ト手ヲ着クルニ由ナシ　今勧業銀行成立シ民間ノ資本ヲ収集スルヲ得バ　実業ニ稗益スルコト必ズヤ大ナラン　現ニ戸部ニ於テハ中央銀行ヲ設クト雖モ更ニ民資ニ依テ勧業銀行ヲ設立セバ　互ニ相助ケ両者益ヲ受ケン　且ツ林氏ハ久シク厦門ニアリテ商情ニ精通

シ　又支那商人ノ心服スル所ナレバ　四五百万両ノ資金ヲ募集スルハ難事ニアラズ　且彼ヲシテ責任ヲ以テ事ニ当ラシメバ必ズヤ著シキ効果アラン　幸ニシテ裁可ヲ得バ　林氏ニ通知上京セシメ　面会ノ上章程其他一切ノ事ヲ協議セントス　実ニ此種ノ銀行ヲ設立スルハ　政治上必要ノ事ニ属スルヲ以テ　林氏ニ民資ヲ集メテ同銀行ヲ開クヲ許サレンコトヲ請フ云々

とある。[18]

結局しかし、林維源は老令で病気のこともあり上京せず、前記王委員即ち商部参議王清穆を六月中旬入閩させて商議させることになった。さらに、福建の路鉱農工商務、樟脳等を専管せしむる福建商務大臣を実授しようとした。[19]

この間の『台湾日日新報』の、福建勧業銀行設立計画についての解説をみてみよう。

林維源が侍郎銜の官に任ぜられ、ついで福建通商大臣に任ぜられるとの説がおこったのも、北京政府が、所謂、国権挽回、民利開拓を実行せんがためであること、積年の懸案でありながら、容易に実現しない福建鉄道建設より、勧業銀行設立がより実現性のあるものとして期待されていること、林維源自身が痰喘の病重く、商議のための上京ができず、代って嗣子林爾嘉の上京も実現せず、王清穆との協議も進まないままに日を経、政府と林側との調整もままならず、具体的な計画の進捗がないうちに、林の福建商務大臣就任の説もとり消されたこと、等である。

しかし、早くもこの六月中旬の段階で、勧業銀行が果して成立するものか、すでに疑問視していたことは注目される。[20]

三　福建勧業銀行設立計画と日本の対応

一方、上野厦門領事は、予て林氏より内話のあった日本より百万円を出資する点に関し、如何なる見込なのか、果して出資加入者があるなら、この際、林の心得までに通知しておくことが必要であると、日本の出資者を早く決めるよう督促してきた。併せて銀行成立の上は、銀行事業に経験のある日本人を採用せよと林維源に勧告したとも報告してきた。上野は早く出資者を決め、さらに経営参加するよう積極的に進言した。(21)

勧業銀行設立は、本来、北京政府商部と林維源の間で検討されだしたもので、その過程で、林維源が日本に資金出資の要請を仄かしたことから、日本が如何なる方法でそれに対応するかを検討し始めた。

愛久沢直哉は、これに参入することは大きな問題であるとみなした。しかし、本件は台湾総督府の経営する源盛銀行その他の事業とも関連する上、とくに源盛銀行とは同じ目的をもつので、むしろ台湾総督府が直接監督して調和すべし、と上申した。(22)

愛久沢は、台湾総督府の嘱託で、後藤新平の腹心であり、総督府がつくった「三五公司」の社長として、一連の「対岸経営」を進め、福建省樟脳開発の専売権を取得し、源盛銀行をおこし、また潮汕鉄道建設を手がけていた。(23)

源盛銀行は潮汕鉄道の付属機関として、為替・倉庫の業務を営むため一九〇四年初頭に設立され、香港の有力者、呉理卿に主としてこれを管理させ、(24)一九〇五年には年次一割の配当をなし、業務は漸次盛大に赴きつつあったという。(25)

一方外務省は、この銀行設立に伴う全般について、台湾総督府後藤長官に問合せた所、(26)その返電は、林維源側と直接の交渉は未だなしとした上で後藤長官は「彼の議未だ熟せざるに依り、余り我より進んで持懸くるは得策にあらずと信ず」とあった。(27)同日、長官は大蔵省に対して、総督府の希望を詳細にのべた。

㈠該銀行についての林維源の意志が甚だ曖昧で、彼が資産の大部を投ずるかどうか大いに疑問であり、その銀行が成立するか否か未定である今日、我より進んで持懸けるのは却て彼の乗ずる所となり得策でない、㈡林の意志が定まり、銀行の成立が確立となっても、林は清国政府の横暴な干渉を予防する為、一方では英国人の資本を加える計画を考えており、彼は極めて老獪で権謀に富み、席上の交渉は誠に円滑であるが、自家の利害については名分を省みず、我儘な野心を有する人物である。今これに百万円即ち総資本の五分の一を投じ、権利の幾分かを我に取り置こうとするのは、余程考え物である。従来の経験上、清国人との共同事業は絶えず紛擾を起し、効果をみること極めて遅々としてきた、此の点は予めその覚悟を要すること、㈢故に、政府においてこの際百万円を福建銀行に援助をする余地あるなら、寧ろ之を台湾銀行に振向け、充分な指揮監督の下に、台湾銀行をして南清地方の業務を拡張せしめる方が却って効果があると思われる。㈣当府の希望としては、政府において更に一歩を進め、少なくも資本の半額以上を引受け、此銀行の全権を我手に収める計画をたて、台湾銀行と相待たしめて、南清は勿論、南洋に手を延ばす端緒とすることが最も得策であると信ず、㈤本件の名義人については、当府は格別な意見はないが、従来同地方に全く関係のない人を用いるよりは、厦門若しくは福州の三井洋行（物産）店員又は愛久沢にするのが将来の便宜があると思考す等である。[28]むしろ、資本参加については消極的な慎重論であるが、参加するならもっと徹底した方策が得策とした。

大蔵省も、七月上旬で未だ態度を決断しかねていたが、阪谷芳郎大蔵次官「一個の考」は左のように後藤長官に示された。

一、福建銀行が福建における中央銀行たるの資格を有して成立する時は、日本政府は当方面に対する日本勢力の維持および拡張の必要上、同銀行の成立と管理とに付、充分干渉し得るの地位を作ることを必要とする、本件の処理は、外務省か台湾総督府のいづれか一方にすること

一、同銀行に日本政府が関係するについては、同銀行の性質並に特権に少くとも左の如くを要す　㈠資本金五百万円とし、創立は日本人及清国人のみを以て組織すること、㈡日本人を主たる管理者に加へること　㈢福建の中

央銀行として紙幣発行権を有し、官金の出納を取扱うこと　㈣従来紙幣発行をしている銀行は漸次その発行を廃止せしめ、今後他の銀行の紙幣発行を許さないこと　㈤福建の官憲において紙幣の発行をしないこと　㈥特殊の租税その他負担を当銀行に課せないこと　㈦福建省において必要とする公債については、福建銀行はまず以てその協議に与ること　㈧台湾銀行と融和連絡を保つこと
一、福建銀行の資本に日本人が加入する方法は凡そ左の通り　㈠加入金額は百万円とする　㈡この株は有力者又は有力銀行をして一手に引受けしめ、漸次望人に譲渡すること　㈢少くとも、年一割以上配当の計算がなければ、株主たる望人を勧誘しないこと　㈣日本政府が自ら株主たらんとするについては、帝国議会の協賛を要すとして、日本政府が関与するなら、種々の特権を得て全権を得る積極的な方針が得策である旨を開陳し、「追テ満州問題ノ結局ト鍵鏈シテ種々ノ交換問題ヲ生スヘキニ付、本銀行ノ問題モナルベク帝国ガ、福建省ニ於テ優越セル利権ヲ確実ニ扶植スルノ考エヲ以テ、速ニ歩ヲ進メ置クコト肝要ナリ」と追伸している。[29]

愛久沢直哉は、大蔵大臣も大蔵次官も本件の成立を望む賛成論者であるとの解釈と、外務省も、南清事業を追々膨張するため、今少し直接に関係することを得策としていることの解釈と、すなわち日本政府が積極的になっていると後藤長官に伝え、政府と協議するため後藤長官に上京するようていっている。[30]

上野領事も後藤長官への報告の中で、愛久沢が銀行の件は、外務省・大蔵省と協議の上、資金ができる見込みがついた、帰任するまで外人を妨げて何事も成立させぬ様、工夫ありたしと申し越してきたことを言って、愛久沢が後藤長官が積極的に推進するようのべている。[31]

こういう情報が行き交う中で、桂外務大臣は七月十日、改めて北京内田公使、厦門上野領事に、同銀行の性質、清国政府或は福建官憲と林維源との関係について調査、報告するよう求めた。とくに上野には、先に後藤長官がのべて

いる林維源への不信感、成立の可能性等について調査、報告を訓令した[32]。

これに対する上野の返電は、当銀行はもともと商部と林との相談により成り、初めより福建官憲と何ら直接の関係はなく、政府認可の下にできる株式組織で、清国要港に支店を設け、南洋各地との関係をつけ、福建省における商工業の発達を謀り、兼て政府より紙幣発行の特権を与えられる筈といい、さらに、林が権謀に富み、自己の利害にその心力を費やすのは林の本領で世人も認める所であるが、今回の銀行事業は林一私人の占有でなく、政府監督の下に組織される株式会社であり、林独り我利を働くの余地はないという。今回の件は林一己の発意でなく、むしろ福建有志者の勧誘に成るものと認められるとする。ただ、王清穆が、清国人自弁の方法により、外資を入れない方が得策であると勧告したが、林はこれに同意しなかったという。当初、当地英国テイト商会が出資加入を申込んだとは、林の語った所であるが、同商会が多額の資本を投ずることができるかは甚だ疑問としている。しかし、上野自身、銀行が果して成立するかどうかは、今の段階では不明であると判断している。しかし、成立するものであれば、とに角日本が関係をつけておくことは、将来の為得策であろうと結んでいる[33]。

内田公使の報告は、北京政府商部においては、潮汕鉄道事件以来、日本の行動に疑懼の念を抱いているような形迹があるとしている[34]。

事件とは同年一月菴府で、愛久沢が進めていた潮汕鉄道建設の際鉄路敷地買収をめぐって、これに反対する住民と確執があり、六名の死傷者を出した事件をさしている[35]。

そして、ここに出てくる英国商会の出資加入の点については、かなり早い段階の七月五日発刊の『東洋経済新報』にも、資本金五百万元のうち、三百万元を林氏自身がこれを引受け、五十万元宛を太古洋行（バターフィールド）と徳記洋行（テイト）にて出資し、残金百万元は一般株主を募ることになり居れりというと報道され、一般にも知られていることである。[36]

四　林維源の死去と銀行設立計画の挫折

ところが、こうして情報が飛び交うだけで、林維源の病気のため計画の実行が一向に進捗しないうち、七月十八日、その林は死去した。

林の病死は、とにかく計画の進行に一大障害となったことは確かで、どう進展するか全く予知できない状況となり、あとは養嗣子林爾嘉が如何に継承、処理するかにかかってきた。

北京政府商部も、銀行は中止を免れず、と深く事態を憂慮している、と報じられている。[37]

しかし、一方で、林維源の死去は、この銀行設立等の事業を含めての経営方針にとって、「林家の刷新を促せるもの」とか「同家の面目は今後大いに改めらるる所あるべし」とも観測されている。[38]

王参議は、林爾嘉に、この事業を継承すべく、林爾嘉に即日上京させるよう商部に電請した。[39] 北京政府商部も林爾嘉をして推進させるべく働きかけた。

これより先、林維源はその死去の直前、厦門商会総理の選挙に際して、三十六票中、林が三十一票を得て当選したが、高齢、病気を理由に辞退したので、商会では名誉総理にしようとしていた。[40] ところが、林の死後、後任に選ばれた葉清池は、資産家であるが、純然たる商人で、総理の任にかけるというので、改めて林爾嘉を選んだ。これは林維源在命中の関係から、王清穆の勧誘により、商部の内意に出たものと、上野領事は見ている。

こうして銀行設立計画は林爾嘉が継承するかどうかが焦点となってきた。しかし、引受けるかどうか、実現するかどうか八月の段階では全く予測できない状況であった(41)。

祝辰己総督府財務局長は林維源死去前後の林本源の事情等について次のように言っている。福建銀行設立については、林維源は余り気が進まない様子であったが、北京政府の勧誘と、林本源の総管事陳少碩が、台湾において事業に失敗したため失った財産の埋合せをする都合のよい手掛りとして、林維源に推めその支配人たらんとしたものであると。又、林維源の死後、林爾嘉は、林家の年長者である第三房の林彭寿や、林維源の相続者である林祖寿、柏寿、松寿よりも、林家の家長なるべき林爾嘉が、銀行を完成し、その功によって清国政府より官爵を貰い、益々勢力を張らんとする野心があって、林維源死後、家政整理、財産処分のような急務を捨てて専ら銀行設立に奔走し、当時、厦門在住の林彭寿、鶴寿にも同意を求めつつある模様だという。又、陳少碩はかねて林彭寿、鶴寿、嵩寿の三兄弟に容れられず、林維源死後の今日、将来台湾における総管事の地位を保つことと、前述の野心があるため、年少気鋭の林爾嘉を使嗾して、自己の目的を達せんとしつつありと、従って、銀行設立の事は、維源在命の日よりは、容易に成るやも知れず、とみている。さらに、林彭寿、鶴寿は銀行設立は危険だと余り気が進まず、嵩寿も絶対不同意の由とか、陳少碩は、銀行の業務には米英人を使用する見込みで、日本人には任せ難いといったとか、日本政府自体はこの銀行の設立を必要とする理由なしとみられている等を伝えている(42)。

これによれば、林爾嘉自身、銀行設立計画を実現すべく、一族を廻って同意を得るため奔走したようである。この間、計画が進捗したのか、中断状況になっていたのか、或は立消えになったのか、よく分らないが、十一月上旬になって林爾嘉が上野領事を訪問した際の「内話」がある。

それによれば、北京政府より、時々、林維源の計画の事業を継続する方法について、種々勧告をうけているが、自分はその任に堪え難いとの口実で再三辞退している。しかし、政府側からの「林と引見の上、諸事相談したい故、速やかに上京せよ」との電命に接したので、上京する予定だと、そして、自分は父の死去以来、家事上種々繁忙の身柄なので、銀行経営のような大事業に一身を委すことは甚だ難事であるが、とに角一応上京して、政府当局者と協議の上、決定の見込みだといったという(43)。

こうして林爾嘉は十一月十三日、厦門を発し上海を経て北京に向った。そしてこの上京の際、銀行の話とは別に、龍巌地方における鉱山開発事業の特許をも諾得せんとする野心あるものの如く察せらると上野はみている(44)。

林維源死去直後からおこなった家産整理に関しては、林が死去すると、林彭寿が最年長で従って後見人となった関係上、自然実権が第三房に移り、財産の分産説をとる第一房、第二房と対立して、台湾銀行頭取柳生一義、台北庁長佐藤友熊、弁護士生沼永保らが立会人となって、三十九年十二月和解、合約するまで、紛争が続いた(45)。

こうして林爾嘉は上京し、北京政府商部や日本公使とも会見し、協議したようである。

そして『東方雑誌』中国事紀、陽暦十二月二十八日の項に

福建林爾嘉認捐五百万金、創辦勧業銀行、商部奏請賞為商部二等顧問官(46)

の記事があるが、その後どのように計画が進行されたのかよく分らない。

五　林爾嘉による信用銀行設立

一九〇六年になって設立計画に関する報道記事が、一般新聞、雑誌にも載らなくなる。勧業銀行設立計画は立ち消えになり、同銀行は結局、設立されないで終ったと見られた。

ところが、一九〇六年八月三十日『台湾日日新報』に「福建勧業銀行開設　福建勧業銀行は資本金五百万円にて開

設されたり経理者は林爾嘉氏なり」と大きな活字で報道された。

さらに、一九〇六年十月発行の『東亜同文会報告』第八十三回にも「厦門の勧業銀行」と題する次のような報告が掲載された。

故林維源ハ商部ト協議シ、福建ニ勧業銀行ヲ設立セント計画中、不幸病死シタルガ、其子林爾嘉ハ前ニ亡父ノ志ヲ継イデ経営セントシ、商部モ大ニ奨励スル所アリタリ、爾後林爾嘉ハ熱心ニ株ヲ募集シ今ヤ五百万円ニ達セリ、依ッテ日前商部ニ万寿節（陽暦八月十五日）ヲ期シテ厦門ニ同銀行ヲ設立シ、上海、天津等ニ支店ヲ置カンコトヲ稟請シテ許可ヲ得、厦門ノ銀行ハ既ニ開業シタリ、支店モ亦遠カラズ開業スベシ、世人ハ始メ林維源ノ死去ト共ニ勧業銀行設立モ中止セラルヽナラント思ヒ居リシニ、其子タル爾嘉ガ亡父ノ遺志ヲ体シテ此業ヲ終ヘタルハ洵ニ美事ト云フヘシ（同文滬報(47)）

と。福建勧業銀行が、林爾嘉によって、一年有余の後に、計画通りに完全に実現されたというのである。

しかしながら、同報告が出所としてあげる『同文滬報』をみても、この記事に該当する記載は見当らない。

ただ同紙八月二十一日に

銀行開辦（厦門）商部責成林菽荘京卿辦銀行、前経租定太史巷彩票公司洋楼旧址、京卿赴台籌款、已於六月回厦、部署一切、定期二十六日（八月十五日）開辦、名曰信用銀行

とあるのと、九月四日に

勧業銀行将設分行、厦門函云、故林侍郎維源之公子所承辦之勧業銀行、已於月前設立集資本、不久尚擬於上海香港天津各処設立分行云

とあるのみである。結局、東亜同文会報告の記事は「銀行開設（厦門）―名曰信用銀行」「勧業銀行支店開設」の二

つの記事を一つに併せて前記の報告記事にしたものであろう。

この時、厦門に信用銀行が設立されたについては、『申報』八月二十二日にも

商業銀行已開辦、厦門、商会総理林爾嘉観察前日往台籌辦商業銀行、刻下招股、各事業已就緒、総行設在太史巷、定名曰信用銀行、已於六月念六日（八月十五日）開辦

とある。

林爾嘉によって厦門に信用銀行と名づけた一つの商業銀行が、この八月設立されたのは事実である。台湾へ渡って一族らの協力をも得て、五百万円を集めた模様である。

結局この商業銀行の設立については、八月十九日付厦門帝国領事館報告「厦門ニ於ケル清国信用銀行設立」が語っているのが事実であろう。

「当銀行ノ資本金ハ五百万弗ニシテ本年八月十五日ニ開辦セリ」に始り、以下次の如くである。当厦門の富豪林維源は曩に北京政府の勧誘に依り、福建省の産業発達に資するため、資本金五万弗の福建勧業銀行を設立せんとしたが、政府が同資本の幾分かを受け持とうと計画したので、林維源は政府の制肘を蒙るのを喜ばず、外国人の出資を企図したが、この意見は政府の容れる所とならずして協議まとまらないうちに林維源が死去したため、該銀行設立は大いに遷延したが、今回、林爾嘉は、勧業銀行の性質を変え普通業務を営む信用銀行なるものを厦門太子巷に開設し、当国万寿節（八月十五日）を以て開行することを広告した。金庫等様々の準備を必要とするので実際の営業開始は今より三週間ほどのちという。該銀行は曩の勧業銀行と同じく資本金五百万弗で、地方における主なる株主は林一家を始め、フィリピン貿易業の有力者、船舶業者テイト商会（徳記洋行）の買弁孚記、南洋で成功している富豪葉清池等で、該銀行の業務は貸金、預金、為替売買、銀券発行等で、本店を厦門に置き、支店を北京、上海、漢口、福州、香港、広

東及南洋各地、その他必要の地に置く計画であるが、差し当りは上海及香港に設置する等である。同銀行の事務処辦法は制を日本にとるつもりのようで、行員はみな不慣れなため、総裁林爾嘉は日本の銀行員の雇傭を目下交渉中で、なお第三房の林鶴寿を日本に派遣し、銀行業務及銀券発行に関し調査せしめ、その帰国をまって行務の整理に当らしめる筈という。

なお当地方には多くの銭荘即ち旧式の金融機関があるが、その資本金は少額で、到底大資本の需要に応ずるだけの準備がなく、稍資本の大きな山西銀行があるが、その業務は普通銀行と異るため、事業家が大資本を要する場合には、勢い資本家より之を借出すの外ないが、今回の信用銀行設立は商業界に利益する所大なるのみならず、当地産業発達に資する所も少なくないであろう。又その主なる株主の顔振れをみても、新設銀行は南洋方面へも大いに業務を発展させる方針と窺われ、同地方に対する為替業は勿論、華僑や多数出稼民の貯金吸収にも至るであろうと見通している。最後に、ただ資金運転に関しては、銀行重役は頗る苦心経営中なりと結んでいる[48]。

この厦門の信用銀行開設の準備については、部外にその準備状況が報じられないまゝ進められたようで、八月設立の時になって公告された。同年の二月・三月頃より調査が各地で始められ、八月に外務大臣に報告された「管内状況取調の件」の中の厦門の場合も「当厦門ニハ銀行ト名ツクルモノハ、海関銀行、地方銀行、山西銀行ノ三種ナリ」とあり、この信用銀行には一切言及されていない[49]。

そして、一九〇六年九月十四日『台湾日日新報』は、信用銀行開設の内情を次のように報じている。

予て設立の計画ありし福建勧業銀行は、今回信用銀行の名を以て清暦六月二十六日（八月十五日）厦門台湾銀行裏手なる旧彩票公司内に於て開業式を挙げたり、然れども未だ一般株式募集の挙ありしを聞かず、又政府引受株の五十万株及総辧林爾嘉氏の確定引受株の百万株も払込なく、帳簿・計表・什器等の設備も整わず、開業せりといふも只名のみなり、是れより追々に創業の準備に取掛るものなるべく、初め文明国大銀行の組織を参酌して、堂々たる大規模の模範的銀行を設立する計画なりと伝へられしに、現在の有様を見れば、到底当初予期せる如き銀行の成ること覚束なく、又実際銀行を開始するには、少なくとも向う一ケ年の日子を要すべし、聞く所によれば、今回設備なくして開業したるは、中央政府との契約上爾かせざるべからざる事情あるが為めなりと云へり、而して現在の経費は漢口の某紳商も一部を負担することとなれりとの説あり（以上厦門通信員本月十日発）。

厦門の信用銀行は、ともかく、こうして設立された。そして以後信用銀行は、厦門の金融機関（銭荘）の中でもっとも規模の大きな銀行として重きをなした。(50)

六　銀行設立と日本

以上が、林維源が計画した福建勧業銀行が、その在命中には実現せず、死後一年有余を経て、養嗣子の林爾嘉によって、名を信用銀行と変えて、設立された経緯である。

林維源にとって、最後の大事業であったが、勧業銀行は何故成立しなかったのか。設立計画準備中に林が死去したことが、最大の要因であるが、何故在命中に見通しが立つ所まで準備できなかったのか。

銀行設立計画は、日露戦争中からの民族意識高揚の中で、即ち所謂利権回収運動の中で、恐らく北京政府商部からの要請、働きかけで始ったと思われる。これの推進のため、商部参議王清穆の入閩は異例のこととされている。(51)林に侍郎銜を加賞し、福建通商大臣に任命せんとまでした。林維源の死後、嗣子の林爾嘉が厦門商会総理になったのも商部の内意によるものといわれ、商部は林爾嘉をして勧業銀行計画を継承させようと、何度も督促した。

林維源にしてみれば、銀行が商工業振興の基幹であることは認めつゝも、近代企業の設立の熱意あるいは意識は薄かったのではなかろうか。ましてや政府の干渉をうけてまでも是非設立すべきかの打算もあったろう。当時最も重要な基幹産業の一つであった鉄道建設事業について、福建省でも十九世紀末頃から日本が計画し、一九〇二年、林維源に資金要請をした時も、「到底如是新事業ニ手ヲ出ス意思モ無之」旨を答え、鉄道建設事業は林にとっては「不確実ノ事業」であった(52)。福建鉄道の場合はその採算性への疑問もあったが、不確実な新事業に融資するための勧業銀行の設立を、どれほど必要としたか、成立にあまり熱意がなかったのではないだろうか。林は「性質頑固ニシテ本来新事業ヲ企図スルヲ好マズ」と見られていた(53)。

台湾総督府が支援する厦門東亜書院には莫大な寄附を行い(54)、日露戦争中にも日本側に醵金することはあっても、近代的な民族産業を振興する意識は稀薄で、伝来の田畑・山林を守り、家憲を守り続ける、この点では、保守主義者、守旧主義者であったのだろう。

この年、福建の実力者陳宝琛を総辦にしていよいよ福建鉄道会社が設立され、具体的な架線計画が始るが、これに関連しても、林維源の名は全然出てこない。

ただ銀行設立は構想しない訳でもなかった。ただその際、清朝政府の干渉は排除したかった。まず林維源は、官金の入ることを拒んで、この点は、清朝政府も妥協して了解したらしいが、さらに林維源は、清朝政府の「横暴ナル干渉ヲ排除スルタメ、英国商人ノ出資」を構想した。実はこの点をめぐって、清朝政府は難色を示し、清朝商部と意見が分れて対立し、調整に時間を要したと思われる。「林本源モト英国人ヲ雇ヒ入レ、其業務ヲ経理セシメ、清暦八月ニ開業ノ筈ナリシモ、清政府ハ英国人ノ雇ヒ入ルヽヲ許サス」とあるが、林本源側の資本金計五百万円の出資内訳構想では、「林本源三百万円、太古洋行、徳記洋行各五十万円、葉清池、黄秀烺、陳錦、蔡浅各二十五万円」とあくまで英国バターフィールド商会、テイト商会に各五十万円を出資させることを依然記している(55)。名称を変更してひきつがれた信用銀行でも、英国テイト商会の買弁からの出資を認めている。林爾嘉としても、林維源の素志を引きついで、併せて清朝政府の干渉を排除したかったのであろうか。

日本との関係はどうであったか。もともと北京政府商部と林維源の間で設立の話がもち上り、英国商人からの出資が不可能な場合、日本商人が資金を負担する用意があるかを打診する「内話」を、日本に援助を要請する感触とうけとったことが、そもそもの発端であった。林維源から、正式な、或は積極的な出資要請があった訳ではなかった。その内話が、日本に伝えられて、それにどう対応するか、資金参入するなら、その金額は、方法は、経営管理体制はと話が大きくなっていった。

日本、日本商人が資本参加するなら、それは日本勢力の維持、拡張のために得策であり、積極的に、直接的に関係して、十分に干渉し得る地位を保つことが肝要であると、外務省も、大蔵省も基本的には認識した。上野厦門領事はもっとも積極的な参入を献言した。愛久沢も積極的であった。両者はかつて福建樟脳開発の専売権獲得を手がけた。もし参入した場合には、事務処理に誰を当てるについては、愛久沢を推薦する台湾総督府と、彼を排除する外務省とでは意見が分れたが、しかし、もし日本国が参与するとすれば、英国を排除して、日清のみの合弁で行うこと、日本人を主たる管理者にすること、日本は資金の半額以上を出資して、その全権を手に入れること等、大蔵次官も、後藤台湾民政長官も、直接的に関与して、もっと徹底したものを構想した。

しかし、参入するならもっと積極論をさえ構想した後藤長官は、その現状認識からむしろ慎重論であった。経営者としての林維源の人となり、合弁の可否等進んで持懸るのは得策でないこと、余程考え物である旨を開陳した。百万円を出資する位なら、すでに、厦門支店や福州支店を開設した台湾銀行そのものに投資してそれを育成する方が得策であること、さらに総督府の対岸経営の一事業である源盛銀行と競合することへの懸念もあった。

結局日本側は、この後藤長官の考えが軸となった。むしろ勧業銀行設立そのものが日本にとって余り有効なものでないこと、設置の必要もないものであったようで、日本は「この銀行の設立を必要とする理由なし」と清国人も見ていたようである。

銀行事業でいえば、その年一九〇五年、中央銀行として戸部銀行が正式に設立され、その発展の中、その成行に注目する必要もあったろう。

そして結局は、林維源の死去の前後を通して、資本参加の正式要請はついにないまま、日本としてはその場合の腹案を用意しながらも(56)、それを持ち出す機会もないままに終ったのである。そして型をかえた信用銀行設立の場合でも、出資者に、英国テイト商会の買弁の名はあっても、日本の名はついに上らず仕舞であった。

おわりに

もともと林維源の意識の中に、日本の資本参加の構想はなかったのであろう。日本へ要請の「内話」も、英国商会から資金が得られない場合、引受けてもらいたいという、いわば仮定の話ではなかったのか、これに如何に対応すべきかで、外務省に督促した結果、話が大きくなったのである。林維源側は、英国、米国の商人に依頼する意図はあっても、日本に依倚する心算はなかったのではないか、林本源の総管事の陳少碩も、銀行の件は、英国人に委すべきで、日本人に委すべきでないと言っていたという。

むしろ当時逆に、清国側には、さまざまの分野での日本の進出を警戒する雰囲気が全般に強かったのではなかったろうか。[57]

過ぐる義和団事変時の、本願寺焼失後の厦門軍事占領によって生じた悪感情は依然根強く残っていたというし、一九〇四年、福建紳商が仏国商会の鉱山開発権を回収しようとした時、「其実日本人ガ将来福建地方ニテ計画セントスル総テノ事業ヲモ拒絶セント欲スル事勿論ナリ」と報告されている。[58]この一九〇五年では、潮汕鉄道事件で評判を悪くし、さらに上野領事、愛久沢、台湾総督府の運動で獲得した福建樟脳開発専売権が、英国等の猛反発でその専売権が解消されようとしていた時であり、[59]さらに、日露戦争後、日本が満州還付の代償として、福建省の割譲を要求したという風説が伝り、この所謂割閩換遼要求に対して、これに反対する民族運動が組織されかけた時期である。[60]そしてその状況の中で展開された利権回収運動の一環として、この勧業銀行設立の一件があった。

清国側から、林本源側から、日本に資本参加、経営参加を呼びかける雰囲気ではなかったと思われる。陳宝琛が福建鉄道総辦となった時も、彼は、「従前親日派タリシガ今ヤ貌変シテ親仏党ノ主脳」となって、鉄道測量技師も皆仏国人を用いて、日本人を排除したという。[61]

林維源個人はどのような感情をもっていたのか。台湾民主国の議院議長の就任は辞退したが、日本籍に入るのを好まず、厦門に林爾嘉とともに移り住んだ。軍政時代、林本源の財産は没収された。一九〇〇年、後藤長官が、厦門に林維源を訪れ、財産没収についての林の不満を解決し、その保護につとめ、それより両者は「相許す」間柄となったという。そしてその年の台湾銀行厦門支店開設に当って、林維源は「相当の援助」を与え、また林爾嘉は台湾銀行の重役に就任した。その後、林維源は新式学堂の設立にも多額の寄附を行い、日露戦争にも多大の献金をしたという経緯はあったが。[62]

台湾銀行重役であった嗣子林爾嘉は、父の死後勧業銀行設立については、商部からの催促もあり、何とか父の意志を継承、実現させようと努力したが、総管事の陳少碩が支持するのみで、一族の林彭寿、鶴寿、嵩寿からは反対され、商部と一族の板ばさみになり、さらに父死後の家産整理の紛争が加り、殆ど勧業銀行設立の意図をなくしたようだが、年末に上京、商部と協議の上、一九〇六年八月に名称を信用銀行とし、商業銀行として設立にこぎつけた。そして、勧業銀行計画の際、清国政府が難色を示した英国商会の参入については、信用銀行設立の際も、当初の構想と同じく、テイト商会（徳記洋行）の買弁が参入しており、この点は父の素志を貫いている型にはなっている。万寿節に合せて開設したのは、せめてもの清朝政府への配慮であったのか。

清朝政府の官金、日本の資金を入れなかったが、しかし、業務担当者には日本人を採用したらしい。

この銀行設立事業は、新知識を学び、文明の空気に接し、且つ思慮に富む者、と期待され、林維源とは世代も意識も異った三十才の林爾嘉にとって、新たな事業であったし、新たな出発点であった。

林爾嘉は厦門商会の総理でもあり、これより後、厦門、泉州等で、電燈、電話、製糖会社等の設立経営に加り、厦門実業界、福建経済界に重きをなし[63]、長男の林景仁を、辛亥革命時福建都督となった孫道仁の息女と婚約させ、福建の実力者の立場をかためた[64]。今日の鼓浪嶼島の菽荘花園一帯は、林爾嘉の豪壮な別荘の敷地であった。

注

（1）『中国近現代人名大辞典』一九八九年、四三七頁。
（2）許世楷『日本統治下の台湾－抵抗と弾圧－』一九七二年五月　三五頁。
（3）『後藤新平文書』（マイクロフィルム版）「林本源家政整理顚末」を中心に作成。

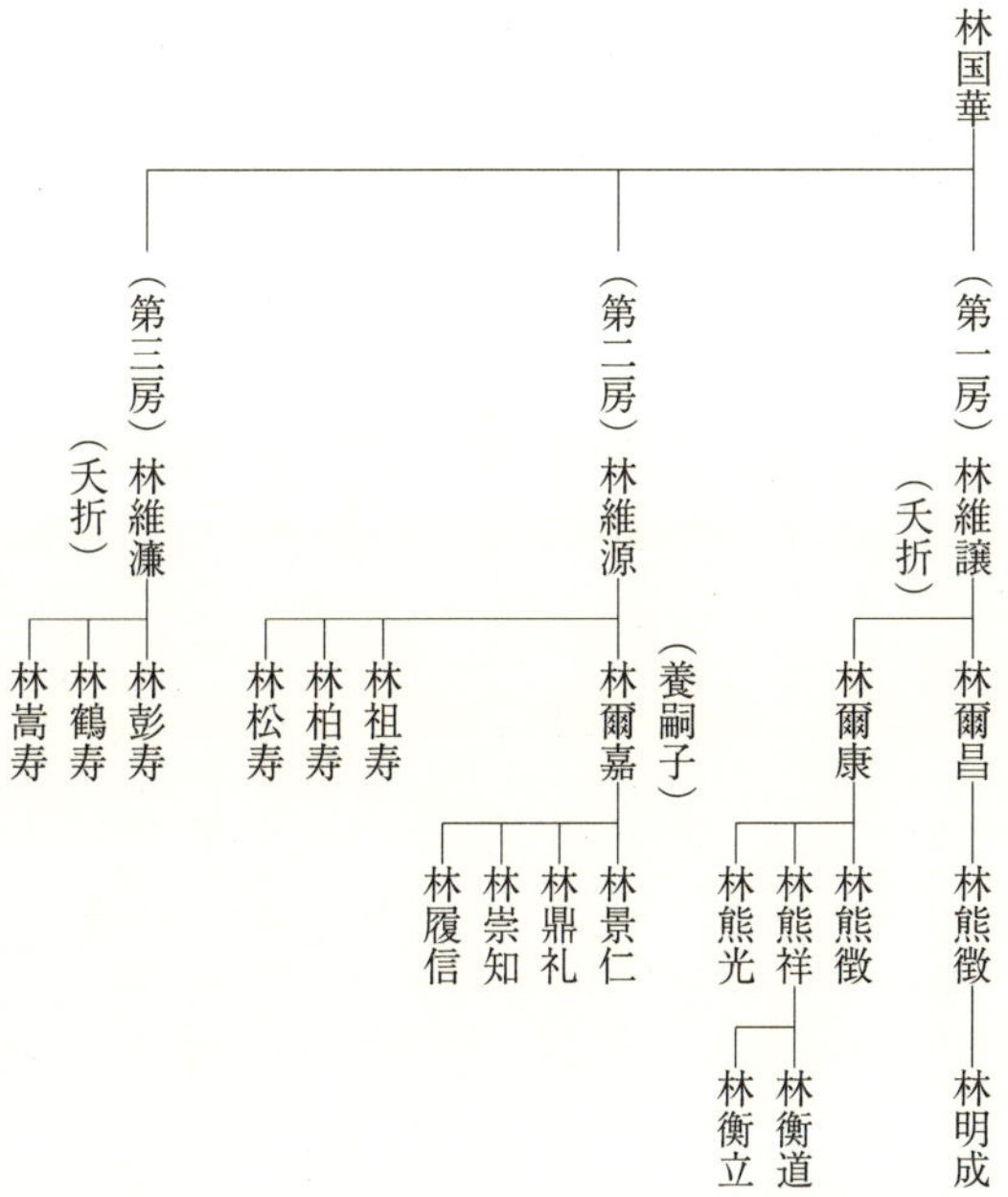

（4）『台湾日日新報』明治三十八年七月三十日、八月一日、二日「林本源家に就て」㈠㈡㈢。

（5）『福建通紀』「福建列伝」清八。

（6）『日本外交文書』第三十六巻第二冊第一〇一〇号文書、上野領事（帰朝中）「南清鉄道敷設権獲得並ニ之ガ施設上ニ関スル意見具申ノ件」（一九〇三年十月）。

（7）『後藤新平伝―台湾統治篇下』「対岸経営」一九四三年八月　一一〇頁。

（8）『台湾銀行四十年誌』一九三九年八月、二二頁。林維源・林爾嘉・林景仁ら林家一統の全般については林本源祭祀公業『板橋林本源家伝』一九八五年、参照。林家一統の伝略、詳しい家系図を収める。

（9）外務省外交史料館保管文書「厦門ニ於テ林維源銀行設立一件」上野専一在厦門領事より小村寿太郎外務大臣宛、明治三十八年四月十一日（以下、この場合『外務省文書』と略記し、明治三十八年も省略する）。
（10）同右書　小村外相より上野領事宛、四月十三日。
（11）同右書　上野領事より小村外相宛、四月二十一日。
（12）『台湾日日新報』五月五日。
（13）堀川哲男「辛亥革命前の利権回収運動」（『東洋史研究』第二十一巻第二号一九六二年九月）参照。
（14）『東亜同文会報告』第八十四回（明治三十九年十一月二十六日）「時報－福建省ニ於ケル仏人ノ活動」。
（15）『支那経済全書』第五輯第六節福建鉄道、日本ト福建（並ニ仏国ノ経営）三四七頁。
（16）『中外日報』五月十二日（『清国時報』第五号）。
（17）『大清徳宗実録』光緒三十一年四月甲子（五月二十五日）『光緒朝東華録』同条に「賞承辦京師勧業銀行前太僕寺卿林維源侍郎銜」とある。『東方雑誌』第二年第五期雑俎　四月事紀の同日の条に同じ記事が載せられている。
（18）『申報』六月五日（大要の訳は『清国時報』第六号による）。
（19）『台湾日日新報』五月二十六日。
（20）同右紙、六月十六日。
（21）『外務省文書』上野領事より小村外相宛、七月一日。
（22）『後藤新平文書』（マイクロフィルム版）「福建銀行関係書」愛久沢直哉より後藤民政長官宛七月五日（以下この場合『後藤文書』と略記する）。
（23）前掲『後藤新平伝』「三五公司」一七四～一八四頁。
（24）『日本外交文書』第三十七巻第二冊第七八八号文書潮汕鉄道及付帯銀行ニ我方ヨリ資金支出等ニ関スル件附属書五（源盛銀行認股合同）愛久沢より児玉台湾総督宛。
（25）『後藤文書』「三五公司作業報告」明治三十九年十二月～四十一年五月。

(26) 同右書、珍田外務次官より民政長官宛、七月五日。
(27) 同右書、民政長官より外務次官宛、七月六日。
(28) 同右書、民政長官より大蔵次官宛、七月六日。
(29) 同右書、阪谷大蔵次官より後藤民政長官宛、七月八日。
(30) 同右書、愛久沢より民政長官宛、七月七日。
(31) 同右書、上野領事より後藤長官宛、七月九日。
(32) 『外務省文書』、桂大臣より内田公使、上野領事宛、七月十日。
(33) 同右書、上野領事より桂大臣宛、七月十三日。
(34) 同右書、内田公使より桂大臣宛、七月二十日。
(35) 事件及び鉄道建設については、中村孝志「台湾総督府の華南鉄道工作－潮汕鉄道をめぐって－」(『南方文化』第十四輯、一九八七年十一月)参照。
(36) 『東洋経済新報』第三四五号(七月五日発行)。
(37) 『同文滬報』七月二十一日。
(38) 『台湾日日新報』八月二日。
(39) 『申報』八月九日。
(40) 『同文滬報』七月十八日。
(41) 『外務省文書』、上野領事より桂大臣、八月十七日。
(42) 同右書、祝財務局長より後藤長官宛「福建銀行ノ件」とあるが、日付がない。林本源の家産整理に与った生沼永保弁護士の来談によるとある。
(43) 同右書、上野領事より桂大臣宛、十一月八日。
(44) 同右書、上野領事より桂大臣宛、十一月十三日。

(45)『後藤文書』「林本源家政整理顚末」。
(46)『東方雑誌』第三年第一期（一九〇六年二月十八日発行）中国事紀十一月十三日の項。
(47)『東亜同文会報告』第八十三回（一九〇六年十月二十六日発行）。
(48)『通商彙纂』明治三十九年第五十三号（九月八日発行）。
(49)『外務省外交史料館保管文書』「各国事情関係雑纂」厦門管轄内状況取調ノ件、上野領事より林外相宛、明治三十九年八月十一日、これらはのち明治四十年十一月、外務省通商局『清国事情』第一、二輯として公刊された。
(50)『支那研究叢書第八巻—支那の金融—』（一九一八年十月）二五一頁の厦門の銭荘の項に資本三万以上の十六行の金融機関の一覧表を掲げるその最初に、
店名—信用銀行、国籍—支那、資本主—株式組織・大株主は林本源、資本額—四〇万元、為替取引地—上海・香港・台北・福州、と他行を圧倒して断然一位であることが記されている。
(51)『台湾日日新報』七月九日。
(52)『日本外交文書』第三十六巻第二冊、第九八四号文書付属書上野領事「福建鉄道事業ニ林維源出資説ニ関スル件」（一九〇二年七月十六日）。
(53)注（6）に同じ。
(54)中村孝志「東亜書院と東文学堂—台湾総督府華南教育施設の濫觴—」『天理大学学報』第一二四輯、一九八〇年三月。
(55)『外務省文書』「清政府ノ命ヲ受ケ林本源福建省ニ銀行ヲ創設スルノ件」この文書に銀行の大略四項と章程全二十六条を記しているが、日付がない。
(56)同右書、日付のない外務省用箋に「林維源銀行ニ関スル件」として第一案、第二案をあげるが略す。その中で「銀行ニ傭聘セシムベキ日本人ハ……愛久沢又ハ同人手先ノ者ニアラサルヲ要スルコト」とある。
(57)孔立『厦門史話』一九七九年九月、九七～一二二頁参照。
(58)『東亜同文会報告』第六十一回「福建の鉄道鉱山」（明治三十七年十二月二十五日）。

（59）本書、第一部第二章参照。
（60）本書、第二部第二章参照。
（61）前掲『支那経済全書』第五輯（一九〇八年五月）三四七頁。
（62）前掲『後藤新平伝』九四～一一七頁。拙稿「一九〇〇年春、後藤新平長官の福建訪問について」（『奈良史学』第十一号、一九九三年）参照。
（63）『厦門帝国領事館管内事情』（台湾総督府『南支那及南洋調査』第四十九輯）一九二一年五月、八〇～九四頁。方豪「林薮荘先生小伝」（『台湾風物』第三十一巻第一期、一九八一年三月）参照。「先生……夙有大志、視田宅如弊屣、……於地方実業、尤盡力提倡創辦電燈電話公司……」とある。（『台湾風物』の発行人は林崇智、林本源基金の財的援助をうけている。）
（64）外務省政務局『現代支那人名鑑』一九一六年十二月、二九五頁。

第四章　福建辛亥革命と日本

はじめに

辛亥革命は、二十世紀初め、世界資本主義列国が競って清国に進出するなかで、展開された。列国はそれぞれの利害関係からこれに対応した。そのうち、日本が如何にこれに対応したかを、それも福建省に限ってみようとするのが小論の目的である。したがって福建辛亥革命の全体像[1]をみようとするのでなく、それへの日本の対応にしぼってみようとするのである。資料は主として、日本外務省、防衛庁保管資料[2]等日本側の資料による。と同時にそこに記載されている米国の動向をも併せて紹介してみたい。

一　福州の武装蜂起

一九一一年九月、辛亥武昌蜂起の直前、福州で、福州当局が轎夫に課税をしたため、反発した轎夫が、巡警局、交番所を破壊、焼棄し、通行人の物品を奪うなど騒動がおこり、これに対し当局が発砲して死傷者数名を出し、閩浙総督松寿が課税撤回の告示を出して、やっと鎮静した事件がおこっていた。轎夫は同盟罷業を行い、商店は店を閉じ、社会不安の状況が現出され、革命前夜の民変とも言うべきものであるが、この際、外国人には別に危害を加えることはなかったという[3]。それが納まったところへ武昌蜂起が伝えられると、銀行の取付騒ぎが起って動揺が広がり[4]、孫道仁福建水陸提督兼第十鎮統制官は、兵士の策動を予防する手段として、三カ月分の未払いの給料を兵士に支給せんとした[5]。

十月末、革命党員の動きが激しくなり、十一月三日、南台の日本領事館で天長節を祝うべく、総督、将軍らに招待状をだした所、革命党員が、彼らの万寿橋通過を見計らって閩江に落下せしめる策略があるとのことで、結局各司道の来賀のみで終ったという[6]。

十一月四日、上海・杭州の光復が伝えられて以後、各銭荘への人の出入がなく、商業活動がほぼ停止し、動乱勃発は時間の問題となっていた[7]。厦門でも、福州とおなじような状況で日本領事は十一月六日、軍艦の派遣を要請した[8]。

このような状況下で、新軍標統許崇智は、十月三十日に同盟会に加入し、孫道仁も十一月五日になって、彭寿松にすすめられ、同盟会に加入した。城内花巷に革命司令部をおき、いよいよ、気運が高まってきた[9]。

諮議局では、平和的手段での打開を計らんと当局に提唱したが、総督・将軍は強硬な態度をとり続けた[10]。

十一月六日には、福建同盟会会長鄭祖蔭は僑民保護の決議を出し、各国の伝教士や商民を、南台・倉前山に移して、匪徒の掠奪と、邦交の阻害を免かしめんとした[11]。

ついに十一月九日、動乱が勃発した。孫道仁が都督に任命されると、いち早く、その名で、臨時約法十七条の「斬賞規定」を布告し、「傷害外人者斬」「守衛教堂者賞」と規定し[12]、「内外人保護ニ努メ」た[13]。

同時に、主席の独国領事を通じ、各国領事には「今回ノ事、政治革命ニ起因シ、内乱ニ属スルヲ以テ、各友邦ハ中立ヲ厳守シ、敢テ関与スルコトナキヲ[14]」通告してきた。

中国革命同盟会は日本の東京で結成され、それに参加した留学生や華僑らが、帰国後、福建省の各地で、革命の宣伝、組織の発展、新軍との連絡、革命の準備・発動に大きな役割を果した。一一年三月二十九日の広州起義で殉職した七十二人中の十九人は福建より馳せ参じた者であり、そのうち黄花崗福建十傑とされた林文ら殆どが日本留学帰りであった[15]。

二　米国の対応

十月下旬には、日本及び南洋方面から革命党員約二百名が福州に潜入し[16]、福建辛亥革命における「華僑や留日学生の功績は決して消滅するものでない[17]」とされている。

蜂起した革命党員中には、弁髪を切り、永年日本に留学して日本語に通じている者が多く、列国は彼らを日本人と疑っていたという。革命軍前敵司令官許崇智も、日本陸軍士官学校卒業生で、孫道仁も渡日の経験があり、日本の支援で福州武備学堂を創設し、その総辦であった。福建辛亥革命において、日本的色彩がでていた。列国の中には、これをもって日本は自国の利益をはからんとしている、と吹聴している者がいたという[18]。

しかし、実際の状況はどうであったのか。福州における動乱勃発は、十一月九日早朝であるが、十月下旬、社会不安の増大とともに、米国・英国領事は、万一の場合を慮って、軍艦の派遣準備を要請していた[19]。そして勃発前日の八日には、米国軍艦から水兵二十名が上陸していた。そして同盟会員の彭寿松、黄乃棠らは、英華書院、格致書院その

他の書院学生、体育会々員をひきい、炸弾隊（別称敢死隊）を編成して倉前山より入城し作戦配置についた。(20)

即ち米国は動乱勃発の期日を熟知していたという。九日早朝戦闘が始ると、米国宣教師の経営する女学校の生徒は、已に準備完了していた赤十字会の会員として、負傷者の収容、治療に従事した。激戦地の于山の北麓にあった米国宗教学校である格致書院に病院を開設して負傷者を看護した。(21) そして当日使用した爆烈弾は、その数日前に米国軍艦（若くは輸送船）より密輸入したものであることが殆ど確かで、この点これを革命軍に質問したところ、それを否定しなかったという。(22)

動乱の際に、米国領事、米国宣教師が援助を与え、米国人経営の英華、格致両書院の学生が革命に参加し、米国製の爆烈弾を運搬した訳である。九日から十一日の戦闘にかけて、十二才から二十四・五才の学生・青年約七百名が革命軍に加って、満州八旗と奮闘し、一時戦況が危なかった革命軍を有利に導いたのは、特にこれら学生・青年の功績であったという。彼らを指導・後援したのは、米国代理領事トムソンの他キリスト青年会長アダムソン、英華書院長コウデイ、格致書院長ピートなどの宣教師で、キリスト教青年会員五十名、英華書院学生四百三十名、格致書院学生三百名がいたという。

そして動乱直後、軍政府を組織するに当り、英華書院出身の林温如を参事員に、陳能光を政務院外交部長に、李啓藩を外交部科長の「要路ニ推挙サレタシハマタ偶然ナラザルガ如シ」としている。(23) 財政部長陳之麟も英華書院卒業生で、交通部長黄乃棠はキリスト教会幹部だった。

これらの点に関し土谷福州副領事は次の様に報告している。書院学生、青年会員が、革命軍に同情を寄せ、動乱勃発の際、いち早く革命軍の旗下に投じ、武器を携えて戦闘に加った者も少なくなく、当地駐在の米国領事は、何ら制裁を加えざるのみならず、寧ろ暗々裡に勧奨したるものの如く、又軍政府設立され、その外交部長（従来の交渉使の位地）に米国領事館文案として雇用されていた陳能光が採用されたことは、他国領事館には、それが異様の感を与えたが、米国領事は、新官に就職後は自己の職務と何等の関係なきを以て承認を与えたといい、同領事は屢々新都督孫道仁を訪問し、孫も領事を正式訪問するなど、その挙措は、他国領事には疑問があったといい、さらに現在入港中の装甲輸送船が、一旦出港して又入港したのは、或は又新たに武器類を密輸入したのではないかと揣摩されるとしている。[24]

さらに、福州で「閩報」を発刊し、同地方の事情に精通し、清国官民の間にも頗る声望があり、総督、将軍とも膝を交えて懇談し得る人物とされる前島真によると、米国宣教師は、その管理に係る書院学生を煽動して決死隊を編成して、米国製の爆烈弾を交付したこと、米国宣教師は学生とともに于山に拠り、学生隊は四出して爆烈弾を総督・将軍衙門に抛投したこと、動乱勃発の際に先ず宣教師の手より若干金を革命党に交付したこと（上海の場合にもその先例があると）、米国領事は動乱勃発に先んじてそのことを知り軍艦派遣を要請したこと、前島が孫都督に軍資金の富乏を尋ねたところ、孫は極めて平然と、軍資金はルソンより供給あるにより決して欠乏の憂なしと答えたことが極めて異様に感じたことと、「ソノ他幾多ノ証跡アリテ、米国ニ何カ福建ニ於テ、得ル所アラント欲スルハ疑フノ余地ナク、殊ニ厦門附近ハ最モ危険ニ感セラル[25]」と言っている。

厦門も、十一月十五日、革命党の支配下に入り、市民が所々に革命旗を掲げ党歓迎の意を表した時、米国軍艦は信号旗を掲げた。これは革命軍の占領に対し、祝意を表し、満艦飾をなせるものとの誤解せしめんがためにあらざるか[26]とあるように、米国は福建革命派の「援軍」としての役割を果し、そのように福建人に意識せしめるように言動した。

そして、米国は「何カ福建ニ於テ、得ル所アラント欲」し、米国よりの経済的支援・借款の声も、動乱直後から出ていた。動乱、軍政府設立について、米国色の色合いが非常に色濃く出ていた。

三　日本の対応

これに対し、日本はどうであったのか。

武昌蜂起から革命運動が進展していく中で、日本政府は十月二十四日の閣議で、「満州問題ノ根本的解決ハ、一ニ我ニ最モ有利ナル時期ノ到来ヲマツコトトシ、今後特ニ力ヲ支那本部ニ扶植スルニ努メ、併セテ他国ヲシテ、該地方ニ於ケル我優勢ナル地位ヲ承認セシムル方法ヲ取ルコト(27)」とし、要するに中国本部に勢力を扶植することを目的とし、あくまで列国と共同工作で、官革双方を刺激しないという方針をたてた。さらに十月下旬には、「此形勢ヲ利用シテ、中清ト南清ニ尠クトモ独立ノ二ケ国ヲ起シ、而シテ北清ハ現朝廷ヲ以テ之カ統治ヲ継続セシム(28)」との時局収拾案も策定した。

当時の日本にとっては、満州問題が最大の関心事であったが、南清を独立させ、中国本部の中に勢力を扶植する政策の中に当然福建も含まれていた。

しかし、福州で動乱が勃発し、厦門が独立宣言を布告した前後の福建での日本はどうであったか。

先述のように、十一月八日米国が水兵を上陸させたのに続いて、十一日には、三十名に増員した。その日に、独国、英国、日本が、それぞれ三十名、二十五名、二十名の水兵を上陸させた。十一日、福州の「大勢ハ革命軍ノ勝利ニ帰シ」ていたが、日本は「夜中強盗ノ危険アルヲ以テ、在留民保護ノ為、今夜ヨリ水兵二十名ヲ上陸セシメ各処ニ駐屯セシムルコトト(29)」なった。実は駆逐艦薄雲が風波のために福州に入港が遅れ、ほぼ動乱結着後に到着したのだが、その方が、「却ツテ列国ノ猜疑ヲ解クニ好都合(30)」、幸いであったと艦長は報告していた。それほど、福建人、列国に注意せざるを得ない状況であった。

十一月下旬、軍艦対馬が馬尾に入港した際は、対馬には水兵二千名を搭せているとか、当地占領のために来たとか、いずれも日本の侵略を夢想して徒に杞憂するものの如し、蓋し福建省不割譲条約が常に彼らの脳裏を去らざることから、としている。そして十一月十五日挙行された招魂祭での革命党員の演説中にも「日本ハ甚ダ親切ノ如クニシテ実ハ然ラズ、常ニ我国侵略ノ野心ヲ有ス云々」とあったという。そしてこれは、「米国側ノ使嗾モ亦アルベシト想像セラル」と艦長はみていた。[31]

同じく十二月二日、橋南体育会主催の招魂祭でも、革命党員が次々に演説をなす中に「日本ハ表面好意ヲ表スルモ、其実野心アルモノナリト言及シタル由ナリ」[32]とある。

対馬入港以来、福州では「日本ハ福建省ヲ分割スルモノナリトノ謠言起リ、福建革命ノ代表団体タル橋南公益社員ハ、十二月五日秘密会ヲ開キ、日本ヲ防グタメ兵力ヲ増スノ急務ヲ決議セル由」[33]という。

一方、駆逐艦霞が厦門に入港したのは十一月九日であるが、日本軍艦がなお数隻港外にあって、直ちに兵員を上陸させ、厦門を占領するとの風説が電雷の勢いを以て伝播し、洋務局もその実否に関し日本領事に問う所があった。これは過ぐる一九〇〇年義和団事変の際、厦門本願寺布教所が焼失し、（実は日本による放火だという）厦門停泊の軍艦から、陸戦隊が上陸して厦門を占領した事件が、彼らの脳裏に烙印されているためなりという。そして、米国領事は、清国人のこの疑惑に乗じ益々これに油を注ぎ、その勢力を盛んならしめんとせるは事実なりと観測している。[34]

また米国人は、教会内の無頼漢を使い、盛んに排日熱を吹きたて、逆に米国の信頼すべきを説かしめていたという。日本軍艦が入港の時、日本は厦門を占領する意図ありと流言したその波動の中心は、米国人にあるが如しと報告している。[35]

革命党員宋淵源も、日本が治安問題を口実に、行動するのではないかと恐れて、工作のため厦門に派遣された。[36]義和団事変の際の厦門占領事件は深く刻印されていた。福建人の感情を相当害していたし、列国の疑惑を呼んでいた。このため、今回の行動に慎重に対処せざるを得なかった。日本は軍事的にはもとより、経済的にも殆ど何ら行動をおこさず、しかし言動は猜疑の目でみられた。列国、とくに米国は「革命乱ニ於テ最モ恐ルベキハ外国ノ干渉ナリ。殊ニ日本ハ数年前ヨリ当地ヲ心縣ケ居所ナリ」と煽動し、日本は行動を制約されたが、福建人は、厦門事件の再現になるかと恐れた。日本軍艦の出入、交替に神経をとがらした。入港のたびに来船の理由を問い、懸念を表明していた。日本軍艦の通常の訓練も、示威的運動とみなされ、彼らの恐怖心を惹起させる恐れがあるので、水兵の訓練すら殆ど不可能に近かったという。[37]

一方、山東省で独立の取消し等、華北地方で混乱が続く中で、革命支援のため、北伐軍が派遣されることになった。福州では十二月より隊員を募集し、東岳廟で数十日間の訓練をし、福州各界をあげて労軍大会を開き、学生隊に〝祈戦死〟と大書した旗を与え、第一陣五百名は、城内－南門－中亭路を通り、市民数万の歓送の中、[38]一月十八日、馬尾より申江丸で上海に向った。

「彼等ハ真ノ学生ニアラズ、無頼、無職ノ青年輩多ク」[39]が応募し、孫都督も初めはこの挙に反対で、中止を勧告したというが、民間団体は勧告をいれず実行したもので、後には、都督も軍部より教官を派遣するに至った。福州の民間有志の拠金が、十二万元集ったことは異数のことといわれている。厦門でも、閩南北伐隊籌弁所が設けられ、北伐協商会がつくられた。[40]

福州からは数次にわたって、極めて勇壮に出発し、「福建人士の革命に対する熱心の程度を証するに足る」[41]とされている。

北伐混成隊の師団長に日本陸軍士官学校出身の許崇智が任命され、南京で編成された第一営、第二営の両営長もともに日本陸軍士官学校出身者であった。そしてこの時、北伐師団長許崇智の顧問として足立砲兵大尉が、林光雄と変名して参加した。福建北伐軍の営舎については三井洋行（物産）が奔走、周旋中とのことであり[42]、別に、十二月頃、土井陸軍中佐は、軍政府の依頼に応じ、日本より兵器、軍用品を買い入れ、将校、下士卒の雇入れに関し周旋し、三井洋行その他に既に契約済み、又は交渉中とのことであった[43]。

これは、日本が北伐軍を側面から支援するものであり、福州動乱の際、米国がとった行動に似ないわけでもない。しかし、足立大尉が、中国名に変名したところに日本の配慮があったように思う。

動乱勃発後、清国は各領事館に中立を要求していたし、又この頃は、北京でも、官革支援について、或は清国政体について、或は蘇省鉄道、漢冶萍、招商局等種々の借款をめぐって、日本の厳正中立持続方を申出ており、「日本国ノ行動ニ関シテハ、支那側ニ於テ尠カラス神経ヲ悩マシ居ル模様アリ、当地外国人間ニ於テモ、近来著シク注意ヲ払ヒ猜疑ノ眼ヲ以テ我行動ヲ迎フル傾向アリ[44]」、こういった状況への配慮もあったろう。

結局、福建での日本の行動は、すべて厦門事件を連想させ、福建人よりも、外国よりも猜疑の目でみられた。こういう猜疑の目の中で、言動は慎重を要した。それは一八九八年の福建不割譲宣言によって、福建は「日本の勢力範囲」と日本は意識しながら、現実にその実があがっていないことに対するいらだちもあった。逆に英国、米国、仏国はそれぞれ南京条約・望厦条約・黄埔条約締結以来、福建において、七十年にわたって営々として「地盤」を鞏固にしてきた。その事態に対応する必要があったし、この機会にその実質を確固たるものにする必要もあった。

動乱当初「不割譲ノ条約締結セラレアルガ為メ、当地ノヤヤ心アルモノハ其感念常ニ脳裏ヲ去ラザルモノノ如ク……日本政府ハ不割譲ノ条約ニ対シ、当地ヲ革命軍ノ占有ニ委スベキヤト問フモノナドアリ」と報告されているが、(45)「ヤヤ心アルモノ」とは、反革命の、親日の立場の人で、その人に言わしめているのであろう。

日本の某将軍はこういっている。各列国がそれぞれ勢力範囲を確定しているのに「日本はどうだい、矢張動乱以前の状態を固持して所謂現状維持に甘んじて居るとはどう考えても情けないじゃないか……わが政治家中には今日尚ほ領土保全などといふ事を夢みて、真面目腐って迂論を唱へて居る先生方もあるようだが……こんなことだから何時迄経っても対清政策は振はぬのだ。……そんなことに拘泥して居るようではそれこそ取り返しの付かぬ破目に陥るよ」(46)とあるが、福建は日本の勢力範囲であることを自明のこととした上で、さらに発展を計ること、これは日本の国民輿論のある程度の部分を占めていたのであろう。

先の閣議決定の「支那本部ニ勢力ヲ扶植スル」とは福建を固め、さらに発展させることを含んでいた。

福建に対しては、軍部とりわけ海軍が積極的であった。海軍では十二月下旬「時局策」を作成し、その中で「我海軍ノ必要ヨリ云ヘル寧ロ厦門及三都澳地方一帯ノ租借又ハ占有、進ンテハ福州ヨリ九江又ハ武昌ニ至ル鉄道ニ対スル密接ナル関係ヲ結ビ置クヲ急務ナリトシ」、浙江、福建、江西諸省への利権扶植、拡大を考慮すべきという意見を提出した。その意見は、福建省沿岸を拠点として、浙江、江西省に日本の権益と勢力範囲を拡大しようとしたものであり、厦門、福州、三都澳、羅源湾の四カ所の地域と近辺の島を購入する方法であった。一九一二年一月には、海軍大臣斎藤実も、福建、浙江沿岸の第三艦隊司令官に左記の指示を下した。

一、福州、厦門において居留民の生命財産保護の名義を以て兵員を上陸させるが如きことあれば、帝国艦隊は外国艦隊の態度を顧慮する要なく、成るべく優勢なる兵員を上げ、冥々の裡に同地域が日本の重大な利害関係を有す

る地域なるを、列国に覚知させる途に出ること

二、厦門より福州に至る鉄道及福州より南昌・九江に至る鉄道は、日本と利害関係を有するので、同鉄道の敷設或はこれに対する借款問題等に対し絶えず注意をすること

三、外国人の革命軍責任者及び地方人民に対する行動、態度に対し、最も厳密な注意を加ふること

四、福建、浙江方面における現実の権力施行者及び地方紳士に対しては、努めて友好の関係を結び、其の人心を収攬する方法を講ずること

この結果、厦門の虬松嶼の買収計画はならなかったが、三都澳の長要島は買収することとなった(47)。福建省を中心にして、江西、浙江省に鉄道を敷設せんとする計画は、十九世紀末から検討されてきたが、義和団事変で立ち消えになっていた所、今この際に実現しようと再度構想した訳である。

栃内軍務局長も外波少将に宛て「将来台湾ノ対岸ヲ我権勢ノ下ニ置キ、且ツ之ヲ江西省ニ連ネテ我勢力範囲トナスノ素地ヲ、今日ニ於テ経始スルノ時機到レルヲ認ムルト共ニ、少クモ欧米人ノ野心ヲ、此方面に容レシメサルヲ要スルヲ以テ、南京政府ヲシテ閩浙地方官ニ対シ、厦門福州間及福州江西間ノ鉄道敷設ヲ、我国人ノ資力ニ依頼セシムルノ利ナルヲ語ラシメ……最モ本件ノ如キハ、欧米人ニ対シテハ勿論支那人ニ対シテモ、我国ノ態度ヲ疑ハシムルノ結果ヲ生シ易キ性質ノモノニ付、十分ノ注意ヲ弄スト共ニ、未ダ其時機ニアラズトノ事情アラバ、徐ロニ形勢ノ発展ヲ目付タシ、一面欧米人ノ本問題ニ介入スルヲ妨止スルコトニ努ムルニ止ムルコト、亦已ムヲ得サル所ナルヘシ(48)」と指示した。後半では、慎重な配慮も要請した。

四　軍政府成立と日本・米国

福州動乱に始り、厦門も張海珊を統制に推して厦門軍政分府を組織し、漳州、福寧、興化、泉州等も十一月中には次々に光復した。軍政府は、秩序回復、民生安定に努めたが、軍政府内部は対立し、福州では、革命党員と軍人側との「済排軋轢絶ヘサルモノノ如ク[49]」、厦門でも内訌絶えず張海珊は威望もなく[50]、張は統制を辞任した。孫文が帰国して臨時大総統に選出され、臨時政府が成立した年末・年始は、提灯行列の挙行など、「人気立」ったけれども[51]、一時的なもので、革命は停滞した。

そして軍政府の解決すべき最大の重要な課題は、財政維持、民生安定であった。ところが動乱直後、「諸税ヲ免ゼシ理由ヲ以テ、人民ノ歓迎スル所[52]」となり、「徳政と稱して各種税銀を免除し、一般人民はこのドサクサを好辞柄として納税を肯んぜず、財政窮乏甚だしく、公債発行もままならず、南洋華僑の捌金を計画し、或は各富豪に御用金寄付を命ずるに至るべしと[53]」というのが現実のようであった。このため動乱で町を離れ、動乱結着後「城内ニ復帰シタ支那人ハ再ビ移転スルノ外ナク、未ダ不安ノ念脱ス能ハズ[54]」「商業ノ不振ヲ来セル故、不安ノ声多シ[55]」とある。

富豪に御用金を課す施策の一連であろうか、軍政府は一月初めに、福州、厦門在留各国領事に「外国人戸口及不動産調査」の照会をしてきた。外国人保護との理由というが、内田外相は土谷福州副領事にあて「之ニ応スル時ハ将来ニ面白カラザル結果ヲ胎ス虞……ニ付、他国領事……ノ如何ニ拘ハラズ、貴官ニ於テハ一切応答ヲ見合セラレ」と訓令している。菊池厦門領事も照復しなかった[56]。

この財政窮乏を打開するため、軍政府が行ったのは、先に廃止した厘金を復活することであった。軍政府が人心の帰響を求めんために廃止を綱領の中で標榜していた清朝積年の悪税である厘金は、毎年八十万両以上の収入の大宗で、これの撤廃は一大減収であり、動乱後の軍事費、財政の増大が加って財政はいよいよ窮迫してきた。やむなく一旦廃止したものを、百貨商捐と改称して、省内十八カ所に設けられた商捐局で徴収されることになった。ところが、従来の従価百分の五の徴収を百分の三に改めたが、従来は重量百五十斤を百斤と届出るのを慣例としていたものを、商捐は実際の斤量を以て計算するため、税率は低いが、その実厘金税より重税を課せられることになったという。(57)

その次に財政維持のためとられた施策は外国よりの借款であった。清朝末期以来、財政窮迫する中で、北京では、四国借款交渉が一旦中断ののち、所謂六国借款の大借款交渉が続いていたが、地方軍政府もそれぞれ財政維持の方策として、各国よりの小借款を検討していた。戦闘中の湖南革命軍は日本に借款を申入れ、(58)革命後の広東軍政府も三井洋行（物産）と台湾銀行に借款を希望していた。(59)日本は先述の如く一方で、蘇省鉄道、漢冶萍、招商局借款を進めていた。

そして福建では、鉄道建設の借款を日本より行わしめるよう構想した。財部海軍次官は在上海の外波少将に宛て「当方ニ於テハ此際出来得ヘクンバ、福建省及江西省内ノ鉄道ヲ我権勢内ノ下ニ置カントスルノ希望ヲ有シ、少クトモ外国人ヲシテ、一切之ニ手ヲ触レシメサルコトヲ必要トスルヲ以テ、貴官ハ可成南京政府ヲ動カシ、仝政府ヲシテ特ニ福建省当局者ニ対シ、厦門福州間及福州ヨリ江西省ニ至ル鉄道ヲ以テ、我国人ヨリ借款スヘキコトヲ命セシムル等、我国人ノ活動素地ヲ作ルコトニ可然御尽力相成度、最モ本件ハ外国人ニ対シテハ勿論、清国人ニ対シテモ或ハ我国ノ態度ヲ疑ハシムルノ結果ヲ生スルヤモ不可計ルニ付、実行ノ方法及南京政府ニ訪ネシムヘキ人物ノ選定等ニ付テハ深ク其意ヲ用ヒ、他ヲシテ疑惑ヲ起サシメサルコトニ注意セラルヘク、万一此際本問題ノ進捗ヲ計ルニ絶対ニ不利ナリトシ、其他貴官ニ於テ、本件ヲ実行スルヲ不得策ナリトスルノ事情アラバ、貴官ハ徐ロニ形勢ノ発展ヲ待チ、一面外国人ノ本問題ニ介入スルヲ妨止スル丈ニ止メラレ差支エナシ」[60]とのべた。

そして同じ頃、米国よりの借款問題が表面化してきた。福建鉄道と鉱山を担保として、米国スタンダード石油商会より一千二百万両を借入れるというのである。

この借款の提案者は、米国宣教師で、米国派と目される陳能光外交部長一派が相応じて運動をおこし、都督府政務院に提議し、秘密裏に進行を計ったところ、それが厦門の福建鉄道総辦葉崇禄の知る所となり、これに反対し、表面化して問題となった。もっとも、福建のみの借款ならば、二・三百万両で足るところ、この多額は、南京中央政府から福建に分担せしめる額を含むのだろうという。[61]

葉崇禄は、宣統帝の師傅をつとめた福建の実力者陳宝琛の系統の人で、光復後、厦門・福州の同志を糾合し、有力な政治団体、共和国民会を組織した。会長陳耀西も陳宝琛系の人という。[62]福州から一報をうけ、二月二十五日、厦門に大会を開いて全会一致反対決議をあげ、福州共和国民会もその通知をうけて、二十六日、反対決議をあげた。福州の実業者で組織する橋南議事会も、共和国民会と同一の態度をとった。[63]

この段階で、霞艦長は、孫道仁都督は米国借款を全く否定していたこと、福州の旧官吏や紳商は極力これに反対していること、政府党員の中には反対論者が少ないことを伝えている。[64]福州領事は都督政務院やその機関団体で米国派が牛耳をとるとみられる橋南公益社は、借款に尽力するものの如く、孫都督は盲従の地位にあり、鉄道株主には反対ある模様と報告している。[65]

橋南公益社は、表面上社会公益を興弁することを標榜しているが、実はこれを借りて革命を掩飾し、建言社をつくって福州光復の中枢であったし、利権回収運動をすすめ、英国、仏国の砿山権を回収し、日本の「三五公司」の進出にも反対したという。[66]

こうした状況のなかで、内田外相は土谷副領事に宛て、「近来屢々福建鉄道ヲ担保トシテ外国ヨリ借款ヲナスヤノ風説アリ、担保ノ結果ハ、同鉄道ヲシテ結局外国ト特殊ノ関係ヲ生セシムルコトトナルヘク、斯クテハ自然我方トノ約束トモ、衝突ヲ生スルニ至ルヘシト思考セラルルニ付、貴官ハ右ノ次第ヲ都督ニ説明セラレ、該鉄道ヲ担保トスル借款ハ、先ツ之ヲ我方ニ相談スル方可然懇談シ置カルル様致度キ[67]」ことを訓令していた。土谷副領事はこれにそって、日本よりの借款方策をすすめた。その過程で、土谷副領事は三月十二日、孫都督、陳能光外交部長と会談した際、そこで得た情報は、次のようであった。この時点で、両人ともなお米国借款の風説を否定していたこと、しかし孫都督は、外国よりの借款は巳むを得ざると認めていること、そこで親米派は米国借款を実現せんと孫都督をして南京政府に意向を打診せしめたこと、さらに両人は、一八九八年の約束を知らず、日本に優先権あるを認める能わずと言った等である[68]。

日本も借款工作をした。土井中佐が、都督側と、台湾銀行の間に立って交渉したが、台湾銀行が引き受け難いと回答した[69]。

そこで「帝国政府ニ於テハ、此際我ヨリ進ンデ都督側トノ間ニ、多額ノ借款ヲ成スコトハ之ヲ避ケ、主トシテ外国側ノ手ニ依リテ此ノ如キ借款ノ成立センコトヲ、妨止スル程度ニ止メタキ考[70]」との方針を定め、日本借款の進行は断念せざるを得なかった。それは、日本借款のことが世間に伝り、当地の新聞が連日のように「日款反対」の論説や、日本批判的記事をのせていたことにもよるだろう。

三月二十三日の政務院会議は相当紛糾したらしい。この時、孫都督は台湾銀行からの借款を提案した。親米派の中心の陳能光は、先決条件として、経費削減、軍隊縮小を論じた。軍人側は、国家の安定維持も、今次革命の成功したのも、陳能光が外交部長に就任し得たのもすべて軍隊の力によると、一斉に反撃する一幕があり、借款問題では、陳能光や民政部長高登鯉は日本借款に反対し、司法部長、教育部長、軍人側は賛成し、交通部長黄乃棠は、外国借款は絶対反対を唱え、結局、結論が出ないままに終った[71]。

三月二十六日の政務院会議で、全額スタンダード石油会社より借入ることに大体決し、南京参議院に採決を申請したという情報もあったが[72]、その後も掛けひきがあり、曲折があった。

軍政府の中には、外国借款は後患を遺す恐れがあるため、日本、米国を問わず、外国借款に絶対反対する者もあり、外国人も購入できる「愛国公債」の発行を提案する者もあり、南洋華僑の富豪よりの借入れを主張する者もあった。また民間の中には、外国借款に絶対反対する訳ではない、目下の所やむを得ないが、ただ鉄道、鉱山を担保にするのは福建の死命を制せられるために危険であり、もし塩税、厘金（商捐）等を担保にするなら、必ずしも反対ではない、という者もあった。

そして、日本の民間は強く日本借款を主張した。米国借款を防止すると同時に、日本より借款せしむる運動の必要を主張した。福建は、我が日本の勢力範囲、政治、商業上利害関係の最も密接なるは勿論、台湾の安寧を保持する上に、独り米国のみならず、他強国が福建の利権を専有する如き政策をとるものがあれば、日本は断固排斥し、日本も借款政策を講究し、具体的に勢力を扶植し、日本帝国と福建との関係を益々鞏固にするの必要なることを確認すべしと主張した。また、孫都督が、台湾銀行より、単に塩税を担保にして借款を希望したので、当地台湾銀行は一応承諾の旨答え、本店へ打電したところ、本店では進んで引受ける意志がないと表明したこと、これは甚だ冷淡な態度と批判し、日本は国家利害の関係上、台湾銀行を利用し、且つ充分援助を与え、同銀行をしてこの借款を成立せしむるは必要の政策なり、と主張した[73]。しかし日本政府は、先述の如く、撤退方針をたてざるを得なかった。

三月二十八日も借款問題を検討した。この時、孫都督は、塩税を担保にして日本よりの借款で、一時の急場を凌ぐに如かずと主張したが、陳能光は米国よりの借款を主張した。結局いずれの国から借款するか決議に至らず、中央政府に方針を仰ぐことで散会した。

三月三十一日には、共和国民会、その他党派員が会合して、軍政府が外債を起すのを懸念し、四月一日に都督府に反対を申入れた(74)。

結局、五月六日、孫都督、彭寿松政務院長は、三十二団体代表を召集し、施政状況報告を行った。各団体代表も質問し、孫都督らは、福建の財政状況を詳述したので、各代表もこれを聞いて大略を知悉したという。この会合によって、官民の意志が疎通し、外国借款もやむを得ずと判断し、借款抵押問題の誤解も一掃され、一時激昂した輿論も鎮静に帰した(75)とある。

外国借款そのものに対する根強い反対論や代案が様々構想される中で、結局は、七月、孫都督は日本借款はやめて、スタンダード石油会社から、額を大幅に縮小して、三十万元を借款することに決して、この問題は決着した。そして、南洋公債三十万元も発行することになった(76)。

五　日露戦争以後の日本・米国

福建辛亥革命にあたり、帰国留学生や、帰国志士の宣伝、組織活動、帰国士官の戦場での活躍、当時、福建司法界に、日本の法律速成科の卒業生が多数いたとか(77)日本的な色彩が多々見られるが、実際は、動乱の際の実質的な支援、軍政府設立の際の「米国派」の形成、米国借款の取りつけ等、米国の役割の方が遙かに大きいと思われる。

日本が表面だった行動をとれなかったのは軍事的にはもとより、他の方面でも、義和団事変の際の厦門事件の影響が確実にある。動乱の際、及びその後の一切の日本の行動が、厦門事件を想起せしめ、事件の再現、占領に連なるのではないかと懸念された。これへの配慮は、中国はもとより、列国に対しても常になさねばならず、それが日本の言動を制約した。列国、とりわけ米国がそれを宣伝した気配も十分ある。厦門事件が如何に強く印象づけられていたか、それに配慮して言動に慎重ならざるを得なかった。

厦門事件後、日本は福建への強引な軍事的進出はひかえ、平和的な方法で、経済的進出を中心に進め、福建樟脳を開発してその専売権を獲得し、孫道仁を日本に招き、彼を支援して、福州に武備学堂を設立させた。しかし、その積極的な賄賂攻勢が原因となって、許崇智の祖父の許応騤が閩浙総督を解任され、「割閩換遼」の風説のあった一九〇五年、樟脳専売権は撤回され、福建武備学堂も改組されて、日本勢力は相対的に後退していた。(78)

少し後の宣統年間に出版された『最新初等小学福建郷土誌』には、

「台湾は昔福建に隷するの地なり。光緒甲午中日和を失し、我国戦敗して乃ち台湾を割きて日本に与う。これより後、日人台湾を経営し、且つ福建を呑噬するの志あり」

とあり、航業権も半ば日本に奪われ、大阪商船の汽船が、福建省沿岸の諸港にあふれていると、福建人の目には、日本の進出は明らかであった。小学校でも反日教育を行っていた。

もっともこの教科書の発行所は、革命党員彭寿松の機関紙「福州共和新聞」のそれと同じ南台啓明公司で、米国教会の援助をうけていたという。(79)

日本は、動乱及びその後も、表面でも側面でもきわだった動きは殆どなかったが、日本軍艦の入港は、福建を分割するものとうけとられ、福州動乱の際、朴寿将軍が馬弁に殺害された点に関し、日本領事は「異議」を唱え、満漢感情を挑発するための「陰謀」を働いたという記述がある。(80)また、日本は台湾籍民を使嗾して、日本人を殺害させ、これを口実に陸戦隊を上陸させて、厦門軍政府に無理の要求をし、厦門占領を企図したが、外国領事の調停もあり、日本は遺憾を表明して陸戦隊を撤退させた[81]という記述もある。台湾籍人による日本人の殺害の事実はなかったと思われるが、籍民の殺人を本願寺放火と書きかえると、殺人事件－口実占領－外国の抗議－撤退と厦門事件と全く同じ筋書きということになる。

借款問題では、前島真の「閩報」が日款勧誘の記事をのせたところ「共和新聞」はじめ、各新聞が一斉に毎日のように「日款反対」の論説をかかげ[82]「日款反対の意見書を孫都督に送る者その数を知らず」とある[83]。

一九〇七年、福建の前途を悲観した留学生陳不聴の投身自殺事件、一九一〇年、日本による韓国併合が非常に大きな衝撃であったという回憶もある[84]。

中国商人が日商牌号をつけて捐税を免れ[85]、籍民が日章旗を掛けて身を護らんとする者がいたとか[86]、当時、福建で日本の評判は余り良くなくその言動が批判されていた。

一方、清国人にとって、米国は理想の共和大国であり、ワシントンは黄帝にも比せられる人で、米国は清国に領土的野心をもたない、よき理解者と意識されていた。

武昌蜂起後成立した袁世凱内閣は、米国大学出身の閣僚が多数を占め、「宛然たる親米内閣を顕現した[87]」ものであり、「清国革命に潜在せる米国の勢力[88]」は大なるものがあった。

福建においても、米国は革命派の友邦であった。動乱勃発について、事前にその時期を知っていた節もあり、米国製の弾薬を提供し、米国系教会、学院の学生数百名が革命軍に投じ、「米国ノ行動ハ、列国中最モ狡猾ヲ極メテ[89]」おり、米国領事、学院長、宣教師が、陰に陽にそれを支援した。

米国宣教師は暗に排日煽動の論説をなし、日本を中傷し、漳州動乱の際、宣教師は、電報局に三百元の賄賂をおくり、日本の通信を妨害させたという(90)。

軍政府設立については、政務院の重要ポストに英華書院出身者が何人か就任し、その一人外交部長陳能光は直前まで米国領事館の通訳であった。軍政府の中に、親米派、米国派が形成され、「軍政府、当路者ハ隠然日米二派に分レ、互イニ反目ノ跡アルノミナラズ、目下、米派稍優勢ヲ占ムルノ傾向(91)」があり、陳能光らは、結局外国借款反対論を押しきり、孫道仁都督らの日本借款論を押しきり、米国スタンダードよりの借款にこぎつけた。「是近時米国人ガ野心満々、……借款問題ノ起ル蓋シ偶然ニアラズ(92)」とある。

学院経営では、その経済力で鶴齢英華学院、榕城格致書院を育成し、三十有余年の歴史の中で多数卒業者も出し、「規模広大、根底鞏固、成績優良に比べると、台湾総督府の援助の下に建設せられたる東瀛学院の規模狭少、財源不確実なるに比すれば到底一様の論にあらず(93)」とあり、布教の点でも「ソノ勢力我ガ本願寺ノ比ニアラズ」、その上、米国宣教師が、福建語を学び、永久に根気よく之に従事するのに比べ、日本人が通訳制度で教鞭をとり、一般に通用しない福建語を学びたがらず、「ソノ腰掛主義トハ其結果ニ於テ雲泥ノ差ヲ生ズ勿論ノ事ナリ(94)」であった。

一方、福建での動乱の日本に対する経済的影響はどうだろうか。動乱直後は一時不況であったがすぐ回復し、台湾銀行には預金者著しく増加し、中位の商人に加え、所謂上得意が増加し、貸出も動乱前に比べ約十倍に達し、未曾有の好況という。大阪商船も革命後寧ろ好況で前途益々有望であり、三井物産は、従来木材を扱っていた寧波商人が殆ど廃業したのをうけ、木材を扱い始めて意外の好況、その他の輸出貿易も増進し、売薬、雑貨も増加し、日本旅館も軍艦の絶えざる来港と、来住者の増加で繁昌し、必然的に日本郵便局為替業務も、口数、金額とも動乱前に比べて著しく増加した。「今回、動乱ガ当地経済界ニ及ホセル影響ハ、……悪影響ヲ蒙リタルハ支那人ニシテ、本邦人ノ如キハ、寧ロ好影響ヲ受ケタルモノト説ハサル可カラズ」[95]であった。

しかし、一方で、当時発行の『支那』「福建市場と日本雑貨」に次のような記事がある。「国貨維持、利権回収を標榜する保存国貨会員、若しくは西洋雑貨を業とする一部商人は、他国品排斥を唱導し、自国人は自国貨を使用すべし」[96]と。他国品とは日本商品をも含むのであろう。これでは貿易の着実な発展、堅実な進展はあり得ないであろう。

結局、辛亥革命期、福建における日本と米国の角逐を見ることができる。

確かに、日露戦争後、両国の関係は決して円滑ではなかった。繊維販売市場、鉄道投資市場（満鉄平行線建設問題）としての満州から、日本は米国を排除しようとした。一九〇七年の第一回日露協約、一九一〇年の第二回日露協約締結の主旨がそれである[97]。一方、米国西海岸で、日本人移民が排斥された。福建には、日本海軍が積極的に進出をはかった。米国批判の言辞も海軍側の記録に多い。両国は日露戦争後「日米建艦競争」の時代に入り、一九〇七年、米国はフィリピンの安全保障から最初の対日戦略プランである「オレンジプラン」を作成し、日本も同じその年、「帝国国防方針」の中で、想定敵国として米国の名を明記した[98]。また米国はフィリピンを拠点にし、そこから福建へ進出を謀らんとした。そこで日本と角逐した訳である。この辛亥革命の時期、福建省において積極的な行動をとる米国を、日本海軍側には「競争相手国」よりむしろ「仮想敵国」とみなす報告が多いのである。日本・米国とも互いに相手をライバル視し、感情的とすらみえる報告がある。

この時期、長江一帯の権益擁護に忙殺されていた英国、武昌蜂起の時、官軍を公然支援して、革命軍側からも列国からも評判を悪くした独国、鉱山開発権を得ながら早くに撤退していた仏国、その後、福建では殆どその名が出てこない。

おわりに

日本では福建は日本の勢力範囲と意識しているが、現実その実は上っていないし、列国もそれとは意識していない。孫都督も陳外交部長も、一八九八年の不割譲宣言、約束のあることすら知らない。日本に「優先権ヲ認ムル能ハズ」といい、また陳宝琛も、一九〇六年仏国技師を福建鉄道に招聘する風説があった時の日本からの照会に対しても約束の存在を否定し、また一九〇八年にも英国技師を顧問として招くなど、その約束を否認或は無視している状況である。(99)

辛亥革命から中華民国の成立への変革をふまえ、日本は新たな対中国政策を、一二年秋から検討した。そして「支那ニ関スル外交政策ノ綱領(100)」全九条を作成した際、とくに第六条「福建省問題」を入れた。

「福建省ハ我台湾トノ関係上、固ヨリ他国ノ窺窬ヲ容ルスヘカラス、嘗テ支那政府ヲシテ不割譲ノ約ヲ為サシメ、其後日仏協約ニ依リ、仏国政府ヲシテ、同省ニ対シテ帝国カ特殊ノ利害関係ヲ有スルコトヲ確認セシメタリト雖、未タ具体的ニ我利権トシテ同省ニ樹立セラレタルモノナク、勢力ノ扶植ニ於テ頗ル欠如セリ、往年㈠厦門ヨリ福州ヲ経テ江西省南昌ニ至リ湖北省漢口ニ達スル鉄道、及㈡南昌ヨリ浙江省杭州ニ至ル分岐線、並ニ㈢福州三都澳線ノ敷設ニ関シ、支那政府ト交渉シ、又福建省内鉄道ノ敷設ニ外貨又ハ外国技師ヲ用ヒントスル場合ニハ、必ス先ツ日本ニ頼ルヘキコトヲ嘗テ申入置キタルモ、爾来一モ成果ヲ見ス、而モ従前台湾官吏等ノ行動ハ、却テ同省人民ノ我ニ対スル猜疑ヲシテ深カラシメ、動モスレハ疑惧ヲ生ジ、我施《マ》為《マ》ニ頗ル不便ナルモノアルカ如シ

惟フニ福建ハ利源ノ豊富ヲ以テ鳴ルモノニ非ス、邦人ノ着手経営スヘキ事業ハ、他ノ諸省ニ尠カラサルカ故、前途ノ情勢ニ顧ミ臨機応変ノ必要ニ依ル場合ノ外、強テ福建ニ於テ利権扶植ニ関スル事功ノ急ヲ求ムルモ其効ナカルヘク、

寧ロ他国ノ行動ヲ監視スルト共ニ、徐ロニ猜疑誤解ヲ釈カシメ、人心ノ融和ヲ図リ、平和時ニ漸次我経済的根拠ヲ養成シ、好機ヲ捉ヘテ利権扶植ノ目的ヲ達スルニ如カスト認ム」

と作成した。それはむしろ比較的冷静に福建政策を策定したものであった。

ところが、一九一三年十二月、米国はその三都澳を米国海軍の根拠地にせんと交渉したので、日本はこれを中止させた。が「米国は決して此の野心を全然放擲せるものにあらずして、将来機会だに到らば、何等名義をもって其野心を実現するものなること明かなり(101)」と判断した。

そこで、こういった状況から、一八九八年以来の前記約束を確認・履行させるため、明確に条文化した条約をとりつけんとしたもの、先の福建政策の「好機ヲ捉ヘテ利権扶植ノ目的ヲ達スル」ものこそが、二十一カ条要求第五項目中の福建条項であろう。

台湾との関係及び福建不割譲約定との関係に顧み、福建省における鉄道鉱山港湾の設備（造船所を含む）に関し、外国資本を要する場合には、先づ日本に協議すること

これこそまさに今確定すべき積年の「希望条項」であった。しかしこれも又実現しなかった。

注

(1) 陳孔立、蔡如金、楊国楨「辛亥革命在福建」（『厦門大学学報』一九六二年第二期、『辛亥革命史論文選』下、一九八一年六月）潘守正「辛亥革命在福州」（『福州文史資料選輯』第一輯、一九八一年九月）をあげておく。

(2) 『外務省外交史料館保管文書』「清国革命動乱ニ関スル情報－陸軍ノ部」－㈠「清国革命動乱ノ際ニ於ケル各省独立宣言並ビニ中華民国及政府承認請求一件――福建省ノ部」－㈡『防衛庁防衛研究所戦史室保管文書』「清国事変関係外務報告（第

三編)」―㈠「清国事変書類」巻十一、十二（来電五・六）―㈡㈢、巻三十七、四十、（清国事変ニ関スル警備概要、十七、二十）―㈣㈤、巻五十六（福建）――㈥等。（以下この場合『外務省文書』㈠㈡、『防衛庁文書』㈠㈡㈢㈣㈤㈥と略記する。）

（3）『防衛庁文書』㈠、在福州土谷副領事より林外相宛　明治四十四年九月十八日、小野信爾「史料紹介　福州轎夫暴動について」（『辛亥革命研究』二、一九八二年）。

（4）『防衛庁文書』㈤、薄雲艦長より斎藤海相宛、十一月十二日。

（5）『外務省文書』㈠、土谷副領事より林外相宛、十月十七日。

（6）『宗方小太郎文書』続、一九〇頁、「福建都督府内の概況」。

（7）「福建辛亥光復史料」（中華民国開国五十年文献第二編第四冊「各省光復」中、）三三〇頁。（以下この場合『光復史料』三三〇頁と表記する。）

（8）『防衛庁文書』（二）、在厦門菊池領事より内田外相宛、十一月六日。

（9）『光復史料』三二九頁。

（10）『日本外交文書』第四十四、四十五巻別冊、清国事変（辛亥革命）第三十九号文書　土谷副領事より内田外相宛、十一月七日。（以下この場合『日本外交文書』辛亥革命と略記する。）

（11）『光復史料』三三〇頁。

（12）同前書　三三九頁。

（13）『外務省文書』㈠、土谷副領事より内田外相宛、十一月九日。

（14）『外務省文書』㈡、土谷副領事より内田外相宛、十一月十三日。

（15）宋淵源「閩省参加革命経歴紀要」（『辛亥革命史料選輯』下）。

（16）『外務省文書』㈠、土谷副領事より内田外相宛、十一月三十一日。

（17）前揚・陣孔立等「辛亥革命在福建」。

（18）注（4）に同じ。

（19）注（16）に同じ。
（20）鄭権「福建光復史略」（『辛亥革命史料選輯』下）。
（21）注（4）に同じ。
（22）『防衛庁文書』㈤、薄雲艦長より斎藤海相宛、十一月十七日。
（23）同前書、薄雲艦長より斎藤海相宛、十二月六日。
（24）『松本忠雄文書』「清国革命動乱の際における各国の対清態度」土谷副領事より内田外相宛、十一月十五日。
（25）同前書　吉田増次郎、海軍手交秘書写、十一月三十日。
（26）『防衛庁文書』（五）、霞艦長より斎藤海相宛、十一月二十六日。
（27）『日本外交文書』辛亥革命　第一〇五号文書、十月二十四日「対清政策ニ関スル件」。
（28）同前書　第五三一号文書　在清伊集院公使より内田外相宛、十月二十八日。
（29）『外務省文書』㈠、土谷副領事より内田外相宛、十一月十一日。
（30）注（4）に同じ。
（31）注（23）に同じ。
（32）『外務省文書』㈠、土谷副領事より内田外相宛、十二月五日。
（33）『防衛庁文書』㈠、土谷副領事より内田外相宛、十二月七日。
（34）『防衛庁文書』㈤、霞艦長より斎藤海相宛、十一月十三日。
（35）注（26）に同じ。
（36）注（15）に同じ。
（37）『防衛庁文書』㈤、薄雲艦長より斎藤海相宛、十二月十三日。
（38）林炘等「福建学生北伐隊」（『福建文史資料』第六輯　一九八一年八月）。
（39）『日本外交文書』辛亥革命　第八十二号文書　上海有吉総領事より内田外相宛　明治四十五年一月十七日。

(40) 外務省文書㈠、菊池領事より内田外相宛　明治四十五年一月二十六日。
(41) 『支那』第三巻第五号（三月五日）。
(42) 『防衛庁文書』㈠、芝罘相羽副領事より内田外相宛　明治四十五年二月二十一日。
(43) 同前書、土谷副領事より内田外相宛　十二月十六日。
(44) 『日本外交文書』辛亥革命　第七〇八号文書　在清伊集院公使より内田外相宛　明治四十五年二月七日。
(45) 注（4）に同じ。
(46) 『太陽』第十七巻第十六号（十一月二十八日）。
(47) 兪辛焞『孫文の革命運動と日本』（一九八九年四月）一八一～一八四頁。
(48) 『防衛庁文書』㈥、栃内書、外波宛　明治四十五年二月十五日。
(49) 『外務省文書』㈡、土谷副領事より内田外相宛、十一月二十三日　孫都督は、清朝に恩をうけながら、義を忘れている、宜しく誅すべしの声もあり、外出も危険だったとか、人望、勢力もなく、さらに、所謂、党員・文治派と軍人・武断派の対立、軍中の福建兵と湖南兵の対立もあったと『支那』等にある。
(50) 『防衛庁文書』㈠、菊池領事より内田外相宛、十一月二十日。
(51) 同前書　土谷副領事より内田外相宛　明治四十五年一月三日。
(52) 『防衛庁文書』㈤、霞艦長より斎藤海相宛　明治四十五年一月三十日。
(53) 『支那』第三巻第一号（一月五日）。
(54) 『外務省文書』㈠、土谷副領事より内田外相宛、十一月二十三日。
(55) 注（52）に同じ。
(56) 『外務省文書』㈡、内田外相より土谷副領事宛、一月二十六日、菊池領事より内田外相宛、二月五日。
(57) 『通商彙纂』明治四十五年第三十八号、土谷副領事報告（三月二十二日）臨時増刊第三十二号、菊池領事報告（三月十八日）。
(58) 『日本外交文書』辛亥革命　第二四三号文書　長沙大河平領事より内田外相宛、十二月二日。

(59) 同前書　第三〇九号文書　広東瀬川総領事より内田外相宛　明治四十五年三月九日。
(60) 『防衛庁文書』(六)、財部次官より外波少将宛（日付はない。送付されなかったかも知れない）。
(61) 『支那』第三巻第六号（三月二十日）。
(62) 『宗方小太郎文書』続　一九三頁。
(63) 『防衛庁文書』(一)、土谷副領事より内田外相宛、二月二十八日。
(64) 『防衛庁文書』(三)、霞艦長より斎藤海相宛、二月二十八日。
(65) 注（63）に同じ。
(66) 李金強「清季福州革命運動興起及其革命団体演進初探」（『辛亥革命研討会論文集』、一九八三年）。
(67) 『日本外交文書』内田外相より土谷副領事宛、三月七日。
(68) 『防衛庁文書』(一)、土谷副領事より内田外相宛、三月十三日。
(69) 同前書　土谷副領事より内田外相宛、三月十八日。
(70) 同前書　内田外相より土谷副領事宛、三月二十五日。
(71) 『支那』第三巻第八号（四月二十日）。
(72) 『防衛庁文書』(一)土谷副領事より内田外相宛、三月二十九日。
(73) 注（71）に同じ。
(74) 『支那』第三巻第九号（五月五日）。
(75) 同前書　第三巻第十号（五月二十日）。
(76) 郭正学「福建大事記」（『福州文史資料選輯』第一輯）。
(77) 梁寿栄「辛亥革命時期福州司法概況」（『福建文史資料』第六輯）。
(78) 本書第一部第二章参照。
(79) 『外務省文書』「在福州某氏ノ情報」大正元年九月十九日。

(80) 郭公木「辛亥福州光復幾個問題的調査研究」(『福州文史資料選輯』第一輯)。
(81) 潘守正「鄭祖蔭与孫道仁」(『福建文史資料』第六輯)。
(82) 注(79)に同じ。
(83) 『宗方小太郎文書』続　二二四頁。
(84) 丁先誠「辛亥革命前后福州教会学校的愛国運動与革命戦争的回憶」(『福州文史資料選輯』第一輯)。
(85) 「光復史料」三一二頁。
(86) 注(34)に同じ。
(87) 『外交時報』第十四巻第十四号(十二月十五日)。
(88) 『国際法雑誌』第十巻第三号(十一月二十五日)。
(89) 注(22)に同じ。
(90) 『宗方小太郎文書』続　二二七頁。
(91) 『防衛庁文書』(四)、福州視察報告　二月二十七日。
(92) 『支那』第三巻第七号(四月五日)。
(93) 外務省通商局『福建事情』(一九一七年九月)三九六～三九九頁。
(94) 注(37)に同じ。
(95) 『通商彙纂』大正元年第四号　土谷副領事報告(明治四十五年七月十七日)。
(96) 『支那』第四巻第一号(大正二年一月一日)「福建市場と日本雑貨」。
(97) 『内田康哉―近代日本の内田外交―』(一九六九年一月)一四九～一五一頁。
(98) 細谷千博、本間長世編『日米関係史―摩擦と協調の一四〇年―』(一九九一年三月)六頁。
(99) 『防衛庁文書』(六)、南清鉄道問題―明治三十六年十一月以降ニ於ケル経過ノ大要(明治四十五年三月六日)。
(100) 『日本外交文書』大正二年第二冊　第八三〇号文書　阿部政務局長稿　大正二年稿とあるが、前掲『内田康哉』(二〇〇頁)

には「一九一二年十一月十三日と前後して記草されたものと推定される。これは内田大臣の意見によったと思われ……」とある。

(101)『支那省別全誌』第十四巻福建（一九二〇年）三四頁。

第二部　初期対日民族運動

第一章　一九〇五年、福建・満州交換要求をめぐる運動

はじめに

中国近代史において民族運動の基軸としての対外ボイコット運動が幾度か組織されてきた中で、対日ボイコット運動は、全国的な規模のものとしては、一九〇八年（清国光緒三十四年、明治四十一年）の第二辰丸事件をめぐるボイコットを第一回とし、以下今時の日中戦争期までに、十回前後が数えられ、日中関係史の重要な側面をなしている。

ところで、外務省外交史料館に「日本ニ於テ満洲還付ノ代償トシテ福建省割譲要求風説一件　明治三十八年十一月」なる保管文書があり[1]、即ち、一九〇五年（光緒三十一年）、日露戦争の処理のポーツマス条約を締結した日本は、その直後、清国との取決を結ぶべく、北京で談判を重ね、十二月二十二日に、「満州還付に関する日清条約及び附属協定」を締結したが、この時期に、前記文書名の如く、日本が満州を清国に返還する代償に、福建省の割譲を清国に要求したという風聞がたったことから、まず在日留学生が、それが反対を本国に呼びかけ、福建省や長江沿岸の各地で、対日ボイコット運動が起りかけた。即ち「割閩換遼」要求をめぐる反対運動である。

しかし、実状は、檄文が配布され、反対決議がなされる程度で、日本側に殆ど実害を与えることもなく終った。

殆ど不発に終ったから、問題にする必要もないようであるが、しかし、当時、華中・華南にかけて、アメリカでの清国人排斥法案をめぐって大規模な対米ボイコットが展開されており、[2] この状況の中で対日ボイコットが組織されようとしたことは、注意を要するし、しかも、第一回の対日ボイコットとされる辰丸事件に関するものに先んずる先駆的なものとして、又、以下十数回組織される対日ボイコットの祖型的なものとして、注目される。

そこで、このボイコットの状況をみ、それの背景、意義を考察してみようとするのが小論の目的である。

一　各地の運動の状況

まず、前記外務省史料を中心にして、ボイコットの実態をみてみよう。

ポーツマス講和会議の後に、日本が福建省の割譲を要求しているとの風説は、中国本土の新聞にも、十月それをとりあげているものがあったというが、[3] 具体的に対日ボイコットを呼びかける長文の檄文が、長江沿岸の蕪湖で「蕪湖商務日報」に添付されて配布されたのが十一月六日であり、それに関する第一報が、南京領事館分館より上海総領事館へ打電され、上海総領事からの暗号電が本庁に着電したのは十一月十日午後であった。

その大要は、「日本ハ奉天ヲ清国ニ還附スル代リニ福建省ノ割譲ヲ要求スルニ付、支那国民タルモノハ之ニ反対セザルベカラズ、其手段トシテ、先ヅ日本ノ商品ヲ用キズ、大阪商船ニ荷物ヲ積マズ、傭聘ノ日本人ヲ悉ク解傭スベシ、斯クシテ尚日本野心ヲ棄テズ、清国政府又其要求ヲ聴カントスレバ、清国人民ハ見当リ次第日本人ヲ殺シ、其財産貨物ヲ焼棄シ、以テ飽クマデ反抗シテ、欧米諸国ヲシテ支那分割ノ口実ナカラシムルベシ[4]」である。

一方、日本の一般新聞では、十一月八日付『時事新報』に上海七日正午特電として、恐らくこの件に関してであろうことを「日本は福建省の割譲を求むべしとの風説あり為めに同省並に其他の支那人等は北京に電報を発し抗議しつつあり」とのせていた。

翌十一月九日付『読売新聞』の「福建要求の真否」には

「日本が福建省の割譲を要求せりとの風説は、如何にも突然のことにして聊か信を置き難く、当局者は固より之を打消し居ることとなるが、之を聞きたる支那人等が、政府に向って抗議個《マ》間《マ》敷きこと申立るに至っては、頗る軽卒の譏りを免れざるものの如しと云へり。」

とある。従って、清国での反対運動が、おぼろげながらも日本に知らされたのは、外務省当局よりも一般人の方が、二・三日ほど早かった訳である。

これより先、同月七日発の福州領事より次のような報告があるが、本庁到着は十一月二十九日である。「先般来当地方ニ於テ、日本ガ満州ヲ還付スルト同時ニ、福建省割譲ヲ要求スベシトノ風説盛ニ流布セラレ、当地紳士及学生等ハ、大集合ヲ開キテ凝議スル等、民心動揺ノ形勢ヲ呈シ居リシガ、……暫ク形勢ヲ傍観スルト同時ニ、右風説ノ出所ニ付探査ヲ逐ゲタルニ、山東武備学堂学生ヨリ当地武備学堂学生へ、右ノ風説ヲ事実ラシク電報シ来リ、速カニ予防的手段ヲ講ズル様、勧告シ来リタルモノナルコトヲ発見致候、而シテ当地武備学堂学生ハ右ノ風説ヲ軽信シテ、地方紳士間ニ奔走シ盛ニ運動スル所アリ、遂ニ紳士学生ノ大集合ヲ催スニ立至リタル趣ニ有之候処陳宝琛ハ斯ル流説ノ為メ民心動乱ノ漫延スルヲ深ク憂ヘトシ《ママ》、……外務部ニ打電シテ事実ノ真相ヲ確メタルニ、同部ヨリハ決シテ斯ル事ナシトノ簡明ナル返電ニ接シ、此返電ノ趣ヲ他ノ紳士学生ニ開示シタル結果、昨今ハ漸ク人心平静ニ傾キツツアル模様ニ有之候[5]」福州では、紳士学生等が集会を催し討議したが、初発的段階から、殆ど組織されなかったようである。

ここにいう陳宝琛とは、張之洞の同年の進士で、一時南洋大臣に署理されたが、郷里福州に帰り、福建師範学堂総

理、福建鉄道会社社長などをつとめ、福建省での多くの事業に参画した土地の有力者、「福建紳士の巨擘」である。(6)

さて、十一月六日、蕪湖で配布された檄文は、かなり長文であるが、ボイコット側の基本的見解を窺う上で必要であると思うので、ここに再録しておこう。ただし、この檄文には、題名、発行者団体名、日付等は記されていない。

現在有一椿很要緊的事情、不得不告訴大家、聴聴、這一件是甚麼事、就是福建省割与日本的事情了、福建省因何割与日本、就是因為日本同俄国在奉天打仗、足足的打了二年、都是日本得勝、現在已経議和、日本既然把奉天取了去那呢又肯帰還中国、但中国的政府是不肯失出奉天省的、又欧美各国也、是想把(奉)天一省開做通商嗎頭的、中国政府不得已、所以把福建同日本換奉天、列位同胞莫要把這件事情当做福建人的事、福建的一省北辺是浙江、西南是広東、西北就是江西、如若日本人得了福建、以北辺去就可以侵入浙江、従西南去就可以侵入広東、以西北去就可以侵入江西、試見日本近幾年以来、在浙江省地方想築鉄路、在広東省地方派本国的和尚伝仏教、又出資本築潮汕鉄路、并不僅僅想佔浙江、還想由浙江通江西、更由江西通湖南、所以現近幾個月、日本到湖南游歴的一天多一天、可知可知日本人志向很大、是想把東南幾省一同帰入已国的、但他従前没有根拠的地方、所以不行実行佔領、現在得了福建、他在中国就有根拠的地方了、日本在中国既然有了根拠的地方、你想中国東南的幾省可危不可危、当乙未年的時侯、中国把台湾割讓日本、台湾去福建很近、這時有識見的人也、就暁得日本想取福建、果然六七年中間、日本在福建的勢力一天大一天、現在又将福建割去了、如若福建再被日本人割去、由福建到浙江広東江西、比由台湾到福建還要近得多、従前日本人得台湾、現在就可取福建、現在既然取福建、日後就可取浙江広東江西、可不是現在頂要緊的事情呢、況且現在的各国都是想瓜分中国的、如若福建帰了日本、各国的人恐怕日本在中国的勢力一天大一天、就也欲出来争地方了、徳人要取山東河南、英人要取揚子江附近、法人要取広西雲南、俄人要取新疆蒙古、如若中国不答応、他就要援日本得福建例、向中国力争、中国政府素来是怕外国人的、如若果然答応他、可不是中国的地方都帰外国、中国的百姓個個是外国的順民、列位同胞你們都是中国人、祖宗的墳墓也是在中国的、如若一旦帰了外人、何以対起自己、又何以対得自己的祖宗、況且外国取了中国的地方、是種種的残虐百姓、我們中国的西南有個印度国、被英国人取了去、這地方的百姓就若的了不得、大約天下最苦的事情、没有較亡国最苦的、外人得了中国地方、租税是格外的加重、刑罰是格外的加酷、一切百姓的財産要奪就奪、一点児不能自主、真真是苦不尽言呢、況且各国佔了中国的地方、勢力必不能平均、就如日本想要浙江、英国法国也想浙江、英国要揚子江流域、德国的人也要長江一帯的地方、勢必両国互相打仗、他們打仗的地方是在中国境内的、打仗的兵也是招募中国人的、你想中国人到了這一天、失身命的也不暁得多少、失財産的更不暁得多少、這次俄日在東三省開仗、這地百姓吃的苦就是現在各省前車之鑑了、曖天下的人那一個不貪生怕死、為何不想一個可以免死的法子、甚麼叫做免死的法子、就是抵抗外国人瓜分、要抵抗外国人瓜分、先要抵抗日本割福建、但同日本人抵抗不是用空話的、都大家同心合力、第一、不用日本貨、不搭大阪船、第二、凡工廠学堂所用的日本人一概辞退、日本的人看見中国民気很強、恐怕大与他不利、就不敢再要福建了、就是中国的政府也怕百姓鬧出大事来也、不敢再把福建送日本了、如若這様辦法再争不来、則是日本居心真欲滅我国殺尽我百姓、我国政府真欲将百姓的性命財産作礼物、以買自己一日之安楽、以後我們百姓止有死裏求生之一法、看見日本人便殺、看見日本産業便焼、一日打起仗来全国一心人人拚命、但使福建不帰日本、這欧美各国也無従藉口瓜分、所以中国的存亡都在此挙、列位同胞快点児出来想法了罷。(7)（読点は引用者）

平易な日常語による呼びかけの中で、日清戦争後の日本の福建地方への野心の大なることを警告し、もし日本に福建割譲を許与せば、隣接の浙江・広東・江西が危くなり、更に欧米各国もこの例にならってくる。その口実なからしむるためにも福建割譲に反対することを強調している。そのボイコットの方法として、日本商品不買という経済的断絶から出発して、学校・会社・個人との雇傭関係などの社会的断絶へ進め、更に情勢の進展に応じて、日本人殺害、日本の産業施設の破壊まで拡大し得る意志を蔵していた。

この檄文に関し、漢口領事は、「対清談判ノ結果ハ一時ハ多少戦地ニ遠キ長江一帯、特ニ湖北湖南人士ノ不満ヲ買フニ至ルベク、之ニ乗ジテ奸策ヲ弄スルモノ続出スベク、本件ノ如キハ其端緒トモ見ルベシ(8)」と情況判断をしていた。

南京分館主任及び上海総領事はそれぞれ、檄文の配布禁止、日本人の生命、財産の保護、首謀者の即刻逮捕、処罰を、両江総督周馥に申入れ(9)、これに対する周馥の上海総領事への十一月十一日の返電によると、南京でも数日来謡伝が盛んで、学生等が集会を催すなどしたが、已に告示を発して説諭した結果、現在は群疑氷解して平穏に帰したという(10)。

この段階で日本は、福建省割譲要求は全く風説に過ぎないこと、その打消に懸命の努力を払っていた。十一月十一日、桂外相は上海総領事にあて「帝国ガ福建省ノ割譲ヲ要求ス云々ハ、事実無根ナリ、帝国ノ清国ニ対スル態度ハ、従来帝国政府ガ累次清国政府ニ声明シタル通リニシテ、其間ニ疑ヲ容ルベキ余地ナシ、檄文中ニ云フ処ノ如キハ、荒唐無稽ノ妄誕ニアラザレバ、必ズ帝国ニ悪意ヲ挿ム者ノ捏造ニ過ギザルコト論ヲ須タザルニ付、貴官ハ総督及道台ニ対シ、必要ノ交渉ヲ逐ゲラレタル外ニ、右ノ含ヲ以テ新聞紙ヲ利用シ、此類ノ風説ヲ随時取消ス様取計ハルベシ(11)」と訓令していたし、同日の内田北京公使よりの電文には、「外務（部）ニ対シ、両江総督ヘ相当ノ電訓方ヲ申込タルニ、過日南方各地ニ於ケル福建人、日本ノ福建ニ関スル要求云々ニ付続々電報ノ趣アリ、又両江総督及上海道ヨリ請訓ノ趣モアリタルニ付、日本ヨリ右様ノ請求アリタルコト全ク無之ニヨリ、人心ヲ鎮ムルコトニ努ムベシトノ電訓ヲ、既ニ発シ置キタリト那桐確答セリ[12]」とある。那桐は当時外務部会辦大臣であった。

一方、漢口では、当時湖広総督張之洞が、満州善後処理の日清交渉の要員に任命されたとの風聞もあり、漢口領事は、日本政府の意向を伝達しておく必要を認め、書函を以て張総督に通報したところ、張都督も謡伝駁正の必要を認め、直ちに当地発行の『公論報』に次のような反駁を掲載したという。

此等謡言ハ全ク影モ響モナキ事ニテ、実ニ奇怪荒謬ノ至リナリ、事理ヲ撥レバ断ジテ此事ナキヲ知ル、無識好事ノ徒ハ此説ノ由来ヤ確否モ考求セズシテ、徒ラニ其詞ヲ張大シ、妄リニ抵制ヲ云フハ、啻ニ衆聴ヲ揺惑シ邦交ヲ阻礙スルノミ、幸ニ湖北ノ学生等ハ事理ニ明カナレバ、此謡伝ノ信ズルニ足ラザルヲ知リ、論議スルモノモナケレバ、人心ハ甚ダ平静ナリ、総督ハ已ニ各官員ニ命令シテ探査シ、如斯謡言ヲ放ツモノハ立《タチドコ》ロニ拏辦スル筈ナリ、要スルニ如此輩ハ必ズ乱党ニ係リ、人心ヲ煽惑シ天下和平ノ局ヲ撹乱セントスルモノ実ニ痛恨スルニ余リアリ、清国ノ佳士良民ヨ、謹ンテ其術中ニ陥リ識者ノ笑フ処トナル勿レ

そして漢口領事の推論によれば、この煽動者は「清国政府ノ施政ニ反対シ、静平ノ大局ヲ煽動シ、其間ニ一種ノ険陰ナル企謀ヲ成サントスルモノニテ、恐クハ北京爆烈弾事件一輩ノ処為」と、つまり、各国憲政事情を研究すべく派遣されんとした載沢ら五大臣に、北京駅で爆弾を投じ、それを阻止せんとした呉樾ら革命派と一脈通じているものであるとしている。

更に漢口領事は、今回の謡伝の出処由来は、湖南より出たものだと推測し、湖南学生が会議し、南京、湖北、四川等の各学界に電報して、共同してボイコット運動を求めたことは事実だとして、そして湖南学生にこの動機を与えたものは、近時主権尊重、利権回収運動の鼓吹者である在日留学生であると判断している[13]。漢口では、革命派、在日留学生の動向に疑念が向けられていた。

ところで、漢口領事が注目していた湖南地方の状況であるが、長沙副領事の十一月十八日の報告によれば、それより一月前の十月中旬に、同副領事が巡撫衙門を訪問したところ、按察使代理張鶴齢が言うには、上海在住の福建学生林某が長沙学生に電報を発し、日本政府は今回東三省と福建省との交換を意図しているので、ボイコットの策を講ずるよう申し寄こしてきたから、学生間で一問題として考究中であるとのことであった。その後、張鶴齢などに聞けば、当時高等学堂学生や私立明徳学堂学生が主導者となり集会を催し、大演説会を開き、湖南学生一致の上、日本教習より教授を受けず、と議決をして大運動を試みんとする際、学生より張鶴齢に対し、右交換問題は事実かと問合せがきたので、張はそれが上海よりきたものと告げ、その電報を学生に回覧せしめたところ、学生の気焔も頓に消滅し、右謡言を学生は充分に信用していなかったという。

同副領事はこの後に続けて「張鶴齢並ニ武備学堂総辦兼兵備処総辦タル兪明頤ハ、湖南学生間ニ革命ノ気風ヲ有スル者アリテ、漸次大部ノ学生間ニ浸染シツツアリト称シ居リ、兪明頤ノ談ニ拠ルニ、湖南革命派学生ハ北洋並ニ上海ノ革命党ト気脈ヲ通シ居ル由ニテ、彼等ガ事ヲ挙ゲントスルモ、武器ヲ有セザル為メ、武備学堂並ニ常備新軍ト連絡セント欲シ運動スルモ、同人其間ヲ区劃シ置クヲ以テ、頗ル革命派ノ嫉視ヲ受クト称シ居候、目下孫逸仙流ノ革命党ニ属シ湖南ニ於ケル主導者ノ位置ニ立ツハ、官立高等学堂及ヒ私立明徳学堂ノ如キ者ト被認候、右気運ハ端方着任後、学生ヲ優遇スルニ過キタル為メ、学生頗ル跋扈スルニ至リ、弥々其気運ヲ浸染セシメ……現今ノ模様ニテハ、革命党未ダ破裂スルニハ至ラザル者ノ如クニ有之候ヘ共、何等カノ口実ヲ藉リテ大動乱ヲ惹起《ママ》サントスル危険分子、当地学生間ニ広リ、伏在スル者ノ如クニ外見上被察候」[14]とのべ、長沙でも副領事の観察では、革命派の学生が、この運動に呼応する恐れのあることを懸念し、その動向に注目している様子であった。

その後十一月十八日、『蕪湖商務日報』に添付し配布されたという十一月六日の檄文について、南京分館主任が、蕪湖道台童徳璋に対し、割閩換遼が事実無根の風説であり、『商務日報』主筆に命じて、その訛伝なることを声明し、訂正記事を載せさせるよう要請したが、童道台の解答にそえられた『商務日報』館の釈明によれば、当館はその檄文を掲載しないどころか、再三それが謡伝であることを報じており、当館とは無関係であり、従って日本領事館の抗議は当っていないとしている。(15)なお南京分館主任は、この檄文を「商務日報」館が出したと誤解していたこと、及び同館の説明については、報告では触れていないし、その報告の発送もずっと遅れて十二月二十日発となっている。

着任早々この件に遭遇した永瀧上海総領事は、十二月六日に、上海の清国紳商、新聞社員、日本居留民の主たる者を招いて、総領事就任の披露宴を開いているのは、この件が落着したことを意味しているのであろう、又将来を慮り、清国人との意志疎通をはかるためであったろう。(16)

以上が、外交文書に見られる一件の経過であるが、十一月中だけの一小事件であった。

二　日清戦争後の福建政策

以上、ポーツマス講和会議前後、満州還付に関して、いわゆる割閩換遼の風説から、福建省或は長江沿岸の各地で対日ボイコットが起りかけたが、前述のような経過で、実質、ボイコットは何等具体的運動に組織されず、日本への影響も殆どなく、何ら問題にする必要もないようなものであった。しかし、同事件の中には多くの問題が内在していると思われるので、以下その点を検討してみよう。

まず第一に、この時期において日本が、満州の還付の代償に、福建省割譲を要求したという風説について、日本当局者が公式見解としてこれを表示したことは、もとよりないようである。しかし、日本が、福建省を中心とする華南地方に対し、異常な関心を示し、何らかの手掛りがあれば、当地方に勢力を扶植しようとしていたことは、日清戦争以後の日本の対清国政策をみれば明かであろう。

日清戦争後の下関条約で、日本は台湾、澎湖島を領有したが、一八九五年三月二十日から、下関において講和会議が始っている中で、三月三十一日の澎湖島の占領をまって、翌四月一日、日本ははじめて日本側の講和条約案を提示した。即ち、澎湖島の占領は、台湾を割譲させるための既成事実をつくる目的でなされた政略的占領であった(17)と同時に、将来、対岸の福建省への進出の文字通り足掛りを得るための布石でもあった。

戦争の終った翌年、「今台湾ヲ立脚ノ地ト為シ厦門ノ港門ヨリ我勢力ヲ南清ニ注入シ他日南清一帯ノ地ハ恰モ朝鮮半島ノ如クナラシム(18)」と桂太郎が言った如く、これより福建省を日本の軍事的、政治的、或は経済的支配下に収めんとする政策が推進されていくのである。

そして一八九八年、列国が怒濤のように、中国の沿岸地帯に勢力範囲を設定していく状況の中で、日本は、清国政府をして福建省の他国への不割譲を誓約せしめた。

更に続いて同省内における鉄道敷設権獲得の要求を提出し、これは拒絶されたが、代りに清国政府が将来同省内で鉄道を敷設する際、資本・技術に関し外国の援助を仰ぐ場合は、先ず日本政府と協議すべき旨の約諾を与えしめ、「越テ明治三十三年（一九〇〇年）初ニ至リ、内外ノ状勢ニ鑑ミ、更ニ一歩ヲ進メテ、福建、浙江及江西三省ニ亘レル鉄道敷設権ヲ収得スルノ必要ヲ認メ、閣議決定ノ末、時ノ外相青木子爵ヨリ西公使ニ対シ開談方訓示」し、六月同公使より「公然清国政府ニ提出シタレドモ、時恰モ義和団事変」が発生し厦門－福州－撫州－南昌－漢口を結ぶ鉄道を幹線とし、福州－羅源線、南昌－衢州－杭州線を支線とする大鉄道建設計画も実現を見るに至らなかった。(19)

しかし「時恰も」義和団事変が華北を中心におこり、包囲された北京公使館街が、漸く八カ国連合軍によって救出された直後の八月下旬に、厦門の東本願寺布教所が焼失し、形勢不穏と称し、日本軍が直ちに厦門に上陸したいわゆる厦門事件が発生したのである。この事件は極めて謀略の濃い事件とされ、予め日本陸海軍に行動準備を整えさせ、八月二十四日早朝布教所が炎上すると、時をうつさず厦門派遣の軍艦より陸戦隊が上陸し、二十八日には台湾軍の一部が基隆を出発した。しかし、イギリスをはじめとする諸国の抗議にあい、日本政府は台湾軍の厦門上陸を断念せざるを得ず、結局、厦門占領計画は失敗に終った。日本政府の意図は、厦門を軍事占領し、その既成事実を背景にして、義和団事変後の講和会議で、福建省を中心とする華南地方での勢力拡大政策を有利に展開せしめようとしたのであろう。[20]

厦門事件が、日本の軍事占領の口実に利用されたのは、当時、日本仏教団が福建省一帯で、積極的に布教活動を行っており、それが現地で種々の問題をおこし、一つの懸案であったからである。一八六〇年北京条約でのキリスト教内地布教権の承認が、日本仏教団に均霑されるかどうかの問題も含んでいたが、一九〇一年四月、日僧が莆田県各地で伝教し、入会者に納銀させたことから紛争がおこり、[21]一九〇四年十一月四日に泉州府安海の東本願寺布教所に暴行が加えられたり、[22]一九〇六年二月十日にも興化府仙遊県で西本願寺布教所で掠奪事件があり、[23]同地方では布教をめぐる磨擦が生じ、清国人の感情を刺激していたようで、両江総督周馥も、日僧の伝教を許せば、キリスト教をめぐる教案と同じような害を及ぼすであろうと報告していた。[24]

或は二十世紀に入って、福建省でもいわゆる「新政」にともなって武備・警務・師範学堂が設立されるが、その教習に日本人をあてることになった。即ち全閩師範学堂は、東亜同文会が福建の有志と共同で設立した東文学堂の後身で、先述の陳宝琛が総理となり、東亜同文会派遣の日本人教習が、日本語を用いて教授し、ある程度の成績をあげたといい、福建陸軍武備学堂も孫道仁が総辦となったが、総教習、副総教習、文教習に日本人教師があたった。しかし、前者は、排外思想の盛んな清国人と、経済力を背景に、博愛慈善事業に力を入れる英・米・仏諸国の日本人排斥の画策によって、その立場が困難になってきたという。[25]

そして、清国における革命運動が進展してくると、日本の革命派支援と関連して、華南地方に対する関心も高まってくる。もともと華南地方に地盤を有する革命派を支援することによって、いわば利権を獲得せんとする企業の意図が急速に進展してくる。華南地方から、更には長江流域に経済力の扶植しようとする新たな南清経営論が、革命派援助を通じて形成されてくるのである。[26]

大阪商船会社による福建沿岸航路の開設も進んでくる。[27]一方では、日本の密輸船が福建沿岸で暗躍していたともいう。[28]

一九〇二年末、在北京内田公使が一時帰国した際、先の南清大鉄道建設計画を、再び清国政府に向って要求することを、日本政府と打合せていたと、清国側は報じている。[29]

一九〇二年から〇三年にかけて、日本は福建省において、前述の福建武備学堂の設立とともに樟脳独占開発権の取得についても積極的に働きかけていた。[30]

そして一九〇四年二月十日、日露戦争が始ると、その一週間後に、小村外相は内田公使あてに、南清鉄道建設案に関し「帝国政府ハ目下北清ニ於テ戦争ニ従事スト雖モ、南清ノ経営亦決シテ忘ルベカラズ……蓋シ現下ノ時局ニ於テ、右経営実行ノ為メニ、我資本家ヲシテ直チニ適当ノ『シンジケート』ヲ組織センコトハ不可能ニ属スルモ……今ヤ進ンデ我要求ヲ貫徹スルニ最モ良好ナル時期ニ到達シタリ」と訓令し、満州における戦争こそ「南清経営ノ大目的……ノ大成ヲ期」する機会であることを強調していた。[31]

同年七月、小村外相が桂首相にあてた意見書の中で、

「二、帝国利権拡張……殊ニ今回ノ戦争ハ或ハ満足ナル軍備賠償ヲ得ルコト能ハザルモ料ルベカラザルヲ以テ、益々我利権拡張ノ必要ヲ見ル所以ナリ

三、清国将来ノ運命ニ伴フ帝国ノ政策……早晩遂ニ瓦解瓜分ノ否運ニ会スルモ計ルベカラズ　右ハ帝国ノ利害休戚上極メテ重大ノ関係アルガ故ニ、帝国ハ今ヨリ予メ之ニ備ヘ、他日清国処分ノ大問題生ズルニ当リ優越ナル勢力ヲ以テ、之ニ参加スルノ基礎ヲ作リ置カザルベカラズ[32]」

とあり、九月遼陽会戦頃に書かれたと推定される桂太郎の私擬条件も、趣旨において小村外相の意見と殆ど同一であった[33]。

内田公使がこの年の末一時帰国して、小村外相と対露対清処理を協議し、その要綱は内田の覚書によれば五つある中で「四、満州還付に対し清国より得べき報酬」というのがあった[34]。

満州還付については、小村外相はポーツマス講和会議の席上で、「日本ノ地位ハ……何等ノ義務ヲモ帯セザルニ拘ラズ、自ラ進ンデ満州ヲ清国ニ還付セントスルモノナリ、元来満州ハ先年以来露国ノ掌握ニ帰シ、事実清国ノ管理ヲ脱シタルモノナルニ、清国ハ何事ヲモ為サザルニ拘ラズ、日本戦勝ノ結果トシテ其ノ好意ニヨリ、今ヤ之ヲ回復スルヲ得タルニ至リタリシモノナリ[35]」と言っており、好意の還付に対し、それ相応の報酬は充分期待し得るものと考えていた。

そうして、ポーツマス会議における二大問題は賠償問題と割地問題であったが、賠償問題はまさに小村外相が予測した如く、ロシアより一銭の賠償金も取り得ず、割地問題も南樺太を割譲させただけで、その結果に対し国内では轟々たる批難がおこった。

ポーツマス条約に調印した日本は、次に清国と満州善後処理に関する取決を締結する必要があった。「我国のポー

ツマスに失ふ所既に多し、従って北京に於てポーツマスの失敗を重ねるが如きは断じて許すべからず[36]」が当時の日本輿論の公約数であったろう。『国民新聞』の「今日は徒らに政治外交の空論をなす時にあらず、我が実権を伸ばし、我が実益を収める所以を謀り、以て此の千載一遇の機に対すべきなり」という社説を紹介して『外交報彙編』では「按んずるに、日本、日俄和約におけるその失敗の隠痛、頃刻も忘る能はざるなり、彼既に俄に失う、必ず我より償を取らん」と警戒し、「日俄和約なりてより、中日議約の事起る、日本輿論、凡そ甘言して我を誘い、大言して我を脅す者、至らざる所なし、我当局、それ又よろしくきく所を択ばんか[37]」と忠告していた。

北京には日本公使もいることだし、単なる事務的処理に外相自身が北京に赴く必要もないという批判を押して、小村自身が病軀に鞭うって交渉に臨んだのも、最後の詰を確実にするためであった。「別使を差立つると云ふ以上は、夫れ以上の要件を含むものと認めざるを得ず、否必ずそれ以上の要件を含ましめざる可からず[38]」という期待のようなものもあった。小村外相渡清の知らせに、在清国の日本外交官の間で「何だかポーツマスの埋合せを清国でするやの感浮び出で候[39]」と言われていたという。

こうして、福建省を中心とする南清問題を日本との関係で概観すると、日本の福建省進出を窺う気運が伏流となっている中で、清国に際立った困難な対外問題がおこる度に、日本は一つ一つ階梯をのぼって進展されていく感がある。即ち、日清戦争時、一八九八年列国による勢力範囲設定期、義和団事変時、日露戦争時、と清国をめぐる国際問題が起る毎に、清国の困難な立場に乗じて福建省への進出を一歩一歩確実にした感がある。

割閩換遼は、いわば風説としてたった訳であるが、日本の伝統的な南進策の歴史からみれば、火のない所に煙は立たない訳で、このような風説がたった背景には、充分その理由があった訳である。

日清戦争後の日本の福建省に対するこうした軍事的、政治的、経済的或は文化的進出は清国にすれば、事実上日本

に分割されていくことで、檄文の中でも指摘しており、少し後の宣統年間に刊行された「最新初等小学福建郷土誌」にも

台湾者昔隷福建之地也、光緒甲午中日失和、我国戦敗乃割台湾与日本、自是後日人経営台湾、且有呑噬福建之志[四〇]

と記され、福建では児童に「日本は福建をのみこまんとする意志がある」と教育していたという。

三　交換要求風説と伝播

ポーツマス会議の前後の時期に、日本が清国に対し、満州還付の代償に、福建省割譲の要求をしたかの事実関係については、前述の如く、日本は南清地方に異常な関心を示し、機会あらば、有利な展開を目指していたものの、その事実はなかったのではないかと思う。少なくも、日清交渉の正式の席上、或は政府関係者の公的な発言、論説等には、そういうものはない。或は在野の議論、主張として出たかも知れないが、主だった新聞・雑誌の管見の限りでは、それも見出し得ない。ポーツマス会議において、日本の要求は殆ど容れられず、講和反対の轟々たる世論がまきおこり、東京では新聞社、警察署が襲われ、戒厳令が出されるなど物情騒然となり、又、全国各地でも集会がもたれて講和反対の決議がなされるという激昂した雰囲気の中で、或は演説弁士の口から、このような議論が出たとは十分想像されるが、外務省が、国内世論として各地から収集した情報の中にも「世ニ清国分割ヲ説ク者アルモ、今日果シテ其端ヲ啓クモノトセバ、何ゾ南清地方ヲ捨テ、劣等ノ北清地方ヲ分取スルノ愚行ヲ為サンヤ[41]」という程度の議論はあっても、この際、福建省を奪取せよとの積極的な議論はない。

これは『中外日報』も論ずる如く「今日日本ノ兵ヲ起セシハ、正義ノ為メト称ス、何ゾ露国ノ清国ヲ侵スヲ責メテ、

而シテ自ラ清国ヲ侵スヲ為サンヤ[42]」とあるように、日露戦争の大義名分からしても、要求をもち出すことは不可能であったろう。

又、上海の日系の漢字新聞『同文滬報[43]』にも「日露戦争の始るや、日本天皇は東三省を清国に還付するの説を宣布し、大義は照然四方に流伝し、西洋も清国も知る所である。今戦争終り、東三省還付の前言を実行せんと小村外相を北京に派遣した。満州を還付するは、土地を侵占するの意図なきことである。土地侵占の意志なければ、既に得る所の東三省を捨て、未だ得ざるの福建を謀る事さらになし[44]」と日本の立場を弁護し、これが風説であると否定している。

事実、日本は開戦直後の一九〇四年二月十五日に、清国に対し「日本政府は、戦争の終局において、毫も大清国の土地を占領するの意志なき」旨を通告しており[45]、宣戦布告の名分から、如何に日露戦争勝利後といえども、世界列国環視の中で、言い出せるものではなかったろう。否、むしろ逆に、戦後のロシアの復讐を非常に恐れていた日本は、これに備えるため、清国に対して強圧的に出る一方では、清朝の歓心を買って、これと提携しようとしていた位であるから、このような領土割譲を、政府筋から正面きって要求することはまず考えられない。

だから、日本政府が、これが全く事実無根、荒唐無稽の論であることを繰返し弁明し、清国側に「日本政府は邦交を篤くし、貴国の威権独立を尊重し、未だかつて稍も侵欺の見を存せず。先の日露戦争、近くの日英同盟、皆貴国を保全するの宗旨を徴するに足る[46]」と言っているのも、確かに額面上はその通りであったと思う。

先に『時事新報』が「日本は福建省の割譲を求む可しとの風説あり、為めに同省並に其他の支那人等は北京に電報を発し抗議しつつあり」と報じた後に「記者曰く、此項の電文甚だ不明、且らく想像を回らして此の如く翻訳し置けり[47]」と註記しているのも、記者にしても理解に苦しむことであったのだろう。

又、日本滞在中の革命派の胡漢民がこの割閩換遼の風説をとりあげているが「今姑く其説の真偽を論ずるなく」と、あいまいな表現しかしていない[48]。

すると、この割閩換遼要求風説の真偽の問題は、結論として、作り話でしかなかったかと思う。この説を明瞭に裏付ける資料を見出し得ないからである。『中外日報』もこの説の信ずるに足らない理由として「一、風説ノ初メ起リタル時、両国ノ全権未ダ定ラズ、果シテ何人ガ之ヲ請求シ、何人ガ之ヲ承諾セルヤ　二、既ニ閩ヲ割クノ説アリトセバ、必ズ之ヲ主張スルモノナカルベカラズ、然ルニ近来外交当局者ヲ見ルニ、従前ヨリハ、大ニ勝ザル所アルニアラズト雖モ、内国体ヲ顧ミ、外輿論ノ反抗ヲ畏ルルマデニハ進歩セリ[49]」などの理由をあげている。

ところで、この風説が、在日清国留学生によって作り話にされたものとすれば、それは実に巧妙に仕組まれたものと言わねばならない。日露戦争後、日本の「好意」により満州を清国に還付する代償に、福建省割譲を要求することは、客観的条件も揃い十分理由もたつことだった。日本の対南清政策の過程を見てくると、当然考えられて然るべき、絶好の機会で、日本が持ち出しても何ら不思議でない状況であった。ここに留学生が着目して、この時期に、これを先取りして作り話を、風説を流布したとすれば、彼らは状況をうまくとらえていた訳で、予防線をはる意味の実に深慮遠謀といわねばならない。

これが日清交渉における日本に対して、少なくとも牽制の役割を果し、日露戦争勝利により、いよいよ積極性を加えんとする対清国政策に対する一つの警鐘となり、積極的に進出せんとする人の心胆を寒からしめるものがあったろうと思う[50]。

在日留学生は、満州還付に関する日清交渉に非常な関心を示し、本国へ積極的な働きかけを行っていた。『東京朝日新聞』には「在東京清国留学生は、日清交渉の際、外務部及清国全権に向って、遼東租借権及び土地、鉄道の譲渡は已むを得ざるも、其他の要求は断じて承認すべからず、と再三電報し来れる」とある。

また「満州条約に対する南方清人の猜疑」という報告には

目下北京に於て彼我全権の間に開議されつつ有る満州条約談判に対し、南清地方の人士は百方其の内容を付度し、深刻なる猜疑心を以て之を迎え、主権の侵害を予防するに全力を用ひ、頻りに同志を糾合し人心を煽動しつつ有り。……清国人も近来漸く輿論なる者の勢力を認知し、……昨年より今年に懸け粤漢鉄道布設権の収回、並に米国に於ける支那人の上陸制限問題に試て成功せしより、頓に其の勢力を倍加し、到る処此の筆法を用て外勢の排斥に努め、其熱度今正に極点に達せり。其原動力は上海に於ける漢字新聞に関係有る二十人内外の有志者と、日本に在学中なる各省の留学生にして、其の一旦東京と上海に於て鼓吹するや、直に浙江・福建・広東・湖南地方に影響するを常とせり、……

とある。[51]

又、対米ボイコットで積極的に活動した上海公忠演説会は、十一月二十六日に四百人が集会して「悲壮なる演説」をなした。しかしそれは、「祖国の主権を擁護するが為にして、明々日本人に反抗するに非ず。」とある。[52] 即ち、「愛国の熱忱を表し、政府対付の後盾とならんため、まさに何を拒み、何に従うべきか」を討論したという。[53]

次に、この運動の背景を考える場合、日本の動向をキャッチし易い状態にあった在日留学生が、まずこれを取上げたのは事実のようだが、それがどのように本国に伝播され、それがどの地方で問題にされたかが、重要になってくる。十月に在日留学生がこの風説を、本国へ伝えたというが、次の資料は早くからこの問題に関心を示していたのは、当然のことながら福建省出身の留学生であったことを示している。

日本留学中ナル福建全省ノ学生ハ、連名ヲ以テ清政府及商務侍郎陳璧、光禄寺卿張亨嘉ニ意見書ヲ提出シタルガ、其要ハ今回日本政府ハ、小村大使ヲ派遣シテ満州ニ関スル条約ヲ締結スル筈ナルガ、生等ノ聞ク所ヲ以テスレバ、日本ハ東清鉄路ヲ清国ニ交付シ、其代償トシテ閩省泉州等ヲ要求スルノ意アリト。果シテ然ラバ我国人ハ全力ヲ以テ之ニ抵抗スベシ。願クバ政府ニ於テモ、生等ノ微衷ヲ察シ断然之ヲ峻拒セラレンコトヲ云云ト云フニ在リ。北京政府モ其誤伝ナル旨ヲ告ゲ、閩督ヲシテ懇ニ暁諭セシメタリ。[54]

当時、福建省からの留学生は、官費生、私費生合せて、大体百三十名位のようであった。[55]十月十四日の『福建日報』にも風説は報道されていた。[56]『台湾日日新報』一九〇五年十一月二十二日「福建割譲の噂……福建日報の社説に記事に旺んに書立つる所……」ある。しかし、福建省へ運動を呼びかけたのは、山東武備学堂学生であったともいう。[57]

中国本土では湖南が中心となり、そこから働きかけたという情報がある。『中外日報』は「湖南先ヅ之ヲ聞知シテ江南各省ニ電告シ、江西、安徽、南京、鎮江ノ学生皆同時ニ震動セリ」[58]とあり、漢口領事も謠伝の出所は湖南だと報告し、[59]又、蕪湖は、十月三十日湖南よりボイコット呼びかけの電文をうけとり、十一月六日、前掲の檄文を蕪湖で散布したのは湖南人であったという。[60]

四　大阪商船排斥の背景

結局、日本留学生が最初どこへ働きかけ、それがどのように伝播されたか、判然としない訳であるが、ところで、ここで注目したいのは、ボイコットの動きがやや具体的になってきた地域は、現地領事等の報告にみる限り、割譲の対象とされる福建省（福州）は別にすると、上海、南京、蕪湖、漢口といった長江沿岸の開港都市と、それと長沙を中心とする湖南省であったということである。ここに、今回のボイコット運動のもう一つの背景が窺えるのではないかと思われる。

十一月六日檄文の配布された蕪湖は、巣湖・合肥方面への重要な連絡口であり、一八七六年英清間の芝罘条約（煙台条約）により開港されたが、一八九一年五月には、英・仏教会が襲われ、数日にわたって排外運動がおこったところでもある。[61]その蕪湖で配布された檄文で提唱された具体的なボイコット手段の中に、日本商品を用いず、傭聘の日本人を悉く解傭すべし、とあると同時に、大阪商船に荷物を積まず、という一項があったことに注目したい。日本商品一般、日本商店一般、日本人一般の排斥を提唱する中、とくに大阪商船会社を名ざししていることに注目したい。これに関し「大阪商船会社支店ヨリ聞知スル所ニヨレバ、同地ニ於ケル同社代理店ハ、事情アリ近頃他人ヲ以テ之ニ代タルニヨリ、前代理店主ハ之ヲ恨ミ、其復讐的手段トシテ、今回福建分割云々ノ風説ヲ利用シテ、邦人排斥ノ手段ニ出タルモノナル由ニ有之候[62]」との報告があり、代理店の大阪商船会社に対する個人的恨みから、と判断しているが、その恨みには更に別な背景があったと思う。

即ち、長江流域に大阪商船をはじめとする日本商船が進出してくると、これが同流域で航運業に従事する人々の反感、抵抗を買ったと思われる。

中国内河航行権は、下関条約によって獲得し、大東汽船会社の前身である大東新利洋行が、まず上海～蘇州線を開いたが、清国の輪船招商局、英国系の太古洋行（Butterfield & Swire Co., Ltd）、怡和洋行（Jardine, Matheson & Co., Ltd）、麦辺洋行（Macbain & Co., Ltd）等の先進会社に割りこめなかった。大阪商船会社は政府の航行補助金を得て、一八九八年に上海～漢口線、翌年には漢口～宜昌線を開設し、新造船で本格的に長江航業を開始した。各地に支店、碼頭を開き、着々と進出しだすと、俗に「三公司」と称せられる招商局、太古洋行、怡和洋行は、相結束して種々圧迫を加えてきたという。政府は補助金を増額するなど育成につとめ、これにならって一九〇二年五月には、湖南汽船会社が設立され、漢口～湘潭線が開かれた。さらに、かねて同流域に進出を計画していた日本郵船も、一九〇三年五月に、英商麥辺洋行の船舶・碼頭を買収して、上海～漢口線の長江航路を開設した[63]。

こうした日本の進出に対して『浙江潮』は「あゝ、我が同胞、日本、長江上流に於て、又一航路を開設するを聞かざるか」と報じ、日本の新聞が、中国富源の中心である揚子江流域に航路が開拓されることは、日本の利益線の延長であり、日本勢力拡張の徴候であり、日本人何ぞその発達を祝さざるを得んや、と称讃しているのを紹介して「我、ここも訳出して、我が心辛く、涙涸れるを禁ざざるを得ず、我が同胞の生命財産、これよりまさに絶えんとす、我同胞、それ何を以て之を禦がんか[64]」と訴えていた。

中でも、大阪商船は、この年一九〇五年五月、大阪～漢口線の直航便を開設し、上海～漢口線も航海回数を増加し、着実に発展してきた。同社の大阪～漢口線の運賃算定法は上海で中継ぎする場合より、常に一割内外割安になっており、更に積換の手数、危険、及び航行日数の少ないとの理由で「一般に好評で、本邦商人に少からざる便益を与へたり、第一年に拘わらず相当に良好なりしものと言うべし」と漢口領事館から報告されており[65]、同社社長も「長江線は……漸次収入を増加し……大阪～漢口線は開航以来……利便漸く一般の認識する所となり、往復とも貨物の輸送、日を逐うて其量を増加するに至れり[66]」と報告していることからも、大阪～漢口直航線はかなり好成績でスタートしたと思われる。しかし、大阪商船の好成績は、逆に「三公司」や、清国の旧来の民船にとっては不安・脅威であったのは当然で、今回長江一帯にボイコットが起る背景の一つはこの辺にもあったと思う。

更に大阪商船は、この時期には、台湾を中心にして、福建省の福州、厦門、汕頭などの沿岸を結ぶ、香港～福州線や、福州～三都墺線、福州～興化線、その他南清沿岸を結ぶローカル線も開設しており[67]、少なくとも日本の南清地方の航行権については、同社は独占的な地位にあった[68]。同社のこういう状況は、先の『最新初等小学福建郷土誌』の一

節にも

通航之権又半為日本所佔奪、殊可歎也。福州航業上遊不過由省城達水口、下遊不過由省城達連江長楽、而大坂商船会社所置輸船、已徧達福州、厦門、三都、興化諸地矣[69]

と清国の航行権が半ば日本商船に奪われ、至る処の港に大阪商船の船舶がいるとあり、ボイコットの手段に、大阪商船に荷物を積まず、とある理由の一端はここにもあったと思われる。

外国によって奪われていく航行権については、当然清国も関心を示していた。『新聞報』は、留学生が日本船で日本に赴く途中、日本人船員より虐待された事をとりあげ、その原因を清国航行業の幼稚なる点に帰し「清国航業ノ権ヲ握ル者、其余利ヲ以テ遠ク航路ヲ拡張シ、天然ノ利益ヲシテ盡ク他人ニ帰セシメザランコトヲ切望ス」[70]とあり、外国船に対抗し得る中国航運業の育成を訴える点からも、航業権をめぐる角逐がその背景にあったようである。

長江流域への進出が着実になるにつれ、日本では、清国側の抵抗も予想され、識者にはそれへの対策も考慮されていた。中国内河湖航業経営について、最も穏当で実行し易い策は、日清両国の合同事業として経営することとしている[71]。この議論は当時の長江流域でのボイコット、利権回収運動の中から考慮されたものであろう。

日本汽船が長江を遡航し、遠く漢口まで達し、日本との関係も密接になってくると、一九〇五年十月に全線開通した京漢鉄道や粤漢鉄道の起点で交通の要地に位置する「漢口の発達に注意せよ」[72]とその重要性が指摘されてくる。事実、漢口の日本商社は一九〇〇年までは、三井洋行（物産）と大阪商船など僅か五社にすぎなかったが、一九〇五年には、三井洋行、大阪商船以外に三菱公司（商事）、大倉洋行（組）、湖南汽船、日本郵船など計四十数社が加り、居留日本人も五百五十名と急速に増加していた[73]。

そして先に、湖南汽船会社が設立され、中国最富源の湖南省と日本との関係がさらに密接になり、他国の汽船も進出してくると一九〇四年七月に長沙が開港され、一九〇五年四月には長沙に日本領事館が開設された。日本人の同地域での積極的経済活動が、同地域の人々の不安をさそい、それが抵抗を呼ぶようになったと思われる。

「今日も尚貨物の大部分は旧来の民船によりて輸送せられ、……故に湖南貿易と民船とは固より重大なる関係あり」[74]という状況であり、しかも「湖南人民の大部分は、船主、船夫又は漁夫として水上職務に従事し、其生計の資を得るもの」であり、「湖南商業の盛衰は、実にジャンクの手中に存する」[75]という状況であれば、そこへ近代的な大型汽船が入り、迅速にしかも大量に貨物輸送を始めると、二万とも数万とも称せられる湖南の民船や、一カ年に漢口に入港する七、八万の民船で、航運業に従事する人々の生活を脅かす結果になったと思う[76]。

そして長沙や漢口から搬出されるものは、まず湖南米であり、次いで茶（漢口茶というのも大部分は湖南茶という）、醴陵萍郷一帯に産出する萍郷炭、アンチモニーなどの鉱物、桐油等であった[77]。そして日本より運び込まれるのは、綿糸、綿布、繰綿機械、雑貨など[78]を中心としたものであり「往復とも貨物の輸送日を逐うて其量を増加」していた大阪商船の大阪〜漢口直航船は、往復これらの貨物を運搬していたのである。一九〇四年の長沙開港、翌年の領事館開設の頃は、日本の湖南省への経済的進出は決定的となり、湖南はいわば日本の経済圏ともなっていたという[79]。

今回のボイコット運動のなかでは、長江航路・湖南航路の航行路上の上海、南京、蕪湖、漢口、長沙といった主な開港都市で、動きがあった訳である。

更に、今回のボイコット運動のおこりかけた背景には、この時期に勃興しかけた利権回収運動と不可分であろう。既に許与した利権をも回収せんとする時、長江の航行権が次々に奪われていくのは坐視し得なかっただろうし、まして領土割譲の如きは、絶対に容認し難いことであったろう。当時、福建省で、仏国が、鉱山開発権と鉄道敷設権を得んとした時、省内の官民は、前述の陳宝琛を総辦として、自らの鉄道建設を宣言したのも[80]、結局は外国人に対抗して、自らの権利を護らんとするに外ならない。従って、今回のボイコットも、航業権をめぐる、利権回収運動の一環としてとらえることもできよう。

五　在日留学生・革命派の動向

次に、今回のボイコット運動の主体をめぐってであるが、在日留学生の働きかけが、きっかけであったことは間違いなかろう。日本における留学生の数は、一九〇五年には八千人のピークに達し、八月には孫文を迎え、興中会、華興会、光復会が大同団結して、中国革命同盟会が結成され、留学生も多数参加して、革命運動は新たな段階に入っていた。日本留学をまず提唱したのは張之洞であったが、清国から派遣される留学生の中から、革命家が続出する矛盾の中で、彼は既に早く一九〇三年には留学生取締りの動きを示していたという。(81)そして革命を誘発する学科の制限、禁止を西太后に上奏し、清国政府は日本政府に、留学生の取締りを依頼していたが、日本はやっと、清朝の要請を容れ「清国留学生取締規則」を発布したのがこの年十一月二日であった。

楊枢駐日公使の言によれば、この年八月、九月の頃、日本の新聞に、取締規則が公布されるだろうとの記載があり、楊公使がこの件について文部省に問合せた所、十月に原案十五カ条を提示されたという。(82)

十月といえば、留学生が盛んに本国に、割閩換遼の風説を流し、祖国の輿論を喚起し、又日清交渉の時期を迎え、利権を譲らざるよう請願し、日本の対中国政策に留学生が積極的に発言し、即ち反対活動を行って、日本外交へ警戒を深めていた時期である。今まで留学生の反対を恐れ、清朝政府の再三の催促にも拘わらず、これの発布をためらっていた日本政府が、ついに十一月二日発布にふみ切ったのは、留学生がこのように日本外交政策に容喙してくると、その取締りが、清国の要請にかなうものであると同時に、日本の利害とも一致するようになったからであると思う。結局、日本政府をして、これの発布を決断せしめたのは、戦争直後、ロシアの復讐にそなえるため、清朝の歓心を買う必要からその要請を受入れると同時に、在日清国留学生の革命化を防ぎ、日本の対清国政策に干渉をし出す留学生の口封じをする、双方の利害が合致してきたからである。つまり、在日留学生の今回のボイコット呼びかけをめぐる動向が、この規則を発布さす契機の一つであったと思う。もっとも、蕪湖で配布された「檄文」や運動の中で「留学生取締規則」のことには言及していないが、革命派の陳天華は、この規則発布に抗議して遺書をしたため、十二月八日、東京・大森海岸で入水自殺した。革命派としては、大規模な組織的運動をするだけの力量がいまだできず、その名分に説得力がなかったということであろうか。

次に、今回のボイコットの主体者が、「新思想アル者」であるという指摘は正しいようだが、それがどういう党派の人々、革命派か、立憲派かいずれであったかが問題になってくるが、革命派系が中心であったろう。領事の報告でみると、長沙での運動の中心は、官立高等学堂と私立明徳学堂(83)の学生であり、彼らは孫文派の革命党の影響をうけ、北洋及び上海の革命党と気脈を通じているといわれ(84)、漢口では、載澤らに爆弾を投じた革命党員呉樾一派のものであろうと観察し、張之洞も「如此輩ハ必ズ乱党ニ係リ」といっており(85)、『同文滬報』も、この運動には背後で煽動する者がおり、それは排満党であり、彼らの至上の使命である排満にこれを利用しているという。即ち、剳閩換遼は、清国人をして、満州朝廷はなお満人の満州を大事にするが、漢人の福建を軽視する、だから、両者を交換してもよいと考えていると思わしめるためという(86)。

つまり、革命派、排満党が指導しているとの情報が多いのである。しかし、在日革命派は、八月東京で中国革命同盟会を結成し、清朝打倒のために、日本の支援を期待し、日本を革命の舞台裏として新しい出発をしたばかりである。

そしてその機関紙『民報』に「本雑誌之主義」として所謂民報六大主義を掲げ、その中に、一、中国日本両国の国民的連合を主張する。二、世界列国が中国の革命事業に賛成するを要求するというのがある。[87] するとその革命派が公然対日ボイコットを呼びかけ、組織することは憚かれることではなかろうか。

この時より半年ほど前に行われていた対米ボイコットには、革命派も積極的に参加しており、[88] 革命派の胡漢民は割闔換遼の謠伝については、その真偽の程は分らないとして、必ずしも原因がない訳でなく、或は己らの満州のみを重視する外交を知らない満奴から出たかと言っているに過ぎない。[89]

革命派の対日政策は未だ確固たるものがなく、混迷している段階であり、果してボイコットの主体が革命派であったと断定できるであろうか、それが、革命派であるとする国内の観測は、同盟会結成の直後だけに、当時清朝の政策に反対し、批判し、何らかの策をもたんとする者はすべて、乱党＝革命派と見做される風潮があったのではないかと思われる。特に湖南省では、その前年に黄興・馬福益ら革命派の蜂起が計画され、失敗した例があるので、清朝側はより以上に神経質になっていたのであろう。

結局、革命派のこのボイコットに対する係り方は次のように考える。革命派の傾向の強い留学生が、このような風説をつくり出し、流布させて、日清交渉を牽制し、日本の対清国進出策にくさびを打込むと同時に、一方この風説を流して清朝政府にゆさぶりをかけて窮地に追いつめ、清朝打倒の革命路線をより有利に推進するために利用する、この二つの目的をもっていたものと推論する。

そして、対日ボイコットは当初より、第一義目的をもつものでなかったと思う。何故なら、当時革命派も加って対米ボイコットが展開されており、それに呼応してもよさそうだし、留学生取締規則発布より、留学生が続々帰国し、日本に批判的な雰囲気が高まってくる状況の中で、もっと大規模なボイコットも組織し得た筈であるからである。

そして最後に、この運動の背後には、列国の、或は列国商人の策動という側面があったのではないかと推論する。『同文滬報』もこの件の原因の一つは「嫉妬国の離間策」であるといっている。[90]同紙ははっきり名ざしはしていないが、嫉妬国は、露国、米国、英国が考えられる。上海総領事は「過般当地露国機関新聞チャイナガゼッタ其他露国側ノ者ノ、種々ニ云ヒ播ラセル謠言ノ、少クモ間接ニ之ヲ援助セル形迹有之候」[91]と報告し、敗戦国露国の煽動という点も想像される。

一方米国は、ポーツマス会議後、満州市場再開の期待は大きく、これに備えて莫大な商品をストックしたが、実際は予想に反し、破産する商人も出てきて、日本に対する轟々たる非難がわいてきた。[92]日本と米国は戦後、急速に関係が悪化し、逆にライバル関係になった。[93]折しも清国人の対米ボイコットが終結せんとする時期であったが、その鉾先を日本にそらすため、米国商人によって、仕組まれたという面もなきにしもあらずと想像する。

他方は英国である。英国と日本は、当時、日英同盟の下にあり国家レベルでは「同盟」関係になった。が、しかし前述のように長江流域で航路を開いていた所謂「三公司」は、従来は激烈な競争をしていたが、大阪商船が進出してくると、三社は急に競争をやめ、「爾後三社は相結束して之に対抗し」[94]、たとえば、大阪商船の船舶が座礁、難破しても三社はこれを救助しないことを約束していたとか「為めに大阪商船の受くる迫害は甚し」かったのである。特に英国の妨害は、日本郵船が英国の麥辺洋行の船舶・碼頭を買収して長江に進出しようとした時、「圧迫妨害は愈々最高潮に達した」という。英国新聞は烈しい批評を加え、買収契約を無視し、碼頭の使用を認めないなど「英国の吾に対し与へたる此の種の奸手段、極まれるも亦甚しと云ふべし」[95]であった。既にこのような状況の中で、一九〇五年五月、大阪商船が割安な運賃で、大阪～漢口直航線を好調にスタートさせたことから、英国会社はもともと圧倒的優位を占めていたが、その中に着実に進出してくる大阪商船に対し、背後から、大阪商船排斥を操ったのではないかと想像する。

そしてこの「好調」な大阪～漢口直航便は、この運動がおこりかけてより、一カ月の後、「往復十七回ノ航海ヲナシ去ル十二月九日ヲ以テ終航ト為セリ[96]」と廃線にした。これは、今回のこの運動へ配慮してのことであろう。

さらに、一九〇七年四月、長江流域に航路を開いていた大阪商船、日本郵船、湖南汽船、大東汽船の四社が合同して、新たに日清汽船会社を設立したのも、共倒れを防いで、英国系、清国系汽船会社に対抗するためであった[97]。

おわりに

日本の福建割譲要求をめぐる風説から起りかけたボイコットも、運動の中心的担い手となる階層がなく結局不発に終り、大きな事件には発展しなかった。また、福建割譲も実現しなかった。福建進出は日本の年来の宿願であったが、それは次の機会、つまり第一次世界大戦時、列国の勢力が一時中国から後退し、世界のアジアへの関心が稀薄となった時、所謂二十一カ条を持ち出すまで待たねばならなかった。

しかし、対日ボイコットの方法が、当時の対米ボイコットの手段に学んだと思うが、狭義の日貨不買という経済的関係断絶から出発して、更に学校、会社の雇傭の日本人の解雇という社会的関係断絶へ進め、更に反省しないなら、日本人を見つけ次第殺害し、その産業施設を破壊するという段階まで進める意図を蔵していた。つまり「死命を商場に決す」る「文明の抵制」から、情況の進展に応じて「死命を武場に決す」る「野蛮の抵制」までを、その手段として考慮していた。そしてこの方法が、以後十数回に及ぶ対日ボイコットに用いられており、いわば対日ボイコットの祖型が今回既に現れているのである。これが殆ど不発に終った点で、第一回対日ボイコットである辰丸事件に係る運動に先んずる第零回対日ボイコットと称し得ようか。

今回のボイコットが、一九〇五年日露戦争後の時点で展開されんとしたことは重要であると思う。日本が大国露国を破ったことは、世界の被圧迫民族に非常な影響、刺激を与えたことは事実で、清国も、日本に倣い改革すべきだという考え方も出てきた。[98]

しかし、一方、日本はこの戦勝によるおごりから、近隣諸国へ圧迫者として臨むようになったことも事実である。清国に対する意識が「満州の主権は再び清国に恢復せられたり。清国の我帝国に負ふ所真に多大ならずとせんや。清国たるもの宜しく我が恩恵に感謝し、我に信頼して可也。何ぞ今日に於て、首鼠両端主義を持し、狐疑逡巡の陋態を演じて、恩恵ある友邦に叛くの愚を学ぶ可きものならんや。彼等が頃日来仕切りに利権回復等を称えて、稍もすれば、我が交渉をして至難ならしめんとす。此の如きは不遜の尤も甚しきものにして、畢竟我が恩恵我が厚意を蔑視するものなり」[99]という傲慢さであれば、日系新聞『同文滬報』が社説で「論謠言之不足信」を掲げ「論中国不宜疑日本」を主張しても、[100]疑惑は容易に解消しなかったであろう。

又、この時期は、対米ボイコットをはじめとし、清国において、ナショナリズムが一つの高揚期を迎え、対外事件がしばしばおこった時期でもあった。一九〇五年十二月末、上海で清国と英国との混合裁判機構である会審衙門の権限をめぐって両者の間に紛争が生じ、清国官憲と外国軍隊が衝突する事件にまで発展した。[101]翌年二月六日には、福建省漳浦でも教案があり、この時外電は、主謀者は革命主義者だと伝えている。[102]更に二月二十五日には南昌で、英・仏宣教師数名が殺害される教案が発生していた。[103]

こういう状況の中で、『外交報』は「論排外宜有別擇」をのせて慎重な態度を望み、「論排外当有預備」で、四・五十年、財力・学力みな充実し、欧米と対抗し得て、権利を保全するの目的を達し得ると論評していた。[104]「（中国が）独立自主を説き、延いて排外的妄動を試みるありとは、実以て不思議ならずや、……過日商品排斥運動を以て米国と衝突し、此度亦上海会審衙門事件を以て英国人と反目するが如きは、洵に好ましからざる傾向にして……」[105]との日本の認識は事態を深刻に見つめる目でないであろう。

しかし、この上海会審衙門事件の際に、日本人が加担しているとの情報が外電によって伝えられていることは注目されるし、又、当時、清国の排外熱は日本が鼓吹しているとの情報が巷間相当流れていたようで、『国民新聞』[106]はこれを否定し、むしろ「看よ、南清に於て、日本排斥の空気は、欧米排斥の空気に伴ふて発生しつつあることを。昨日欧米人の被る禍害は、今日我が大和民族の被る被害也」[107]とのべているが、現に、福州で、本願寺出張所が放火される事件もおこっていた。[108]清国側はこの『国民新聞』の論説を紹介して、清国排外の念は日本が鼓吹しているとは、黄禍論から出ているとし、しかしこの説が日露戦争以前にではなく、以後に出ていることに注目している。[109]

一九〇五年という年は、日中関係史から言えば重要な年であった。日露戦争に勝利した日本は、小村寿太郎を清国へ派遣し、大陸進出への足固めを確実にし、伊藤博文を韓国に派遣し、統監制を実施し、保護権を確立して、韓国合併への道を開いた。この第二次日韓協約が調印された後、韓国の各地で反日暴動がおこった。そして第二回日英同盟を締結し、適用範囲をインドにまで拡大して、アジアにおける両国の利権を相互に確認し合った。

清国では、中国革命同盟会が結成され、革命運動が新たな段階に入ると同時に、他方留学生取締規則発布から清国人の間に日本に対する疑惑も生じてくる。そしてこの対日ボイコットも起った。

一九〇五年は、両国にとって、確かに一つの曲節を迎える年で「日中非友好の分水嶺」となった年といい得るであろう。そして、この対日ボイコットは、日本に対して重大な警鐘となった筈である。しかし、この事態を理解できなかった日本に対し、更に清国進出政策を積極的に推進するたびに、対日ボイコットが次々に起ってくるのである。

注

（1）『日本外交文書』第三十七・三十八巻別冊日露戦争Ⅴ所収。一部分は同第三十八巻第一冊に重複して収録されている。本稿での引用は、外交史料館文書を用いたが、文書番号は同右書による。

（2）張存武『光緒卅一年中美工約風潮』民国五十五年、菊池貴晴『中国民族運動の基本構造―対外ボイコットの研究―』一九六六年、第一章参照。なお同書、第二章は〈第二辰丸事件に関する第一回の対日ボイコット〉、第三章は〈安奉線改築問題に関する第二回の対日ボイコット〉を検討している。リーマー著・南満州鉄道経済調査会訳『支那ボイコットの研究』一九三五年参照。

（3）『外務省保管文書』によれば十月十四日『福建日報』、『中国日報』、『中外日報』など。

（4）『日本外交文書』第三十七・三十八巻別冊日露戦争Ⅴ、第一七三号文書（同第三十八巻第一冊第九十五号㈠文書に重複）。外交文書の濁点、句読点は引用者、以下同様。

（5）同右書、第一七二号文書。

（6）東亜同文会『第二回支那年鑑』大正六年。なお陳宝琛はのちに宣統帝溥儀の師傅となった。（溥儀〔新島淳良他訳〕『わが半生』、ジョンストン〔入江・春名訳〕『紫禁城の黄昏』参照）。

（7）『日本外交文書』第三十七、三十八巻別冊日露戦争Ⅴ　第一七九号文書附属書。檄文三行目の（奉）の奉の字は『外交文書』ではぬけているが、前記『外務省保管文書』によって補った。なおこの檄文は本来は一枚のビラであったと思われるが、『外務省保管文書』のそれは「駐上海日本総領事館」の用箋六枚に写しかえられたものである。

（8）同右書　第一七八号文書。

（9）同右書、第一七三号、第一七四号文書（同第三十八巻第一冊　第九十五号㈠㈡文書に重複）。

（10）同右書、第一七九号文書附属書。

（11）同右書、第一七六号文書（同第三十八巻第一冊、第九十六号文書に重複）。

（12）同右書、第一七五号文書。

(13) 同右書、第一八〇号文書。
(14) 同右書、第一八一号文書。
(15) 同右書、第一八二号文書、及び附属書。
(16) 『同文滬報』十二月七日、『大阪朝日新聞』十二月八日。
(17) 坂野正高『近代中国政治外交史』一九七三年、四〇六頁。
(18) 桂太郎「台湾対岸経営ノ意見」一八九六年　鶴見佑輔『後藤新平伝—台湾統治編』下、(中塚明『日清戦争の研究』一九六八年、二七三頁による)。
(19) 『日本外交文書』第三十七巻第二冊、第七七五号文書、附属書、小村外相「南清鉄道敷設権獲得ニ関スル施策ノ大要」。
(20) 中塚明「義和団鎮圧戦争と日本帝国主義」『日本史研究』第七十五号、河村一夫「厦門事件の真相について」『日本歴史』第三〇九号など。
(21) 『福建新通志』「福建外交志」民国十一年。
(22) 『日本外交文書』第三十七巻第二冊、第一〇三八号文書。
(23) 『日本外交文書』第三十九巻第一冊、第七三三号文書。
(24) 周馥「覆外部日僧伝仏教恐貽患将来函」光緒三十一年七月二十一日『清季外交史料』巻一九一。
(25) 『閩侯県志』巻三十四新学政、民国二十二年、三五公司『福建事情実査報告』第十二章教育、明治四十一年。
(26) 曽村保信「辛亥革命と日本の輿論」(『近代史研究—日本と中国—』一九六二年)。
(27) 『大阪商船株式会社五十年史』昭和九年、二五四〜二五八頁。
(28) 『福建新通志』「福建外交志」民国十一年。
(29) 『浙江潮』第一期　発卯(一九〇三)正月二十日。
(30) 本書、第一部第二章参照。
(31) 今井庄次「日露戦争と対清政策の展開」(『日本外交史研究—日中関係の展開—』昭和三十六年)による。

(32)　角田順『満州問題と国防方針』昭和四十二年、二四一頁。
(33)　『公爵桂太郎伝』坤巻二六五〜二六六頁。
(34)　『内田康哉－近代日本の内田外交－』昭和四十四年、一〇三頁。
(35)　『日本外交文書』第三十七、三十八巻別冊日露戦争V　第二九四号文書。
(36)　『日本』新聞、九月十二日世論解題。
(37)　『外交報彙編』第一三二期　乙已（一九〇五年）十二月初五。
(38)　『時事新報』十一月一日。
(39)　同掲『内田康哉』一〇八頁。
(40)　『外務保管省文書』「在福州某氏ノ情報」大正元年九月十九日。
(41)　『日本外交文書』第三十七・三十八巻別冊日露戦争V、第四七一号文書。
(42)　『中外日報』十一月一日（外務省政務局『清国時報』第十号、明治三十八年十一月二十日）。
(43)　山本文雄「明治時代の中国における邦人経営紙」（『鈴木俊教授還暦記念東洋史論叢』昭和三十九年）に同紙は「井手三郎が明治三十二に創刊したが同氏が三十六年邦字紙『上海日報』を創刊するにあたり廃刊した」とあるが、別人の経営になるのか、この年なお存続していた。
(44)　『同文滬報』十一月十五日　言論「論割閩易遼之謠言」。
(45)　李則芬『日中関係史』民国五十九年、四六六〜四六七頁。
(46)　「致蕪湖関道童」『日中外交文書』前掲冊第一八二号文書附属書。
(47)　『時事新報』十一月八日。
(48)　『民報』第一号、十一月二十六日漢民「関於最近日清之談判」。
(49)　注（2）に同じ。
(50)　『東京朝日新聞』十二月十五日。

(51)(52)『宗方小太郎文書』報告第百六十二号（明治三十八年十二月二日）。
(53)『新聞報』光緒三十一年十月二十九日（張存武『光緒三一年中美工約風潮』民国五十五年、一三三頁）。
(54)『東亜同文会報告』第七十三回、明治三十八年十二月二十六日。
(55)三五公司『福建事情実査報告』明治四十一年、五三二～五三三頁。
(56)「蕪湖報館緊要広告」『日本外交文書』前掲冊、第一八二号文書附属書。
(57)同右書、第一七二号文書。
(58)注（42）に同じ。
(59)『日本外交文書』前掲冊、第一八〇号文書。
(60)注（56）に同じ。
(61)『蕪湖県志』民国八年、巻二十九政治志、『支那開港場誌』第二巻、八〇九頁。
(62)『日本外交文書』前掲冊　第一七九号文書。
(63)『大阪商船株式会社五十年史』昭和九年、二五四～二五六頁。
(64)『浙江潮』第七期、癸卯（一九〇三年）七月二十日、「日本干湖南航路之開設」。
(65)外務省通商局『通商彙纂』明治三十九年第十号、二月十八日。
(66)『東洋経済新報』第三六六号　明治三十九年二月五日。
(67)『大阪商船株式会社五十年史』二六五頁、ローカル線は明治三十八年三月末に廃止されている。
(68)外務省通商局『福建省事情』大正十年、第一章。
(69)外務省保管文書「在福州某氏ノ情報」大正元年九月十九日。
(70)『新聞報』十月二十日（『清国時報』第十号）。
(71)『東洋経済新報』第三六〇号　明治三十八年十二月五日。
(72)同右書、第三五九号、明治三十八年十一月二十五日。

(73)『通商彙纂』明治三十九年第二十八号、五月十三日。
(74) 安井正太郎『湖南』明治三十八年、一三七頁。
(75) オーソリヴン「湖南省探検旅行記」(前掲『湖南』所収) 六六六、六八七頁。
(76) 前掲『湖南』一三七頁。
(77) 逓信省管船局『清国長江及附近航運事業取調書』明治三十七年、五九~六〇頁。
(78) 注(73)に同じ。
(79) 中村義「長沙開港前後―日本資本主義と湖南省―」(『歴史学研究』第四二五号、一九七五) 参照。
(80)『中外日報』十一月五日(『清国時報』第十号)。
(81) 永井算己「所謂清国留学生取締規則事件の性格」(『信州大学紀要』第二号、昭和二十七年)。
(82) 李宗棠「勧導留学生日記」(さねとうけいしゅう『日中非友好の歴史』昭和四十八年)。
(83) 湖南省人胡子靖が日本に留学、福沢諭吉の影響をうけ、帰国後創立した。黄興など革命党員が教員になった。天津の南開学堂とともに「南北二大著名私立学府」と称せられたという(『中国近代学人家伝』初輯一二四頁)。
(84)『日本外交文書』前掲冊、第一八一号文書。
(85) 同右書、第一八〇号文書。
(86) 注(44)に同じ。
(87)『民報』第三号に載せられたその英訳には、この二項が訳出されていないという。島田虔次・小野信爾編『辛亥革命の思想』昭和四十三年、一八五~一八六頁、狭間直樹氏解説参照。
(88) 菊池貴晴『中国民族運動の基本構造――対外ボイコットの研究――』一九六六年、三〇~三一頁。
(89)『民報』第一号、漢民「清政府与華工禁約問題」。
(90) 注(44)に同じ。
(91) 注(62)に同じ。

(92) 波多野善大「日露戦争後における国際関係の動因」(『日本外交史研究明治時代』一九五七年)。
(93) T. Millard『The Far Eastern Questions』1909. pp.344－45.
(94) 外務省通商局『清国事情』明治四十年、第一輯九七二頁。
(95) 「長江流域に於ける日本の経済的地位」(満鉄東亜経済調査局『経済資料』第十三巻第八号、昭和二年)。
(96) 『通商彙纂』明治三十九年第十号、二月十八日。
(97) 『日清汽船株式会社三十年史及追補』昭和十六年、三四～三六頁。
(98) 『東方雑誌』二年九期(光緒三十一年九月)『福建日日新聞』社説「日本完握東全部之覇権」で日本の教育の成果をのべている。
(99) 『太陽』第十一巻第十六号、十二月一日。
(100) 『同文滬報』十一月十八日、十二月二日。
(101) 『光緒実録』三十一年十一月壬辰、『周愨慎公全集』電稿、光緒三十一年。
(102) 『国民新聞』明治三十九年二月十一日。
(103) 『光緒実録』三十二年二月壬寅。
(104) 『外交報』第一二四期(十一月十三日)、第一三一期(十二月二十一日)。
(105) 『国民新聞』十二月二十五日。
(106) 『時事新報』十二月二十二日、二十六日、『国民新聞』十二月二十二日。
(107) 『国民新聞』明治三十九年二月二十三日、論説「対清政策」。
(108) 『東京朝日新聞』明治三十九年二月二十四日。
(109) 『外交報彙編』第一三七期　丙午(一九〇六年)三月初五日。

第二章　一九〇五年、「割閩換遼」をめぐる湖南の禹之謨らの運動

はじめに

前章でのべたように、満州を中心に展開された日露戦争に、日本が勝利して、八月ポーツマス講和会議が開かれ、条約が締結された。満州を清国に還付し、露国が満州において所持していた利権を継承すべく、日清両国間に交渉がもたれ、同年十二月二十二日、北京において、「満州還付に関する条約及び附属協定」が締結された。

ところが、この九月のポーツマス条約締結より十二月の日清協定締結に至るまでの十月、十一月に、日本が満州還付の代償に、福建割譲要求をしたとの風説が伝えられたことから、これらに反対して、日本商品排斥・大阪商船排斥・工場、学校採用の日本人技師、教員の解雇を呼びかける民族運動がおこりかけた。

これが即ち、「割閩換遼」反対運動である。[1] 今、ここでは、前稿より後、知り得たことより、主として湖南省での運動状況、その中心人物禹之謨について、および風説の出所由来等の表題に係る関係資料等を紹介してみようとするのが小論の目的である。前章の補章をなすものである。

一　湖南省での運動

湖南に関しては、今回の運動の原因である「割閩換遼」要求風説の出所は湖南と推論され、『中外日報』十一月十一日に、『湖南先ヅ之ヲ聞知シテ江南各省ノ学生ニ電告シ、学生皆同時ニ震動セリ』とあり、蕪湖で檄文を配布したのも湖南人であったといい、そして長沙では、学生が集会してこれの対応を協議した。つまり、湖南が今回の運動の中心であったと前章で記した。しかし、中心と記しながら、その実態は不明であった。そこで、その後復刻された『申報』の記事より、湖南での運動状況を紹介してみる。

湖南省の明徳学堂は、十月末に日本の割閩換遼要求の電報に接して学生は大いに義憤を感じ、即刻全省の各学堂に通知して、十月二十八日長沙の天后宮、即ち福建会館に集り、同時に福建紳商を招き、要求拒否の善後策を協議した。この日集った者二・三百人という(2)。

十月二十四日に遊学予備科学生である福建某学生が、日本の割閩換遼要求の上海電に接し、直ちに当学堂より実業学堂を通じて高等学堂に転告し、高等学堂より全省各学堂及び福建帮紳商に伝え、十月二十七日に会議するよう伝単を発した。この日福建帮の李昭文がまず同郷会を開いた。各学堂は改めて十月二十八日に福建会館に集合した。参加する者五・六百人、一切の世話は高等学堂が担当し、工芸学堂付設工業総教の湖南人禹之謨が、仮会長になった。各学堂代表一人ずつ演説し、みなこれのためにまず学会を創設することをのべた。「同志」会と命名しようとする者、「保土」会とする者、この会は持久を旨とすべきで、名にこだわる必要ない、「同志」会も「保土」会も、いまひとつ適切ではないという者があり、最後に「湖南学会」と定名した。まず、禹之謨が、この事に関し、身を犠牲にするも惜まず、堅忍不抜を主義とすべきと演説し、ついで周君、王君が、これは暴烈、和平主義に外ならないが、暴烈を主とすれば、吾が湖南学会の程度なお浅くその目的を達すること難しく、和平主義に出る方がよい、いずれにせよ、須く、政府、外務部に電請し、さらに、各学堂に電達して、協力して政府が日本の要求を拒否するよう、必要の経費は参加者が、各学堂の友人に、一人一角を寄付することを求め、後日に各学堂代表一人ずつ福建会館に集り、電報を発信する日時、総会の開会、分会長、各種執行委員の選出等をしたいとした(3)。

会議の日、発起人から北京に電報を発して確実な情報を得るようにし、同時に、江蘇・浙江、直隷、河南、四川、山西の各省の学堂に通知し、また南京には湖南学界から人を派遣して会議せしめるようにした。また北京の張百熙管学から、長沙曾国藩祠堂よりこの件の眞偽についての問い合せがあったので、そのような話はない、従ってその旨転告されたいと電報があり、湖南は接電後、各省にその旨転告した(4)。

湖南巡撫龐鴻書は北京回電をうけ、常徳知府に伝えていう、近日常徳府にも以閩易遼の風説伝るが北京電によるもその事はない、該府の学生は疑いをいだいているが、務めて訛伝を信ずるなきを告げるを要とすべしと。湖広総督張之洞は、湖南学生界は最も多事を好むので、しば〳〵申信して調査させていたが、今、湖南で会議のある事を聞く、この風潮の影響する所甚だ大、しかも風説は信実でないと、湖南巡撫龐鴻書に申信を発し、この事の経緯を調査させた。多くは叱責の語であったという。井原駐長沙領事は、近日湖南学界が会議を開いているのは、日本の割閩換遼要求に対応せんがためであり、この風潮漸次増大すれば、外交問題を起すを免れずとして、湖南巡撫龐鴻書に面商して、即刻解散させれば両国の友好を防げることとなくなるだろうといったと。湖南巡撫龐鴻書は張之164の電信に接し、また日本領事の要請もあり、学務処と各学堂の総理監督に、以後会議開くを許さず、もし開くようなことがあれば即刻解散さすべしと伝えた。しかし、学生の意向は、自ら中止して、解散することがあろうか、組織した学会は、決してこの事のためにのみ設けたのではない、今後学会は、まさに議論すべき事あれば須く集会し、議すれば学会は極力賛成し、小さな障害で中途半端で中止することはないといったと。(5)

湖南巡撫龐鴻書は先日湖広総督張之洞の電報をうけた。いうに、湖南学会は割閩換遼の荒唐無稽の風説をもって各省の学会に電報し、しば〳〵会議を開いて一大風潮をつくりあげ、解散しない状況である。結局、これは何が原因で起り、今如何なる行動を起しているか、すみやかに調査して返電せよ、この風潮は伸長させてはならず、極力、鎮静するようにと。また湖南学会の風潮は静まったとはいえ、なお連日、省城の湘陰師範学堂や長沙民立第一中学校で、学会設立の件を商議している。必要な学会経費は、先日醵金をつのって集めた五百余元のうち、電報代に要した八十余元ののこりの四百余元から出し、これはまだ醵金をつのってなお充実をはかる。一切の章程・辦法及び会長・辦事人はなお決定していないが、数週間かけてじっくり相談し、何らあわてることもないと。また湖南巡撫龐鴻書は、福建会館理事長に、学生が当処で会議をすることを許可しないように命じたので、学生らは湘陰師範学堂等に会場を移して会議をしていると。また湖南巡撫龐鴻書は、電報局総辦に対して、今後、如何なる人を問わず、秘密暗号でもって発信する者はその発信を許さず、たとえ普通電報であっても電文を審査し、重要事に係るものは、慎重に予防の処置をするよう命じたと。(6)

長々と記してきたが、これらが、『申報』上で見得た割閩換遼に関連する湖南省での行動の報道記録である。

そしてこの前後、『申報』が伝える各地の割閩換遼に関連する動向の報道は、管見の限り、次の二・三だけである。

則ち、一つは、十月三日付の天津電として、

風聞するに、某国政府は、近く外部に対し東三省治内実権を中国に還付し、中国は須く福建全省を割換すべし、

と密かに商議せんと云云、外部はなお允さざるを堅持すと。(7)

今一つは十一月九日付の南京電として、

南京学会は福建学界の来電をうけた。日本は福建省と遼東とを交換するを要求し、我政府はすでに公許せんとしている、宜しく全国団体と連合し、極力反対せねばならない云云。南京学会は直ちに伝単を南京各学堂に発し、十一月一日、文廟明徳堂に集り、この件を検討するよう期した。この日、各学堂学生は、一斉に授業に出ず、午後二時開会し、参集する者計千数百人、発起人まず開会を宣言し、ついで福建割譲の害をのべ、ついで各校に各々代表を出すよう勧めた。翌日、代表員を決め、運動方法を検討し、政府に交換を拒否するよう電請をした。(8)

『申報』十一月十二日付には、「致両江總督周電　十一月十日午後五時半発」と『日本外交文書』にもある次の文書が掲載されている。

兩江総督周玉帥鑑、拠南京岡部申報、有人於無湖並商務日報同於十一月六日刊発檄文、以東三省戦後事宜、縦逞臆説煽動民心、有欲加危害敝国民人者、本総領事深恐、愚民無知被其煽惑、転破壊中日両国交誼、甚属可慮、即請貴大臣電飭蕪湖官憲厳辦一切、並将該案主謀立即緝捕従厳懲治、不勝感盼之至、永瀧(9)

以上が、割閩換遼に関する『申報』の報道記録である。申報館がこの件に関して各地の状況を同じ程度の関心でまんべんなく報道しての結果がこれなのか。いずれにしても、他の地域については、天津電、南京電等二、三件しかないのに対して、湖南での行動に関する記事が如何に多いことか。記事が多いことは、運動が盛んであったことだろう。湖南が今回のこの運動の「中心」であったことが窺える。

他の地方では、前述のように学生・紳士が集会して協議した（福州）、学生が登校しないで集会した（南京）、檄文が配布された（蕪湖）、電文をうけて動揺した（漢口）とかの状況があっても、この要求が根拠もない風説であることを知らされて、「群疑氷解シ、平静ニ帰シ」たため、運動は殆ど組織化されなかったのに比べて、湖南は、十月下旬に、「日本要求」の情報を受けると、すぐに対応し、交換阻止のため、政府や各地に電報し、人を派遣するなど積極的に活動していたこと、しかもねばり強く運動を持続していたことが窺えるし、また、これを機会に、禹之謨を指導者にして、新たに湖南学会を組織して、将来への活動の基盤にしたことが分る。

湖南が、情報の発信地であり、運動の発動地であり、組織の継承地であった訳である。

二　禹之謨について

新聞記事に湖南における割閩換遼反対運動の中心人物として、湖南学会の組織者である禹之謨の名が出てくるが、まずここで、『禹之謨史料』（一九八一年刊、陳新憲、禹問樵、禹靖寰、禹堅白編、「前言、伝記、遺著、時評、悼念文詞、回憶録、附録」全二〇二頁）の中の湖南人民出版社古籍編輯室の「前言」の部分より、禹の生涯を辿っておこう。(10)

禹之謨、字は稽亭、一八六六年、湖南省湘郷県の一城鎮―青樹坪（今双峰県）附近の村落に生れた。祖父、父親は小さな雑貨店を営むことで一家の生計を支えていた。禹は少年時代、邵陽県のある商店で、従弟をしたこともある。後に、「中国が、外人から恥辱されても、政府は人民を抑圧するだけで、保護できないと認識し、禹は愛国・革命の道を歩み始めた。日清戦争の間、禹は軍務に従事し、武器・食糧輸送の任に当り、山東、関内外を往来し、その功績で清朝政府から褒賞され、県主簿候選に命ぜられ、五品銜頂を給せられた。しかし、「国事日に非なるをみ、一意新学を研究した。」湖南の戊戌変法運動に干与し、一九〇〇年長江下流での自立軍起義に参加した。その失敗後、日本に留学し、紡績を学んだ。一九〇二年帰国し、安慶に〝阜湖〟織布工場を開設した。一九〇三年、湖南に帰り湘潭で〝湘利黔〟織布工場を開設し、翌年、工場を長沙に移し、工芸伝授所を付設して、学生を教育し、湖南の近代紡績工業の先駆となり「湖南に紡績あるは君より始った。」当時、黄興は長沙で華興会を作り、反清革命を密謀していた。禹は華興会に参加し、黄興の勧める明徳学堂、経正学堂によく出かけ、相ともに、「笑談し、時に密語を交した。」一九〇五年同盟会が東京に設立された後、黄興は「禹に密かに書函を送り、湖南に分会をつくって《民報》を販売せしめ」、同盟会湖南分会の初代分会長になった。革命事業を推進するため、禹は特に興学育材に力をいれ、革命には「学堂の設立が是非必要で、それも多いほどよく、政府の圧制を免れる得る」と考えた。有名な湘郷駐省中学堂、唯一学堂はこうして苦心の結果、創設されたものである。禹は学生の中に「学生自治会」を組織することに着手した。目的は「自治会を以って政党会、新国会の基礎」とするためである。「さらに一歩進めて、群治大会を創立して各省のさきがけとなる」ことを希望した。公益への熱意と、大衆組織能力とにより、商会会長、教育会会長、学生自治会幹事長に同時に推挙され、〝湖南学界、工界、商界の総代表〟と公認された。この合法的資格で、禹は積極的に一連の愛国・革命運動に参加し、指導した。例えば、一九〇五年の米貨排斥運動、粤漢鉄道回収運動、一九〇六年の陳天華、姚洪業の岳麓山での葬儀、長沙、善化学務処監督兪浩慶の弾劾、および湖南学生による塩税増額反対闘争等がある。とくに、陳、姚公葬の時は、禹は「万人の学生全員に、制服の喪礼で、整列して山陵に送らしめ、官紳の注目を集め、民気伸長すれば、清政府危く、官紳の富貴保ち難しと思わせた。」そこで、反動当局は、何とか禹を陥れんとし、ついに一九〇六年八月、湘郷塩税増税反対闘争に、衆を率いて〝哄堂塞署〟したとの罪名でもって逮捕し、省各界群衆の釈放運動をさけるため、省西南辺境の僻地靖州に送って監禁した。禹は獄中で厳しい拷問をうけたが、終始、節をまげず、反清革命の呼号を続けた。禹は《上諸伯母書》の中で、「私は十年来、満州の奴隷となることに甘んぜず、奴隷となるなかれと大声疾呼してきました。近年目ざめて国民としての志ある者万を以て計えます。主義は実に正しく、程度も漸く高く、思想も甚だ大です。その身を犠牲にしても、惜しむものでありません。皆様に望むらくは、憂を転じて喜びとして下さい。私が甘んじて国民のために死に、奴隷として生きた者でないことを喜んでください。」と、また、《遺在世同胞書》の中で、全国人民に告げて「身は牢獄に禁ぜらると雖も、志自若たり、身体亡ぶるも、我が志長く存す。同胞よ、同胞よ、その死所を善くせよ、むしろその身を牛馬として死すも、その心を奴隷として生きるなかれ、前途は洋々、死する者いけり、存する者誠にいとほしむべし、我同胞それ之を図れ、困心衝慮、ついに必ず成にいたらん」といった。一九〇七年二月六日、靖州知州の酷吏金蓉鏡は、靖州西門外で禹を絞殺した。しかし、烈士の血は決して無駄には流れなかった。烈士の予言はついに実現した。禹の逝世して五年ならずして、辛亥革命は全国規模で爆発し、国を売り、人民を抑圧してきた清朝反動政権は、ついに歴史博物館の中に送りこまれた。また四十年のち、中国人民は無産階級およびその政党中国共産党の指導のもと、反帝反封建の民主革命の任務を完全に達成し、中国歴史はこれより社会主義の新時代に入った。

禹之謨、三十五才にして日本に渡り、帰国後、紡績工場を興し、学堂を創設して、教育界・実業界に重きをなし、多方面にわたって様々な運動に係った。さらに革命党に身を投じ、湖南辛亥革命準備段階で重要な役割を果した。「清国留学生取締規則」の発布に反対し、「絶命書」を残して一九〇五年十二月八日、東京、大森海岸で、抗議の入水自殺をした陳天華のひつぎが、故郷湖南に還った時、当局の反対を押してその葬儀を営んだ。そして革命成就をまたず、その五年前、四十一才で烈士として生涯を終えた。

しかし、この「前言」の中では、禹之謨が「割閩換遼」反対運動を指導したことには言及していない。

三　運動の関連史料

そこで、次に禹之謨についてどのような史料があるか、次に列挙してみる。それは、前記『禹之謨史料』に収録のもの、収録されていないものもあるが、伝記、悼念文、回憶録、研究論文、著書の類等さまざまであり、その中で割闔換遼反対運動と係るところはその部分を少し煩わしくなるが引用する。またその記録が、どの程度に詳しく書かれているか、どの程度の長さかを、書籍の版型、活字の大きさに関係なく、大体の頁数を示すことで参考に供したい。

①湖南工商学会「禹之謨歴史及被逮捕原因」（一九〇六年筆）『湖南歴史資料』一九六〇－一　一〇二～一〇五頁（『禹之謨史料』一九八一年　一三～一六頁　以下『禹之謨史料』は『史料』と略記する。）

禹之有造于社会者、尤有牢牢数大端、如去夏之反対英人要索、去秋之実行抵制美貨、去冬之阻割闔換遼、今春之倡湘路改帰商辦、与夫組織学会及湖南学生自治会、無非増進最大多数之最大幸福、苟利公衆、雖犠牲一己不顧也。湘人士以禹能肩難巨、故商会、湘学会、学生自治会、群推禹為会董、会長、幹事長、而禹仕事之精神亦益奮。

②金蓉鏡「破邪論（原謀第二）」（一九〇八年筆、『史料』一六〇～一六二頁）

惟光緒丙午、湘郷禹之謨挾学界、工界、商界為重、主張民権。初、漢軍趙中丞撫湘時、以官款千金貨禹之謨辦工芸廠、始有名称。及乙丙之際、抵制美貨、電阻割闔換遼、党羽始衆。其葬陳天華、姚宏業于岳麓也、聚衆万人、官不敢訶。……

③佚名「禹之謨伝」（原載『民国新聞』一九一二年筆『史料』一～三頁）

乙巳春……是年、清政府擬与日人草割閩換遼之密約、君率同人通電致語、又電各省並力反抗、政府憚而止、而湘中大吏始仇君矣。

④朱杞志　顔昌嶢「禹烈士墓之銘」（一九一二年銘、『史料』二二六～二二七頁）

……一時学子群傾服之。組織湖南教育会、挙君為会長。報紙言政府与日本密約、以閩易遼。湘人開会討論、馳電抗争、君実挙[主]之。……

⑤顔昌嶢「禹君墓碑」（一九一二年筆、『史料』二二三～二二五頁）

……報紙言美人虐遇華工、沿海州県議停用美貨、湘人励行之。又言日、俄媾和、政府謀以閩易遼于日、于是湘学、教育諸社開会討論、電枢府抗争甚力。而君独雄干辯、議論風起、因推為会長、名噪湖湘間。……

⑥盛楙等「学生祭禹烈士文」（一九一二年筆、『史料』六八～七〇頁）

……其在湘、如割閩換遼之電阻、粤漢鉄路之争回、農、工、商、砿実業之提倡、雖触忌政府、而論不少貶。……

⑦「禹之謨墓碑」（姜泣羣編『朝野新譚』丙編　一名『民国野史』第二編）一九一四年刊、九～一二頁）

……報紙言、美人虐遇華工、沿海州県議停用美貨、湘人厲行之。又言日俄講和、清政府謀以閩与日易遼、於是湘学教育諸社開会討論、電枢府抗争甚力、而君雄於辯論議風起因推為会長、名噪河湘間、未幾而有陳姚生之事、……

⑧陳松藤「禹烈士絶命書書后」（一九二七年、『史料』四三～四四頁）

……密組同盟分回。故当事民気伸張与革命暗潮之四布、湘為特盛。如電阻割閩換遼、罷課公葬陳、姚、特其顕焉者耳。

⑨曹亜伯「禹之謨之死難」（一九二七年刊、『武昌革命真史』前編第十章　二〇三～二一九頁　『史料』抄録　九～一一頁）

……又藉湘郷会館。創設唯一学校。是時各学校頼君成立者甚多。適日俄媾和、清政府謀以閩易遼於日、于是湘人羣電枢府抗争。君之血誠所激、湘中教育商会、皆推君為会長。……

⑩鄒魯「禹之謨伝」（一九二七年刊、『中国国民党史稿』第四篇列伝　一二七三～一二七四頁）

……未期年。成效大著。自奉最薄。不惜罄所有以謀公益。如割閩換遼之電阻。粤漢鉄路之争回。与夫農工商鉱各実業力図振興。輒以身先提唱。日不暇給。無倦容。紳商学軍各界之駐湘者。皆推重之。

⑪馮自由「丙午靖州禹之謨之獄」（一九四七年刊、『革命逸史』第二集）一八〇～一八七頁『史料』抄録　一一～一三頁　なお、馮自由「禹之謨」（『革命人物誌』第三集、一九五九年刊）もほぼこれと同じ

……適日俄媾和、清廷謀以福建向日抵換遼東、湘人羣電北京政府抗争、之謨実為之倡、以是湘中教育会商会皆推為会長。

⑫姚渙湘「禹之謨伝」（一九四八年刊、『湖南文献滙編』第一輯　一六七～一七二頁　『史料』五～九頁）

……乙巳（清光緒三十一年、公之一九〇五年）年秋、日俄媾和、清廷謀以福建向日本抵換遼東、之謨提倡反対、衆人附和、于是湖南商人群電北京政府抗争。又粤漢鉄路帰商辦、之謨莅会演説、痛陳利害、数日間集款百余万。以是湖南教〈育〉会、商会皆推之謨為会長。

⑬楊世驥『辛亥革命前後湖南史事』（一九五八年刊）

⑭『湖南近百年大事紀述』（『湖南省志』第一巻　一九五九年刊　第二次修訂本　一九七九年刊）

⑮彭重威「回憶禹之謨」（『辛亥革命回憶録』二、一九六二年刊。一九〇五年を一九〇四年と記し、そして、この文のすぐあとに、抵制美貨運動の話を続けるのは、記憶違いであろう。）

一九〇四《ママ》年、清朝統治集団在日俄議和之初、企図以福建省換回遼東半島、為列強実行瓜分中国時它可以退処関外預留地歩。禹之謨听到這種消息、極為憤怒、立即発動全省紳商学界聯名通電力争、得到全国響応、才使清室這一

陰謀、不敢公開提出。

⑯聞少華「禹之謨」（『民国人物伝』第一巻　一九七八年、八一～八四頁）

⑰「破邪論」が『湖南歴史資料』一九八〇年第二輯（総第十二輯）に収録された際、「電阻割閩換遼」の部分の註記として

一九〇五年、清政府在日俄議和之初、企図以福建換回遼東半島、禹之謨得悉后、発動全省紳商学各界聯合通電力争、得到全国響応、使清政府的陰謀未能実現。

⑱成暁軍　禹堅白「禹之謨革命事略」（『辛亥革命叢刊』第三輯　一九八一年刊　七二～八五頁　『辛亥革命在湖南』一九八四年刊、三六〇～三七六頁）

⑲鄧介松「啓蒙時期青年運動的急先鋒－禹之謨－」（『湖南文史資料選輯』第一集　一九八一年　一四二～一五一頁）

⑳成暁軍「甘為国民死、不為奴隷生－禹之謨革命事跡述略－」（『新湘評論』一九八一－八　五八～六一頁）

㉑『禹之謨史料』（一九八一年　全二〇二頁）

㉒成暁軍『禹之謨』（『中国近代史叢書』一九八四年　全九八頁）

㉓劉強倫「錚錚鉄骨禹之謨」（『知識分子与中国歴史的発展』一九八五年　五三五～五三九頁）

㉔劉強倫「禹之謨」（一九八七年刊、『清代人物伝稿』下編第三巻　一四五～一五〇頁）

為抗議美国虐待華工而開展的抵制美貨運動波及湖南后、之謨帯動各学堂教職員率領学生集会演説、四処宣伝、並促使商界于光緒三十一年（一九〇五年）八月間召開有四千多人参加的〝湖南全省紳商抵制美貨禁約会〟。同年冬、報端風伝清政府擬割譲福建換回遼東半島、之謨得悉、迅即発動全省紳商学各界聯合通電反対、引起全国響応、不啻又造成了一次頗具規模的反帝愛国運動。

㉕林増平主編『湖南近現代史』（一九九一年　全六〇六頁）

同じような資料を引用し、多くの著作を羅列してきたが、ここでまず指摘できるのは、一覧して分る如く、辛亥革命が成就し、禹の墓が岳麓山に改移されてから、いわゆる、解放に至るまでの間、つまり、民国が成立してより人民共和国が成立するまでの間に、禹について書かれた記録の中では、一九〇五年前後の禹の言動については、割閩換遼の件に関して、それの拒否を電報で政府に要請し、各省にも働きかけて、結局それを断念させたという意味のことが、簡単な伝記、短い記録の中でも、それぞれ短い二・三行ぐらいのものであるが、殆どこのことが記述されている。

そして、一方、米貨排斥運動に言及したものは少ない。

ところが、一九五八年、楊世驥『辛亥革命前后湖南史事』が刊行され、第四章「辛亥革命準備段階―湖南人民反帝、反封建斗争的持続和発展」第三節湖南学生反対美国華工禁約、抵制美貨運動和対抗封建統治者的斗争（一〇四～一一五頁）を詳しく論述し、その中で禹之謨とこれと係る言動を紹介した。

また、翌五九年刊、『湖南近百年大事記述』の中の「全国人民抵制美貨運動侵入高潮、湖南学生与市民群集積極投入抵制美貨的斗争（一九〇五年夏秋間）」「長善学生在禹之謨領尊下公葬陳天華、姚洪業于岳麓山、官方当局極尽阻撓破壊、禹之謨遇害（一九〇六年夏秋）」（両部で、七九年第二次集訂本で約八頁）でも禹之謨の言動を記述した。

両書とも湖南における抵制美貨運動の高潮を高く評価し、その運動との係りの中で、禹之謨の運動への積極的な参加に言及した。そしてその前後のこと、禹の紡績工場設立、学校の創立、陳天華、姚洪業の葬儀、同盟会支部設立、粤漢鉄道回収運動等のことにも勿論論評しているが、しかし、今、問題にしている割閩換遼の件については一言も触れていない。

両書の刊行の後、六〇年代より後も、禹之謨に関する評伝、研究論文の類は列記した如く多くあるが、いずれも、抵制美貨運動の側面を強調するが、割閩換遼については、言及されているものはない。

その評伝の専著である成暁軍『禹之謨』（全九八頁）にも、割閩換遼に関する点には触れていない。

また、先に禹之謨の生涯を紹介したが、それは一九八一年刊『禹之謨史料』の中の「前言」の一部の要約であり、いわば「禹之謨本伝」とも言い得るものかと思われるが、そこにも割閩換遼に関しては記述はない。ただ同『史料』に参考文献として「禹之謨年表」が収められているが、「一九〇五年－組織和領導了幾椿轟轟烈烈的群衆運動、其著者如夏季的〝反対英人要索〟、秋季的〝抵制美貨運動〟、冬季的〝電阻割閩換遼〟。……」と図式的に、他と並記されているだけである。

禹之謨が、抵制美貨運動にどう係ったのか、どの程度係ったのか、小論の主題ではないが、簡単にすると、上海商会が抵制美貨を通電して直後、「湖南工業学堂的教職員与学生便在禹之謨的策動与領導下、進行了抵制美華的宣伝活動」をし、「抵制美貨、為国民之天職、吾湘断不可后人」といったという、学生等らの愛国運動は資産階級を動かし、陽八月二十日、長沙商務総会長王銘忠らは湖南全省紳商抵制美貨禁約会を召集した。集会する者四千余人だったという。会議は湖南辦理抵制美貨事務公所の設立を決定し、〈奉勧中国的衆同胞勿買美国的貨物〉等の宣伝物を刊行し、運動を進めた(11)。

また、前記彭重威「回憶禹之謨」もやや詳しく物語っている。禹は「在這箇運動中、始終抱着積極的態度」とある。まず宣伝物の刊行、集会演説などを行ったが、しかし、禹はやがて長沙商会の内部に湖南本帮と外帮の二派が存在し、その外帮にも、江浙帮、江西帮、広東帮の三派が存在して、互いに内部抗争し、先に成立した湖南辦理抵制美貨事務公所にも、商界、官界、学界の腐敗分子がまじって内部は複雑で、禹はこの運動も、〝虎頭蛇尾〟に終るのでないかと恐れたという。果してこの運動は各省督撫の禁止命令もあり、湖南も他と同様に、禹の予想通り漸く終りを告げた。

禹之謨は、この運動にどの程度積極的に加ったのか、終始指導的役割を果したのか、先の評伝の専書である『禹之謨』の第十章も「反美運動的中堅」というような表記である。それで、禹之謨はこの抵制美貨運動に加って、得たものは何なのか、それは結局、商界に対する幻滅感、不信感であり、商会頼むに足らず、学界にこそ期待し得るものありとの考えではなかったのか。だから、割閩換遼の風説が伝った時、禹は先述のように対応のためにまず、湖南学会を創って学界を組織した。

その湖南学会については、同じく湖南の革命家陳家鼎の事跡をのべる中で、関連する禹之謨について次のような記録がある。

「陳はまた、禹烈士と、学生の大いに用いるべきをみ、ついに湖南学会を作るを提唱した。陰に学界と連絡して独立運動の計となした。湖南の人心ようやく革命に向い、学生・軍人らは禹・陳二君を泰斗の如く奉じ、各校は派遣した代表で、禹烈士と陳君を挙げて会の長たらしめた[12]」と。

そして、その湖南学会も、ただ割閩換遼阻止にのみに対応するものでない、としている。

また鉄路回収運動に関してであるが、「商界に人材なく、魄力もない、ただ推動される位置であって原動力にはなれない。湘路の商弁の成否は必ず学界の援助を必要とする」とあり、「……路権失はれて、湖南亡ぶ。あゝ危いかな、湖南を存せんと欲せば、必ず路権を争はん、これ諸君に望む所なり」と言うに至る[13]。

そして、その後それが伝記の中に割閩換遼のことが登場するのは、『史料』が刊行されて六年後に刊行された劉強倫「禹之謨」（『清代人物伝稿』）で、両件が数行ずつ同程度に叙述されている。

この割閩換遼反対運動のさ中に湖南学会を設立したことが、のちに禹が逮捕され、処刑される理由の一つにされるが、[14]いずれにしても、禹の伝記中、逮捕直後、処刑直後、或は辛亥革命が成就して禹の墓が改葬されての後の書かれたものの中には、必ず、割閩換遼反対運動での禹の役割を著すが、いわゆる解放後、先の楊世驥の著書、『湖南近百年大事紀述』が刊行されてより後に書かれた記録には、割閩換遼に関する記事はほとんどぬけている。

ここに禹之謨像の変化が、いわゆる解放前の革命派・国民党関係の記録と、解放後に書かれた記録との間にはっきりとある。前者は、割閩換遼反対運動における禹の言動を評価するが、後者はそれには触れず、抵制美貨運動での役割を強調する。[15]

四　禹之謨の運動についての叙述

次に、この長々と資料を羅列したのは、次の点に注目したいからである。一つは、逮捕・処刑直後の記録には、日時・原因を示さずに、ただ電阻の事実のみを記していること、二つめは、禹之謨らが割閩換遼反対の電阻をしたのは十月末からであるが、資料では「日俄媾和之初」「適日俄媾和」、即ち八月初めと表記されていること、三つめは、この割閩換遼をまず要求・企画したのは、誰であるか、という点である。三つめの点に関し、資料の中からその部分を再度引用すると、

③「清政府擬与日人草割閩換遼之密約……」

④「報紙言政府与日本密約、以閩易遼……」

⑤⑦「報紙……又言日、俄媾和、政府謀以閩易遼于日……」

⑨「……適日俄媾和、清政府謀以閩易遼於日……」

⑪⑫「……適日俄媾和、清廷謀以福建向日抵換遼東……」
⑮「……清朝統治集団……、企図以福建省換回遼東半島……」
⑰「清政府在日俄議和之初、企図以福建換回遼東半島……」
㉔「……報端風伝清政府擬割譲福建換回遼東半島……」

とあるように、清朝政府が、日本と割閩換遼の「密約を疑草せんとし」それを「謀り」「企図した」と表記されている。

さらに、④⑤⑦「報紙言」、㉔「報端風伝」のようにそれを新聞が報道したという表記もある。しかし、管見の限り八月の新聞にはそのような記事はない。

⑪⑫⑮⑰㉔のように割閩換遼の「遼」を「遼東」または「遼東半島」としているものもある。

つまり、一九一二年、民国成立以降の記録では割閩換遼を謀り、それを企図し、その密約を結ぼうとしたのは清朝政府であるというのである。「日本要求」と表記した記録は一つもない。が実際は、風説としてではあるが、割閩換遼は日本要求がまずあった。

在日福建留学生は、日清交渉に赴く小村全権に満州の還付の代償に福建を要求する意向ありとのこと、これを峻拒するよう清国政府・福建省政府に打電していた[16]。

この件に関する「申報」の最初の報道である十月三日付天津電に、前述のように「某国政府」という表現であるが、日本政府が満州と福建の交換を要求したと、そして「外部尚堅持不允」とある。

また、十一月六日付では、前述のように「湘省……接有日本要索福建換回東三省之電、各学生大動義憤」とあり、「日本要求」がまずあったと記されている。

また、日本外務省に宛てられた現地領事から報告文件の表題は「日本ニ於テ満州還付ノ代償トシテ福建省割譲要求風説一件」となっており、「日本要求」となっている。

ただ、十一月六日蕪湖で配布された前掲の檄文の中では、

「日本が奉天をとったからには、どうして中国に還付することがあろうか。ただ中国政府も奉天省を失いたくないし、欧米諸国も奉天省で通商をしたいと考えている。中国政府はやむを得ず、福建と奉天を交換せんとしている。」

と、清朝政府が、〝やむを得ず交換せんとした〟という表記もあり、十一月九日の『申報』も「我政府已将允准」と記し、また『申報』は「交換の風説が中国人から出ることはあっても」という含みを残した表記をしつつも、やはり「今、外間、日人は東三省を以て福建省と交換せんと欲する事、紛々として伝述し、その説の伝播は已に久し。」で日本要求がまずあり、その風説が次々に伝っていたのである。(17)

この要求は、前稿でのべたように、当時の国際環視の中で、日本から言い出し得る状況でもなかった、日本から要求するということはあり得ないこと、その事実はまずなかったと思う。この風説はつくりあげられた「作り話」の「捏造」だと思われる。しかし、日本要求がまずあればこそ、日貨排斥の名分が立ち得る訳であろう。

一九〇五年十月、十一月当時の新聞報道には、風説として日本要求がまずあった、と伝え、十月初旬「尚外部堅持不允」とあるのに、事後に書かれた記録には、「日本要求」の字句が全くなくて、「清朝政府が交換を謀り、企図し、密約を結ばんとす」と記すのは何故であろうか。

風説の最初の報道は十月上旬、天津発にあった。それが、各地にも伝ると同時に、日本にも伝った。在日清国留学生が設立された同盟会に加入して政治活動を始めるに及んで、日本政府は清朝政府の要請もいれ、留学生取締規則の

制定を考えていた。これに反発し、日本批判を始め出していた革命派の留学生が、本国へ向けて、日本に割閩換遼の意図がある旨、それを阻止するよう清朝政府、福建省政府に電請した。

そして、その時期が、丁度満州還付に関する日清協定のための第一回の交渉が十一月十七日、北京で始る前後の頃に当り、この会議での日本を牽制するため、これを伝えたのであろう。この来電に接した各地、特に湖南は、禹之謨ら革命派系が中心になって、清国政府が交換を允許しようとしていると電告し、その交換阻止の目的で前述のように積極的な行動に出た。

ところが日本要求そのものは、作り話である。割閩換遼要求に関し、日貨排斥を唱えたのは暴烈主義の立場の人であったと思われ、禹之謨自身は電阻という平和主義の立場であったと思われる。そして、日本要求が作り話であり、日貨排斥運動も実在しない、しかし、電阻は事実であった、とするなら、その理由づけとして、民国設立後に書かれた記録には、「日本要求」はなくて、「清朝政府が企図し、謀り」としたのではあるまいか。

そして、禹之謨らが、清朝政府に交換阻止を電請し、各地に呼びかけた結果、③「政府憚而止」、⑮「才使清室這一陰謀、不敢公開提出」、⑰「使清政府的陰謀未能実現」と禹らの役割を、清朝政府をして、交換を断念せしめたという点で評価する表記になっている。

また、当時において「清朝企図」がまず先にあったなら、即ち、満族の発祥の地である満州を返還させる代償に、漢族の土地である福建を犠牲にして割与するというのであれば、清朝は革命派に対して、格好の革命の口実を与えることになり、革命派にとっては、まさに清朝排斥をこそなすべきで、日貨排斥を呼びかける理由は成り立たなくなる訳である。一時的に、部分的にその意図があったのだろうが。

そして、湖南人が配布したという前章第一章で引用した「檄文」は、交換要求に対する二つの対応―平和主義と暴烈主義の後者の立場によるものと思われるが、ここには、通常こういった檄文には必ずある筈の、表題、発行年月日、とくに、発行者の字句がない。それも、そこに作り話の部分もあるためではあるまいか。

五　平岡浩太郎代議士の渡清と言動

この日本が割閩換遼要求をした、その風説が伝った背景に、以下のような伏線があった。

一九〇五年夏、奉天会戦、日本海海戦を経て、日露戦争が終結の段階を迎えた時、憲政党代議士平岡浩太郎は、「民間外交」の必要を説き、「私設公使」として清国に渡って、慶親王奕劻、那桐、瞿鴻禨、栄慶、鉄良、張百熙、袁世凱ら清朝有力者を歴訪し、意見を交換した。日本政府は平岡の渡航を好まなかった。[18]そして、平岡は満州問題について「満州還付の如きは貴国兵備成るの後に在り、我れ強いて之を還付せずというに非らず。只東洋の平和の為め之を還さざるのみ」といったのである。[19]

清朝有力者の中でも筆頭格で、のちに満州還付に関する協定締結の全権となる慶親王とは、最初に、六月十七日に会談した。[20]

平岡は六月二十四日袁世凱と会見して、次のような論議をかわした。

平岡「本邦ニ於ケル各政党及各新聞紙並ニ一般人士間ノ輿論……帰スル所ハ……清国カ自衛スルコトヲ得ルニ至ル迄ハ、日本ニ於テ之ヲ管理スヘシト云フニ在リ、現ニ七博士ノ如キハ尤モ此ノ説ヲ主張スルモノナリ、又各地方ニ於ケル少壮一部ノ人士中ニハ、列国カ此機ニ乗シテ、清国ヲ分割セントノ野心ヲ防遏センカ為メ、日本ハ宜敷福建ヲ事実的ニ占領シテ、長江沿岸迄鉄道ヲ延長シ、清国ト共同シテ列国ニ当ルヘシト唱フルモノサヘアリ。」

袁世凱「又貴国ノ輿論トシテ東三省ヲ暫ク管理スヘシト云フモ、貴国皇帝ハ日露開戦ニ先立チ、世界ニ向テ、満州ノ全土ハ之ヲ占領セスト宣言セラレシニ非スヤ、然ルニ若シ假リニ之ヲ管理シ中国ニ還付セストスレハ、最初ノ宣言ニ悖リ、世界ニ信ヲ失スルノ嫌ハナキヤ云云。」

平岡「決シテ悖ラズ、如何トナレハ抑モ日露開戦ノ主旨ハ、東亜ノ平和ヲ保タンカ為メナリ、平和ヲ保タントスレハ、飽迄露ノ再襲ヲ防遏セサルヘカラス、之ヲ防遏センニハ、假令平和克復ノ後ト雖モ、之ニ対スルノ兵力ヲ保留スルノ必要アリ、若シ然ラスシテ直ニ貴国ニ還付シ、万一ニモ露国ノ再襲ヲ被ムルカ如キコトアリタル場合ニハ、日本ハ到底戦争ヲ再ヒスルノ実力ナシ、故ニ日本ニ於テ安ンジテ撤兵シ得ルノ時機ニ到ル迄ハ、代テ管理セサルヘカラス、此レ両国ノ利益ナリ云々、又貴国刻下ノ急務ハ兵力ヲ養フニ在リ、其数ハ少ナクモ五十万ヲ要スヘシ、露国ノ東侵攻略ハ実ニ久シキモノニシテ、今満州併呑ノ希望ヲ挫折セラルヽトモ、蒙古伊犂ニ対シテハ、近キ未来ニ於テ、侵害ヲ試ムヘキハ、疑ヲ容レサル所ナリ、故ニ貴国ハ速ニ兵備ヲ整ヘ、東西ノ孰レヨリスルモ、自ラ之ヲ防禦スルノ方法ヲ講セサルベカラス云々。」

袁世凱「養兵ノ急務ナルハ同感至極ナリ、乍去養兵五十万ハ実ニ容易ノ業ニアラズ、……清国目下ノ情態ニ於テ急速五十万ノ兵ヲ養成スルハ実ニ至難ナリ云々。(21)」

これが、いわゆる、「日中提携論」とも言われるものであるが、この袁世凱との対談の中で、日本の民間の意見として、「日本が福建を事実的に占領して、清国と共同して列国に当るべし」という者があると言っている。この機会に乗じて、福建の軍事的占領をほのめかした。

これに対し、袁からは逆に、明治天皇の開戦に先んずる対外声明を引き合いに出されて反駁された。

日本が日露戦争開始に際して、清国に対し領土的野心をもたないとの宣言は、宣戦布告の直後、在清日本公使を通じて、清国に対し、清国の中立維持要請と同時に通告されている。

日本与俄国干戈相見、乃為保守我応有之権勢及利益而起、本無侵略宗旨。日本政府於戦事結局、毫無佔領大清国土地之意。……必不敢有損害大清国主権之事。[22]

この平岡代議士と袁世凱との会談は、六月二十四日のことであるが、この内容はすぐ外部に知られたらしく、張之洞はその直後六月二十八日に袁に照会した。

伝え聞くに、日本某議員がひそかに貴処を訪ね、日本は東三省を返還しないわけでないが、ただ国民は清国がこれを保持すること不可能であるを恐れ、日本が代って管理すること欲し、また福建省を占領するを議していると。さらに清国が精兵若干名を増強し以て領土を保持することがありや否やと言ったらしい。

その辺の事情について返電を請うた。[23] これに対し、袁は二十九日、張に返電して言う。先の両者の会談の内容の要約をのべ、さらに自分＝袁の察するに、平岡は朝野通気の大物議員、日本政府の命を奉じての来華ではないか、必ず授意の人がいるに違いない。その希望に副えなかったら、満州返還或は遅延し、技節を生ずるかも知れないとの観測をのべ、この際、東三省の改革、新政断行の必要をのべ、後日、先に会見した清朝高官と再度会うらしいから、その際平岡が帰国後、日本国民の群議をとき、技節を生すること免かしめるようさせねばならないと意見をのべた。[24]

この会談は六月下旬の事であるが、のち九月、ポーツマス条約が締結されたあと、さらに満州還付に関して日清両国が協定を結ぶ、いわばその詰めをする段階になって、即ち十月、十一月、十二月になって、さまざまな情報がとびかい、さまざま風説が流されていた。例えば、日本は列国の利権に反対して、商業上の特権を要求したとか、日本は清国から賠償金をとって日露戦争の軍事費の半分にあてるとか、その中に割閩換遼要求の風説もあった。[25]

協定締結の日本側全権は、小村寿太郎外相と内田康哉駐清国公使であった。先のポーツマス条約締結の際、日本では小村の「無能外交」を批判し、不満足極りない講和内容に対し猛烈な講和反対運動が起り、暴動にまで発展した。小村はポーツマス条約締結で得られなかったものを清国との交渉でとり返そうとしていると、清国側はみていたし、清国は日清交渉での日本の過度の要求を非常に警戒しており、『外交報』は日本外交への批判を始めて日本への警告を深めていた。

例えば十一月五日の『国民新聞』の論説「満州の処置－換言すれば、今は最早政治外交等の空論に耽るの時にあらずして、我が実権を伸べ、実益を収むるに努むべきの時ならずんばあらず」を訳出・引用してこう言う「按んずるに、日本は日露和約におけるその失敗の隠痛、頃刻も忘る能わず、彼すでに之を露国に失う。償いを必ず我より取らん。彼満州において一分の利を得れば即を我一分の利を失う。彼の実際の実益をもってその国民に唱導することかくの如し、我が政府、国民まさに如何とするや[26]」そのほかの日本の新聞論調を紹介して、論評していた[27]。

こうして、満州還付に関する日清交渉の過程で、日本の強硬な輿論を背景にした要求を紹介し、それに対してすでに警鐘をならしていた。

在日留学生も、満州における露国利権の日本への譲渡以外の要求は断固拒絶すべきこと等を、再三にわたって清朝政府や、清国全権に電請した[28]。

そして、十一月初旬この日清交渉に、正式に発令された清国側の全権委員は、軍機大臣慶親王奕劻、外務部尚書瞿鴻機、直隷総督袁世凱の三人であり、この三人はそれぞれ六月十七日、十八日、二十四日、平岡浩太郎と会談していた。

一方で、日本は台湾領有後、福建への進出を試み、台湾総督府による「対岸経営」等、様々の分野での進出を始め、「勢力範囲」の実をあげようとしていた[29]。清国人には、日本に「福建を呑噬するの志あり」と見られていたし、福建はまさに垂涎の地であった。また、五年前の義和団事変時には、事実、厦門本願寺布教所焼失事件を理由に、厦門の軍事占領を行ったことがあった。

今、日清交渉が始らんとする時に、日本による割閩換遼要求が、風説として作り話にされ得たのも、火のない処に煙のない如く、六月、平岡が袁世凱らと会談した際、「満州返還延期」と「福建軍事占領」の意図があることを告げていたことと、福建進出の強い意図があることが、その背景にあったと思われる。もう一点は、割閩換遼は「日俄講和之初、清朝企図」と表記されるのも、ポーツマス講和会議の始りは八月初、それは即ち平岡と清朝大官との会談のすぐあとのことであり、そこで話された「日中提携論」的構想がその背景にあるのではないか。一部の清朝大官が、一時的に「交換企図」を考えたのだろう。それらが、日本はいま満州を還付する、その代償に福建の割譲を要求するという作り話にされ、風説として流されたのではあるまいか。それへの対応として、日貨排斥の手段を用いて反対する事によって、日清交渉の際に、日本への牽制として利用されたのであろう。

そして、『申報』によると、この風説の報道の最初のものは、前述のように十月三日付、袁世凱の直隷総督衙門のある天津からの来電であり、日本で発刊された同盟会の機関誌『民報』もこの風説の出所は天津・上海といっている。(30) そして、袁世凱は、協定締結のための会議では、実質的に、全権委員の代表格となって日本と交渉した。

おわりに

一九〇五年は、清国にとっては大きな転換の年であった。科挙が廃止されて古い時代は終り、同盟会ができて、新しい時代が始りつつあった。湖南では、萍郷峰起へ向けて準備が始められた。福建でも、種々の革命団体ができ、

「明掲名義、暗為連絡革命之基礎、而秘密動作組合、則漢族独立会也、于割閩換遼悪耗紛伝時、由鄭仲勁等割血誓盟而成立」とある。革命運動の始る時期は、この風説の伝った時であるという。[31] 新しい時代の始りを示すものであった。一九〇五年は、日中関係史において、友好と非友好の分れ目、分水嶺になった年だという。日本はこの頃より清国への進出を積極化してくる。中国はそれに比例して日本への反発・批判を始める。『外交報』の日本外交批判も厳しくなってくる。その要因にこの割閩換遼反対運動、清国留学生取締規則発布などもあった。

注

（1）割閩換遼については、劉通「辛亥福建光復回憶」（『辛亥革命回憶録』四、一九六二年）に次のような記録がある。甲午中日戦争失敗、日人索割遼東。清廷以遼東為其発祥地、且逼近北京、難之、遂有割閩換遼之議、引起閩人極大震驚。后雖改割閩為割台、然台故閩属、台人多閩籍、地理上、経済上関係極為密切、閩人固不能忘懐。
割閩換遼は、日清戦争終結直後に、この議論があって、結果、割譲地を遼東半島から台湾に変更したかの如き記載であるが、これは恐らく著者の記憶違いであろう。下関講和条約で、遼東半島の割譲の決定をしたが、露・仏・独国によるいわゆる三国干渉によって清国に返還した代償に、戦費賠償二億海関両に三千万両を上のせした。この状況の進展の中で、割閩換遼の要求は、それなりの蓋然性を有したと思われるが、当時の日本の極東における力関係において、日本からの福建割譲要求はまずあり得ない状況であったろう。
（2）『申報』　十一月六日「学生会議阻拒日人要求閩省」。
（3）同前報　十一月九日「続誌学生会議拒阻日本要索」。
（4）同前報　十一月十一日「湘省各学生会議争回割閩換東三省」。
（5）同前報　十一月十三日「湘垣学生会議餘聞」。
（6）同前報　十一月十四日「湘垣学生会議餘聞続誌」。

（7）同前報　十月三日「福建割換東三省之風説」。
（8）同前報　十一月九日「紀寧学会議拒日本要求」。
（9）同前報　十一月十二日「査辦謠伝日人割閩換遼来往各電文」。前掲『日本外交文書』同冊一七九号文書、附属書二、在上海総領事永瀧久吉より両江総督周馥あて。
（10）中村義「禹之謨について」「禹之謨とその周辺」（『辛亥革命史研究』一九七九年、一三〇〜一五四頁）をも参照されたい。
（11）前掲『湖南近百年大事紀述』（一九七九年第二次修訂本二三六〜二三九頁）なお、『申報』には湖南の抵制美貨運動についての記載は管見の限り、ほんの僅かでしかない。八月二十日の四千人集会の記事も見当らない。もとより禹之謨の名も出てこない。
（12）「陳家鼎革命大事記　林頌亭遺稿」（『朝野新譚』己編（一名『民国野史』第三編　一九一四年）。
（13）禹之謨「致同学諸君」「致留日同志書」（『史料』三三〜三四頁）。
（14）鉄郎「禹獄之構成」（『洞庭波』第一期、時評、一九〇六年十月）。
（15）趙矢元等編『中国近代愛国者百人伝』「禹之謨伝」（一九五八年刊）。
劉泱泱「簡論禹之謨」（『益陽師専学報』一九八六−三）。

馬洪林「禹之謨為中国而死」（『歴史知識』一九八七−一）。

は未見である。また、『禹之謨史料』にある禹宣三「懐念先父禹之謨烈士」、禹靖寰等「追記我們的祖父−禹之謨」や割閩換遼等一九〇五年の件とは全然別のことのみを扱ったものは割愛した。なお、卞大孝萱等編『辛亥人物碑伝集』（一九九一年刊）は、二百数十名の碑伝を集めたものであるが、ここには禹之謨のそれはない。
（16）『東亜同文会報告』第七十三回　明治三十八年十二月二十六日。
（17）『申報』十一月九日　論説「論東三省割換閩省之伝聞」。
（18）黒竜会『東亜先覚志士記伝』上、（一九三三年）八六四〜八六五頁。
（19）『玄洋社社史』（一九一七年）六一八〜六一九頁。

（20）会談の際の平岡の発言の一部（外務省外交史料館保管文書『衆議院議員平岡浩太郎清国大官ト会見一件』明治三十八年六月十七日）

日本ハ東三省ヲ清国ニ還付スヘキ事ハ、已ニ天下ニ宣言シ、又清国ニモ明告スル所アリシヲ以テ、之ヲ還付スルハ勿論ナルヘキモ、茲ニ最モ注意スヘキ事ハ日本ニ於ケル百家ノ村ハ、必ス十人ノ兵ヲ出シ、師ハ東三省ニ在リ損兵十万靡財数十億ナルヲ以テ、今回……大小武官ハ東三省ヲ清国ニ還付セサルヘシトノ意見ヲ有シ居ルヲ、本官ニ語リ居タリ、本員思フニ多クノ部下ヲ失ヒ戦友ヲ殺シ自カラ矢石ヲ冒シテ得タル土地ヲ、雙手空シク清国ニ還付セサルベシトノ武官カ意見ハ、誠ニ理ノ当然タルヲ知ル、彼ノ日本ニアル七博士ハ、清国カ寸土ヲモ外人ニ委ネサル的ノ確証ナクハ、東三省ヲ清国ニ還付セサルノ意見ヲ発表セリ、此又曩ニ日本カ還付セシ遼東ヲ逾年露国ニ貸与セシ往事ヲ顧ミ、相当ノ確証ナクシテ、東三省ヲ還付セサルヘキノ意見モ亦尤モナル次第ナリ、然レトモ本員カ清国保全論ヲ唱ヘテ以来、今日ニ至ルモ、尚ホ堅ク之ヲ執リ動カサルモノハ、誠ニ我東方大局ヲ顧ミ、清国ヲ危クスルノ日本ニ益ナキヲ知レハナリ、故ニ今回来遊ノ上貴国王大臣等ト充分胸襟ヲ開、充分向後ノ打合ヲナサントスルモノナリ、故ニ帰国ノ上、彼ノ武官連ノ議論及博士等ノ唱フル議ヲ、打破スルニ堪ユル充分ノ材料ヲ得スシテ帰去センカ、彼ノ不還付論ハ輿論ノ賛同ヲ得テ、還付セントスルモノハ日本人ノ全般ニ好マレサル場合ニ至リ、遂ニ貴国ハ如何ニ交渉ヲ当局者ニ重ネラレシモ、貴国ハ之ヲ得ル能ハス、日本当局者モ不得已不還付説ニ随ハサルヘカラス、若シ当局者ニシテ、清国ノ歓ヲ得ンカ為メ輿論ニ反スル行動ニ出ツレバ、日本国民ハ直ニ立テ三四内閣大臣ヲ殺害スルモノアルヤモ計ラレス、貴国大臣モ或ハ枕ヲ高クシ得サルコトアルヘシ、此レ実ニ東方ノ大局、日本ノ存亡問題ナレバナリ

（21）同前　六月二十四日。

（22）「日外部履楊樞日俄戦争不敢損害中国主権照会」（『日本外交文書』明治三十七・八巻別冊　日露戦争I　六九〇号文書（附記））日本要求の風説が流れた時、日本はこの文言を提示して、日本に要求の意図のない根拠とした（『同文滬報』十一月三十日）。

（23）『張文襄公全集』巻一百九十二電牘七十一「致天津袁宮保」光緒三十一年五月二十六日丑刻発。

（24）同前「袁宮保来電」五月二十九日戌刻到。

(25)『同文滬報』十二月初二日　言論「論謠言之不足信」。
(26)『外交報彙編』一三三期（乙巳十二月初五日）訳報第一類。
(27)同前　訳報第一類　第二類
『国民新聞』十一月十日の論説「日清間の関係――国運の発展、民力の伸長なるものは、側面より之を見れば、即ち資本を投じ、労作を致すの主義たるを援るべからず」を引用して「此の文の意を按んずるに、我の満州において、投資、増投の二端を奨励するに在り、それを緩営する者、いやしくも僅に是にとどまれば、即ち固より彼の工商業を振興のためまさになすべき所、而して文明交通の理において損う所なし、然りと雖も、その我と交渉するや、果してよく僅かに是に止るか、これ即ち我が中国まさに注意すべき者なり」

『国民新聞』十一月十三日の論説「日清の協商――北京政府が我が協商に対して極めて洞開、明恕の態度を持す可きは論を俟たず、是れ帝国の為に之を謂ふのみならず、実は清国の為に之を謂ふ也、然らざれば清国は、日本帝国よりも見離さるものと覚悟すべし、是れ恐らくは清国の自滅ならむ、北京政府豈に之を知らざらんや」を訳出して「按んずるに、日露和議なりてより日中議約の事起る、日本輿論、およそ甘言もて我を誘ひ、大言もて我を脅すこと、至らざる所なし、我が当局、よく従う所を択べ」

『万朝報』十一月二十二日の論説「対清交渉は如何――多年不得要領を以て外交の秘訣とせる清廷に対し、其露国に対すると同様なる態度に出ずるはこれ前車の轍を覆むものに非るなきやを思はむ」を訳出して「按んずるに、中日議約、その結末何如を未だ知らずと雖も、日人、我が議約専使の貌、露国に似たるをもって、これをつぐに憂慮を以てす、その憂慮、また甚だ過ぎたるなからんや」と評している。
(28)『東京朝日新聞』十二月十五日。
(29)本書　第一部　第二章　参照。
(30)漢民「関於最近日清談判」（『民報』第一号　時評　一九〇五年十一月）。
(31)「福建光復史概要」（『中華民国開国五十年文献』第二編第四冊　各省光復、中　三〇四頁　一九六六年）。

第三章　一九一二年〜一三年、第三回日露協約をめぐる華南・南洋の運動

はじめに

辛亥革命は、結論において、孫文のいう三民主義の完全な実現を達成することはできず、満州王朝打倒、共和制中華民国樹立を除いては、政治革命、経済革命、社会革命にほとんど成果をみなかったという。辛亥革命がなぜ挫折したのか、そのわずかの成果すらがなぜ袁世凱に奪われたのか、を考える場合、さまざまの方面からの見方ができると思う。その原因を問うとき、孫文および革命派の対外認識がいかなるものであり、二十世紀初頭、列強の帝国主義的進出を、彼らがどのようにうけとめ、どのように対処しようとしたかを問題にするのも一つの視点であろう。

しかし、今までのところ、この段階における彼らの対外認識は甘く、列強の帝国主義的進出に対して、ほとんど無防備であったとされている。むしろその点は、『民報』と『新民叢報』との論争などを通じてみても、立憲派のほうが、より的確に問題をとらえていたとされ(1)、また対外民族運動として、しばしば起る対日ボイコット運動についても、辛亥革命以前、これを積極的に行ったのは立憲・保皇派系で、革命派系はむしろ消極的或は否定的な対応の仕方でしかなかったとされている(2)。

しかし、今ここで問題にしようとしているのは、外務省外交史料館に『支那人日本品ボイコット一件㈠南清並馬尼剌爪哇等ニ於ケル運動』なる保管文書があることを知り、一九一二年（中華民国元年、大正元年）秋から、翌年春にかけて、華南および南洋で、中国人による対日ボイコット運動が実在したことを知りえたその事実についてである。そこで、今まで、日本、中国でも全然問題にされていなかったこの民国初年の対日ボイコット運動の実態を紹介してみたいと思う。しかし、資料的には非常な制約があり、外務省保管文書がほとんど唯一の資料ではないかと思われ、しかもいまだ公刊されていないので、それらの資料紹介をも兼ねて、できるだけ注記の型で記しておきたい。まず、この運動の発端となったと思われるジャワ島華僑の動向から始め、華南各地の状況を概観し、次に、今回の運動の中心であったマニラの状況、およびこの件に関する孫文の動向などをみてみたい。そして最後に、今回の対日ボイコット運動のもつ問題点、意義、性格などを考察してみたい。

一　各地の運動

1　ジャワ島の状況

華南、南洋における日本品ボイコット運動の第一報は、一九一二年十月九日発の、在バタビア浮田領事より内田外相宛の電文によってもたらされた。サマランをはじめ中部ジャワ都市の華僑の間に、日貨排斥運動が始り、原因は日露協約成立の風説に基き、本国団体の勧誘により止むなく実行せるもののごとし(3)、との旨の電報であった。その「本国団体の勧誘」がいかなるものであり、働きかけの方法がいかなるものであったか、確かめえないが、まず彼らの配付した「敬告同胞実行抵制日貨」という檄文には、日俄協約、満蒙を瓜分す。ああこれ正に我が民国国民、分崩離析し、肝脳地を塗る。その惨酷まさにこの時に見んとするなり。何ぞ則ち、内外蒙古は、亜東の一大関鍵なり。満蒙失いて、各省の門戸洞開し、日俄これを得て以て負固す。それ兵を中原に下せば、すでに高屋建瓴《けんれい》による の勢ならん。吾れ知る、満蒙失いて、列強囂然《ごうぜん》争起す……敢て我が同胞に告げて曰く、我が祖国の危亡、日人これを行なうなり。日俄協約、日人実に禍首なり。甲午の役、我が藩属を侵し、我が台湾を割り、我が遼東を佔う。国仇なお未だ報いざるに、今また瓜分の議を倡《とな》え、俄人を愚弄し、我が民国を辱しむ。同種同洲の利害関係を顧りみず、その我が民国国民をみること、一人もなきが如し。……

とあり、日露協約の内容を、㈠日本が遼東半島を租借することを永久に承認す、㈡両国は勢力範囲において自由に増兵することを得る、㈢他国が満州において鉄路を経営・建築することを拒絶す、と紹介して、第三回日露協約に反対する立場からボイコットを呼びかけたが、協約が日露両国に係るものでありながら、彼らが日本をその元兇とみなし、まず日本に鋒先を向けているところに問題が存しよう。そして先年の辰丸事件の際のボイコット運動に一応の評価を与え、満清専制の時代にさえ、わが民は奮起した、いわんや今日の共和時代において、と共和国民の資格を問い、「今日五城を割けば明日十城を割く、坐して国家の滅亡を待つべきか」と「救国」を訴えた。(4)

さらに十月中旬になると、第二次の檄文として、ボイコットの具体的な実行方法を記した約章が、サマラン救国拒日団の名において配布された。会名を華僑救国団と命名することから、宗旨は救国の一点におさえ、この趣旨に賛同する者のすべての入会を許し、また会務を細かく規定し、会費は民衆の醵出によることとし、ボイコットは十月二十日を期して実行し、日本の満蒙侵佔をやめさせ、民国の基礎が固まり、実業が自給しうるときにやむ、と細目にわたる規定がなされた。

またその「附説」において、なぜ日本だけをボイコットの対象にするかの点にふれ、日貨を拒否することこそが、禍根を絶つ根本であるといい、その代替品は米国から多く物資を購入することによって、米国と連携しようと主張している。(5)

こうしてサマラン市に始った日貨排斥運動は、漸次拡大して、スラバヤ市、ジョクジャ市、チェリボーン市など諸都市にも波及し、スラバヤ市では、泗水《スラバヤ》書報社社長で、泗水商務総会総理である張石玉を中心に戴き、運動を展開したという。(6)

またバタビア市において頒布された「拒日之露布」と題される檄文には、日本は武昌起義より後、しばしば中立を破り、その間に利を収めようとし、六国借款に加入しては、種々特権を要求して、その決裂を致したと非難し、今回の日露協約による満蒙分割は、まさにロシア、プロシア、オーストリアによるポーランド分割だととらえながら、このボイコットは、干戈を用いて武場に勝負を決するのでなく、文明の抵制をもって商場でその死命を制するものだとしている。(7)

また別の「拒日之露布」と題する檄文は先のと内容はほとんど同じだが、その後半の部分で、

万一中華民国国民の一人未だ死なざれば、則ち一個の中華民国の安重根あり。十人未だ死なざれば、則ち十個の中華民国の安重根あり。千万人未だ死なざれば、則ち千万個の中華民国の安重根あり。かくの如くなれば倭奴の胆を破り、倭奴の心を寒からせざる吾れ信ぜざるなり。ああ豈に天は韓に厚きか。僅かに一の安重根を韓に生みて、而して多数の安重根を中華に生まざるか。諸烈士は頭顱《とうろ》赤血を以て民国を造成し、吾が同胞、頭顱赤血を以て民国を守成する能わず。豈に天は僅かに烈士を中国未だ光復せざる以前に生みて、而して烈士を中国光復以後に生まざるか。吾が同胞それ之を思え、吾が同胞それふかく之を思え。天の吾人を造るか、抑《そもそ》も吾人の自ら造る

> か。吾が同胞万古不死の安重根たらんと欲するか。抑も千載罵名の李完用たらんとするか。民国を光復する万古不朽の烈士たらんと欲するか、抑も体魄未だ死なずして心先に死ぬる俯首帖耳の奴隷たらんと欲するか。軽重自ら権り、栄辱自ら択べ。執筆する者意ここに尽く。言亦た之に随いて尽く。同胞同胞好く自ら之をなせ。

と朝鮮を例に出し、伊藤博文を暗殺した安重根、日本による韓国併合を許諾した李完用、そのいずれたらんとするかとその選択を迫った。[8]

しかし、こうした檄文が配布され、新聞に煽動的記事がのせられ、あるいは公開演説会がもたれ、ときには脅迫的手段にでるものがあって、日本商店にも自然、華僑の客足が減少し、小売商、卸商ともに多少の打撃をうけたのは事実のようである。[9]

しかし、各地に散在する日本雑貨商の多数は、華僑よりむしろ、ジャワ人あるいは他の外国人を主な顧客としていたようで、また「資料四」のビラには「巴達維亜華僑全体公佈」とあるが、はたして華僑全体として運動に参加したものかどうか、おそらくその部分的な華僑においてのみ実施されたもののようで、日本側の被害も僅少であったようである。

したがって、この運動も、檄文ほどには大規模なものには発展せず、「支那商漸ク悔悟ノ状アリ、……該運動モ本月一杯ニハ略《ほぼ》落着スベキ見込アリ」[10]とあり、十一月中にはおさまりそうな状況であった。

もちろんこの間、日本領事は中国領事と協力して、華僑の説得に努め、あるいはオランダ官憲に警告するなど、ボイコット運動制止のために尽力した。翌年一月に、浮田領事より、運動鎮静の報告があり、ジャワ島での日貨排斥運動は、年内には、日本にあまり大きな被害を与えないで終熄したようである。[11]

2　閩（福建）粤（広東）地方の状況

(イ)汕頭　当地矢田部領事代理の十月二十五日付電報によれば、二、三日前より夜間に、日貨排斥の貼紙を日本商人の店頭にはる者があるといい、これは先にサマラン華僑が配布した檄文の一つと同じもののようである。(12) この地ではこれより先、日本艦隊の水兵と当地警察官との衝突事件があり、水兵が警察官を殴打しながら、逆に水兵が被害をうけたと揚言していると中国新聞は報道し、(13) 中国人が激昂して問題が未解決のところへ、サマランからの飛檄があった。当地の商人は会議して日貨ボイコットを企て、まず日本船舶に人と貨物を運載することを拒むことから始めた。(14) 日本の一般新聞も、水兵暴行事件未解決のところから、民衆は日本商品不買同盟を企てつつありと報道していた。(15)

しかし、矢田部領事よりの電報には、運動はいまだ激甚ならず、したがって本邦小売商人を除くのほかその影響少なく、本官は当地駐在呉督辦に対し、右印刷物配布または貼紙を阻止するよう交渉中につき、伊集院駐北京公使において、袁世凱総統または孫文のごときしかるべき向きより、当地各界に諭告を発せしむるよう尽力方、を具申した電報があった。ボイコットの実態は、日本小売商の店頭に多少客足を減じ、日本商品の注文を手控えたのが二、三あった程度のようである。(16)

また、先の矢田部領事の献策がどう処理されたのか、二十七日の同領事の報告では、呉督辦と汕頭《スワトウ》警察署長蕭星聯《しょうせいれん》との連名でもって、日貨排斥運動を禁止する旨を告示し、かつ市中の貼紙を撤去せしめつつあること、蕭署長は、広東警察署長の、日貨排斥運動は両国国交を害するにつき、これを屏息せしめるようとの訓電を新聞に発表したこと、過日来の国民演説会などの運動は汕頭商務総会の指導する模様なることをのべ、しかし、当地の三種の新聞は「初メヨリ沈黙ヲ守リ、一切何等ノ記載ヲ為サザリシハ注意ニ値ス」といい、その影響はほとんどなく、人心漸次鎮静に向い、目下のところ大事に至ること万なかるべし、との報告があって、運動は事実上不発に終り、同月中だけで収まったようである。[17]

(ロ)**広東**　十月初旬以来、同盟会準機関紙『震旦日報』など二、三の新聞紙上に南洋よりの檄文、および汕頭ボイコットの記事を載せるものがでてきた。[18]『大阪朝日新聞』(大正元年十月二十一日)によれば、香港電報として、シンガポール華僑有志の主唱による日貨ボイコットの計画に、広東、香港がこれに応ぜんとする形勢があることを報じ、彼らの配付した檄文には、満州人が満州併合を日本へ請願したとの風説を記載し、これ日本が暗に使嗾したもの、日本は満州併合、中国分割の大望を有しおれり、とある。また十一月十八日、蒙古独立問題に関する露蒙条約締結の際の露国の態度に激昂した八千人の広東人が、大会を開いて露国排斥の排俄会を組織したときにも、同時に日本の野心を疑い、日貨排斥を唱導したという(同前、十一月二十日)。また、かつて辰丸事件の際に盛んに運動した広東七十二行の商報も、日貨ボイコットを主張したという。[19]

しかし、実際の状況は、領事の報告によっても、「何等ノ反響ヲ見ルニ至ラザリキ」とあり、「新聞界の日本に対する感情もよく、六国借款団ボイコットも提倡されなかった」という。[20]

(ハ)**厦門**　十月中旬頃に、先にサマラン華僑が「敬告同胞実行抵制日貨」(資料一)として送付してきたものを、当地『南声日報』社において題目の上に「民国危急」の四字を入れ、原文を再印刷して、最後に厦門《アモイ》各州府の商人に日貨排斥を呼びかける文をそえた檄文が配付された。十一月初旬にも、サマラン「資料二」の檄文をリプリントして「閩厦救国拒日団」の名で配付されるなど、日貨排斥を南洋華僑と呼応して行うという檄文が次々に出された。これに関し、当地菊池領事は地方官に対し取締りを交渉したが、いっこうに効果がなかったという。[21]そして十一月十一日には「閩粤《びんえつ》鉄血団」の名をもって新たな檄文が配布された。

国基未だ固まらざるに、外患相迫り、四面に楚歌す。誰か傷心せざらん。これ正に吾が国民、家を破り難を救い、身をすて国に報いる時なり。凡そ吾が同胞、まさに敵愾同仇を思い、力めて抵禦を籌《ちゅう》すべし。須《すべから》く知るべし、先ず瓜分し、南満併呑を実行せんとする者は、他国に非ず、乃《すなわ》ち日本なり。彼れすでに悍然甘んじて戎首となり、自ら同種の国をそこなう。先ず極大の懲創を施すに非ざれば、以て兇頑を戒むなし、而して吾が国の禍患やむ時なし。且つ列強の眈眈逐逐たる者、まさに機に乗じ隙をふみて倶《とも》に至らんとす。亡国、第二の奴隷たらずと欲求するも、豈に得べけんや。悲しいかな国歩は艱難、相共に溺るを傷む。人は禽獣に非ず。……況んや国家存亡、生死ともにともにあり。宗邦を顧みて、よく潸然流涕せざらんや。ここに幸いに各社会の熱心なる諸君子、祖国の河山をして、夷狄にしずむるに忍びず。ここに於て救国社を組織し、日貨抵制を提倡し、以て木屐児《ぼくげきじ》に対峙し、以て政府外交の援とならんことを発起す。

とし、さらに国内、海外とも国民の一致団結を呼びかけた(22)。

本省への別電では、この鉄血団は強硬手段を執《と》らざるべからず、すなわち店主等にしてふたたび日貨を買う者あれば、何人の手を経るを論ぜず、一律これと取引をなさず、本団は武力をもって楯とす、もし違背の輩は激烈の手段をもって対峙す、店員の凌辱と損害はあらかじめ覚悟せよ、とまことに高圧的なものであった、と報告している(23)。

しかし、菊池領事の上申に基き、在北京日本公使が中国政府に、日本の満蒙分割に関する風説は事実無根なる旨を告げ、中国政府が南方地方官に電報し、ボイコット取締方を訓令した結果、厦門においては、十一月下旬、日本台湾銀行支店で一時多少取付に遇ったほかは、ほとんど影響なくして運動は終結した(24)。

㈡**福州**　ここは、一九一二年秋対日ボイコットが起ってくる以前においても、すでに排日熱が盛んであった状況が、九月十九日付の福州情報として次のように伝えられている。当時、現地の小学校で使用されている教科書である『最新初等小学福建郷土誌』の一節に、台湾は昔福建に隷するの地なり。光緒甲午（一八九四年―引用者）中日和を失い、我が国戦敗して乃ち台湾を割きて日本に与う。これより後、日人、台湾を経営し、且つ福建を呑噬《どんぜい》するの志あり。

とあり、また、航海権がなかば日本に奪われ、大阪商船の汽船が福建沿岸の諸港にあふれていると、小学児童にも反日教育をしていたという。(25)

新聞も一般に排日論調を掲げ、革命派の彭寿松《ほうじゅしょう》(26)の機関紙『福州共和新聞』などは、毎日のように、日款反対、日本人の非行摘発、日本の対中国政策批判を掲載し、排日的風刺画等をのせており、『閩《びん》報』が日款勧誘の論説を掲げたところ、中国各新聞はいっせいに批判的論調をのせ、反対を唱えたという。地方官でも外交司長陳能光は排日的態度をとり、親日派と言われた孫道仁都督も目下はむしろ恐日病に犯されつつあり、と報告している。しかし、この情報によれば、結局排日といい親米というのも、これ皆商売の掛引きにほかならず、彭寿松の機関紙『共和新聞』の発行所と教科書『福建郷土誌』の発行所は同じく南台啓明公司で、米国教会の援助を受けているとかで、外交司長陳能光は東城内米国キリスト教学校格致書院の卒業生で、革命前米国領事館書記をしており、外交司長の地位に就くにも、米国の何らかの支持があったという。(27)

このように排日的気風の強い福州に、南洋でのボイコットが伝えられ、十一月中、『南滙報《なんわい》』など一、二の新聞がその来電を載せたが、組織的なボイコット運動には発展しなかったようである。保存国貨公会会員が一、二回大道演説会を催したほかは、格別の動きはなかったという。(28)しかし、当時、国貨維持、利権回収を標榜する保存国貨会があったことは、『民立報』にもしばしば見られ、福州でも、「他国品排斥、自国品愛用を唱導し、愛国なる流行語を慣用して、曰く愛国帽、曰く愛国布と、愚昧なる下層人民は愛国てふ冠詞を付したる貨物に対し幾分好奇心を持するの傾向あり」とある。(29)

こういう一般的排日の風潮のある中で、ボイコットが結局不発に終ったのは、一つには「北京政府ハ福建地方官ニ、日貨排斥運動阻止方ヲ電命シタル由ナリ」とあるように、北京政府の意向、地方官の圧力によるものと思われる。もっとも、土谷副領事によれば、先の福州某氏の情報は大体において事実に相違ないが、その観察はすこぶる謬りがあり、たとえば教科書も宣統二年、満清時代の出版で、革命後のそれには、毫も排日その他の不穏の文字はないと、「某観察ハ些カ正鵠ヲ失セルガ如シ」と報告している。(30)

以上、福建・広東地方のボイコットは、南洋のそれと相呼応しながら行ったわけであるが、結果的には大規模な組織的運動には発展していなかった。しかし、南洋華僑が殆ど両省地方出身者で、華僑と閩粤地方とが密接な関係にあることは周知のことであり、(31)後述するマニラの場合は、華僑が両省出身者に限定されていることに特色があり、しかも福建省人がその八割を占めており、(32)したがって、南洋華僑、閩粤人のそれぞれの行動に彼らがお互いにいち早く反応・呼応するのは当然であった。だからボイコットを行う理由をあげる中に「悲しいかな、吾が中国の倭奴の惨毒を受ける者は、已に深く結して世仇となる。浜海の諸省最たり、閩粤最たり、最も劇烈惨傷なる者は、閩人に若くはなし」（資料十一）、「凡そ我が同胞、苟《いやし》くも禽獣に非ざれば、誰ぞこの挙に賛成せざらん。況んや閩人尤も切膚の痛たり。海外各埠之を倡えて、吾れ苟くも実行せざれば、何を以て内地の諸同胞に対せん」(33)とマニラの華僑が言うのは、彼らは故郷福建地方に加えられる日本の圧迫に対して、故郷を思い、祖国を憂えて連帯して立ち上らんとする運動であった。

厦門とバタビア華僑の排日団体がそれぞれ「閩粤鉄血団」「鉄血会南機関部」と称しているのは、おそらく後者は前者の南方支部ということであろうと思われる。

3　その他の地方の状況

(イ)上海　十月中旬当地の漢字新聞『太平洋報』に「敬告同胞実行抵制日貨」と題するサマラン華僑拒日団より送付してきた「資料一」の檄文がのったが、他の新聞には掲載されず、また『太平洋報』も特別な評論を加えることもなく、その後も、日本商品、日本人に何らの影響もなかったという[34]。また先般の英国独立借款成立に対して、六国借款団が反対の意向を示すと、十月中旬より上海の共和党、国民党、国民協会、共和建設討論会の諸団体連合の名で、「愛国者は六国借款団に関係せる銀行との取引を拒絶し、已に右銀行に関したる貯金は之を回収して他の銀行に預替えすべし」との電報を発し、『天鐸報《てんたく》』『時事新報』その他の新聞にも同様の記事がのったが、横浜正金銀行をはじめ、英露独仏米各国銀行にも何の影響もなく、右は一部過激者の企図したものにすぎないと報告があった。十一月にも先の「資料二」の檄文をのせた新聞があったが、それも通信欄に掲載するに止まり、論説もしくは賛成を表する記事はなく、またこの呼びかけに対し、上海商務総会総理周金箴《しゅうきんしん》は日本領事館を訪れ、これを握り潰す考えである旨を伝えたという[35]。新聞とは十一月六、七日付の『民立報』のことであり、また、この周金箴とは、露蒙条約締結を契機に成立した「上海救国社」では指導的役割を果した人である[36]。

したがって、上海でもボイコットはほとんど問題にならず、商業界に何らの影響の及ぼしたる事実はなかったという。

(ロ)南京　船津領事よりの報告によれば、十月中旬当地の国民党機関新聞『中華報』に、ジャワ華僑よりの日貨排斥の勧告文をのせたが、南京の日本商品の商況には何らの影響なく、格別のことなかりきとある。同領事が当地交渉局長に警告を与えた、それが功を奏したようである[37]。

(ハ)**蘇州・長沙**　蘇州でも十一月頃に、南洋華僑より送付してきた日貨排斥の印刷物を配付したが、日本商品の売行きに何らの影響なかったとある。[38]

長沙にもそのような動きがあったが、実態は蘇州の場合と同様であったようである。[39]

(ニ)**シンガポール**　ジャワよりの檄文をうけたが、ここでも組織的ボイコット運動には発展しなかった。だがここでの華僑のボイコット唱導が、広東、香港へ影響を与えたと日本の新聞は伝えている。[40]

(ホ)**香港**　十月中旬に、南洋華僑よりの檄文の配付があり、また汕頭における日本水兵と中国警察官の衝突事件が報道されてから、日貨ボイコットを主張する者が出てきたが、中国人の間に別段の異状を見ず、まもなく鎮静せりとある。[41]

しかしこの地は、往年辰丸事件の際、上海、広東などとともに、一年有余に渉って激烈な対日ボイコットを行った土地であるだけに、日本はボイコット運動については楽観しつつも、実際内心は憂慮していた。とりわけこの地方は排外特に排日思想が強く、同地は日本の石炭、綿糸、布、砂糖、マッチを多量輸入する地だけに深刻な不安を抱かせた。[42]『日本及日本人』第五十九四号（大正元年十一月一日）でもこの問題をとりあげ、近来華南地方は貿易上わが国と密接な関係を有しているだけに、軽率な挙動のないよう警告を発していた。

今井香港総領事の報告によれば、この問題と同時に、六国借款団が強硬なのは、日露両国の後押しのためであり、両国はすでに密約を結び満蒙分割を企図しているのみならず、借款問題に難条件を持ち出し、借款成立を妨害しているとの虚報を香港及び広東の商人が信じ、ボイコット熱に加担する傾向があるということを伝えている。

総領事が報告の末尾に「前記ノ如ク各種ノ事情相関連シテ、近来南清地方ニ一種ノボイコット熱ヲ醸造シツツ有之候。右ハ当分ノ間現実セザルベキモ、此形勢ヨリ推セバ、将来北清地方ニ於ケル我新活動ハ、直ニ反響ヲ南清ニ及ボシボイコットノ起ラザルヲ保シ難ク候。右御参考迄申進候」と結んでいるのはまさに的を得た判断であり、その後の歴史的発展と考え合せるなら、その言葉通りであった。局地的な局部的な一事件が原因して、それが全国的な問題に発展しうるほどに、当時大火事のもとになる火種になるものが、いろ〳〵あったということだろうか。

以上、ジャワおよび華南を中心とするボイコットを概観してきたが、各地とも檄文が配付され、新聞紙上にそれが掲載される程度に止まって、各地領事からの報告によっても、ほとんど大きな運動には発展せずに、だいたい十一月頃、少なくとも年内には各地とも終ったようである。

ボイコットの原因は各種の事情が相関しており、理由としてあがっているのに、たとえば汕頭における日兵と官憲との衝突事件、福州における日本人の横暴、広東のように六国借款団が強硬なのは日露の後押しによるという判断、後述のマニラのように、辛亥革命時の日本の干渉、あるいは中華民国承認の妨害、また総体的に日清戦争後積極的になっていく対中国政策等、さまざまのものがあるが、共通してあがっているのは満蒙分割を謀る日露協約の締結で、それがもっとも重要な要因であった。ここで、その、一九一二年七月八日に締結された第三回日露協約を見てみよう。

その成立を促した契機には、㈠アメリカを中心とする四国借款団の満州進出、㈡ロシアの北満併合の企図、㈢辛亥革命を機とする外蒙古の独立とロシアの支援、の三つが考えられる。(43) 日本政府は早く同年一月十六日の閣議において次のような方針を決定した。

第一回（一九〇七年）日露協約秘密追加約款ヲ以テ之ガ分界線ヲ定メタル処、該分界線ハトラ河ト東経一二二度トノ交叉点迄ニ止マリテ、其ノ以西ニ及バザルヲ以テ、帝国ノ勢力ガ漸次西方ニ拡大シツツアル今日ニ於テハ、早キニ及ンデ、該地点以西ノ分界線ヲ協定シ置カザルトキハ、遂ニ露国トノ間ニ意外ノ紛争ヲ啓《ひら》クニ至ルナキヲ保スルコト能ハズ。帝国政府ハ、又第一回日露協約秘密協約第三条ニ依リ、外蒙古ニ於ケル露国ノ特殊利益ヲ承認シタリト雖モ、内蒙古ニ関シテハ未ダ何等ノ協定ヲナシタルコトナキ次第ナル処、内蒙古ハ我勢力範囲タル南満州ト、最密接ナル関係ヲ有スル地域ナルノミナラズ、清国今回ノ事変ノ為（外蒙古独立を指す―引用者）、蒙古問題ノ一生面ヲ開カントスル今日ニ於テハ、此際ヲ以テ、内蒙古ニ関スル何等ノ協定ヲナシ置クコト、最時機ヲ得タルモノナリト思考ス。(44)

これに基いて駐露本野大使を通じて露国と交渉に当らせ、大体において日本のほうがむしろ積極的で、(45)その後幾多曲折を経て、同年七月八日、露都において調印に達した。内容は三カ条から成り立っている。

第一条　前記分界線ハ、トラ河トグリニッチ東経一二二度トノ交叉点ヨリ出テ、ウルンチュール河及ムシシャ河ノ流ニ依リ、ムシシャ河トハルダイタイ河トノ分水線ニ至リ、是ヨリ黒竜江省ト内蒙古トノ境界線ニ依リ、内蒙古境界線ノ終端ニ達ス。

第二条　内蒙古ハ、北京ノ経度（グリニッチ東経一一六度二七分）ヲ以テ東西ノ二部ニ分割ス。日本帝国政府ハ、前記経度ヨリ西方ノ内蒙古ニ於ケル露西亜国ノ特殊利益ヲ承認シ、且之ヲ尊重スルコトヲ約シ、露西亜国政府ハ、該経度ヨリ東方ノ内蒙古ニ於ケル日本国ノ特殊利益ヲ承認シ、且之ヲ尊重スルコトヲ約ス。

第三条　本協約ハ、両締結国ニ於テ厳ニ秘密ニ付スヘシ。(46)

しかし、これによると、先の「資料一」の檄文の中に紹介する日露協約の内容は、秘密条項であったためやむをえないが、実際のものを正確に伝えていないこともわかる。

この協約は第三条のとおり秘密協約であるが、もっとも日露両国政府は、それぞれの同盟国である英仏両国には調印前に通告している。そのあたりからの情報のもれであろうか、日本でこの協約成立のことをまず報じたのは、ウィーンの『ノイエ・フライエ・プレセ』など外国新聞の報道に基いて、後に北京政府の外人顧問となった有賀長雄が『外交時報』に社説として取り上げたのが最初のようである。彼はこの中で左のごとく評論している。

日本政府がこれを秘密にするのは当然とし、第一は中国に対する斟酌として、中国革命の途上に際し、満蒙分割のこと事実となりて現わるるときは、ために起る排外思想のついにいかなる影響を革命の上に及ぼすも知るべからず、ゆえになるべく謀を密にして革命をして、その自然に帰着する所に帰着せしむるは固《もと》より隣邦の義務ならずんばあらず、第二に考慮すべきは、満州において趙爾巽《ちょうじそん》、張作霖のごときが忠実に中国の前途を憂い、その領土保全に熱心しつつあるに対し、軽々しく事を起すときは兵乱を醸すの虞れあることこれなり、第三にもっとも慎重考慮を要するは、満蒙における日露の行動が、独逸にも領土割取の口実を与えざるやにあり(47)、と。

当時の日本の対中国意識の一般的世論をも代表するものと考えて差し支えないのではないかと思う。

一方、中国の新聞『民立報』にも日露協約成立の報道を伝え、幾度かその社論において論評は加えてはいた。「日本近く朝鮮に両師を増さんと欲す、即ち将来南満併呑の地歩たり、……日本の南満侵略は、着々進逼す。彼の意南満を以て其の植民地となし、南満の種々利権を強奪し、以て己れの有となさんとす。勢いまさに満族を南満の外に逐う(48)」といい、「日俄の新協約成り、英俄の允可《いんか》を得てより、日人乃ち顧忌する所なく、而して俄人の北満に対する亦た然り。……吾が国基未だ固まらず、政情不安の時に乗じて、その満州を席捲するの手腕を展《の》ばさんと思い、中国を処分するの決議をなす。……吾人すなわちすみやかに預防し、事に先んじて籌画《ちゅうかく》せざれば、則ち事の破裂必ず遠からざるなり。……国民と政府、それまたもって救亡する所の策を思え(49)」と警告していた。

第三回日露協約は、秘密条項であったが、それが成立したことについては、中国、日本において、民間でもその内容を正確に知るのではなかったが、風説として知っていたわけである。

二　マニラの運動の状況・孫文の動向

1　ボイコット運動の発展

今回のボイコット運動の中心であり、日本側が実害もうけ、時期的にも一九一二年秋から翌年春まで約半年間続いたマニラにおける運動の状況をみてみよう。

これに関する第一報は、当地杉村副領事の十月二十四日付電報である。それによれば、昨今当地における一中国新聞は盛んに日貨抵制を唱道し、また中国小売商人の店頭に「日貨免問」「日貨休兌、諸客免問」という貼紙をなすものがあること、理由は、日本は中華民国を承認せずしてかえってその分割を図り、あるいは満州に兵を進めたりとの流言に基づいていること、現にシンガポール、ジャワ等南洋一帯に行われつつありとする日貨低制に呼応せんとするものであること、しかし日本商人は主としてフィリピン人を顧客としているため、彼らは結局自縄自縛に陥るであろうこと、また平素日本人と取引をしている大商人の多くは全然これに反対し、一部斗屑の輩の呼号しているものであること、したがって不日常態に復し大事に至らざると予期せられること、等であった(50)。

一中国新聞とは当地発行の漢字新聞『公理報』のことであり、その十月二十一日号の論説に左のごとくある。

これその存亡、間髪を容れざる時に際し、我が国人神州の滅亡を坐視するに忍びず。それまさに何を以て目恃し、以て強隣に対峙するの具となさんか。ひそかに言う、宜しく確定の決心、永久の耐力あるべし。武力を以て威嚇し、悍然戎首となるの木屐児に対し、施すにまず極大の懲創を以てし、列強をして我人の尚お抵抗力あるを暁然せしめば、均勢の局、まさによく長く平衡を保つにちかからん。

それ瓜分の説、之を倡すること已に久し。而して卒《つい》に一国も大悪事を冒し、爆発の導線となる者なし。固《もと》より均勢已に成るに由り、亦た禍首となるを憚るの故に由るなり。日俄まず禍害をはじめ、陳勝・呉広となるを惜しまざるより、均勢の局始めて破れ、我が国乃ちますます阸運に陥落す。然り而して吾人の最も心を痛め頭を悩ますものは、則ち尤もこの島国の木屐児にあるなり。

彼れ平日もとより同種同文を以て、我人を愚弄す。自ら命じて東方先進国、儼然《げんぜん》支那領土保全を説く者となすも、顧みて遠東大局の計をなさず、我が国基の未だ固まらざる時に乗じて、列強を挑撥し、即座に応対し、満蒙を蹂躪して、以て多年の欲望を償う。その目中豈に我国人あらんや。(51)

また、閲書報社が演説大会を開いて日貨排斥を主張したりするなど、(52)こうして十月下旬より始ったボイコットで、この地では、日本商人に多少影響が出てきた。が、日本商人の指導者はボイコットに関する意見を問われて「日本商品は世界のどこより廉価であるのに、その排斥とは愚かしいこと、みずからの首をしめるもの(53)」と楽観していた。

そしてマニラの華僑たちの間に、「小呂宋華僑抵制日貨救国社」という結社が結成され、その名において次のごとき檄文が配付された。

「マニラ救国社」というのは十月下旬に結成されたが、これは今までの運動の諸団体を統合したものと思う。そして十一月三日、露蒙条約締結後、これに対抗すべく設立された「上海救国社総機関(54)」はこれに名を借りたのであろう、そして両者は、のち本部、支部の関係になったと思われる。

ああ、吾国の悔外極まれり。然れども未だ日人の如く吾に加うること甚しきもの有らざるなり。嘗て倭寇永く中国の禍患となれり。昔より已に然り。今に於て烈し。彼れ狼子野心、剽悍、性と成り、中邦を蔑視し、夜郎自大、已に一日に非ざるなり。吾が土地を瓜分するを曰わざれば、則ち利権侵奪を曰う。

……去歳武漢の事起り、彼れ眈眈逐逐として、漁人の利を収めんことを欲するも、卒に公理の阻む所となる。計、逞うするを得ずして、乃ち流言を散佈し、或は満漢の悪感を挑動し、或は南北を離間し、或は宗社党を接済し、種種狡謀す。事寔《じじょく》を造作し、発して言論となし、新聞に掲載し、吾の足らざる所をそしり、曰く程度なし、曰く内訌、曰く自主する能わず、以て列強をひきて民国を承認せざるを願い、外援を杜絶す。借債問題発生するに及んでは、則ち多方破壊し、ついで復た銀行団を慫慂《しょうよう》して、圧迫して我を謀りて已まず。且つ主動して瓜分を倡うるを実行し、吾が国其未だ固まらざるに乗じて、俄と協約し、満蒙を并呑し、以て瓜分の先声となる。……今の計を為すや、急がば則ち治標、ただ内外を合せて一心とし、全力をつくして而して抵制し、以て政府の後盾とならんこと有るのみ。……総じて言えば、今日の抵制は、祖国の危亡を救うための起見に係る。……刀、吾が頸に加えられ、鎗、吾が胸にさされるも、亦た必ず日貨抵制を曰う。此れ積極対峙主義に係り、須く終始一の如くにし、木屐児と、最後の勝負を決せん。吾が同胞それ起て起て起て。(55)……

そうして彼らはしばしば会合して、具体的ボイコット方法を協議した。

十月二十四日午後七時からの救国社成立大会には数千人が参加したという。発起人より、本会を中華救国社と命名すること、商務総会を仮事務所にすること、抵制日貨を唯一の宗旨とすること、ボイコットは大会議決の日より実行し、日本の娼婦と遊嫖し、日本酒房、日本料理店への出入りを禁止すること、抵制日貨の対象は、朝鮮、琉球、台湾もその中に含めること、などの簡章が読みあげられ、総理、協理などの役員を選出し、のち演説があって散会したのは九時十分であった。

二十七日午後七時開会の会合には、華商四十二社より三十八社、代表四十六人が参加し、傍聴者数百人の中で、議案にもとづき、各部の代表幹事や評議員を選出し、九時四十五分散会した。

二十九日も午後七時から会合がもたれ、二十三社の代表が集り、傍聴者約百人で、ボイコット実施の日を確認し、すでに日本と契約を結び注文済のものは、年末で締めきり、契約を締結したものは本会に報告することを求め、そして再度、禁嫖日娼の励行を宣佈し、本国や各地華僑と一斉に起ち上ることを電報で呼びかけることに決し、九時二十分散会した[56]。

しかし、これでみても、ボイコット実施の日や、あるいはすでに日本と契約済のものをめぐって、いかにするか疑問や議論があったのは事実のようだし、禁嫖日娼[57]も繰り返し言及することは、かならずしもそのとおり励行されたものでもないことを示しているのではなかろうか。

この間、マニラでは何種類かの檄文が配付されたが、その一つには、日本について、

人の危に乗ずるは仁ならず、人の功を妬むは義ならず。吾が中国の革命たるや、乃ち国家公共の理による。……武漢の起義に当るや、異族の暴君を助け、ひそかに軍火を運びて、兵を敵に混ぜ、我が民軍に抗す。五族の共和に及ぶや、宗社党を嗾《そそのか》し、内乱を激生し、復た自ら俄にいきて協約し、勢い満蒙を估《うかが》う[58]。

という内容を含むものもあった。

こうしてボイコット熱を醸成していき、マニラでは他処に見られぬような組織的運動に発展していった。そして地域的にもマニラだけでなく、フィリピン南部のイロイロ島、セブー島などの都市にも波及していった。そして各地の華僑連合会に打電して、救国社にならってボイコットに立ち上るよう要請した[59]。

これに伴って日本商人特に卸商に相当被害があらわれてきた。当時マニラにあった日本卸商は、三井物産会社、伊藤忠兵衛商店、田川商店の三社であったが[60]、生活必需品である石炭、蔬菜などの取引を中心とする三井物産はあまり影響を受けず、田川商店も華僑より私《ひそ》かに注文を受けていたとかで、ひとり伊藤忠商店がいちばん被害を受け、翌年

一月以来、綿糸を除いて注文はすべて取り消され、ほとんど取引がなくなったという。[61] 伊集院公使の北京外務部への覚書にも「一月以来取引殆ンド絶無トナリ、損害ヲ被リタルコト不尠」とある。[62] 先に十月末に、彼らがボイコット実施方法を決めたとき、日本と契約済みのものは十二月末まで取引を許し、一月以降は全面禁止を決定していたが、これによると、ほぼ決議通りに実施されたことを示している。伊藤忠にとっては、「華僑は日本との取引をほとんど独占している形だったので、この不買決議は、対華僑取引の大きかったマニラ支店に打撃を与えた。……多量の商品をかかえこんだうえ、貸金の回収不能が重荷となって」[63]「大打撃ヲウケ、イヨイヨ引揚ゲ寸前トイウ、最大ノ危機ニオイツメラレ」[64]るという状況であった。しかし、日本人小売商にはそれほど影響がなかったという。

2　日本の対策

マニラにおける日貨排斥が、現地副領事の当初の予想に反して発展してきて、その実害が現れてくると、日本政府や当事者はその対策に苦慮し始めた。

マニラ駐在の日本領事より中国総領事に対して鎮撫方依頼は当然であるが、日本と取引をしている華僑大商人に、救国社に対抗する一つの新団体を組織せしめてボイコット運動を牽制せんとしたりした。結局実効を見ないため、日本は、北京の伊集院公使をして中国外務部に強い抗議を行わしめ、その結果、外務部よりマニラ総領事へ救国社解散の電令があり、広く公布された。[65]

しかし、ボイコット熱は依然として収まらず、フィリピン官憲は、十二月以来救国社に対し恐喝取材の名義で家宅捜索を行い、証拠文書を押収し、社長戴金華ほか一名を検挙し、引き続き関係者が厳重な取り調べをうけた。それは、救国社申合せに違反した者に対して罰金を賦課した行為に対する検挙であり、いわば「別件逮捕」というものであったが、その結果、ボイコット熱は多少下火になったという。

一方、杉村副領事は楊書雯《ようしょぶん》中国総領事や中華商務総会と交渉を重ねた。米国官憲にも依頼したが、米国の法律ではこのような結社を解散すべき規制力はないとのことで、また救国社は先の外務部の解散命令もきかず、むしろ逆に楊総領事の辞職を迫り、その更迭を北京政府に要求したりするので、この際、袁大総統より直接救国社に対し、満蒙分割は事実無根で、ボイコットを中止して日中間の和睦を計ることが急務である旨を電令せしめるが得策である、と本国へ具申した(66)。

しかしこの段階でも、『公理報』はフィリピン政府の処置を非難し救国社を支持する立場をとっており、むしろ彼らに激励の言葉をおくっていた(67)。

また伊集院公使は牧野外相よりの訓令に基いて北京外務部へ覚書を交付した結果、その回答がもたらされた。それによると、先にマニラ総領事に訓電して救国社の解散を命じたがこれに応じないので、米国当局に依頼し、社長戴金華、以下、陳益三、康春景、黄金釐《こうきんり》、梁広文、祁栄《きえい》ら六人を退去帰国せしめることにした。戴は救国社内最重要人物であるので、マニラ総督がよく本国総領事の要請をいれ、措置せられるなら、抵制の風潮はおのずから終熄にかたからざるべし、とある(68)。米国総督をして救国社指導人物を帰国せしめることで運動の収拾を謀ろうとしたわけである。この風説を聞いて『公理報』は、もしこれが事実なら、華僑に悪い風潮を加えることになる、と報じていた(69)。

3　孫文の動向

日本はこのように可能なかぎりの手づるを求めて、いろいろ対策を講じたが、結局有効な成果が得られなかった。そこへ二月二十五日、杉村副領事から牧野外相に次のような具申があった。「目下我国ニ来遊中ナル孫逸仙ノ好意ヲ利用セラレ、同人ヲシテ直接当地ノ救国社ニ向ケ……防止的電報ヲ発セシメラル、コトヲ得バ、同人崇拝者多キ同社ノコトトテ、本件ノ終局上、大ニ効力アルベシト思考ス。(70)……」と。

孫文を利用してという考え方は民間にもあったことで、前年秋に孫文来日が噂されていたとき、『大阪毎日新聞』（大正元年十月二十二日）は「南清地方又々日貨排斥を始むとかや……。孫逸仙氏は南方に大勢力を有するもの、而して近時親日方針を取るの事実ならば、是等の排日熱を鎮圧して後日本に来るは氏及び日支両国の関係上、最も機宜の措置なるべし、吾輩切に孫氏の考慮と尽力とを望む」と論評し、『日本及日本人』第五九四号（同年十一月二十五日）でも「近く孫逸仙氏の如き民間有力者の来朝し、尋いで黄興氏以下革命党有数人物の来遊せんとするの噂ある。是れ豈に我れの歓迎して以て、彼我の結合を図るべき好機ならずや」とのべていた。

今回の孫文の来日は、辛亥革命後最初のもので、臨時大総統の地位を袁世凱に譲って後、鉄路督辦大臣であったときである。その目的が明確でなく、私的な非公式なもので、一般には、革命の際の日本の援助に謝意を表するためであると従来はされていたが、実は、三井物産の山本条太郎が、日中提携の企業、中国興業（後の中日実業株式会社）を設立すべく、森恪をして孫文を勧誘せしめたところ、(71)孫文も、鉄道その他の事業のための資金を得るべく、この計画に賛成して来日したのである。(72)

二月十三日、エキスプレジデント・オブ・チャイナ号に乗船して、世界環視の中で長崎に入港し、(73)十四日に入京して以来、三月上旬まで東京に滞在した後、横浜、横須賀、名古屋、京都、大阪、神戸、広島、門司、福岡、熊本と一〜三泊しながら西下し、三月二十三日、長崎を出港して帰国したものであるが、その間、日本の革命支援者と再会し、政界、官界、財界のトップと会談し、その歓迎会、招待会に臨み、各地で講演し、文字通り日本朝野をあげての大歓迎をうけた。(74)西下の途中、大阪では紡績工場、八幡では製鉄工場、長崎では造船所等を実業視察するなど、その状況は当時の一般新聞に毎日逐一報道されている。

そして二月二十七日にはふたたび杉村副領事より「当地警視総監ノ語ル所ニ依レバ、ドクトル、チー、ハン、キー（鄭漢淇）ハ孫ノ親友ニシテ、支那人間ニモ一大勢力アリ、且救国社ノ隠然タル擁護者ナル趣ニ付、……同人ニモ電報セシメラルレバ好都合ナリ」と打電があった。(75)この鄭漢淇は、実は孫文とは香港の雅麗氏《アリス》医院(76)で同窓であって昔からの同志で、「素より民族主義を主張し、フィリピン華僑の傑物」であり、(77)かつ救国社の機関紙的役割を果していた『公理報』を、同盟会紙として一九一一年春に創刊した創始者の一人でもあったのである。(78)

この電報を受けとった牧野外相はその処置について「便宜山座参事官ヲ経テ、右電報ヲ孫ニ内示致シ処、孫ハ早速マニラへ向ケ、日支両国間ノ親交ニ鑑《かんが》ミ、速ニボイコット運動ヲ絶止ス可キ旨ヲ勧告シタル長文ノ電報ヲ発シタル趣ニ有之」という旨を三月十二日付で北京伊集院公使宛に送っている。

ところで右の機密文の原文は、「右ニ関シ、夫レトナク孫ノ内意ヲ探リタル処、同人ハ之ヲ快諾シ」とあるのを墨で消して本文のように訂正しているところを見ると、(79)根廻しもしたものであろう。

孫文は三月二日午前には山県有朋、午後には桂太郎を訪問し、(80)翌三日には、山座参事官の案内で官邸に山本権兵衛首相を訪問、懇談しているし、(81)翌四日には牧野外相招待の午餐会に、孫文、馬君武、汪大燮《おうたいしょう》、胡英ら一行が招かれ、日本側から元田逓相、山本農相、高橋蔵相、床次鉄道院総裁、平井同副総裁、清浦子爵、松浦伯爵、徳川公爵、外務省の山座参事官、松井次官、阿部、坂田両局長ら、政界、官界の有力者が参会懇談しているので、おそらくこの前後に山座参事官から依頼をうけたものと思われる。三月五日午前には孫文は東京を発して横浜に向け西下している。(82)

とくに桂太郎とは何回か長時間に渉って懇談しているし、(83)その桂に対して、孫文は南方で起っているボイコット運動を阻止すべく全力をあげて努力すると約束したという。(84)

山座円次郎は、孫文が一九〇七年来日中、清朝政府が孫文の追放方を依頼してきたとき、伊藤博文や内田良平と相談した結果、孫文に自発的に日本を退去させることが得策と考え、外務省より七千円を出し、そのうち六千円を内田の私金として孫文に与え、一千円で在日中の黄興、章炳麟、宋教仁ら革命党員と日本の同志とできわめて豪勢な送別会を開いて、孫文をシンガポールへ送り出したことがあった(85)。そして、一九一二年秋、対日ボイコットが起り始めたころ、山座は中国へ渡り、民国各地を視察し(86)、袁世凱以下、孫文、黎元洪、程徳全、趙爾巽ら有力者と会見している(87)。山座のそのときの訪中は将来の中国公使としての予備視察として受けとられており、『日本及日本人』第五九四号(大正元年十一月十五日)にも「山座氏は……余りに人気取りを念とするが為、辰丸事件の如き失態を醸せることなきに非ざるも、兎にかく外務省一、二の人物で……其の非公式を標榜し、彼国有力者と置酒痛飲し、四百余州を呑んだくれ廻るには誂向の適役にして……此行彼我の意思疎通するに於て、必ず多少の効果ありしことと信ぜらる」と論評されているが、山座のそのときの訪中で、中国の指導者と会見した際、あるいはボイコット対策への訓令をおびていたかとも想像される。

しかし、中国指導者との会見録にも直接ボイコット対策にふれるものはないようだし、三月初めころ山座が孫文に会って依頼したとき、その内容がいかなるものであったのか、今回の孫文来日中、終始その通訳を務めた戴天仇の記録(『戴天仇文集』)にもその辺の事情を明かす資料は見出しえないのでよくわからない。

ところで、山座より孫文への依頼の結果、はたして孫文はマニラへ前後二回電報を打った。第一回目のは三月八日付の『公理報』に掲載されている。

電文照録

小呂宋《マニラ》中華商会より転送、救国社諸君へ。日本外務省の来云によるに、貴埠《きふ》に日貨を排斥するの挙あり。窃《ひそ》かに思うに中日両国誼として隣邦に属し、急ぎまさに相互融合して、以て亜東の幸福をはかるべし。殊に宜しく相衝突せざるべし。現在日本朝野上下、皆極めて吾が国と連絡せんと欲す。全国人心皆な一致に属す。務めて望むらくは、此意を詳察し、日貨を排斥するの挙をやめんことを。東亜の幸甚。孫文。叩。(88)

三月七日午前に、横浜発信を受電したとなっているが、一方孫文は五日午前、東京を離れ、五日、六日は横浜に滞在していた。またその電文では、日本側よりの要請の側面を強調していることが注目されるが、このボイコット中止の説得はマニラ華僑に衝撃を与えたようで、商務総会は、緊急会議を召集して討議し、これを『公理報』にのせたものである。救国社は三月十一日の『公理報』に孫文の十日発の第二回目の電報をのせ、同時に、この問題は非常に重大な問題であるだけに、十二日晩にこの件を討議すべく、特別大会を開くことを「特別緊要広告」している。

特別緊要広告

原電照録し以て衆覧に供す。東京九時四十五分発、公理報より接到す。

救国社諸君、鑒みるに抵制の事、愛国の熱誠に出づるも、宜しく悞用すべからず。日本全国現に皆我と和親を望む。抵制の理由なし。尊電、取消に賛成す（按ずるに本社覆電、遵《したが》いて即《ただ》ちに会を開き、公に従って議決せん、と云うに係る）。直ちに実行するを望む。捕人の事すでに楊領事に電し、切に阻止を勧む。孫文。十日。(89)

これによれば、先の孫文の要請に対して救国社は、「会を聞いて公の議決に従う」と返電したらしく、それを、孫文はボイコット中止に賛成したというように早合点したようである。

しかしこれらをうけて、『公理報』の主張も変化しはじめた。第一電を受領後、三月十日付の論評で、前来の自社の主張と矛盾することを認めながら、この際救国社において冷静に判断しては如何と、ボイコット方法の転換をすすめた。(90)

翌十一日、『公理報』は孫文の第二電の言葉をうけて、抵制の一挙は、その当を得なければ、中国、日本ともに傷つき、そして第三国に漁夫の利を収められよう、と再度ボイコットを中止するようその考えをのべ(91)、そして翌日の『公理報』は「論説」で社としてその立場を明確にした。ここでは、日本を列強に対抗しうる唯一の強国ととらえ、中日が争えば第三国(白人)の利益となるのみ、両国が連帯することが、アジア人の幸福、平和につながる基だとしている(92)。

そうして救国社はついに三月十七日、ボイコット運動中止を決定し、十九日の『公理報』紙上で左のごとき宣告を発表した。

小呂宋救國社広告

本社過般受領せる孫前総統の先後の来電は、均しく新聞に掲載し、当埠の同胞亦た既に洞察せると思考す。夫れ孫君は乃ち吾国の一大偉人にして、愛国の熱誠に出で、意は大局を保持し東亜と連絡し相提携をなさんとするに在り。これにより本社は集議研究せざるを得ず。然れども異次輿論紛々として帰一せず。この故に本月十七日晩、再び各団体を召集して評議を開き、最後の解決をなす。

一は決す、孫君の命令を遵《まも》り、宣佈の日より、暫く日貨抵制を停止す。一は決す、本社救国社名義は永遠に存在し、上海救国社総機関新章を遵りて辦理し、海内外各政党各社会と連絡し、私見を消除し、国民の実力を促進し、疆土を保全するを以て、正に補救すべきの方針となす。土曜日晩ごとに、常に照らして演説大会を開き、民気を鼓吹し、道徳を涵養す。文明の進歩は誠に一日に非ざればなり。伏して惟《おもん》みるに諸君子祖国を懐うものは、務めて合力一致共に進行を策すべし。本社同人熱望に勝えず。

民国二年三月十八日(93)

しかしこれによっても、孫文のボイコット中止方勧告の電報をめぐって、中止するか継続するかで、何度も相当激烈に議論したことがわかる。そしてまた驚くべきことは、あれほどの規模のマニラのボイコットが中止になったのはさまざまの要因があるが、結果的には、孫文の二通の電報、しかも短いきわめて抽象的な言辞によって、ぴたりと収まったわけである。孫文の南洋華僑に対する影響力の絶大さに、改めて驚嘆させられざるを得ないのである。

三月十八日、杉村副領事は「昨夜救国社ニ於テモ、遂ニ解散ノ決議ヲ為スニ至リ、是ニ全然終局ヲ告ゲタルモノト認メラル[94]」と報告するように、ここに今回の対日ボイコットの中心をなし、しかも半年におよんだマニラの運動はその終結をみた。

この間の事情を、今回のボイコットの被害をもっとも大きくこうむった伊藤忠商店の社史は、次のように記している。「フィリピンデ　華商ノ　日本商品ボイコット　ガオコッタトキ　伊藤忠兵衛ワ　外務省ニ山座円次郎〈外務省政《マ》務局長《マ》　ノチ北京駐在特命全権公使〉ヲオトズレ　ソノ解決方ヲ陳情シタ　同氏ハ自分ニマカセテクレ　トノコトデアッタノガ　シバラクシテ急ニ　ボイコットガ中止サレタ　サッソク外務省ニオ礼ニウカガッタトコロボイコットガ中止サレタノワ　同氏ガ親交ノアル孫文ニ　ソノ解決ヲ依頼サレタ　タメデアルコトヲシッタ[95]」

伊藤忠兵衛が山座に依頼し、山座が自信をもって請け負った時点は、おそらく山座が孫文に会ってボイコット中止方に協力を依頼し、孫文より快諾を得て運動中止への見通しが出て来てより後のことと想像される。

別の記録には「帰途の春日丸のデッキの上で孫文は、日本及び世界の新聞通信記者一同に向って、一場の演説を試みたが、彼はその時衷心から誠意を披瀝して、日華提携の必要を力説した。〈これ実に東洋及び世界平和の鍵である。これを実現することが、われ／＼中国民族及び日本民族の義務である〉と堂々と何の遠慮もなく言い放ったのには、反って聴く方が唖然としたくらいであった。同時に驚くべきことは、全中国の日貨ボイコットは此の一つの演説でバッタリ火の消えたように止んでしまった」[96]とある。こうして「ボイコットワ、大正二年四月二　全面的ニオサマリ　日比取引ワ　ヨウヤク正常ニモドッタ」[97]のである。

三　運動の問題点・特質

今回のボイコット運動は以上のような状況であったが、次にこの運動のもつ問題点や特質を考えてみよう。

第一は運動の規模などに関してである。その前に資料の問題がある。今回のボイコット運動を考える場合、最大の障害は資料的制約である。引用した外務省外交史料館保管文書を除き、まとまったものはほとんどないという状況である。一応当時の中国の新聞、雑誌等にも目を通したが、直接それに関係するものは非常に少なかった。かえって日本側の新聞、雑誌に、ややそれに触れるものが散見される程度であった。[98]

日本の新聞、雑誌も、今回のボイコットについて一貫して逐一報道しているわけではなく、部分的に、たとえばマニラでのボイコット開始の件については『大阪毎日新聞』（大正元年十月二十七日）が報道し、[99]それが中止された件については『大阪朝日新聞』（同二年三月二十五日）が「孫逸仙氏が東京よりマニラ在留支那人有力者に打電の結果、ヒリッピンに於ける支那人の日貨ボイコットは直に中止されたる報道ありしより、二十三日朝山添参事官は牧野外相代理として孫逸仙氏に対して謝電を贈りたり、因みに当地より東京へ引返す予定なりし宮崎滔天外二氏も上海まで見送ることとなり、東京汽船会社は特に重役塚原周造氏を出発せしめ上海まで見送らせたり」と、中止になったことだけを、大きな活字で大々的に報道している。

しかし、この記事によっても、孫文の努力によりボイコット運動が中止されたことについて、日本は朝野をあげて感謝したことがうかがわれる。

当時の中国側にあまり報道されず、かえって日本側に散見できるのは、当時の新聞社の情報網が日本のほうが発達していたことにもよるだろうし、またボイコットの被害をうける日本側が非常に敏感になっていたことにもよろうが、実際はこのボイコットが中国本土においてほとんど問題となっていなかった証拠であろう。

それは運動の規模、被害の実態とも関連するが、中国本土ではほとんど組織化されないままで事実上不発に終り、したがって日本の被害は中国本土に関しては皆無に近かったようで、「株式には是れといふ影響なし」[100]であったし、むしろ逆に、対中国貿易は武昌蜂起後も全体として順調にのび、当時も「対支貿易好況」「増進」[101]が伝えられ、一九一二年十一月までの輸出額は「未會有の新記録を作れり」[102]とあるし、翌年春には「我が輸出貿易の総額に対して約二割五分恐らくは一億五千万両に上るべし」と「旺盛」[103]の一途であったことを伝えている。

だから、中国本土では華南、南洋にボイコット運動があったことは、檄文が送付されてきたり新聞に掲載されたりして知っていたが、孫文、袁世凱や外務部上層の一部を除き、一般にはそう重大に受けとっていなかったと思われる。黄興が天津の日本人歓迎会で「対日本的希望」の演説をしたときも[104]、おそらく彼の知識の中に、このことはなかったであろう。結局、国民的輿論の形成にまで発展することなしに終っている。

日本では多少とも新聞、雑誌で報道され、檄文の送付をもうけたが、日本在留の華僑や留学生の間でも、特に目立った動きがなかったことが、長崎・兵庫両知事[105]の外務省への報告でうかがえる。

それは、今回のは、辰丸事件、安奉線改築事件のような一つの注目をひいた事件をきっかけにするのでなく、その理由とするところも、日露協約という風説に由来するものであること、またそれが満蒙より遠く隔てた華南では、説得力を持ちえなかったのではなかったか、また華南地方は、一、二回の檄文の配付、新聞の掲載だけでは、組織的運動を行うほどの必然性も見出せなかったのではなかったか、もちろん、現地日本領事の努力や、中国地方官の取締りの効果があったことであろう。

しかし、日本政府、実業界の指導者層の間には深く憂慮され、特に先の辰丸事件の二の舞いとならぬよう、それへの対策に苦慮し、それぞれあらゆる手段を用いて鎮静につとめたが、日本政府の対外政策、特に中国政策でもこのことは充分考慮せざるを得なかった。

外務省の阿部政務局長稿「支那ニ関スル外交政策ノ綱領」（大正二年稿）に、

一　満蒙問題

……惟《おも》フニ、論者ノ所謂満蒙問題解決ナルモノハ、往々領土ノ獲得ヲ意味シ、帝国ハ須ク南満洲及之ニ接通スル内蒙古東部ヲ割取シテ、以テ該方面ノ問題ヲ解決スベシト云フニアルモノノ如シ。

然レドモ此ノ如キ企図ハ、

第一、到底支那ノ承認ヲ得ル能ハズ。

第二、支那領土保全ノ主義ト衝突シ、日英同盟、日露協約、日仏協約、日米協商等ノ明文ト矛盾シ、

第三、若シ猶之ヲ断行センカ、其帝国ニ及ボス累ヤ甚大ナルベク、

(イ)支那官民ノ抗争已マズ、内ハ日貨非買ノ風潮ヲ起シ、外ハ世界ノ公論ニ訴ヘテ我国ヲ牽制スベク、独リ通商貿易ノミナラズ、我官民ノ支那ニ於ケル施設経営ハ、皆之ガ影響ヲ蒙リ、対支経済的活動ハ、総テ其発展ヲ妨ゲラレ、就中我工業中、支那市場ヲ主タル目的地トスルモノハ、最大ノ打撃ヲ被ムルノ虞アリ。(106)（傍点は引用者）

とあるのは、今回の対日ボイコットの状況の中から発想されたものであろうと思われるし、そういう観点に立って対中国政策を立案せざるを得なかった。

民間にある内田良平などの対中国政策でも、このことは配慮されていた[107]。

第二に中国官憲の動向についてである。大規模に発展しなかった理由には、さまざまの要因があろうが、結局マニラの場合には、当地の中国総領事、マニラ官憲、米国総督に依頼して鎮静にのり出し、最後には孫文を利用して収拾したわけで、その他の地方の運動の終結に至る過程を見ても、日本領事の対応策は当然であるが、その依頼を受けた現地地方官が、最終的には運動中止に一つの役割を果していることである。対日ボイコットは日中の交誼上好ましくないとの中央の意向を受けて中止になっていることである。

これは前回の辰丸事件において、両広総督張人駿や、提督李準が黒幕的役割を果して、運動を煽動したとされるのとは異る点である。もちろん、前回は清朝時代で、革命を防止せんとする中央政府の意を受ける地方官が、武器密輸を取り締る立場からすれば当然であるが、今回は中華民国の初期において、民国の基礎定まらない時期において、中国・日本連携の立場から、地方官が一様に運動取り締りの方針に立ち、結果的にはその方向で収まったわけである。日本を始め帝国主義列国の支援を期待する袁世凱、中日連携を主張する孫文、意図や立場の異る両者であったが、結果的には日本との友好をそこなわないという同じものになっていた両者の意向をうけ、国家の方針を地方官が遵守したものによるであろう。とすれば「革命混乱後、中央政府の力が、遠く僻陬《へきすう》の地に及ばない[108]」との当時の批評は、この点に関しては当らないことになる。

第三に運動の動機、発生地に関してである。今回のボイコット運動の終結に至る経過は前述のごときものであったが、問題は運動の動機、または発生地である。原因がいろいろあげられている中で、その中心的問題を第三回日露協約による満蒙分割だとして、ならばなぜ満蒙から遠く離れた華南の地で、あるいは南洋で、華僑により始められたのかということである。またそれを動機にするにしても、誰が、どのような形で組織し煽動したのか、その契機になったものが何であったか、またまず最初華南か南洋か、どこの地方よりおこってきたものであるのか、ということである。

　外務省への現地領事の報告をたどると、まずジャワ島サマランで始まり、それが閩粤《びんえつ》地方へ波及し、ついでシンガポールにも及び、さらにマニラ、広東へ伝播したようになるが、ジャワの浮田領事によれば、「之レガ策源地ハ、香港又ハ広東ニ在ルモノノ如ク[109]」とあるが、当香港総領事の報告によれば「抵制発動ノ策源地ハ、在バタビア領事ノ報告ニヨレバ、広東又ハ香港ニアリト云フモ、当地ニテハ更ニ右策源地タル形蹟無之[110]」とある。マニラの場合も、ジャワよりの影響なのか、閩粤地方の呼びかけに応じたものなのか詳らかでない。『伊藤忠商事一〇〇年』の第一次原稿には「その年の十一月、満洲鉄道問題《ママ》について、日中間にわずかなことから、紛争がおこった。これを誤解して、香港、広東に、日本商品の不買同盟が結成されたが、これがマニラにも飛火して、中国人が不買決議をおこなった[111]」とある。

　結局、この動機、発生地を明かにする明確な資料は見出しえないが、おそらくまず南洋華僑が閩粤地方からの情報をうけ、彼らの間で日露協約を問題にし、それを彼らの出身地である華南各省へ飛檄させたのではないかと思われる。ならば、中国本土であまり発展しなかったのに、なぜ華僑の間で問題となったか、その辺が重要であろうと思われるが、このことはあとでふれる。

　第四に、それは後述する今回のボイコット運動の意義とは別に、東南アジアの市場をめぐる日本商人と華僑との争いという背景もあることも当然考えられる。今回の対日ボイコットが、マニラを中心とする南洋華僑の間で展開されたのは、東南アジアの商業権をめぐる両国商人の争いという側面である。

東南アジアへの華僑の進出は四百年の歴史があり、民国二年で総数三百十二万前後といわれ[112]、フィリピン方面の華僑は総数約二十万、マニラ附近に在住するもの約六万を下らずといい、特色として福建・広東省人に限定され、中でも福建省の泉州、漳《しょう》州からの移住民が多数を占めていたという[113]。十九世紀末、フィリピンが米国領になると、米国、仏国、独国、ベルギー、オランダ等の競争者が出現して華僑の商業権が脅かされるようになり、彼らに対抗する意味で、一九〇四年、華僑商務総会が設立され、一九一一年、李清泉が会頭になって、フィリピン華僑経済界の中心となった[114]。彼らはフィリピンの特産物（麻、木材、葉煙草、砂糖、米等）を原住民栽培者よりマニラ輸出業者（主に英国・米国・日本の貿易業者）に引き渡す仲買人として絶対的な勢力をもっていた。麻取引の約八割、木材、葉煙草、米取引の約九割は華僑が占めていたという。そしてマニラにおける小売雑貨商も、一九五五軒中、華僑店一一三六軒、フィリピン人店六九八軒、日本人店一二一軒という[115]。そこへ、二十世紀に入って、日本商人がますますこの方面へ進出してくると、華僑は同業として圧迫を加えてきたという。「最初ワ何モ　日本品ヲ排斥スルンジャナインデスネ、競争者ヲタタキツブソウトイウ根性カラデス、同時ニ輸入ニ対シテ　圧迫ヲ加エテキマシタ……支那デタトエバ日本ノ水兵ガ支那人ノ車夫ヲナグッタトカ　問題ニモナランコトデ　トバッチリガコッチニ　クルンデス[116]。」伊藤忠商店の場合、マニラへの進出が比較的早く、取り扱う商品も、粗布、ニンポーフ、チヂミ、五彩布などの綿布から、各種織物、綿糸、メリヤスシャツ、タオルなどの繊維製品のほか、「ロウソク、柱時計、ガラス器、ホウロウ器、寒天…ナドノ天産物」まで取扱い商品を広げていた[117]。

結局、南洋において、中国華僑が、繊維製品の販売を中心にさらに他の商品も加えて販路を拡張しようとする日本商人に、打撃を与え、彼らの南洋地域での商業権を確保するため、日露協約締結を口実にして、このボイコットという型で運動を発展させたと考えられる。特に今回のボイコットの際には、綿糸を除く主として繊維製品がその対象になったようである。ただ綿糸のみは、原料品であるのでボイコットの対象から除外したのであろう。

そうして、ひとたびボイコットが始ると、日本商人は日本商品を、原住民や中国人に売るについても、商品の大部分は華僑によって取り扱われていたので、しかも「中国人商人が長い間に扶植した実力には比肩すべくもなかった。だから中国人のボイコットが在留邦人及び本邦商社に与えた打撃は大きかった[118]」のである。

最後に、そしていちばん重要な問題と思うのは、今回の対日ボイコット運動において、孫文が前述のような役割を果して結局運動を終結させたが、なぜ彼がこういう行動をとったのかということである。もっとも孫文が対日ボイコットにおいて、批判的な動きを示したのは今回が始めてでなく、辰丸事件の際に立憲派が中心となって対日ボイコットを行ったとき、日本政府が内田良平をして、宮崎滔天と連名で在シンガポールの孫文に運動鎮静を依頼したところ、孫文は

排日団の新嘉坡、暹羅《シャム》、西貢に在る者、已に吾党の打破を被る。広東の主動者は康徒の徐勤、江孔殷、財を出すもの李準、張督なり。故に彼輩財雄、権大にして、到る所鼓動す。吾党の財与に敵し難し。若し三十万を得れば、立ち所に能く尽く打破を行はん。日本の商団能く出すや否や[119]。

と打電してきたように、資金があればその運動を中止させようという意向を示した。彼はもともと対日ボイコットについては非常に消極的で、むしろ反対の立場であった。

しかし今回の運動が、後で見るように南洋華僑の中で革命派と見られる人々が行ったと思われるし、また彼が「華僑は革命の母」とつねづね高く彼らを評価していたし、また事実、一九一二年春、孫文を圧倒的に支持していたイン

ドネシア華僑が、現地イスラム系商人と対立関係が生じたとき、孫文は華僑を援助すべく袁世凱大総統に三隻の軍艦の派遣を提議したという[120]。ならば、その孫文が、今、革命成って後の、華僑の対日ボイコットの動きに対して、なぜそれを阻止する立場をとったのか、ということである。

当時の彼の日本観、ボイコット観が問題になってくると思う[121]。

彼は連日主義者であると言われる。日本が中国革命の舞台裏となり、革命派が日本のさまざまの方面からの支援をうけ、革命の成就に日本を利用しようとしていた孫文が、日本に対して非常な配慮をしたことは当然であった。ときには重大な利権を日本に譲ってまでも、日本の援助を期待したくらいである。だから、中国と日本は「殊に宜しく相衝突せざるべし」（資料十四）であった。

当時の彼は確かに連日主義者であった。いわば親日主義者であった。もっとも「大アジア主義」という有名な言葉は、従来、ずっと後の一九二四年に神戸で言われたとされていたが、実はこの一九一三年春にすでに発せられていたのである。すなわち『大阪朝日新聞』（大正二年三月十二日）によると、三月十一日の大阪での歓迎会で、「今や国を東洋に保たんとするものは、事実上かの欧米帝国主義に圧せらる事なきを得るや。されど、東洋諸国に於て国力の増進完全の域に達せば、欧米の帝国主義は恐るるに足らず。日華両国提携して、以て東洋の平和を保つべきのみ。かくして欧米の野蛮的文明主義ともいふべき帝国主義も力を加ふるに由なく、其の平和を維持するを得ん。……東洋をして進歩せしむるは、東洋を防備する最善の方法なり。於《ここにおいて》茲東洋の進歩は世界の進歩となるべく、……亜細亜人をして亜細亜を治めしめよ。吾が大亜細亜主義が達せらるる、一一青年会の力に負ふ処多かるべし」と、欧米の帝国主義に対置するものとして、使用していたのであった。またその二十日ほど前には、「アジアはアジア人のアジアであります。中日の国民は互いに親しい隣国であります。互いに猜疑心を去り、軽々しく他国人の説を信用して、互いに攻め合う馬鹿なことは断然やめなければなりません。……もしこの両国が互いに提携すれば、ひとり東（洋？）の平和のみでなく、世界の平和も、たやすく維持できることはだれも疑うものはないでしょう」と論じていた[122]。けれども、その帝国主義の中に日本を含めては意識されていなかったのではないかと思う。だから対日ボイコットが起った場合、それに反対して日中の摩擦をなくすこと、これがすなわち彼の言う中日連帯論ではなかったか。

この段階における孫文の対外認識、帝国主義認識が甘く、それに対してほとんど無防備であったといわれるが、この場合でもその一つの例証にあげられえよう。三月下旬上海に帰国した孫文は、記者団からの、日露関係如何との質問に答えて、「支那に有害なる日露協約に関し種々の風説ありたれども、予が調査せる結果、是等の風説は事実無根なるを知れり。日本の欲するは支那の領土にあらずして、貿易の発展にあり」と「孫の親日論[123]」をのべた。日本人記者向けの発言であろうが、もしこの発言が彼の本心とすれば、まったく呑気というほかない。日本から真実の情報を提供されず、逆に日本から利用されただけであった。

一九一二年（大正元年）秋、孫文の来日の噂があったとき、日本の政府筋ではこれを歓迎しなかった。「当時の日本の官僚や軍閥……口では何んのかのといっても、内心は革命などは大嫌ひ、革命家といへば蛇蝎の如く忌み恐れてゐる。孫文は中国革命の唯一の指導者、清朝を倒した張本人である。そんな者に会ふ必要はないといふのは官僚や軍閥の気持とすれば当然であつた。」そして秋山定輔は孫文の来日を断念さすべく中国へ渡り彼を説得した[124]。そして今対日ボイコットがおこってきた後の来日の際には、日本は前述のように朝野をあげて大歓迎した。

また孫文のほうも、清朝打倒のためには利用できるものは何でも利用しようとしたのであったが、今一応清朝打倒の革命成就後においても、このような意識をもち、行動をとったのは一見不可解であるが、またある意味ではありうることだと思われる。孫文が「中国第一の楽観派[125]」といわれる所以も、その一端がこの辺にもうかがえる。だから、真の対決する対象は何であり、これに対して国際的連帯論へと彼の思想が昇華されていくのはもう少し後のことであろう。

孫文がこのような対外意識をもち行動した背景には、彼が臨時大総統に就任した直後、列国との友好を基軸にした八カ条の対外宣言があり[126]、そしてそれは武昌蜂起直後、黎元洪が漢口の各国領事に照会した七カ条[127]の延長上にあり、さらにその黎元洪の照会は同盟会「革命方略」の七カ条の対外宣言とまったく同一のものであり[128]、列国と締結した条約を遵守し、権利を保護し、それによって列国の支持を得んとする考えが、彼の伏流としてあったのではないかと思う。つまり、列国との友好関係を基本とする「革命方略」の対外宣言的意識が、一九〇六年より一貫して流れ、それらが彼の対日ボイコット運動などに対処する思想・行動をかなり規制していたのでないかと思われる。

四　運動の意義・性格

今回のボイコットは以上のような問題点をもちながら進展した。それは中華民国成立後の最初の日中間の紛争問題でもあった。

ところが、原因が日露による満蒙分割の企図から起ったにもかかわらず、なぜそれと地理的に近い中国本土であまり発展せずに、かえってほとんど関係の少ないとみられる南洋華僑の間で組織され、発展したのか、中国本土であまり発展しなかったのに、南洋華僑がそれに対応して、本土よりもより激烈にボイコットに結集していったかである。彼らの辛亥革命のうけとめ方の、本土との相違によるものではないかと思う。言葉をかえれば、南洋華僑の辛亥革命へ抱く期待がいかに大であったかの証左でもあろう。

中国革命同盟会が結成されて以来、華僑への働きかけが積極的に行われ、以前より華僑の間に陰然たる勢力をもっていた立憲派と熾烈な闘争を行いながら[129]、徐々に同調者を獲得していった。彼らが革命運動のために莫大な献金を行って経済的基盤を作り、精神的支援を与えて運動を支持し、武昌蜂起が始ると多くの華僑烈士が革命に馳せ参じ[130]、彼らが辛亥革命にいかに寄与したかは先学が論究しているところである[131]。

したがって、革命の報道が伝ったときの状況を、「一九一一年十一月初、新嘉坡の華僑は北京が革命党の手に落ち、皇帝及慶親王が幽閉されたとの報に接し、凱歌を挙げた。当地の孫文信奉者は多数に上り、新嘉坡一所だけで革命に共鳴した者は一万人を下らなかった。北京の陥落は公式には確認されなかったが、支那街は歓喜に満ちて祝意を表し、翻々たる青天白日満地紅の革命旗で埋められ、クリン街の主な華僑銀行の前面に於て清朝の黄龍旗を焼き儀式が挙げられた。市場や道路は燃やした爆竹の屑で人の踝を没し、南北橋路の長い道中は恰も赤毛氈を敷き詰めたようであった。幾百人の華僑は普通なら生命よりも大切にする頭の豚尾を惜し気もなく切ったのである。ウイヤン街の支那芝居では、革命党の軍用金を集めるための催し物があり、席上で福建人、潮州人、広東人、及海南島人の各代表者及び華僑女教員は交はる〳〵演説をした。革命の指導者であった黎元洪及び孫文の写真は、法外の値段で飛ぶやうに売れた」[132]と記されているが、彼らが革命にいかに熱狂していたか、その状景が目前にうかんでくるようである。

また、中華民国成立後、経済的資力不足のため、外国より借款を仰がんとする動きに対し、民国元年五月頃、連日のように「国民捐」を募らんことをキャンペーンし、南洋各地へも政府から人が派遣されるが、まっ先にそれに応じたのは華僑であり、マニラ一カ所だけで踴躍数十万元が集ったという[133]。華僑経済団では一千万元の公債を購うことを決めたといい、『民立報』（民国元年五月十日）の記者をして「往時革命の際、経費を悉く華僑にとり、今共和建設の際、一千万元の公債を購うと。華僑の祖国に対する熱忱かくの如し。しかるに、ああ、我が国内同胞、国民捐提倡以来、これに応ずる者寥々なり。」と嘆かしめたほどに、国内同胞に比べてはるかに、南洋華僑が経済的支援をすることによって共和政府を維持し、その事業推進に期待していたかがうかがえる。

しかるに今、日露による満蒙分割の野望が、新生の中華民国に最初の国家的危機として迫ってくる。この野望を粉砕して、国家分割の危機を絶対回避しなければならない。彼らの配付した檄文をみても、祖国中華民国を守らんとする気持が非常に強い。

マニラ救国社の公佈した檄文の中に、日本は「吾が国基未だ固まらざるに乗じて、俄と協約し、満蒙を并吞し、以て瓜分の先声となる。……今の計を為すや、急がば則ち治標、ただ内外を合せて一心とし、全力をつくして而して抵制し、以て政府の後盾とならんこと有るのみ」（資料九）とあるし、それと同じ趣旨のものは、ジャワ島よりの影響をうけた本土の閩粤鉄血団の配付した檄文にも「国基未だ固まらざるに、外患相迫り、四面に楚歌す。誰か傷心せざらん。これ正に吾が国民、家を破り難を救い、身をすて国に報いる時なり。凡そ吾が同胞、まさに敵愾同仇を思い、力めて抵禦を籌《ちゅう》すべし。須く知るべし、先ず瓜分し、南満併吞を実行せんとする者は、他国に非ず、乃ち日本なり。……ここに幸いに各社会の熱心なる諸君子、祖国の河山をして、夷狄にしずむるに忍びず。ここに於て救国社を組織し、日貨抵制を提倡し、以て木屐児に対待し、以て政府外交の援とならんことを発起す」（資料五）とある。

「国家の基礎未だ固まらざる時期」という言葉がしばしば使われるが、この新生の中華民国の分割の国家的危機に際し、犠牲を覚悟のうえでボイコットを実行することで日本と対決し、もって「政府外交の援となり、政府の後盾とならん」という気持が強かった。

彼ら華僑は、辛亥の年だけで革命派に五、六百万元の資金援助をしたと言われているし[134]、そのこと自体革命へ大きな期待を抱いていたことの何よりの証拠であり、彼らがいかに革命に共鳴していたか、想像にかたくない。それであるだけになおいっそう、中華民国が成立して直後の最初の国家的試練に際して、身は異郷にありながら、かえって祖国を守ろうとする純粋な意欲が、本国人以上に激烈なボイコットの型で表されたものと思われる。「総じて之を言えば、今日の抵制は、故郷の危亡を救うための起見に係る」(資料九)。ここに、辛亥革命に対する本土人とは違ったうけとめ方をしていた華僑の姿、革命を支援し、それに期待し、そして革命後の中華民国を護持・発展させんとする彼らの姿が見られるのではないかと思われる。

これより数年後、孫文が「……同盟会の成るや、其の軍資は多く海外華僑による。満清覆滅するや、人皆その功を誇る。而も華僑はおおむね自ら誇らず。余惟《おも》うに同盟会中、一部華僑の力なかりせば、清室を覆滅し、民国を建設するの由なし。華僑の自ら功を言わざるは、蓋し、救国の真の天職なるを知り、矜挙を事とせず。……五、六年来、義に始まって利に終る者、亦た数々之を見る。華僑の之に与る者独り希なり[135]……」と記したのも、今のこういった事実をふまえてのことであろうか。

中華民国を守ろうとする意識と関連して言えることは、民国を破壊するのは日本だと把握するのに反して、米国に対する評価の高いことである。米国を理想とし、それと提携し、その支援を期待する意識が強いことである。民国革命を実現するに当って、鄒容の『革命軍』にみられるように、国家形態においてもアメリカの憲政をモデルに合衆国体制を指向していたし[136]、彼らが米国を理想と考えていたことは、革命同盟会の機関紙『民報』創刊号の扉に「世界第一之共和国建設者」ワシントンの肖像を掲げていたことからも一端はうかがえる。中国本土にいる者より、海外にあるため、より欧米の事情を知りやすかった華僑にとって、共和国米国には親近感を抱いたかもしれない。福州方面でも親米的雰囲気は伝えられていたが、華僑の配付した檄文の中に「去歳八月十九日以来、武漢の義旗南北に飄揚し、両軍戦務紛紜《ふんうん》たり。列強中まず中立の局を倡する者ただ美のみ。この時日俄協約して満蒙を割くにいたる。まず賛成せざる者ただ美のみ。倫敦の列強会議中国を瓜分す。まず先に反対する者亦ただ美のみ。故に今日我が国朝野の士夫、みな聯盟して以て援助をなすことを思う。若し他国を捨て而して多く美貨を購い、以て商務上の特別の権利を与えば、則ち感情敦摯にして、聯盟固かるべし」(資料二)とある。米国に対する信頼の大きさがわかる。それは、革命後の中華民国にとって、列国の承認を得ることが焦眉の急であり、それが民国成立後の最初の重要な外交問題となっていたが、その承認をまず欲したのは米国である、と彼らが理解していたからによるのである。また事実、中華民国承認問題では、日本、英国、仏国、独国などが一九一三年十月に至って承認したのに、米国は他国に先がけて同年五月に承認し、中国は五月八日を特に祝日として、米国による承認に、歓迎と感謝の意を表したのである。あるいはまた、米国が六カ国借款団の監督条件を非難し、同団から脱退したことは、中国から強い歓迎をうけた(137)。ここに新生の中華民国を理解し、支持するのは米国のみという意識が生れた。ともかく、誕生したばかりの民国が最初の対外的試練であるこのボイコットのときにおいて、「世界第一の共和国」米国に共感していたことは、彼らの共和国を守らんとする意識と無関係ではないであろう。

バタビア浮田領事も「大ニ米国ヲ称賛シ、米貨ノ多購ヲ慫慂スルガ如キ、或ハ米国奸商輩ノ悪辣手段ニ出デタルニアラザルヤ、疑フベキ筋ナキニアラザルモ、近数年間ニ於ケル支那人ノ米国信頼ハ、根底実ニ深遠ナルモノアレバ、其米貨購買論ノ如キモ、或ハ別ニ他意アル次第ニハアラザルベキカ(138)」と観測している。

次に、今回のボイコットが南洋華僑を中心にして、華南各地ではそれほど大規模なものにならなかったものの、それなりの動きがあったわけだが、それらの運動の主体者は誰であったかということである。

彼らの配付した檄文の内容などから推察して、革命派系、立憲派系いずれかと言えば、革命派系が中心ではなかったかと思う。もっとも本土から離れている華僑を中心としたものであり、また辛亥革命が成就して、南京・北京臨時政府や各省の政権には、革命派のみならず、立憲派、ときには反革命派さえその座についたことであり、両者の意見にかなり重複している部分もあり、また革命後はすべて民国に吸収されたのであるから、今ここで両者を区別することは、それほど意義あることでないかもしれない。しかし、これまでの辰丸事件や安奉線改築をめぐる対日ボイコットの主体者が、おもに立憲・保皇派系が中心であり、革命派系はそれに消極的であるか、あるいはむしろ否定的な型でしか対応しなかったとされているのに対し[139]、今回のは革命派系が中心であったとするなら、それは一つの意義をもつものと思う。

檄文を見ると、まずジャワ島サマラン華僑のそれの中で抵制をよびかける方法に、「抵制は必ず文明を用う、日貨を禁銷するは、文明の抵制なり。明らかに武力を乱用するに勝る」（資料一）といい、「抵制日貨を実行するを決議す、文明の対峙を以て、救国の方策となす」（資料二）とあり、あるいはバタビア華僑団のそれには「此の次抵禦を行うを倡するは、国力を用うるに非ずして、乃ち民気を用う。干戈を用いて勝負を疆場に決せず、乃ち文明の抵制を以て、もって其の死命を商場に致す」（資料三）とある。

この「文明の抵抗」という意識は、立憲派が実行したボイコットの理論的根拠でもあったが、すでに陳天華が『警世鐘』の中で、中国を救うには「第九に心得べきは、かならず文明排外をとるべきで、野蛮排外を採るべきでない、ということです。……もし愛国の心腸があるのだったら、この野蛮排外は断じておこなってはならないのです[140]」と言っており、『獅子吼』の中でも同じ趣旨のことを言っている[141]。鄒容も革命に「野蛮の革命があり、文明の革命がある[142]」といい、前者はとるべきでないことを主張している。もっともこの両人は義和団運動失敗直後に、その評価に関連して義和団的排外運動を批判するものとして出されたのであるが、今回の檄文に、革命派に非常な影響を与えたといわれる両人の考え方の影響がないとは言えない。

またこういった檄文が、各地の新聞に掲載されたが、革命派系の新聞が多かったのではないかと思う。今すべての新聞を確証はできないが、判明する範囲では、上海の『民立報』『天鐸報』は革命派系のものであり、マニラ救国社の機関紙的役割を果した『公理報』は同盟会の支部機関紙として創刊されたものであった。南京の『中華報』は国民党機関新聞であり、広東の『震旦日報』も同盟会準機関紙である。[143]そして、この運動の主体が、華僑の革命運動の根拠地で、党員の連絡所であり、資金の調達所でもあった書報社、閲書報社との関係が深いことである。前述のようにサマラン、スラバヤ、マニラでは、同社も演説会を開き抵制をよびかけていた。[144]

マニラ救国社の檄文に、「去歳武漢の事起り、彼れ眈眈逐逐として、漁人の利を収めんことを欲するも、卒に公理の阻む所となる。計、逞しうするを得ずして、乃ち流言を散布し、或は満漢の悪感を挑動し、或は南北を離間し、或は宗社党を接済し、種種狡謀す」(資料九)、「又た宗社党を嗾して、内乱を激生す」(資料十一)とあるが、辛亥革命が起ったとき、日本の朝野は、ときに革命派を援助し、ときに清朝に武器を売るなど、二足のわらじ的な複雑な対応をしたことは事実であるが、[145]彼らが排斥しようとする日本は、宗社党と連絡があると見るのは、宗社党とは根本的に相容れない革命派的発想であろうと思う。『民立報』は、「宗社党、日人に関渉すること、已に公然の秘密なり」と、「日人与宗社党」の関係をいくたびか警告している。[146]

あるいはバタビア華僑が「資料四」の檄文で、朝鮮の親日派の李完用を批判し、伊藤博文を暗殺したテロリスト安重根を引合いに出して讃美するのは、清朝末期、テロを革命の手段と考え、その行動方針をとってきた革命派の理論であろうと思う。また、同じ「資料四」の中で、中国に、光復以前においては烈士がいて、光復以後においては烈士がいないのか、と嘆くとき、この民国成立直後における「烈士」「光復」という用字もやはり革命派の思考であろうと思われる。

またその檄文の中に、辛亥革命の革命の成果を謳っている場合があるのも、革命派的であろう。すなわち「人の危に乗ずるは仁ならず、人の功を妬むは義ならず、吾が中国の革命たるや、乃ち国家公共の理による」（資料十一）。革命が国家公共の理であるというのは、保皇派的発想では絶対ないと思う。そして、武昌起義がおこると、清朝に武器をおくって敵を助け、民軍に抗し、共和なって後は、宗社党をそそのかす（資料十一）というような日本を、われわれの敵＝清朝を助けるものとするのは、彼らがみずからを清朝の敵＝革命派としてとらえているからである。

最後に、今回の対日ボイコット運動の中心であったマニラの救国社は、明かに革命派系であった。前述のように、救国社には孫文の崇拝者が多数いたこと、孫文のアリス医院時代からの親友である福建省人鄭漢淇《ていかんき》が救国社の陰然たる擁護者であり、中国人間に一大勢力があること、救国社の機関紙的存在であった『公理報』は、鄭漢淇が同盟会の機関紙として一九一一年春に創刊したものであること等である。[147] それゆえにこそ、日本は孫文を利用して鄭漢淇ら華僑を説得させた結果、彼らは孫文の要請をいれ、ついにボイコットを中止したのである。

もっとも、対日ボイコットと言えば、立憲派系が中心となって行った第一回の辰丸事件のことがよく引合いに出され、またそれに一定の評価を与えている。しかしそれも「或は以て抵制の挙を顧みるに、満清の時、二辰丸の事に対し、当日亦た之を行ふ者あり。……未だ立ちどころに死命を致す能はざると雖も、すでにその魄を奪ひその胆をうばふに足る。況んや今時は何時ぞ、屈服専制の下、吾が民なお自奮を思ふ。豈に共和時代に際してをや」（資料一）とあり、満清王朝の専制時代においてもわが国民は立ち上った、まして今共和時代において、と国民の奮起を促す意味で引用されているのである。また、もっとも、「故に今日、根本上の解決は、もとより実業振興に在り」（資料一）、「（抵制は）民国の基礎穏固になり、実業やや自給するに足る時を以て止む」（資料二）とあるが、実業の振興は、立憲派系、革命派系を問わず念願したことである。

ともかく、以上のいくつかの例証から、今回のボイコット運動の中心勢力が、かつての革命派系の人々であったことはほぼ間違いないと思う。辰丸事件の際、その主体は立憲派系であり、革命派系はむしろこれに反対し、革命派の在日留学生はボイコット派勢力の分断を策し、その反対決議を行い、孫文もその阻止に努めんとした。翌年の安奉線改築の際には、革命派系は前回のような積極的な反対運動はしなかったが、非常に消極的だったと言われている。初期の対日ボイコットは一貫して立憲派系が中心であったとされている。ならばなぜ今回革命派が中心となったのか、今回の場合、立憲派系の人々がいかに対応したか、資料的に判然としないが、これが最終的に組織的な大規模なものに発展せず、現地領事の報告にも、大商人はこれに加わらず、運動を呼びかけているのは一部の斗屑というのも、また、厦門《アモイ》で日貨ボイコット運動が問題になったとき、当地の有力者が多数加入している立憲派系の共和党は、檄文の論拠が偏頗で、実行の見込みないとの意見に一致し、この運動には否定的立場をとったというのも[148]、また先述のように、上海商務総会総理周金箴がこのボイコットに反対であったのも、あるいは立憲派系の動向を含めてのこととも想像されるが、立憲派系は肯定的にも否定的にも前面に出なかったのではなかったかと思う。

だとすれば、中国民族運動としての対外ボイコット運動に、初期の段階においてもその主体者がかならずしも立憲派系だけでなく、このように南洋華僑を中心としたものであったが、中華民国成立期において、革命派系もそういった運動を実行していたことは、一つの重要な意義をもつものと思う。つまり、中国初期の対外ボイコットは、かならずしも立憲派系の民族資本家だけが、中国における資本主義の発達のために、「自国産業を保護育成するという見地に立って展開されてきた[149]」のみではなく、このように、別のグループによる、別の視点にたっての、対外ボイコット運動も存在していたように思う。

経済的ボイコット運動は、結局、自縄自縛に陥る自己矛盾をもともとはらんでいるものであるが、その犠牲を覚悟のうえで、今回のボイコットを行ったことは、東南アジアの商業権を守るという側面は当然あったにせよ、革命派系の華僑が、自分を守り、祖国の防衛・発展を希望する立場から、日本に懲膺を加えるべく行ったものと思う。

おわりに

以上、今日まで日本、中国で全然問題にされていなかった中華民国成立直後の最初の対外紛争である対日ボイコット運動の事実を紹介した。またそれのもつ問題点や意義も考えてみた。そして南洋華僑が、本国人以上に祖国の維持・発展に熱誠をもっていたことをみた。また、その主体者が革命派系の人々でなかったかという推論に達した。

ならば、なぜ、孫文が、その革命派系が行ったとみられるボイコット運動を抑止する立場にたったのか。やはりこの段階における孫文の対外認識、帝国主義認識の甘さが問題になると思う[150]。それが辛亥革命挫折の一因にも関係すると思う。中華民国成立という一応の革命の成就の後、臨時大総統の地位を袁世凱に譲り、鉄路督辦大臣といういわば閑職に就き、孫文に一種の虚脱状態的な空白が生じ緊張がなくなったとき、このボイコットが起った。そしてこの段階では、革命派系の南洋華僑のほうが、民国の維持・発展のために積極的な姿勢を示して先行したのに対し、孫文がそのエネルギーを結集し、これを的確に指導しえなかったと思う。その連日主義の立場から、これを曖昧なものとした。一方、袁世凱は日本を含む帝国主義列強に完全に支持されていた。そして孫文は、この年三月、宋教仁暗殺からの第二革命でふたたび新たなる闘争を開始するが、その段階でも満洲の利権を日本に譲渡せんとする意図さえもっていた。このような状況が、後の二十一カ条問題を呼びおこす背景にも連なっていったと思う。ちょうどこの同じ時期、一九一三年の春には、満洲でも別の対日ボイコット運動がおこっていた。[151] これら別々におこっていた対日ボイコット運動が、二十一カ条問題をめぐる民族運動、五四運動へと進展していく中で、全国的な地域で、全国民をあげての運動に発展していくのはもう少し後のことである。

注

（1）堀川哲男「『民報』と『新民叢報』の論争の一側面―革命は瓜分を招くか―」（『田村博士頌寿記念東洋史論叢』一九六八年）、元冰峯『清末革命与君憲的論争』一九六六年、第五章「民報与新民叢報的大論争」参照。

（2）菊池貴晴『中国民族運動の基本構造―対外ボイコットの研究―』一九六六年、第二章「第二辰丸事件に関する対日ボイコット」、第三章「安奉鉄道改築問題と対日ボイコット運動」。

（3）『外務省外交史料館保管文書』―この場合、以下『外務省文書』と略記する―バタビア浮田領事より内田外相宛（大正元年十月十一日）。

（4）『外務省文書』「敬告同胞実行抵制日貨」

日俄協約、瓜分満蒙、嗚呼此正我民国国民、分崩離析、肝脳塗地、其惨酷将見於今茲也、何則、内外蒙古、亜東一大関鍵、満蒙失、而各省之門戸洞開、日俄得之以負固、其下兵中原、已拠高屋建瓴之勢、吾知満蒙去、而列強囂然争起、……但逐逐於権利之競争、而不籌抵禦外侮之政策、甚且甘心媚外、酔生夢死、勇于私門、怯于公戦、共和国民之資格、竟如是乎、僑等回念祖国之大局、傷心外患之頻仍、不禁痛哭流涕、椎心泣血、敢告我同胞曰、我祖国之危亡、日人為之也、日俄之協約、日人実禍首也、甲午之役、侵我藩属、割我台湾、佔我遼東、国仇猶未報也、今復倡瓜分之議、愚弄俄人、辱我民国、不顧同種同洲之利害関係、其視我民国国民、如無一人矣、請将日俄之新協約、挙其要素如左、

㈠永認日本租拠遼東半島、㈡該両国得自由加兵於勢力範囲地点、㈢拒絶別国在満洲経営建築鉄路……

観此日俄之新協約、彼二国対于中国之根拠、已確実不移、一挙手間、可任意以施其宰割、而日本大陸政策、今愈立其基礎、無論日俄二国外交之得失如何、正中国危亡之秋、満蒙宣告死刑之期也、是不可不亟設法以抵制之、

彼日人既禍首、当先抵制日貨、蓋其貨之銷途、全頼我国人民、若欧美各国、均用国貨、且以其製造不及本国之良、故毎毎而不屑顧、使我国民一行抵制、則必銷售無路、困処涸轍矣、斯時也、如流塞其源、木伐基本、国日窮而民日蹙、将有呼籲無門、半籌莫展、如此而後知我民国偉大人物之手段矣、顧或以抵制之挙、満清時、対于二辰丸事、当日亦有行之者矣、嗚呼以一省之衆、同心同徳、一意進行、雖未能立致死命、已足奪其魄而褫其胆、况今時何時乎、屈服専制之下、吾民尚思自奮、豈際共和時代、中原疆土、反欲容易与人耶、欲杜其患、須絶禍根、知己知彼、舎実行抵制方法、別無対待之可籌、是抵制日貨、為当今国民入手之不二法門、……其抵制必用文明、禁銷日貨、文明之抵制、較勝於黷武窮兵、……故今日従根本上解決、固在振興実業、而在入手辦法、則舎抵制日貨、無以痛快吾民国国民之心、而遏満蒙現象之危殆、急則治標、緩則治本、嗚呼吾民国国民、循其序而行之、自可以救国、反其道而不行、亦終必亡而已矣、同胞同胞、寧忍坐視顛危、而不亟起図之、

大中華民国元年九月　　日

南洋三宝壟華僑公布　　　　　　　　　　　（資料一）

（5）『外務省文書』「敬告同胞実行抵制日貨之佈画」

日俄協約條欵、本団経公佈矣、際茲民国初成、根基未固、日人急以謀我、歴載報章、即如日本東京之朝日新報、日日鼓吹、討論瓜分民国毒策、亦無不昭昭在人耳目間、海牙万国平和会、我国派員赴会、亦被日人倡議拒而不納、其於我国已勢如水火、其於我四万万同胞已視如掌中物、本団用是奮激、爰聯海内外同志、決議実行抵制日貨、以文明対待、為救国之方策、俾得転禍為福、大興土著、無致一髪千鈞、懸於眉睫、凡我同胞、盍守斯盟、簡章列左、希為賜鑒、

第一節命名　本団発起於南洋三宝壟、務以種種手段、使和属之僑民、不買辦日貨、並不用日貨、俾足以間接救亡、故名為華僑救国拒日団、

第二節宗旨　主持抵制日貨、禁絶交易、然須聯絡海内外同胞、一致進行、堅持到底、始終如一、為救国維一之宗旨、

第三節会所　暫不宣布、
第四節会員　凡中華僑胞、確能認定本団宗旨者即可入会、至団中応行抵制辦法、除各部領辦外、不設団長、由公衆調査評議、総以多数賛成為決、
第五節会務　本会辦事分㈺㈰㈫㈪四部
㈺　調査部不設部長、由公衆推出調査員若干人、㈠調査日貨種類有幾、并其商標若何、随時報告于文牘部、俾得付梓宣佈、庶大衆知所去取、㈡調査有何奸商私辦日貨、随時報告于執法部、使得設法対待、
㈰　文牘部不設部長、由公衆推出文理通順者二人為文牘員、担任往来文牘或撰刻通告、
㈫　演説部不設部長、由衆公推語言暢暁、且識抵制日貨之用意者若干人、随処勧告僑胞、使一斉抵制、并以文詞或白話、広印伝単、分発四処、
㈪　執法部不設部長、由公衆推出評議員若干人、以合議制構成法案、自発表抵制日貨後、如有不肖僑胞違反本団宗旨、経調査部調査確実者、得斟酌其情節軽重、而異其処置、㈠警戒、㈡宣佈於衆公誅之、㈢其余特別之辦法、
第六節会費　此次抵制日貨、原為国民間接救亡政策、故凡在本団任事者、倶不受薪金、惟関于一切必要之辦公費、則須由公衆籌出、
第七節実行　㈺本団公訂民国元年十月二十日起、実行抵制日貨……
㈰凡日本銀行使用之鈔票、以及滙兌貯蓄事項、概行禁止、倘有存欵在日本銀行者、務須支出、換寄中国銀行、……
第八節時期　本国抵制日貨、意在減少日本侵佔満蒙能力、使我国得措置、従容立于不敗之地、故抵制日貨時期之延促、暫難預定、要以俟民国基礎穏固、実業稍足以自給時為止、
第九節聯絡　抵制日貨、若僅限於一隅、必不足以摧敗日人之商工業、而達自己救亡之目的、故尤以聯絡為入手辦法、凡我中華民国国民、不論男婦老幼以及富商巨賈、須知文明之対待、係属救国之妙方、務宜互相勧告、同心力行、期達目的而後已、倘有不肖之徒、甘為日人運動、或造謡毀謗、希図破壊大局、或因便乗利、暗作別国号、杓托外人代運入口者、一経査出当照第五節㈪辦理、以為残同媚異甘心滅国者戒、

第十節附則　本団急訂章程、容有未尽、善処俟後、得随時由各埠公仝、酌議増改号行佈告、

附説

……則試問日俄協約、何以舎俄而拒日、蓋瓜分満蒙、日人実職其咎、日貨拒、而我国之漏巵可塞、日貨拒、而日人之命脉弥促、况日貨銷售中国較勝於俄者万万、拒日貨是絶禍根、而俄貨不言拒而拒在其中矣、則試問舎日貨之外、又以購何国之貨為最宜、夫巨眼射光、商場自有勝算、譬如本埠銷日之火柴、頗多、拒日之火柴、自有造火柴之者、拒日之什貨、自有出什貨之者、我国内地実業製造、次第畢興、豈必区区於日本貨、縦使我国土貨、此時未能驟生、就各国論、如美貨尤我中華之所宜採択、無論其在満清時代対我態度何如、去歳八月十九《ママ》以来、武漢義旗飄揚南北、両軍戦務紛紜、列強中首倡中立之局者惟美、迄于今茲日俄協約割満蒙、首不賛成者惟美、倫敦列強会議瓜分中国、首先反対者亦惟美、故今日我国朝野士夫、咸思聯盟以為援助、若舎他国而多購美貨、予以商務上特別之権利、則感情敦摯、聯盟可固、新構造之民国、驟得強大之美国相手提攜、彼狼貪虎噬、急急謀我如日本者、自有所憚而不敢発、……

大中華民国元年十月初十日

三宝壠華僑救国拒日団公佈　（資料二、約章の読点は引用者）

なお、この前文、約章、附説は『民立報』十一月六、七日付の「通信」欄にのっている。

（6）『外務省文書』、バタビア浮田領事より内田外相宛（大正元年十月二十六日）。

（7）『外務省文書』「拒日之露布」

試執一人而謂之曰、我将亡爾国而奴爾民矣、未有不憤然怒而羣起与之拚命者也、再執一而告之曰、爾将永為亡国之奴隷、爾国之疆土将為万国瓜分矣、亦未有不惨然哭而速籌対待之法、以保全疆土生命財産者也、何以倭奴張其利牙、伸其鋭爪、眈眈虎視、必欲呑吾四千万方里之地、奴我四百兆神明之裔、吾人竟酔生夢死、曰日本与我同文同種、禍福相共、唇歯相関、当与之聯絡相親耶、豈知島獣不可以同羣、虎狼更難以理喩、溯其奪我琉球、佔我台湾、而至庚子之役、更為禍首、引兵駐紮南満醸成露衅、殃及於池魚、二辰丸之案、浸我海権辱我国体、尤令人之難堪、民軍起義屢欲破壊中立、乗間以取利、六国借債、因倭奴加入債団、要求種種特権、以致決裂、海牙平和会開議、亦倭奴首倡拒絶民国、擯我於会外、召俄協約、以

瓜分我満蒙、意図乗勢逐鹿於中原、演俄普奥分裂波蘭之故智、其野心辣手、種種伎倆、雖至愚者、亦知其将剖我心而吸我血矣、……且此次倡行抵禦、非用国力、乃以民気、不用干戈決勝負於疆場、乃以文明抵制以致其死命於商場、査倭奴全国所出口之貨物、運銷於吾国者十分之八、苟吾海内外同胞、戮力一致、同仇敵愾、以文明対待、不用倭奴之貨物、堅持到底、勿作虎頭鼠尾之故態、鮮有不奪其魂而褫其魄、寒其心而破其胆者也……

巴達維亜華僑全体公佈　（資料三、傍点は原文が大文字）

（8）『外務省文書』「拒日之露布」

……万一中華民国国民之一人未死、則有一個中華民国之安重根、十人未死、則十個中華民国之安重根、千万人未死、則有千万個中華民国之安重根、如此不破○○之胆、而寒○○之心吾不信也、嗚呼豈天厚於韓、僅生一安重根於韓、而不生多数安重根於中華民国乎、諸烈士以頭顱赤血造成民国、吾同胞不能以頭顱赤血守成民国、豈天僅生烈士於中国未光復以前、而不生烈士於中国光復以後乎、吾同胞其思之、吾同胞其重思之、天之造吾人乎、抑吾人之自造乎、吾同胞欲為万古不死之安重根乎、抑為千載罵名之李完用乎、欲為光復民国万古不朽之烈士乎、抑欲為体魄未死而心先死俯首貼耳之奴隷乎、軽重自権、栄辱自択、握管者意尽於斯、言亦随之而尽矣、同胞同胞好自為之、

巴達維亜華僑全体公佈
鉄血会南機関部翻印　（資料四、○○は資料三によれば倭奴）

（9）『外務省文書』、大正二年二月十四日草「支那ノ日貨排斥運動」。

（10）同前、バタビア浮田領事ヨリ内田外相宛（大正元年十一月七日）。句読点、濁点は引用者（以下の『外務省保管文書』『日本外交文書』引用の場合も同様）。

（11）同前、バタビア浮田領事より桂外相宛（大正二年一月二十日）。

（12）同前、汕頭矢田部領事代理より内田外相宛（大正元年十月二十五日）。

（13）『民立報』民国元年十月十九日。

（14）『北京日報』民国元年十一月二日。

(15)『大阪毎日新聞』大正元年十月二十二日。
(16)『外務省文書』、汕頭矢田部領事代理より内田外相宛（大正元年十月二十五日）。
(17)同前、汕頭矢田部領事代理より内田外相宛。
(18)同前、広東赤塚総領事より内田外相宛（大正元年十月二十八日）。
(19)同前、香港今井総領事より内田外相宛（大正元年十月二十五日）。
(20)『民立報』民国元年十一月九日。
(21)『外務省文書』、厦門菊池領事より内田外相宛（大正元年十一月十二日）。
(22)『外務省文書』「血涙書通告各店夥諸同胞」
国基未固、外患相迫、楚歌四面、誰不傷心、此正吾国民、毀家紓難、捐軀報国之時、凡吾同胞、当思敵愾同仇、力籌抵禦、須知先将瓜分、寔行併呑南満者、非他国、乃日本也、彼既悍然甘為戎首、自戕同種之国、非先施極大之懲創、無以警兇頑、而吾国禍患無已時矣、且列強之眈眈逐逐者、方将乗機蹈隙而倶至、欲求不為亡国、第二次之奴隷、豈可得乎、悲夫国歩艱難、傷載胥而及溺、人非禽獣、……況乎国家存亡、生死与共、回首宗邦、能勿潸然流涕者哉、茲幸各社会熱心諸君子、不忍使祖国河山、淪於夷狄、於是発起組織救国社、提倡抵制日貨、以対待木屐児、以為政府外交之援、然事体重大、非堅持耐久之能力、抱一致之決心、必不能竟其功、況救国者、乃国民同一之心理、人人皆有切己之関係、良心尚在、不約而同、無所為禁、更不待所謂約、一人倡之百人和之、一処如斯、他処莫不如斯、外而南洋、内而各地、声応所及、足以警煞倭人之魄、而奪其魂、制其死命、旦夕可期、此本鉄血団所亟願犠牲性命、以徇此目的者也、……

中華民国元年十月廿七号

閩粤鉄血団体宣言

（資料五）

(23)『外務省文書』、注(21)に同じ、ただし別電。『民立報』民国二年四月五日号に「小呂宋粤僑特別広告」として、ボイコット破りをした何楚楠という者を、以後、広東同胞とは認めないという広告をのせている。
(24)『台湾銀行十年後志』一九一六年、『同二十年誌』一九一九年、『台湾銀行史』一九六四年、等にもこれに関する記載はないから、被害は僅少であったようである。

(25)『外務省文書』「在福州某氏ノ情報」九月十九日付。

『最新初等小学福建郷土誌』

台湾者昔隷福建之地也、光緒甲午中日失和、我国戦敗乃割台湾与日本、自是後日人経営台湾、且有呑噬福建之志、通航之権又半為日本所佔奪、殊可歎也、福州航業上遊不過由省城達水口、下游不過由省城達連江、長楽、而日本大坂《ママ》商船会社所置之輪船、已偏達福州・厦門・三都・興化諸地矣、（資料六）

(26) 早く孫文の下に入り、福州に中国革命同盟会福建支部を組織し、その支部長となり、革命を鼓吹した。革命後福建都督府の重鎮となった（『第二回支那年鑑』東亜同文会、一九一七年）。

(27)『外務省文書』、前掲「在福州某氏ノ情報」。

(28) 同前、福州土谷副領事より内田外相宛（大正元年十一月二十六日）。

(29) 東亜同文会『支那』第四巻第一号（大正二年一月一日）、支那向雑貨研究号「福建市場と日本雑貨」。

(30)『外務省文書』、福州土谷副領事より内田外相宛（大正元年十一月二十日）。

(31) 陳達・満鉄東亜経済調査局訳『南洋華僑与閩粤社会』一九三九年。

(32) 満鉄東亜経済調査局『菲律賓』（南洋叢書第五巻）一九三九年、三六四頁。

(33)『外務省文書』、「謹告同胞快実行抵制日本貨」

日人挙動野蛮、人道之敵、普天同憤、此次抵制、吾出於惨迫呼号、各国無不知之、事当決裂、原非太過、凡吾同胞、苟非禽獣、誰不賛成此挙、況閩人尤為切膚之痛、海外各埠倡之、吾苟不寔行、何以対内地諸同胞、隠忍含羞、凉血之誚、吾福建人、其当一雪其恥、（資料七）

(34)『外務省文書』、上海有吉総領事より内田外相宛（大正元年十一月十五日）。

(35) 同前、上海有吉総領事より内田外相宛（大正元年十一月二十三日）。

(36)『民立報』民国元年十二月十四日。

(37)『外務省文書』、南京船津領事より内田外相宛（大正元年十月十九日）。
(38)同前、蘇州池永事務代理より内田外相宛（大正元年十一月二十五日）。
(39)同前、長沙岡本領事代理より内田外相宛（大正元年十二月二日）。
(40)『大阪朝日新聞』大正元年十月二十一日。
(41)『外務省文書』、香港今井総領事より内田外相宛（大正元年十月二十五日）。
(42)『大阪朝日新聞』大正元年十月二十二日。
(43)内田康哉伝記編纂委員会『内田康哉―近代日本の内田外交―』一九六九年、一八二頁。
(44)外務省編『日本外交年表竝主要文書』上、三五九頁。
(45)前掲『内田康哉』一九一頁。
(46)『日本外交年表竝主要文書』上、三六九頁。
(47)『外交時報』第一八八号（大正元年九月一日）社説「外報に現れたる日露新協約」。唯剛「俄蒙交渉始末」（『庸言報』第一年第一号〔左舜生『中国近百年史資料初編』〕）。
(48)『民立報』社論「日本対於南満州之野心」（民国元年十月六日）。
(49)同前、社論「日俄嗾使南北満独立之陰謀」（十月二十六日）。『民立報』はこの他にも社論として「論日人野心之失策」（十月十七日）、「論日俄新協約成立後中国之命運」を連続十回ほど載せている。
(50)『外務省文書』、マニラ杉村副領事より内田外相宛（大正元年十月二十四日）。
(51)『外務省文書』「我国人宜急起以自救」

……際此其存其亡間不容髪之秋、我国人不忍坐視神州陸沈、其将何以自恃、以為対待強鄰之具乎、窃謂宜有一定之決心、永久之耐力、対於以武力威嚇、悍然為戎首之木屐児、施以下最先極大之懲創、使列強咸暁然於我人之尚有抵抗力、庶幾均勢之局、方能長保平衡也、

夫瓜分之説、倡之已久、而卒無一国焉冒大不題、以為爆発之導線者、固由均勢已成、亦由憚為禍首之故、自日俄首先発難、

不惜為陳勝呉広、而均勢之局始破我国乃陥落於阨運、然而吾人最痛心疾首者、則尤在此島国之木屐児也、彼其平日固以同種同文、愚弄我人、自命為東方先進国、儼然保全支那領土説者、顧不為遠東大局計、乗我国基未固之時、挑撥列強、操刃先割、蹂躪満蒙、以償其多年之慾望、其目中豈尚有我国人、……　（資料八）

（52）『外務省文書』、『公理報』民国元年十月二十三号。

（53）同前、*Manila Daily Bulletin*, Oct. 25. 1912.

（54）『民立報』民国元年十一月二十七日、十二月十四日の「救国社宣言」「救国社成立大会」の記載以後、同紙には上海救国社に関する記事がしばしば見られる。

（55）『外務省文書』「謹告同胞快実行抵制日本貨」

嗚呼、吾国外侮極矣、然未有如日人加吾太甚也、嘗思倭寇永為中国之禍患、自昔已然、於今為烈、彼狼子野心、剽悍成姓、藐視中邦、夜郎自大、已非一日、不曰瓜分吾土地、則曰侵奪利権、……

……去歳武漢事起、彼眈眈逐逐、思欲収漁人之利、卒為公理所阻、計不得逞、乃散佈流言、或挑動漢満悪感、或離間南北、或接済宗社党、種種狡謀、造作事寔、発為言論、喧発報界、醜詆吾之所短、曰無程度、曰内訌、曰不能自主、以冀引起列強不承認民国、杜絶外援、及借債問題発生、則多方破壊、継復慫恿銀行団、挾制而謀我、不已、且寔行主動倡瓜分、乗吾国基未固、与俄協約、并呑満蒙、以為瓜分之先声、……為今之計、急則治標、惟有合内外為一心、竭全力而抵制、以為政府之後盾、……

総而言之、今日之抵制、係為救桑梓危亡起見、非与日人争意気、即犠牲身家性命財産、滅此朝夕、亦復奚恤、况所犠牲社、係犠牲日人之利権、非犠牲吾中国人之利権、雖業此者、其初不無稍有損失、然日人之損失、必十万倍於吾、以一当百、亦何楽不為、伏望各社会各界各途諸同胞、互相鼓励、一致進行、堅持到底、不為威屈、（按日人善用恫嚇手段）不為利誘（日人善施小恩小恵餌吾）雖刀加吾頸鎗指吾胸、亦必曰抵制日貨、此係積極対待主義、須始終如一、与木屐児、決最後之勝負、吾同胞其起起起。……

民国元年十月　日

小呂宋華僑救国社公布　（資料九）

（56）『外務省文書』「小呂宋中華救国社開会記事表」

中華民国元年十月廿四日晩七点鐘、開成立大会、到会者数千人、首由発起人宣佈開会理由、並読簡章五条、

㈠本会名曰中華救国社、

㈡本会仮社会為会場、無論何処均可演説鼓吹、惟現暫仮総会為辦事所、

㈢本会以抵制日貨、為惟一之宗旨、

㈣禁約之辦法、本埠従開大会議決日起実行、一概与日商断絶貿易、並厳禁遊嫖日娼、及一切酒館餐房、均不得足履其地、

㈤本会抵制日貨、凡属日本属土、如高麗琉球台湾、皆在禁約範囲内、以上佈宣後、即由発起人推挙総理一員、協理一員、司庫一員、書記一員、衆咸鼓掌欣呼公認、嗣後演説、至九点十分鐘散会、中華民国元年十月廿七晩七点開会、伝集各社会代表、岷中華僑四十二社会到会者三十八、其間代表四十六員、連傍聴者約数百人、由代表中宣佈議案、

㈠各社会代表及在座之人、愿守本会秘密、咸挙手立誓、協力堅持進行、

㈡各社会代表除推挙幹事員外、曁作評議員、於是由総協理推挙各部、散会時已在九点四十五分鐘、

中華民国元年十月廿九日晩七点鐘開会、到会者代表廿三、連傍聴者約百人、由総理宣読議案、

㈠討論禁絶日貨、応従何日実行截止、咸云去晩已截止、決就明天佈告一律実行、

㈡討論凡訂約字定購日貨、或辦在程途未到者、議決凡華商限至陽歴《ママ》十二月卅日、截止日貨入口、

㈢凡訂約字定購日貨者、須持約字、到本同人処報明、在部限至十一月二号、此数日内、如不持約字到報者、則作為故違論、

本会決不認為定購、

㈣禁嫖日娼、即日宣佈、厳厲実行、

㈤本会宣聯内地及各国華商、一律継起、議決先用電報、然後函達、

㈥公議就在座籌捐電費、然後仍行籌捐巨欵、為永遠之維持、

右事議畢、散会時在九点二十分鐘、

中華民国元年　十月三十日

救国社　公啓

（資料十、読点は引用者）

（57）当時マニラにも「日娼（からゆきさん）」がいたことについては、山崎朋子『サンダカン八番娼館－底辺女性史序章－』（一九七二年）の一六頁や、『村岡伊平治自伝』（一九六〇年）の随所に見える。なお「禁嫖日娼」は前回一九〇九年、安奉線改築問題をめぐる対日ボイコット運動が、華南・南洋に波及した際にも、各地で提唱された。

（58）『外務省文書』、「声倭奴之罪悪吾民決与禁絶往来」

……乗人之危不仁、妬人之功不義、吾中国之革命也、乃秉国家公共之理、……当武漢之起義也、助異族之独夫、暗輸軍火、混兵於敵、抗我民軍、及五族之共和也、又嗾宗社党、激生内乱、復自往俄協約、勢佔満蒙……

悲夫吾中国之受倭奴惨毒者、已深結為世仇、浜海諸省為最、閩粤為最、最劇烈惨傷者、則莫若閩人矣、……

中華民国元年十月二十六号

小呂宋救国子哭告

（資料十一）

（59）『民立報』民国元年十一月十四日。

（60）長崎出身の田川森太郎の設立した会社で、同氏はもと船大工であり、明治二十年過ぎごろにマニラに渡り、初期の在留邦人の中心人物として活躍し、日本人の商業活動、特にマニラ麻業への道をひらいた重要な先駆者であった（矢野暢『「南進」の系譜』一九七五年、二四～二六頁）。

（61）『外務省文書』、マニラ杉村副領事より桂外相宛（大正二年一月十三日）。

（62）同前、北京伊集院公使より牧野外相宛（大正二年三月五日）。

（63）伊藤忠商事株式会社社史編集室『伊藤忠商事一〇〇年』の第一次原稿。

（64）同前『伊藤忠商事一〇〇年』一九六九年、五二頁。

（65）『外務省文書』、大中華民国駐小呂宋総領事官楊告示（民国元年十二月初二日）。

（66）同前、マニラ杉村副領事より桂外相宛（大正二年一月二十五日）。

(67) 同前、『公理報』中華民国二年正月三号。

「正告救国社」

排斥他国貨、壱意禁絶其買売、純為商人貿易自由、此例不惟中国有之、即欧州亦数見不鮮、故非与法律有所抵触、絶無容許本国政府、或異国政府干渉之余地、此次救国社横被外来勢力之欺圧、由法律上観之、斐政府之挙動、実◎侵犯吾人之自由、照法可提起訴訟、要求其賠償損失、何則、救国社自成立以来、未嘗有野蛮暴動、擾乱居留国之治安故也、（資料十二）

(68) 『外務省文書』、北京伊集院公使より牧野外相宛（大正二年三月八日）。

(69) 『外務省文書』、『公理報』民国二年二月廿七号

「真耶非耶」

伝聞、楊総領事求請島督福氏、当配六名華僑出口、而島督已着検察長、将此六人履歴情形、拠実報告、然後核辦、至欲配出、何等人物、現尚無従探悉、此事如果属実、則岷僑又加一番悪風潮矣、（資料十三、読点は引用者）

(70) 『外務省文書』、マニラ杉村副領事より牧野外相宛（大正二年二月二十五日）。

(71) 山本条太郎翁伝記編纂会『山本条太郎――伝記』一九四二年、二七九～二八二頁、貝塚茂樹『孫文と日本』一九六七年、一六四～六頁によれば、孫文の訪日計画の立案者は秋山定輔で、それを孫文にとりついだのは、宮崎滔天であったとある。

(72) *The China Year Book*, 1914. p. 539.

(73) 村松梢風『秋山定輔は語る』一九三八年、二八四頁。

(74) 『順天時報』民国二年三月十二日に、孫文が東京を発して西下するとき、日本政府から特に貴賓車が仕立てられ、新橋駅頭に、大隈、板垣、犬養、松井外務次官、大岡衆議院議長らが、数千人の日本人、在日中国人とともに見送ったという。『大阪朝日新聞』三月九日に、クラブ歯刷が約一頁を使って孫文歓迎の広告を出すと、翌十日には、森下仁丹が二頁を使って「前中華民国大総統孫文閣下歓迎」の大広告をのせていた。

(75) 『外務省文書』、マニラ杉村副領事より牧野外相宛（大正二年二月二十七日）。

(76) 改良主義者の何啓が、亡妻アリスを記念して香港にたてたアリス病院付設の西医書院。

(77) 馮自由『革命逸史』第四集、一八〇頁、「菲律濱同盟会」。
(78) 同右書、一五四頁。馮愛群編著『華僑報業史』一〇二頁。
(79) 『外務省文書』、牧野外相より北京伊集院公使宛（大正二年三月十二日）。
(80) 『順天時報』民国二年三月十二日。
(81) 『大阪朝日新聞』大正二年三月四日。
(82) 同前、三月五日、『国父年譜』上、四九九頁。
(83) 戴天仇・安藤文郎訳『日本論』一九三四年三月。一三二～一三五頁。「桂太郎と中山先生との密談は前後約十五、六時間に及んで居る」とある。
(84) M. B. Jansen, *The Japanese and Sun Yat-seu*, 1954. Stanford Univ., Press, 1970. p. 159.
(85) 『東亜先覚志士記伝』中、四三六～四三七頁、長谷川峻『山座円次郎―大陸外交の先駆』（一九三八年、一九六六年時事新書、一一〇～一一二頁。）
(86) 『順天時報』民国元年十一月二十四日。
(87) 一又正雄編著『山座円次郎伝―明治時代における大陸政策の実行者―』一九七四年、七七～八一頁。同書二一〇～二二五頁には、十月十七日の袁世凱との会見録、十月二十一日の中国政府首脳との座談摘要、十月二十六日の黎元洪との会見録、十一月一日の程徳全との会見録が、史料として収録されている。
(88) 『外務省文書』、『公理報』民国二年三月八号。

○緊要広告

本日上午、接到孫中山先生由日本横浜来電、是晩開会公閲僉議、急応照登公理報、俾愛国同胞志士共同察鑒、

中華民国二年三月七日中華商務総務会公佈

○電文照録

小呂宋中華商会転救国社諸君、鑒拠日本外務省来云、貴埠有排斥日貨之挙、窃以中日両国誼属鄰邦、急応互相融治、以謀

亜東幸福、殊不宜自相衝突、現在日本朝野上下、皆極欲与吾国聯絡、全国人心皆属一致、務望詳察此意、罷除排斥日貨之挙、東亜幸甚、孫文、叩、（資料十四、読点は引用者）

(89)『外務省文書』、『公理報』民国二年三月十一号。

○特別緊要広告

原電照録以供衆覧、由東京発九点四十五分鐘、由公理報接到、

救国社諸君、鑒抵制事、出於愛国熱誠、不宜惧用、日本全国現皆欲与我和親、無抵制之理由、尊電賛成取消（按本社覆電、係云遵即開会従公議決）、望即実行、捕人事已電楊領事、切勧阻止、孫文、蒸、

中華民国弐年三月十一日

小呂宋救国社公啓（資料十五、読点は引用者）

(90)『外務省文書』、『公理報』民国二年三月十号。

○読中山先生電感言

……救国社発現之由来、雖出於愛国心之駆逼、然於国事之進行、実未能大有所裨補、堅持到底、雖毅力之可嘉、整備牧場、亦識時之所貴、况中山先生敦敦以中日両国不宜自相衝突為言、而日本朝野上下、亦有亟図与我聯絡之致、乗此時機、打消前所主張、解除一切之誤会、敢謂於国事及商務上、均不無影響也、願救国社諸君子、細読中山先生来電、平心静気以察之、如何、（資料十六）

(91)『外務省文書』、『公理報』民国二年三月十一号。

「再読中山電感言」

中山先生前後致救国社両電、均経本報披露、其第二電最扼要之語、即抵制不宜誤用、及無抵制之理由是也、夫当此商工業競争之世、抵制一挙、固足制人之死命、然用之不得其当、或至両敗倶傷、而及貽第三国以坐収漁人之利也、……（資料十七）

(92)『外務省文書』、『公理報』民国二年三月十二号、論説。

「中日聯盟為東亜全局之幸福」

中日親睦、各表誠意、以結攻守同盟、此豈特中日両国之福、東亜全局之大幸福也、何以言之、日者世界強国之一、我東亜同種之国、足与列強抗衡者、惟日而已、……余窃謂中日相仇、白人之利也、中日聯盟、黄人之幸福也、欲保持東亜和平之局、創五洲均勢之議、其由我中日同盟肇其基也乎、

（資料十八）

(93)『外務省文書』、『公理報』民国二年三月十九号。

◉小呂宋救国社広告

本社自日前接孫前総統先後来電、均刊登報端、諒闔埠同胞亦已洞悉矣、夫孫君乃吾国之一大偉人、出於愛国熱誠、意在保持大局聯絡東亜相為提携、縁是本社不得不集議研究、然畳次輿論紛紛莫衷一、是故於本月十七日晩、再召集各団体開会評議、為最後之解決、一決遵孫君命令、自宣佈之日起、暫行停止抵制日貨、一決本社救国社名義永遠存在、遵定上海救国社総機関新章辦理、聯絡海内外各政党各社会、消除私見、以促進国民実力、保全疆土、為正当補救之方針、一毎星期六晩、照常開演説大会、鼓吹民気、涵養道徳、文明進歩誠非一日也、伏惟諸君子関懐祖国、務為合力一致共策進行、本社同人翹勝翹企、

民国二年三月十八日

（資料十九、読点は引用者）

(94)『外務省文書』、マニラ杉村副領事より牧野外相宛（大正二年三月十八日）。

(95)前掲『伊藤忠商事一〇〇年』五二頁。同書にはこの文に続けて「カツテ忠兵衛ワ　在英当時　日本ノ関税引上ゲニ対スル英国側ノ反対運動ニツイテ　ソノ資料ヲ　ワガ国大使館ニツタエタコトガアッタ　コノコトヲ記憶サレテイタ同氏（山座円次郎）〈当時イギリス大使館参事官〉ガ　忠兵衛ノチイサナ　ハタラキニ対シテ　オオキナ　ボーナスヲ　アタエラレタノデアル」とある。

(96)村松梢風『秋山定輔は語る―金・恋・仏―』一九四八年、一〇一頁。

(97)前掲『伊藤忠商事一〇〇年』五二頁。

(98)中国側新聞『民立報』『時報』『北京日報』『順天時報』『中国日報』、雑誌『東方雑誌』『進歩』『華僑雑誌』等にも直接ふれるものは少なく、所々散見できる程度である。日本の雑誌『支那』や牧野伸顕『回顧録』等にも記載がなく、外務省通商局

編『通商彙纂（通商公報）』には現地領事や商務官の詳細な報告があるが、本件については全然記されていない。
(99) 文章は十月二十四日の杉村副領事の報告（注50）と酷似している部分がある。
(100) 『大阪朝日新聞』大正元年十月二十二日。
(101) 同前、大正元年十一月十七、八日。
(102) 『東洋経済新報』第六一八号、大正元年十二月十五日。
(103) 同前書、第六三四号、大正二年五月二十五日。
(104) 「在天津日本人士歓迎会演講」民国元年十月六日『黄克強先生全集』。
(105) 『外務省文書』、服部一三兵庫県知事より内田外相宛（大正元年十一月二十二日）。安藤謙介長崎県知事より内田外相宛（大正元年十二月十九日）。神戸・長崎両市では「資料五」の檄文が配付された。
(106) 『日本外交文書』大正二年第二冊、一〇六七頁～。これは大正元年「十一月十三日と前後して起草されたものと推定される。……内田の抱いた対中国政策の一般を窺う資料」とあるが（前掲『内田康哉』二〇一～二一二頁）、栗原健「阿部外務省政務局長暗殺事件と対中国（満蒙）問題」（同氏編著『対満蒙政策史の一面』一九六六年、第四章）には「十月初め、阿部局長は内田外相の命を承けて〝対支（満蒙）政策〟を起草した」とある。
(107) 内田良平『支那観』大正二年十月、三六～三七頁、門野重九郎「領土保全、商権拡張」（『太陽』第十九巻第二号、大正二年二月一日）。
(108) 『太陽』第十九巻第二号、大正二年二月一日。
(109) 『外務省文書』、バタビア浮田領事より内田外相宛（大正元年十月二十六日）。
(110) 『外務省文書』、香港今井総領事より内田外相宛（大正元年十一月十四日）。
(111) 伊藤忠商事株式会社社史編集室、社史第一次原稿『座談会第八集「フィリピン－マニラ店の開設」』。
(112) 『華僑雑誌』第一期、民国二年十一月。
(113) 斎藤完治「南洋ニ於ケル華僑－南洋出張復命書」大正三年九月十日、台湾銀行調査課、一九一六年。

(114) 満鉄東亜経済調査局『比律賓に於ける華僑』一九三九年、一六七～一六九頁。
(115) 成田節男『増補華僑史』一九四一年、三四八頁。軒数は一九二四年度。
(116) 注(101)に同じ。
(117) 前掲『伊藤忠商事一〇〇年』五一頁。
(118) 入江寅次『邦人海外発展史』下巻、一九四二年、二〇九～二一〇頁。
(119) 『日本外交文書』第四十一巻第二冊、第一一二号文書附属書、内田良平より石井通商局長宛。
(120) 永積昭「中華民国成立期における在インドネシア華僑の動向」(河部利夫編『東南アジア華僑社会変動論』一九七二年)。
(121) 藤井昇三『孫文の研究——とくに民族主義理論の発展を中心にして——』一九六六年、五二～七二、七八～八一、九〇～九一頁。
(122) 前掲、貝塚『孫文と日本』一六九～一七二頁。
(123) 『大阪朝日新聞』大正二年三月二十八日。
(124) 村松梢風「孫文と桂太郎」(『秋山定輔は語る―金・恋・仏―』四八頁～)。
(125) 『黄遠生遺書』第二巻、野沢豊『孫文と中国革命』一九六六年、一三二頁。
(126) 「臨時大総統布告友邦書」民国元年一月五日(『国父全集』誓告)。
(127) 「鄂軍都督黎元洪致駐漢各国領事照会」辛亥年八月二十一日(熊守暉『辛亥武昌首義史編』上、四七三頁)。
(128) 「中国革命同盟会革命方略・対外宣言」民国前六年(『国父全集』方略)。
(129) 馮自由『中華民国開国前革命史』第二冊、第三章「南洋華僑与辛亥革命」。A. S. Tan, *The Chinese in Philippines* 1898～1935. 1972. p. 130～33.
(130) 華僑志編纂委員会『華僑志―印尼―』一九六一年、一八八～一八九頁。
(131) 北山康夫「辛亥革命と華僑」(『中国革命の歴史的研究』一九七二年)。
(132) 井出季和太『華僑』一九四二年、一四一～一四二頁。

(133)『民立報』民国二年五月四日。
(134) 陳宗山「南洋華僑於革命中之努力」(北山前掲書一四一頁)。
(135)「趙公璧著同盟演義序」民国六年四月三十日（『国父全集』雑著)。
(136) 鄒容『革命軍』(島田虔次・小野信爾編『辛亥革命の思想』一九六八年、六四頁)。
(137) 臼井勝美『日本と中国―大正時代―』一九七二年、二九～三二頁。
(138)『外務省文書』、バタビア浮田領事より内田外相宛（大正元年十月二十六日)。
(139) 菊池・前掲書、第二章、第三章。
(140) 前掲『辛亥革命の思想』一二四～一二五頁。
(141)『獅子吼』第三回（島田虔次『中国革命の先駆者たち』一九六五年、一〇三頁)。
(142)『革命軍』(前掲『辛亥革命の思想』四一頁)。
(143)「開国前海内外革命書報一覧」馮自由『革命逸史』第三集。
(144) 月村市郎「南洋華僑新聞に関する一調査」(『東亜研究所報』第十一号、一九四一年)。
(145) 山本四郎「辛亥革命と日本の動向」(『史林』第四十九巻第一号、一九六六年)。
(146)『民立報』民国元年六月十八日、十月四、八日。
(147) 馮自由「菲律賓同盟会及公理報」(『華僑革命組織史話』下編)、「南洋各埠革命党報述略」「海外各地中国同盟会史略」(『革命逸史』第四集)。
(148)『外務省文書』、厦門菊池領事より内田外相宛（大正元年十一月十六日)。
(149) 菊池、前掲書、序章、七頁。
(150) この当時孫文がもっとも鋭く帝国主義の本質をとらえていたとする最近の研究として、安藤久美子「孫文の民族主義と辛亥革命―その反帝国主義的意義について―」(『歴史学研究』第四〇七号、一九七四年四月）がある。
(151) 拙稿「民国二年、満州における対日ボイコット」(『東海史学』第十二号、一九七八年三月）参照。

第四章　一九一五年、二十一カ条要求をめぐる華僑の運動

はじめに

一九一五年（中華民国四年、大正四年）二十一カ条要求によって惹起された対日ボイコット運動は、その規模、様相からみて、二十世紀初頭から始った対日ボイコット運動の歴史に一つの画期を呈するものと思われるが、中国本土で本格的な問題となり、全国的な規模のボイコット運動に展開されたのは、同年一月より秘密裡に交渉が進められていた二十一カ条の内容が世間にもれ、中国人がそれに驚き、ボイコットが正式に呼びかけられた三月以降のことであった。

ところで、「南洋方面は今次ボイコットの発源地とも見るべく」[1]とある如く、南洋における華僑の呼びかけがその発端であったようである。しかも本土では三月以降運動が組織化されだしたのに対し、南洋華僑は、前年一四年八月第一次世界大戦に参戦し、山東半島に軍隊を上陸させて以来の日本の行動に、批判の目をむけていた。即ち今回のボイコット運動への素地が、華僑の間では前年秋より既に形成されていた。そして翌年二十一カ条が問題となった時、彼らは本土より早く排日の呼びかけを行い、それに本土が呼応して、今次の全国的規模の運動へ発展したものと思わ

れる。

小論は、北は満州より全国的に広がり、中国本土はもとより、遠くシドニイ・アメリカにも及んだ今次の大規模なボイコット運動の、とくにその先鞭をつけたと思われる南洋華僑の動向に焦点をしぼって、本土での運動は別稿に譲ることにして、前年日本の参戦より後の運動の経過を追ってのべ、又その意義を考察してみようとするものである。(2)

一　第一次世界大戦勃発と二十一カ条要求

一九一四年（民国三年、大正三年）六月サラエボ事件を引き金とし、七月二十八日第一次世界大戦が勃発すると、袁世凱政府は八月六日、関係各国に中国の局外中立を宣告した。日本は「今日ノ時機ハ国家千歳一遇之好時機ニ有之、欧洲之大乱ハ実ニ支那問題解決之為無此上好機会(3)」として名目を日英同盟に藉り、ドイツに最後通牒をつきつけ、八月二十三日に対独宣戦を布告した。その対独最後通牒も事前に中国に連絡なく、事後駐北京日置公使より中国外務部に通知があったのみという。また国際公法によると、交戦団体は中立国の区域内では戦闘を行い得ない規定であるが、日本はこれを無視し、さらにドイツの根拠地の青島を直接攻撃せずに、山東省北部海岸龍口に上陸したので、中国は龍口、萊州、膠州湾及び附近を交戦区域とした。日本軍は九月下旬に濰県に進出し、十月には済南に迫り、そして十一月七日、青島、膠州湾、及び膠済鉄道全線を占領した。翌一五年一月、中国政府は、青島が日本軍の手に陥ち、戦争状況は終結したとして、戦争区域廃止を通告し、日本軍の山東省よりの撤退を再度にわたり要求したが、日本はいずれも拒否した。

この間、十一月に日本政府は日置公使に帰国を命じ、十二月上旬には二十一カ条要求を中国に提出すべく訓令し、翌年一月十八日、同公使は、国際慣例を破り、外務部を経由せず直接袁世凱に会見して、二十一カ条要求を提出した。以後二十五回の正式会議を重ね、五月七日に最後通牒を発し、翌々九日中国は承認した。(4)

また一方この間、一九一二年八月に結成された国民党が、翌一三年の各省の選挙で大勝すると、袁世凱は党や議会に種々圧迫を加えはじめ、三月にはその指導者宋教仁を暗殺せしめ、五国借款団と不法な借款を結ぶなど、反革命的独裁を強化していた。そこで各地で反袁の第二革命が展開されたが、いずれも失敗に帰し、孫文らは同年八月日本に亡命した。そして翌一四年七月八日、東京で秘密結社中華革命党が、旧革命同盟会の広東派を中心に結成された。孫文を総理にし、きびしい規律の下、秘密を厳守して、専制政治を排除し完全な民国の建設を目的としたものであった。中国国外にも支部が設置されるなど、革命状勢は中国内外で、十四年夏よりまた新たな段階に入っていた。

二　ジャワ華僑の運動

ジャワ在住の華僑の間にも、参戦以来の日本軍の行動の状況は遂次報道されており、とくにサマランにおいては、排日に関する檄文・印刷物が早くから配布されていた模様で、「要ハ日本ニ於テ強ヲ頼ミ支那ノ中立ヲ破壊シ、亡、旦夕ニ在リ」という類のものであったが、十月下旬在バタビヤ浮田領事の報告には「是レヨリ先、第二次革命ニ失敗シタル支那亡命ノ徒ハ、南洋各地ニ竄入シテ密ニ再挙ヲ計画シ、過般革命党員李容恢ナルモノ支那ヨリ本島ニ渡航シ、現支書報社ニ拠リテ支那人間ニ第三次革命ニ関スル謗説ヲ試ミ、其方便トシテ日本ガ支那ニ対スル中立破壊ヲ唱へ、現支那政府ヲ攻撃シ居ル模様ニ有之候(5)」とある。現地領事は、革命党員の動きを日本による中立侵犯を理由とし、現政府攻撃を通じての第三次革命への動きと、正鵠を得た予見をしていた。

しかし、まだこの段階では何ら具体的な行動に出ることなく表面だった動きはなかったが、十一月青島陥落の報が伝ると、サマランに「誅日救亡会」なるものが組織され、日貨排斥を発起し、バタビヤなど各地に檄文「抵制日貨之宣言書」を配布した。

日本は日英同盟に名をかりて戦端を開き、保護を謬称してほしいままに侵略している。日清戦争で満清に勝った余威に乗じ、極東の均勢和平を破る罪首となった。日本は山東の龍口、即墨、萊州、平度、済南、濰県等に兵を進め、公署、海関、税局、鉄路、鉱産、電郵警の主権を奪い、貨財を搶掠し、婦女を奸淫し、居民を鎗殺し、種々野蛮行為は中外新聞の報ずる所であり、倭奴は実に世界人類の容れざる所であり、そして先年、アメリカが中国人労働者を虐殺した時、曾少卿らが米貨の抵制を提唱してアメリカをして改約せしめ、近くは広東で第二辰丸が侵犯した時、広東省は抵制日貨を提唱し、日本の経済を恐慌せしめた。近くは去年、日本が中国を瓜分する論調をのべた時、サマラン・マニラで救国拒日団を組織し、日貨排斥を主張した。大きな成果を収めることできなかったと雖も、日人をして経済の苦痛を感ぜしめ、我国民の侮るべからざることを知らしめ、その攘奪の野心をややそそがしめた、〔と過去の対外ボイコットの事例をあげ、〕これよりみれば、貿易の文明を抵制すれば、国際の交渉なきこととすでにかくの如く、貿易の成効を抵制すれば、我国武力のおよばざるを補うに足ることかくの如し、〔と相応の評価を与え、〕この国家の危機に当り、吾人憚りて何ぞなさざる、ここに同志を集めて共に誓って誅日救亡会を組織し、海内外熱誠の愛国同志と連絡し、日貨を低制し祖国を保全するを以て唯一の宗旨とする

と宣言し、進行の二項として、海内外四億同胞の一致積極実行と不辦日貨、不販日貨、不買日貨の実行方法をあげている。[(6)]

この檄文はサマランは勿論、バタビヤ、ソロ、ジョクジャカルタ等中部ジャワ諸都市にも配布された。スラバヤでは別に、中華愛国団の檄文「実行抵制日貨之宣言」が街頭致る処にはり出され、日貨排斥を鼓吹していたという。日本領事によると「去ル大正元年本爪哇ニ於ケル日貨抵制運動ハ、マニラ、汕頭辺ニ少ナカラザル影響ヲ及ボシ候ニ付、這次運動ノ如キモ忽チ南支南洋方面ニ波及スルハ、殆ンド疑ナキ所ニ有之、現ニ去ル十三日マニラ救国団ヨリ別紙来電アリタル旨、誅日救亡会ニ於テ譯布セルヲ見ルモ、日貨抵制ニ関シ各地互ニ聯絡ヲ保ツノ状ヲ窺ヒ得可ク候」[7]とある。

別紙電文

本会十三午後四打鐘接小呂宋《マニラ》救国団電云三宝壠《サマラン》報館転（報館不使指名　閲者諒之）各団体鑒

日本破戒我中立佔山東　祈同胞急起抵制日貨助政府後盾

十一月十四日　　誅日救亡団譯布[8]

ここで興味をひくのは、その本庁に送られてきた電文の　抵制日貨助政府後盾　とある所に、誰の手になるのか「袁世凱不法　快倒政府」の九文字が二行に書き込まれていることである。

宣言書にある「去年、サマラン、マニラに救国拒日団を組織し云々」や、また領事のいう「去ル大正元年本爪哇ニ於ケル日貨抵制運動云々」とは一九一二年（民国元年、大正元年）七月に日露両国が第三回日露協約を締結し、満蒙の分割を取決めようとしたことに対し、まず同年秋、サマランの華僑が日貨排斥を呼びかけ、それがマニラなど南洋華僑、華南の地に波及し、翌一三年春までボイコット運動が継続された事実を指すものである。この点については、拙稿「中華民国成立期、華南・南洋における対日ボイコット――孫文、革命派の動きをめぐって――」[9]すなわち、前章、本書第二部第三章で詳述した。

そして十一月には、三宝壠誅日救亡会佈として「誅日救亡会章程草案」が出されている。（名称）本会はサマラン華僑団体より連合組織し名づけて誅日救亡会という。（宗旨）本会は海内外同胞と連絡し、抵制日貨を実行し救国の目的を達するを以て唯一の宗旨とする。から始まって、（会所）（会員）と続き、（職務）として勧導部、調査部、稽察部、文事部、会計部、糾正部、総務部の七部を設け、それぞれ幹事をおいてその職責を規定し、（経費）は会員の醵金により、職員は奉仕であって薪水を支給せずとし、（進行）では、本章程発布後より実行し、同時に株を募集して国貨公司を組織し、国貨を購入して同胞に給し、抵制の実効を早く収めさせるようにするとしている。（会期）を定めて日曜日ごとに全体職員会を開き、（時期）では倭奴が禍を悔い、祖国が安全に達する時やめるとし、（範囲）として〔甲〕日本より来る貨物は一概に抵制し、〔乙〕日本の銀行の紙幣の使用、それへの兌換、貯蓄を禁止し、〔丙〕中国の開港場に設けられている郵便局は、中国の利権を奪うこと著しきを以てその郵票は使用を禁止する。〔丁〕凡そ日本船舶、日章旗を懸る船舶には貨客を搭載しない。〔戊〕日本の娼婦、工匠も抵制の範囲に入れる。

と規定している。そして（附則）を合せ全十一条から成立っている。

なおこの章程は、サマラン華僑よりインドシナ在住の華僑に送付されたものを、同地総督から駐日仏国大使に転送し、同大使より日本外務省にもたらされたものであるが、同大使によれば「此種ノ書類ハ凡テ同殖民地ノ郵便政庁ニ於テ差押へ、其ノ到着ノ都度之ヲ破棄シ居レリ」[10]とあり、この種の民族運動については、東南アジアに植民地を有する国々は非常に神経をとがらし、互いに情報を交換し連絡をとり合っている様が窺える。仏国の処置は、一九〇七年に締結された日仏協定の主旨にそっての行動であり、その協定は今回のような運動に対応するためにこそ、締結されたようなものである。

こうして日本の参戦・行動に対する批判としておこってきた日貨排斥運動は、スラバヤでは従来の中華愛国団の外にも、「泗水《スラバヤ》鉄血致死団」なるものが組織されてくるなど激しさを加え、その配布した檄文中には「日本品取扱支那商ニ対シ、或ハ店舗ヲ焼払フベシ或ハ暗殺スベシ」等の脅迫的言辞が見え、これがため日本雑貨商店等も「著シク之ガ影響ヲ受ケル」に至ったという。

ところで、「抵制煽動者ハ書報社若クハ支那革命派ノモノ」とか、「実業界ニ勢力ナキ乱党ノ末輩」であるため、「今回ノ抵制運動ハ遠カラズ終息スベキ運命ヲ有スルモノト相認メ(11)」られると日本外交官は観測しており、事実スラバヤでは運動者数名が捕縛され、ジョクジャカルタでもこの運動の首領で革命党員でもある当地商会書記の李懐霖が退去を命ぜられるなど、翌年一月下旬には運動が殆ど終息するかの状況であった。

しかし、この時日本の二十一カ条要求の報が伝ると、日貨排斥の声は再燃の形勢を示し、スラバヤでは檄文の配布がはげしくなってくる。泗水愛国団の名義の「忠告反対抵制者」というのもあるが、馬厥猷の「為組織国貨公司事敬告同胞者」は先の章程草案の中でも言及されていたが、日貨を排斥すれば当然その代替品が必要で、その表裏関係として国産品愛用を提唱したもので、日貨抵制運動の変形として注目される(12)。筆者馬厥猷は、一九〇七年（光緒三十三年）三宝壠中華商会設立発起人の一人であり、その協理をつとめた人である(13)。

四月に入ると種々の流言風説百出し、ジャワ在住華僑の「対日反感ハ愈々高潮ニ達シ、蘭領印度各地到処日貨抵制ノ声ヲ聞カザルハナク……激烈ナ運動行ハレツツアル」様子であった。そして今回の運動は従来の檄文の配布、街頭貼布が官憲の取締りにあい効果を収めないため「概シテ秘密ノ裡ニ之ガ実行ヲ計画シ、主トシテ戸別訪問ノ方法ニヨリ日貨抵制ヲ鼓吹」しているという。そしてその運動の影響は、最初は一部小売商店、売薬業者が打撃をうけた程度であったが、「漸次其範囲ヲ拡大シ」ていく様相で、「今後如何ナル程度ニ迄発展スベキヤハ容易ニ揣摩スルヲ得ザル(14)」

状況であった。

そしてサマランの誅日救亡会は、上海全国公民救亡会、広州拒日救亡団、福州愛国団など本土の排日団と呼応し、日本は中国を第二の朝鮮にせんとす、国家の興亡には匹夫も責ありとし、抵制の二字をおいて他の術なし、さらに徹底的な日貨排斥を呼びかけた[15]。

五月に入ると運動はいよいよ激しくなってきた。本土では運動が組織されてくる三月以降、救国儲金、国貨愛用という方法がとられ、本土はもとより華僑在住の各地に募金の呼びかけが行われた。「六分利付内国公債ヲ当領方面ニ於テ募集」され出すと、「各地在住支那人ハ到処支那人大会ヲ開催シテ之ヲ迎ヘ、慷慨悲憤ノ論調ヲ以テ救国醵金ノ急務ヲ呼ビ、為メニ即座ニ数十万弗ノ申込ヲナセシ者少ナカラズ、或ハ之ヲ以テ日本ニ対スル開戦ノ軍費ナリト思惟シテ応募スル者ハ多数有之」という有様であった。

さらに日本が最後通牒を出して中国に承認を迫ったという報道が達すると、スラバヤの華僑は外務総長に対し「吾人ハ日本要求ノ容諾ヲ決シテ承認セズ、吾人ハ朝鮮ノ如ク他国ノ属邦トシテ存在スルヨリ、寧ロ白耳義ノ如ク名誉アル死ヲ希望スルモノナリ[16]」との決議を電文したという。

メダンの中国新聞『新報』の主幹は日貨排斥の煽動者として同地官憲に捕縛されたが、「排日煽動者ハ多ク革命派員其他ノ浮浪者流ニシテ……総領事ノ言ニ従フモノニアラズ……総領事ノ諭示モ格別ノ効果無之[17]」という状況であった。

このようにジャワにおける対日ボイコット運動は、一四年日本の参戦の後より起り、翌年一月一端終息しかけたが、一五年二十一カ条要求が出されるに及び、再燃の形勢となり、しかも一層激烈な様相を呈し、凡そ華僑の在住する所、スラバヤ、サマラン、ジョクジャカルタ、チェリボン、バンドン、バタビヤの諸地域に蔓延し、これに伴って日本人商店にも大きな実害が現れ、六月、七月へと継続された。

三　マニラ華僑の運動

マニラは、前回一九一二年第三回日露協約をめぐるボイコットの際、多くの地域は年内で終結したのに対し、同地だけは、漢字新聞『公理報』が機関紙的役割を果しながら、翌一三年三月まで約半年間継続された所である。そして孫文の要請によって中止されたのである。

この余燼の未ださめやらぬ所へ、日本軍の山東省上陸の報、龍口附近で多数中国人が日本軍に殺戮されたという報が伝ると、「先年当地ニ於テ日貨排斥ヲ行ナヒ、罰金徴収ナドニテ甘キ味ヲ占メ居ル公理報、其他無頼漢ノ者共ハ、之ヲ好餌トシテ前轍ヲ踏ミ、又々一ト羸ケセントテ日貨排斥ヲ再演セントスルノ虞[18]」が出てきた。

マニラ駐在杉村領事は前年の件に鑑み、極力これの防止策を講じ、当地駐在の中国総領事劉毅と談合し、本庁からの情報に基いて、目下日中両国間は交誼の親睦を極めていること、外電の伝える流言は全く荒唐無稽であること、山東省における日軍の軍紀は極めて厳粛で、秋毫も冒さず、到る処中国官民の歓迎をうけ、先年日露戦端を開いた時と異らず[19]とのことをのべ、前記『公理報』や中国人商業会議所の機関紙たる『中華日報』に掲載せしめて、誤解をとくべく努力をしていた。その後も『公理報』はしきりに排日的記事を伝えていたが、十二月二十五日、小呂宋中華救亡団の名において、「願吾同胞醒醒醒」なる檄文が配布された。それには日本軍の山東省における行動を列記した後、吾国の悪劣無能の政府はついに之を制止するの法なく、といい、今の吾が政府の悪劣無能、已に麻木不仁の状態をなし、まさに治本治標の法をもって施すべし。治本とは何なり、現政府の悪劣無状、宜しく羣策羣力以て之を駆除すべし。治標とは何なり、かの日人の強暴蛮横、宜しく同心同徳以て之を抵制すべし、という。[20]日本の山東省における横暴を許しているのは悪劣無能の現政府であると、時局を非議し、明かに袁世凱を排除することを根本策としている。が、今は緊急の時、まず排日を急務とすべき時だとして運動にたちあがることを呼びかけた。

日本領事が中国総領事に、その主謀者を追求したところ、同総領事らのいうところによれば、「右ノ主唱者ハ先年日貨抵制ヲ企テ、孫逸仙ノ厳命ニ依リ解散トナリタル元救国社ノ残党ナラン[21]」という。

十月二十七日『公理報』掲載の「第二次救国社将出現」の記事は、中国総領事は日本領事と面会後直ちに中華総会善挙公所幹事である魏椒園を呼び、その主謀者とみられる救国社元社長戴金華、前社長黄金釣の両名に対し、再びこの件に干与するべからずとの警告を与えたことを報じている。[22]

小呂宋中華救亡団による檄文配布に関し、日本領事はフィリピン政府に取締方を要求したところ、政府行政部長の回答は、同政府は適当な手段をとるべく主任検事に命令し、同検事は「此ノ種問題ニ常ニ関聯ヲ有シ、多大勢力アル革命派機関紙公理報主筆李済章、元救国社長タリシ戴金華、及ビ先年日貨抵制ノ際ニ於ケル擁護者タリシ医士鄭漢淇、外三名ノ者ニ対シ警告ヲ発シ、何等法律ニ違背スルコトナキ様、篤ト同国人間ニ警戒ヲ加フベキ様公約セシメ」たとのことであり、同時に同検事は、日本商人側からも、中国商業会議所の機関紙である中華日報及び公理報へも「盛ンニ好餌的広告ヲ試マシメ」彼我の感情融和を計るようすすめたという。[23]

ここにある戴金華は、たびたび触れてきたように、前回ボイコットがあった際の中核であった救国社の社長であり、最高指導者として、当局よりその鎮静対策として退去させられようとした人物である。また医師鄭漢淇は、同じく前回のボイコットの際、孫文と共にその中止に一役買った。福建出身のクリスチャンで、孫文とは香港の雅麗氏《アリス》医学校時代の同窓で、同盟会機関紙『公理報』の創刊に加り、フィリピン華僑の間に隠然たる勢力を有しており[24]、またこの年十月には中華革命党マニラ支部長に任命されていた[25]。

前年の経験に鑑み、日本領事は拡大を未然に防止すべくいろいろ努力していたし、又当時中国を視察し、袁世凱と会見して帰島したマーチン副総督が、日中間の関係は良好、親善であり、外電に伝える所報は誤りで、日本が膠州湾を中国に還付するという約束に中国は全く満足している、と語ったことが報道されたりすることが、「直接間接ニ在留支那人間ニ好感触ヲ与ヘ、右様抵制ノ実現ヲ喰止ムル上ニ於テ至大ノ効力[26]」があったのか、同年中にはボイコットは組織だったものには展開されなかった。

しかし、年が明け、二十一カ条要求の報道が伝えられると事態は一変した。

三月に入り、閲書報社で二十一カ条要求問題で演説会が開催されると、各界の華僑は先を争って傍聴に出かけ[27]、九日には善挙公所を借りて対日問題の討論会を開き、十一日夜に全体会議を開くことを決定した。この中国の危機、エジプト、朝鮮の如くにならんとする時、凡そ華僑も国民の一分子、救亡の責任は宜しく分担すべく、各界の団結力を集め共に対策をはかり、政府の後盾となり、宜しく党派を分たず、煩雑を畏れず、ただ国あることのみ知って、羣策羣力、一致進行せんと、救亡団発起の伝単で呼びかけている[28]。その発起救亡団之佈告書には

二十一カ条の要求、我が新造の国、四億の民、三千万方里の地をあげて、一口に呑まんと欲す。その手段の辣、量見の毒、これを世界にはかるに実にその二なし。……今の日に居りて死力を以て争わざれば、則ち印度、エジプト、朝鮮をおいて以外、固より我が国民の地位なし。苟くも印度、エジプト、朝鮮となるを欲せざれば、則ち死力を以て争うをおいて以外、亦我が国民の地位なし。是れ即ちこの時の国民、宜しく家を毀し難を救うの国民たるべし。又宜しく戈を枕にして旦を待ち、楫を中流に撃つの国民たるべし。……然れども国は乃ち国民の国、政府少数人の国に非ず。即ち我が僑胞も亦中国よりはずれる者を有するに非ず。政府自ら政府の行動をなせば、

国民は自ら国民の天職をなす。政府は苟も国民の為に争えば、国民は則ち首を賭けて、以て政府の助となる。政府にして中国の命運を断つを甘んじ、或は属国の朝廷たるに甘んぜば、則ち我が国民も亦我の初志を行い、一死をすてて日人と争うのみ。幸いにして保全すれば国民の福なり、不幸にして老天我が国民をして世界に存在せしめるを欲せざれば、則ち最後の呼吸を以て之を已むのみ、むしろ頚血を以て日人にそぐも、伈々俔々日人の廷に膝を屈して命を听き、以て祖宗と地下に対する無きを致らざらしめよ。然らば即ち我が僑胞又いづくんぞ政府の国を誤るを静听すべけんや。(29)

とある。むしろ政府に対し、期待し、奮起を促す姿勢でもあった。

三月十一日晩、善挙公所において開かれた華僑救亡団の大会には、各団体は代表を派遣して参会する者四百余人という。参会者には商務総会代表呉克誠、広東会館王忠誠、黄三記、民国公会謝耀南、陳益三、閲書報社鄭鶴年、呉宗明、善挙公所孫清標、愛国団張本漢、進歩党曾光彩、その他会館、公所、各会社団体、各界から代表が加った。進歩党は袁世凱の与党であり、文字通り「党派を分たず」という状況であった。(30)

黄三記、王忠誠、呉宗明は一九一〇年（宣統二年）李箕がマニラに来て鄭漢淇らと革命同盟会分会を結成した時、加盟した者であり、呉宗明はその時創刊された『公理報』の編集であった。(31) 陳益三は前回のボイコットの時、指導者として救国社々長戴金華とともに追放されようとした者である。

大会は閲書報社代表鄭鶴年が開会の宗旨をのべ、陳益三が広東語に訳し、次に各代表の投票により、蔡聯芳が九票を得て臨時正総理に、戴金華は六票を得て臨時副総理に選ばれ、次に呉宗明より、呉克誠を司庫に、許化育を正外総に、薛敏老を副外総に、黄燦三、鄭漢淇を監理員に推挙し、拍手によって賛同された。次に団体の名称を討議し、拒日聯合会、公民救亡団、衆人救亡団、華僑愛国団の諸案が提案されたが、討論の結果最終的に華僑救亡団と決定した。(32)

この大会の決議に従って、小呂宋華僑救亡団の名で、それぞれ北京政府、閩、粤政府に対し「日本の無理要求、拒絶せんことを請う。むしろ戦うも譲るなかれ。僑は、生命財産を以て后盾とならんことを誓う」[33]と電報をうっている。

三月十六日開催の救亡団大会には埠中の大商家黄呈標ら数十人も参加し、正式職員の選挙と一般議事を討議し、蔡聯芳を正団長、戴金華を副団長、呉克誠を財政長、許化育、薛敏老を外総、呉克仁、呉宗明を書記とした。評議員の選出には各社会から代表一名を派遣して評議員会を組織し、機関を独立させ、幹事会の進行を督促させることにした[34]。

十三日夜に開かれた救亡団職員研究会では呉孟嘉、呉宗明、呉克仁に救亡団簡章を起草させ、またシンガポール、ラングーン、ペナンなど南洋各地の社会団体に電報をうつことを決議した[35]。

こうして三月になると、拒日団の組織の検討がされ始るが、排日の具体的方法の一手段として、醵金運動が自発的に行われてくる。労働者、商人、商店員達の中で[36]、当時非常に高価だった電報代にと、或は日本と開戦した場合の戦費にと、醵金を申出る者が続出してくる[37]。余蓄のない者でも、国民の一分子として匹夫の責を果さんと、減衣節食してでも月々の醵金を申出る者があった[38]。乏しい一月数十元の月給の中から、毎月二十元を出そうとする者[39]、戦争の終結まで毎月浄財を出そうとする者があり、その申出をする者はいつも最後に「決不食言」と誓う[40]。十二才の少年が、六十四才の老人が、僅か微々たる二、三元から、数千元の大金に至るまで[41]その財力に応じて醵金し、国民としての天職を尽さんとする。しかしこのような醵金運動において、捐款する者、大商巨賈はかえって少数で、労働者が多数を占め、大商巨賈は観望するのに、労働者は躊躇する所なし、大商巨賈と労動者の愛国への度合はお金の多少に反比例するのか[42]とあるのは、注目に値する。これはかつて胡漢民が述懐したのと全く同様である[43]。

日本と開戦するなら、決死団を組織して帰国し、生命を犠牲にして国民分子の責を尽したいと願い出る者[44]、また中国が朝鮮の後塵を歩まんとする時、木屐児（下駄をはく者＝日本人）と二十世紀の舞台で死戦を決し、日清戦争の恥を雪ぎ、中国領土を保全すべきと、敢死隊の成立を呼びかける者も出てきた(45)。

フィリピンの華僑は福建、広東両省出身者に限定され、とくに福建の晋江、南安、金門、恵安、同安等の県の人が約八割を占めているといわれている(46)。そして二十一カ条要求そのものが亡国に係るものとし、しかもその第五号第六項は、福建と密接な関係を有する。即ち同第二十条は「台湾との関係および福建不割譲約定との関係に顧み、福建省における鉄道鉱山港湾の設備（造船所を含む）に関し、外国資本を必要とする場合には、先ず日本と協議すること」とあり、華僑がこの問題を故郷福建の存亡にも係ると認識する時、福建人が運動の中核となるのもまた当然であった。『公理報』の記者は、この項にふれ、日本人は断じて投資優先権だけに満足しないこと、日本人の福建省に対する野心、今日だけのことではなく更に深いものがあること、凡そ福建に隷する者は之に抵抗すべしといっている(47)。また閩人一分子は投書して、日本が我が閩省を強佔すれば、福建は中華民国の関係を離脱し倭奴の牛馬となろう、然らば帰るべき家なく、生きて異族の奴となり死して他郷の鬼とならん、誠に列祖列宗と地下に見ゆる面目なし、と閩僑の猛醒を促す(48)。

さらに前述のようにフィリピンには福建省人、広東省人が多くおり、「かつ遭難の惨、閩・粤もっとも先たり、閩ひとたび失われば、粤は即ち唇亡歯寒の関係にあり」とあれば、両省出身者が、故郷のため祖国のために連帯するのもまた当然であった(49)。

一方袁世凱はこれら南洋華僑の澎湃たる動きに対し、その愛国運動を牽制すべく、「自覚先生」なる者を派遣して、華僑の運動を軽挙妄動として、その運動を鎮静しようとし(50)、また一方では非常手段でこれを弾圧しようとした。

これに対し、やはりここで注目されるのは、二十一カ条要求を国家、家郷の淪亡ととらえ、中国が第二の朝鮮たらんとしているとうけとる華僑が、このような事態を招来した現政府・袁世凱に対して、真向から公然と批判していることである。

初めはなお現政府の毅然たる態度を期待し、その後盾とならんとする態度を示し、まず日貨排斥を緊急の課題としていたものが、民国は国民の国であり、政府少数者の国に非ず、と間接的な批判に変り、さらに次の一文は一華僑の投書とはいえ、袁世凱を名ざしでその責任を追求するに至る。時局の危きこと旦夕にあることを知る。然れどもその原因を推するに、袁世凱自ら招くの禍に非ずと謂うを得ず。弟敢て云う、袁氏一日去らざれば、中国一日安んぜず、故にまず先に袁氏を除去し、而して後に日本に対す。惟だ望むらくは四億の国民、協力羣起とせよ。[51]『公理報』の社論ともいうべき「弔国」と題する一文は、

ああ、我国民の権利の喪失、今日に至りて愈々極れり、我国、民権の喪失により国家を危害す、今日に至りて愈々現る。辛亥の初、まず約法に載せる者は、則ち中華民国の主権は国民に在りと曰うなり。今は如何なるや、交渉問題は国運の継続に係り、国民の生死に係る。利害の存する所、拚力以て謀り、存亡の時、死を誓て挽救するは、固より今日の無上の政策なり。乃ち主権奪われるの故を以て、民賊の為に掣肘せられ、虎狼の横呑、一条専制の索、全国民を束縛するを視る。而して民賊、全国民の命脈を以て他人に掬す。此れ誰れを之れ咎めん。民権の喪失に非ずして、何を以て致すや。ああ、しゃべりはじめ、あるきはじめの、中華民国、既に慈母の撫養を失い、顚沛の命運にあい、大蠹内にそこない、蛇蝎外に蝕む。ああ孤独なるかくの如き境遇、亦大いに悲しむべからずや。[52]

とあり、この評論はその立場を明確にし、日本を蛇蝎にたとえると同時に、袁世凱を大蠹、民賊と決めつける。日本が二十一カ条要求を敢えてするのは、中国政府が独夫、売国賊に掌握されているからだとする。そして「侮りを防がんとすればまず国賊を懲すべし」と何が当面の急務であるかを明示している。

四　その他・各地の華僑の運動

対日ボイコット運動は、ジャワ、マニラ以外の華僑在住の地にも波及した。

ピナンでは革命派の漢字新聞である『光華日報』は従来とかく排日の傾向があったが、この時期に猛烈と日本を攻撃する記事をのせていたという(53)。マレー半島の各地では、今回の排貨の状況は、従来の如く宣言書を発表して公然に非買同盟を行うのとは趣を異にし、秘密に非買を申合せ、極めて陰険な態度で着々排貨の歩武を進め居り、従って風声よりも事実は一層深甚なる影響を日本商品に与うる事は勿論、日本品を取扱う商店は休業の状態で、日本品の代用として米国産綿製品が売行増加の傾向にあったという(54)。

シンガポールはもともと革命党の一つの拠点であったが、当市でもボイコットの気配は青島問題以来の事で、そして交渉以後に爆発したという。煽動分子は、新聞に、大道演説に、引札の配付に、甚しい場合は商品の包装紙に慷慨文を印刷し、あらゆる手段で排日的感情を煽り、そしてドイツ人と気脈を通じ、利権回収の名の下に群衆の敵愾心を挑発したので、嘗ては本国の治乱興亡にさえ没交渉なりし張三李四の好々爺もこれを口にするに至ったという。報復手段として同盟破棄者を制裁し、又暗殺団を組織し、藤井領事、荒城武官その他主な日本人を鏖殺してしまう、という騒ぎであった。当市の中国人居住地バンダ界隈は、殺気が溢れ日本人とみれば目に角たて事々に排日的行動に出たという。しかし、今回のボイコットは、最初福建人及び海南人によって唱和せられ、独り広東人のみは傍観の態度を保ったという。その理由をきくと、「彼らは日本の対中国要求を以て袁世凱の失政より致せるものとなし、若し孫文にして政事堂の第一人たらんには、然くも惨めな運命を華民に誘導すべけんやと云ふに在るが如く、頻と北京政府失体を冷罵し居れり」という。[55] 日本領事も「新聞紙ノ論説ハ、袁政府ヲ攻撃セントスル革命党員ノ敵本主義ニ基因スル点モ有之ベシト被察候[56]」と判断している。対日ボイコットの影響は、日常食糧品の高騰もきたして各方面に現れ、大総統の禁止令が出ても、華僑は不関焉然として陰密の間に之を実行しつつあったという。[57]

バンコックでの運動の煽動者の系統については「本邦ニ留学シタル革命派学生及支那人印度人ノ混血児ニシテ、新嘉坡南洋方面ヨリ流転シ来レル[58]」者としており、六月には運動いよいよ激しさを加え、革命派新聞及精米所関係の有力中国人が主導者となって、「振興国貨団」なるものを組織し、日貨処分、日貨陸揚の拒絶、同違反者制裁の三項を議決したという。[59]

運動はシドニイにも波及し、以前より継続されていた中国人の日本汽船に対する非乗同盟が、同年十月下旬になっても「右ノ事態ハ終熄ノ気勢無之」という状況で、同地には漢字新聞が三紙あって排日を鼓吹していたが『民国報雑誌』という週刊誌には「朝鮮亡国受日賊所専制苛待之無道」をのせ朝鮮人が日本に如何に扱われているかを列記し、最後に、「今日の朝鮮は、ポーランド、印度より甚しきあり、我中国四百《ママ》万黄帝の子孫、数万々里荘厳美わしき民国、若し同心協力し発憤雄とならざれば、我が国まさに第二の朝鮮とならん、惨たるかな[60]」と結んでいる。

さらにボイコットは遠くアメリカ・カナダ華僑の間にも波及した。中華革命党の首領株たる林深及び黄伯耀両名はカナダや沿岸各地を遊説し、ポートランドでも一場の反日的演説を試みた。その要旨は、「日支交渉ノ裏面ニハ袁総統ト日本政府トノ黙契存シ、袁ハ革命派ガ彼ニ反抗スル時、日本軍隊ノ援助ヲ借ラン為メ、交換的ニ日本ニ利権ヲ譲与シ、支那ノ社稷ヲ売ラントシツツアル者ナルヲ以テ、先ズ袁ヲ倒シ支那ノ統治権ヲ彼ヨリ奪ヒ、革命派ノ手ニ確固タル新政ノ基礎ヲ築クヲ最大急務」とすべきというもので、日貨排斥の如きは姑息手段で多くの効果をあげ得ず、日中問題を種に革命熱を鼓吹するに努めたという。[61]

バンクーバーでは、当地発行の漢字新聞で、袁政府派と称せられる『大漢日報』すらが、筆鋒を本問題に向けとかく過激の論調をのせており、一部の者は、救亡会なるものを新設したという[62]。

サンフランシスコでは、『少年中国新聞』はむしろボイコット反対の意見であったが、後には日貨排斥の立場に変り、十九カ条からなる排日の檄文をのせ、排日を煽動した。そのため中国人街にある日本の宿屋、湯屋、玉突場、床屋等三十二戸は殆ど休業の姿となった。中国人の中にはボイコットに反対する者もいたが、「支那総領事自身排日派ヲ使嗾シ居ルヤノ趣」もあったという。そしてサンフランシスコの場合、中国本土やその他の地域のボイコットは同年八月頃にはほぼ終結したが、同年十一月下旬になっても、依然としてこれを継続し、「六月以来海産物ノ取引皆無ノ姿」になるという根強いものであった[63]。

影響はニューヨークにも及び、当地華僑はサンフランシスコの例にならい日貨排斥運動を開始したが、当地日本当業者に大した影響はなかったという[64]。

おわりに

以上、一九一五年二十一カ条要求をめぐる対日ボイコットの状況を、華僑に限ってその動向を見、その経過をのべたが、この運動は二十一カ条要求が世間にもれ、問題となった三月以降に初めておこってきたものでなく、既に前年秋、日本の第一次世界大戦参戦、山東上陸の頃より、彼らが日本の行動をいち早くとらえて問題にして、前段階の準備ができあがっていた所へそれを継承拡大するかたちでおこってきた。日本の山東での行動に既に国家の危機を感じており、一度は終結しかけたが、そこへ更に追い打ちをかけるようにより大きな二十一カ条問題がおこったため、今までにない一層大規模なものに発展したと思われる。つまり素地があらかじめ準備されていたからである。

本土では日本の山東上陸をあまり問題にすることがなかったのに、かえって遠く異郷にある南洋華僑が真先に取り上げて問題にした背景には、やはり一二年（民国元年）七月に第三回日露協約を締結してより、同年秋から翌年春まで、ジャワ・マニラを中心に、南洋・華南で対日ボイコットが組織された前回のと無縁でないと思う。前年の余燼さめやらぬ時に参戦、二十一カ条の問題がおこったために一層事が大きくなったものと思われる。

従って系譜的には今回のボイコットは前回のを継承するものであり、連続面にたつものと思われる。前回まず最初に排日を提唱したのが、ジャワ・サマランの華僑であったが、今回もそうであった。そして今回の「三宝壠誅日救亡会」の章程草案と、前回の「三宝壠華僑救国拒日団」の約章は[65]、その形式、内容ともほぼ同じものであり、また今回のサマラン発布の「抵制日貨之宣言書」の中では、前回のサマラン、マニラにおける拒日団の運動に相応の評価を与えている。さらに今回の華僑ボイコット運動は、前回の運動を人脈の点でも継承するものであり、今回マニラにおけるボイコット運動の中心機関である救亡団の提唱者は、「元救国社ノ残党ナラン」とあるように、その指導者・メンバーもほぼ前回と同じ人だったと思われる[66]。救亡団はまさに「第二次救国社」であったのである。

また前回、厦門とバタビヤ排日団体がそれぞれ、閩粤鉄血団、鉄血会南機関部と称していたが、今回はスラバヤで、鉄血致死団が組織され、福州では鉄血団なる秘密組織が排日運動を鼓吹しており、前回の時に組織されたものが、今回復活して互いに連絡をとりながら運動を進めていたことが窺える[67]。

その運動の形態として、本土では一五年三月以降ボイコットが本格化された時に、救国儲金と国貨愛用が二本柱としてとり入れられ、一定の成果を収めたが、この醵金運動、国貨愛用も実は、今回まず華僑によって一四年秋から提唱され、実施されていたものであった。

もっともこの醵金運動、国貨愛用も、今回初めて華僑によって提唱されたものでなく、前回の時にも、国産品愛用運動は華南地方でおこっていたし、又醵金運動は「国民捐」運動として、一二年夏から全国的規模でおこり、それが南洋まで波及したことがある。しかしその国民捐運動の時も、本土ではこれに応ずる者が寥々であったのに、マニラでは踴躍数十万元が集ったとあり、華僑の方がはるかに熱心だったという。(68)

運動の主体的な担い手の面では、前回のが旧革命同盟会系の人を主体とするものであったが、今回のは、孫文を総理に頂く中華革命党系の人が重要な構成要素であったことが、しばしば現地領事の報告などにみえる。

今回のボイコットには「党派を分たず」多くの階層の人々が結集したと思うが、中華革命党系のもとにあった人々は、このボイコット運動を通じて、袁世凱打倒の手段に利用しようとしたこともまた当然であった。しかし、実態は、対日ボイコットを行うより、むしろ袁世凱専制政府打倒にはるかに力点をおいていたように思う。日本現地領事の報告には、ボイコット運動を「革命派の煽動」に帰しているのが多いが、前述のように日本が敢て二十一カ条を提出するのは中国政府が独夫、売国賊の手に掌握されているからであるとし、「侮りを禦がんと想えば、先づ国賊を懲すべし」との認識や、「日貨排斥は治標、悪劣無能の現政府を駆除するのが治本、根本策である」と、宣言書中に明言することにそれが明確に現れているといえよう。対日ボイコットよりまず袁世凱政府を打倒することが当面の急務、中華革命党はこの方針を基本にすえたものと思われる。

従って、袁世凱を独夫、民賊、売国賊と表記し、中国本土では取締りが厳重を極め、批判めいたものすら言い得ないことを、かえって海外にあるがために、自由に堂々と発言し行動し得たと思われる。本土や日本国内における中華革命党員以上に、旗幟鮮明に、明解な態度をとり得たと思う。そしてそれはすでに、一四年秋、日本が大戦に参加し、山東半島に上陸した直後より、このような状況を招来した「悪劣無能」の現政府を非難し「袁世凱不法・快倒政府」

といっていた。

一九一五年二十一カ条要求をめぐる南洋華僑の動向は今まで殆どとりあげられなかったが、これを通じてみても、中華革命党や一般の華僑が、如何に祖国への熱誠を示したか、その路線は別にしても、如何に祖国に対し経済的、精神的な支援をなしていたかが窺える。

前回の対日ボイコットの際は、連日主義の立場に立つ孫文の要請によってやむなくボイコットを中止した。南洋華僑は今度こそはと意気込んで再び呼びかけたかも知れない。そして「先ズ袁ヲ倒シ……革命派ノ手ニ確固タル新政ノ基礎ヲ築クコト最大ノ急務」とされ、孫文にして政事堂の第一人たらんには、かくも惨めな運命を華民に誘導すべけんや、とその指導性を期待された中華革命党総理孫文であるが、その孫文がこの華僑の行動に対してどのように対処したのか、この点について、ただ一言推論を言えば、孫文はこの点に関し殆ど動かなかったのではないかと思う。孫文は二十一カ条要求自体について、二月上旬、次のように感想を語った。「……今回日本政府ノ態度ハ大体ニ於テ余ハ東洋ノ平和ヲ確保シ、日支両国ノ親善ヲ計ル上ニ於テ妥当ノ措置ナリト信ス、……袁総統ハ……最モ親善ヲ計ラザル可カラザル日本ト提携スルヲ欲セザル者ノ如シ、之レ支那否ナ東洋ノ為メ最モ憂フベキ事ナリト信ズ……今回ノ日支交渉……余ハ一日モ速ク円満ナル解決ヲ告ゲンコトヲ希望ス云々」(69)と、二十一カ条賛成の意向をのべ、日中連携の必要を論じていた。常々「華僑は革命の母」といい、三次の革命を通じて常に華僑と連絡をとりながら、華僑を念頭におかないことはなかった孫文であり、又華僑も三次の革命を支援し、中華革命党の組織にも支援していたが(70)、孫文は二十一カ条要求問題については、それが袁世凱の帝制運動の助けになるとして、その真相を揚言して党員に積極討袁を通告したものの(71)、この華僑による対日ボイコット運動については、殆ど対応しなかったのではないかと思う。それは当時の孫文の基本的政策が、「連日」と袁世凱との「速戦」であり、日本は中国の隣国であるため、日本が我を助ければ我が勝ち、袁を助ければ袁が勝つといい、孫文にとっては連日が重要な問題であった。[72] そして身は日本にあって反袁の革命に挺身中であった。このような状態の中での対日ボイコット運動への対処にはジレンマに陥入する苦悩があったと思われ、むしろ反袁運動を優先することによって、華僑の対日ボイコットには反応を示さなかったのではないかと思う。先に「シンガポールの運動は、福建人、海南人に唱和せられ、独り広東人のみは傍観の態度を保った」と報告されていたが、孫文のこの時の運動に対する姿勢が、同郷の広東人に影響しているのであろうか。

注

(1)『排貨事情調査報告』東亜同文会　一九一五年八月　三二頁。

(2)拙稿「二十一カ条要求をめぐる対日ボイコット」(『東海史学』第十四号　一九八〇年三月)参照。

(3)山本四郎「参戦・二十一カ条要求と陸軍」『史林』五十七―三　一九七四年。

(4)陳博文『中日外交史』一九二九年　六一―六二頁　など。

(5)『外務省外交史料館保管文書』(この場合、以下、『外務省文書』と略記する)在バタビヤ浮田領事より加藤外相宛　大正三年十月二十四日　句読点、濁点は引用者(以下『外務省保管文書』、『日本外交文書』引用の場合も同様)。

(6)「抵制日貨之宣言書」民国三年十一月　三宝壠誅日救亡会披露『日本外交文書』大正四年第二冊　第五七〇号文書附属書。

(7)『外務省文書』在バタビヤ浮田領事より加藤外相宛　大正三年十一月二十一日。

(8)同右附属書

Manila. 13. 11. 1914. 10am

All Societies c/o Semarang Newspapers.

Japan has violated our neutrality and occupied Shantong.

Back up Boycott Japanese goods, support our Government.
Kiukoktwan

(9) もと小野川秀美、島田虔次編『辛亥革命の研究』（筑摩書房、一九七八年三月）所収。

(10) 『日本外交文書』大正四年第二冊　第五七一号文書　在本邦仏国大使より松井外務次官宛及同附属書　三宝壠誅日救亡会佈「誅日救亡会章程草案」。

(11) 『外務省文書』在バタビヤ浮田領事より加藤外相宛　大正三年十二月二十三日。在北京日置公使より加藤外相宛　大正三年十二月二十一日。

(12) 『外務省文書』在バタビヤ浮田領事より加藤外相宛　大正四年三月九日

(13) 華僑志編纂委員会『華僑志―印尼―』民国五十年　一四〇―一四一頁。

(14) 『外務省文書』在バタビヤ浮田領事より加藤外相宛　大正四年四月二十九日。

(15) 同右附属書「本会日昨叠接上海福州広州等処来函。倡行抵制日貨。慷慨激昂。特為刊印伝佈。以俾我同胞公覧之」中華民国四年四月二十五日　三宝壠誅日救亡会披露。

(16) 『外務省文書』在バタビヤ浮田領事より加藤外相宛　大正四年五月十九日。『支那』六―十六にはスラバヤからの送金は十五万元とある。

(17) 『外務省文書』在バタビヤ浮田領事より加藤外相宛　大正四年七月三日。

(18) 『外務省文書』在マニラ杉村領事より加藤外相宛　大正三年十月十日

(19) 同右附属書「公理報」の来函照登

敬啓者、茲有公啓一件、敬請登入　貴報、以供衆覧、此請　大主筆先生台安

総領館緘九月二十三

公啓者、頃本埠日本領事官来館面称、接有東京政府来電、内開日本帝国軍紀極厳、従不許有非法行為、日軍所致、中国官民大表歓迎、彼此情誼極洽、與曩年俄日之戦、情形無異、外間所伝、日軍在山東虐待華民各節、実係毫無根據云云、特此

佈告華僑知悉、此啓

駐斐利浜総領事劉毅啓

(20) 注(21)附属書「願吾同胞醒醒醒」

遡自欧州戦雲密布以来、西欧列強、均牽入戦争旋渦中、吾国遠拠亜陸、正以為安閑無事、可以整理内政、以維亜東之和平、詎意東隣日本居心叵測、藉口英日同盟、而致哀的美敦書於徳、不従事於亜西聯盟軍之輔助、而垂涎於中国之領土、美其名曰、此次之徴兵、為保東亜之和平、吾人早料日人此挙、実不利於中国、果也、月前日軍出発、不由水道而攻膠澳、擅自吾国龍口以登陸、侵害吾国之中立、損失吾人之財産、甚而奇龍口之電局衙署、民房任意侵佔、牲口任意強掠、近又殺斃死華人、奸淫婦女、而吾国悪劣無能之政府、竟無法以制止之、今日人之蛮横至此、任吾山東親愛之同胞、受此惨無天日之奇禍、無何、而日人又奪平度濰城両局署、今又聞日兵将入済南矣、以此進寸得寸、進尺得尺、日人豈特志在膠澳已他、是日人欲得吾国山東全省呑噬、而後蠶食其他之各省、司馬昭之心、路人皆見、今吾政府之悪劣無能、已成麻未《ママ》不仁之状態、吾正宜自処、応以治本治標之法施之、治本者何、現政府之悪劣無状、宜羣策羣力以駆除之、治標者何、彼日人強暴蛮横、宜同心同徳以抵制之、所謂急則治其標、緩則治其本、今急矣、宜先治標為緊要、嗚呼、吾国人其不欲為波瀾印度朝鮮安南之続者、当速起而挽救之……

小呂宋中華救亡団警告

中華民国三年十月十九日

(21)『外務省文書』在マニラ杉村領事より加藤外相宛、大正三年十月二十九日。
(22)同右附属書『公理報』十月二十七日。
(23)『外務省文書』在マニラ杉村領事より加藤外相宛、大正三年十一月十四日。
(24)馮自由「興中会初期孫総理之友好同志」(『革命逸史』第三集)同「菲律濱同盟会及公理報」(『華僑革命組織史話』下編)。
(25)『国父年譜』上冊　五六五頁。
(26)『外務省文書』同注(21)同附属書

（27）Chino－Japanese Relations of the Best Says Martin
『The Cablenews-American』Oct. 29. 1914.
Martin Convinced of Good Feeling Between Countries After Visit.
Declares China Has Faith In Japan's Promise Regarding Kiaochau.
『Manila Daily Bulletin』Oct. 29. 1914.
「今晩閲書報社之演説会」『公理報』一九一五年三月七日、「菲律賓華僑反対廿一条件的愛国運動」（洪卜仁輯『近代史資料』一九五六年第四期所収）以下に記す月日は同書所収の『公理報』の発刊日である、なお引用に当っては簡体文字を常用漢字に改める。
（28）「発起組織救亡団、定期開会之伝単」三月十一日『公理報』同右『近代史資料』。
（29）「発起救亡団之佈告書」三月十一日　同右。
（30）（32）「記華僑救亡団之大会議」三月十二日　同右。
（31）馮自由「海外各地中国同盟会史略」（『革命逸史』第三集）同「開国前海内外革書報一覧」（同第四集）。
（33）「華僑救亡団致北京及閩粤政府電」三月十三日『公理報』同注（27）『近代史資料』。
（34）「華僑救亡団大会記」三月十六日　同右。
（35）「補録救亡団職員会紀事」三月十七日　同右。
（36）当時ルソン島に約二十万、マニラ附近に約六万の華僑がおり、商人は砂糖、米、麻、雑貨の取引業に、労働者は製糖業に従事する者多く、その比率は六割四割だったという。斎藤完治「南洋における華僑―南洋出張復命書―」台湾銀行調査課大正三年。
（37）「先捐電費一百元、月捐戦費二百元」三月十六日『公理報』同注（27）『近代史資料』。
（38）「更有数人捐戦費」三月十六日　同右。
（39）「執謂僑胞無愛国者」三月十一日　同右。

(40)「盡捨余資」三月十六日　同右。
(41)「難得有此熱心人」三月七日「愛国童子」三月十四日　同右。
(42)「海天鱗爪」三月二十八日　同右。
(43)「胡漢民講述南洋華僑参加革命之経過」辛亥革命前、華僑財閥は革命派を白眼視して一文も出さず、資金を出したものは一・二割が中小資本家、八・九割は人民大衆であったという（菊池貴晴『現代中国革命の起源』新訂　一二七頁による）。
(44)「熱心国事者三」三月十二日『公理報』同注（27）『近代史資料』。
(45)「組織敢死隊之先声」三月十四日　同右。
(46) 満鉄東亜経済調査局『菲律賓』南洋叢書第五巻　一九三九年　三六四頁。
(47)「日人豈肯僅得投資先権了却福建耶」三月十日『公理報』同注（27）『近代史資料』。
(48)「警告閩人之露布」三月十三日　同右。
(49) 同注（29）。
(50)「海天鱗爪」三月十六日　同右。
(51)「華僑一分子之意見」三月十四日、同右。
(52)「弔国」三月二十四日　同右。
(53)『日本外交文書』大正四年第二冊　第五八〇号文書　在新嘉坡藤井領事より加藤外相宛　三月二十二日。
(54) 前掲『排貨事情調査報告』三四―三五頁。
(55) 同右　三一―三四頁。入江寅次『邦人海外発展史』下巻　昭和十七年　一〇九頁。
(56) 同注（53）。
(57) 前掲『排貨事情調査報告』三三頁。
(58)『外務省文書』在バンコック井田領事より加藤外相宛　大正四年四月二十四日。
(59)『外務省文書』在シャム西特命全権公使より加藤外相宛　大正四年八月三十日。

(60)『日本外交文書』大正四年第二冊　第七八五号文書　同附属書。
(61)『外務省文書』在ポーランド熊寄領事より加藤外相宛　大正四年四月十三日。
(62)『外務省文書』在バンクーバー阿部領事より加藤外相宛　大正四年三月十一日。
(63)『日本外交文書』大正四年第二冊　第五七三、五七四、五七五、七九〇号文書。
(64)『外務省文書』在ニューヨーク中村領事より加藤外相宛　大正四年三月五日。
(65)『民立報』民国元年十一月六・七日通信欄。
(66)『外務省文書』

Manila, October 26th, 1914.

As it bears a new name "Kio Mon Tuan" (Saving Denationality Society), it is generally presumed that the same members of the old notorious "Kyu Koo Sha" Society which promoted some time ago the boycott against Japanese goods, are taking the opportunity of causing trouble among the local Chinese & Japanese merchants.

T. Sugimura
Consul for Japan

(67)『日本外交文書』大正四年第二冊　第七〇八、七六九　七七六号文書。
(68)『民立報』民国元年五月十日。
(69)『外務省文書』「孫逸仙ノ日支交渉問題ニ対スル感想及其他ニ就テ」大正四年二月三日。
(70)華僑志編纂委員会『華僑志―総志―』六四三頁。
(71)『国父年譜』上冊　五九一頁。
(72)黄珍吾『華僑與中国革命』民国五十二年二三一頁。

第三部　義和団事変と日本

第一章　義和団事変と栄禄

はじめに

一九〇〇年（光緒二十六年、明治三十三年）夏、華北を中心に展開された義和団運動において、とくに六月より約二カ月間の北京公使館区域攻防をめぐって、軍機大臣栄禄（仲華、文忠）が、外国公使保護や公使館防衛に尽力したことはつとに評価されている。もともと義和団を信頼せず、その活動を抑止しようとしていた栄禄は、とくに公使館攻防戦が持久戦になってから以降は、確かに清国の滅亡を救うべく、公使館防衛のために苦脳し、努力した。この点は内外の研究者によって実証されている所である。[1]

しかし一方で、当時の宮廷内部の事情を伝える資料として有名な『景善日記』には、栄禄に対する弁護的な記述が多く、今日では、義和団事変に対する栄禄の立場を有利にするために捏造されたもの、即ち栄禄が外国側から責任を免れるため、その党派に代纂を命じたもの、と推定されている。そして『景善日記』はその他の理由からもその信憑性がほぼ否定され、偽作とされている。[2]

「景善日記」は偽作とされているが、しかし、何故彼がその党派に命じて資料を偽造までして、その立場を弁護しなければならなかったのかが、当然問題となってくる。彼は義和団事変時に如何なる役割を果したのか列国側はそれをどう受けとめていたのかが問題となってくる。

さらに、栄禄は講和会議開始に際し、日本の勧告によって、慶親王、李鴻章、張之洞、劉坤一とともに講和全権委員に任命されたが、彼の指揮する軍隊が公使館攻撃に加った理由により、列国側に反対された。

これらの点について少しく検討してみたいのが、小論の目的である。

一　日本の勧告による全権委員任命

そもそも、八月十五日北京公使館救出後の講和会議開始の際に、両広総督李鴻章以外に、栄禄等を全権に添派するよう勧告したのは、日本外務大臣青木周造であった。

青木外相は、八月二十三日、日本駐在李盛鐸清国公使と会見し、劉坤一両江総督、張之洞湖広総督は現地在任のまま、慶親王、栄禄との四人を全権に加派することを勧告し(3)、李盛鐸はその旨を李鴻章に伝え、李鴻章も劉張両総督にいち早く打電した(4)。

翌二十四日、青木外相は上海駐在小田切総領事代理にあて、当時すでに全権委員に任命され、広東より北上の途上、上海に滞留していた李鴻章に対し、「講和委員トシテ、慶親王、栄禄等ノ如キ平和派ノ人物ヲ加ヘルコト」を勧告するよう訓令していた(5)。

李盛鐸からの情報を得ていた李鴻章は、同日小田切総領事代理に会い、李盛鐸の電報や他の諸国の駐在清国公使の電信をみても、日本外務大臣の意見が最も時機に適中しており、四全権添派の件を上奏せんと語り(6)、その通り翌二十五日、李鴻章は「青木の言う所を俯納し、四王大臣を添派して全権大臣として便宜行事せしめ、速かに会議を開かば成功せん。さらに慶親王、栄禄は尤も各国の注重する所、もし已に両宮に従い西行中なら、速かに回京せしめるよう」と上奏した。(7)

ところが、李鴻章のいうように慶親王、栄禄の全権委員就任は「尤も各国の注重する所」ではなかった。八月二十九日、張之洞が李鴻章に送った電信の中で、張之洞と駐漢口フランツ独国領事等との問答を次のように伝えている。洞云う「李相は慶邸・栄相を添派するを請うた。これを認めて頂きたい」領事云う「栄禄の指揮する武衛中軍は公使館を攻撃したではないか」洞云う「栄禄は力めて戦端を開くを諌め、苦奏すること七次に及んだ。拳匪の数は甚だ多く、各軍の中には皆おり、武衛中軍の新規募集の兵は粗雑で、そのうち拳匪と通じ、妄為する者あるを免れ難い。実は栄の意に非ず」翻訳官云う「栄禄は、部下の軍をよく統制せざるか(8)」と。

独国は、栄禄の軍が公使館攻撃に加っていた理由で、早くも栄禄の全権就任には難色を示した。

一方清廷では、栄禄を添派せんとする李鴻章の要請を是とし、また慶親王を回京せしめ、李鴻章にも早く上海より乗船して来京するよう命じた。(9)

李鴻章は先の張之洞の情報にも不拘らず、各国の意は洋務を熟悉する王大臣がその任に当るにありとし、栄禄等の添派をさらに強く要請し、栄禄は今、保定にいるらしい、慶親王ともども早く回京せしめるよう、これは万ゆるがせにできない事である、もし允可されるなら、自分も上海より乗船して上京し、慶親王、栄禄の回京をまって各国使臣と会議を開かんと言った。(10)李鴻章も栄禄の就任を心強く思い、期待していた。

こうして九月九日、正式に上諭を出し、慶親王、栄禄に全権大臣を授け、便宜行事させ、劉坤一、張之洞には任地在任のまま会辦議約事宜を命じ、均しく便宜行事を准した。ここに五人の全権委員が任命された。(11)

前々日に栄禄には別に上諭を与え、全権を命じる故、已に獲鹿に行ってるなら、速かに保定に帰り、李鴻章の上京をまって協議すべし、大局の係る所、安危これに係り、存亡も亦これに係る、該大臣は国家の重臣、恩をうけること最も深く、言を弄して責任をのがるるを許さない、といった[12]。栄禄は旨を得て、やむなく定州より折り返し、九月十三日、袁世凱に電を寄せ李鴻章へ転電を請うて、まず各国に保護を求め、その後に入京したいと伝えた[13]。

しかし、栄禄の全権任命に英国も反対の意向で、マグドナルド公使はソールスベリー外相に対し、他の三名の添派には異存はないが、栄禄については、その軍が公使館攻撃に加ったことで反対を示し、閩浙総督許応騤に代えるよう進言し[14]、その提案国である日本に対しても、同様の意向を伝えてきた[15]。李鴻章は、栄禄に列国の反対あるのを見て、栄禄に助言し、公使館攻撃の前非を反省させ、それによって列国をなだめようとした[16]。コンガー米国公使も、そのような技術論だけでは列国は納得できず、栄禄について反対論があるのは無視できないこととしている[17]。こうして栄禄の全権任命については、英・米・独の各国から反対論がおこり、その就任はほぼ困難な状況になってきた[18]。

この状況をみて、盛宣懐は九月二十一日、両宮とともに太原にいる王文韶に電文して「各国は、武衛軍の使館を攻撃したるを以て、栄禄と会議するを欲せざれば、行在に行かしむるにしかず。停戦、講和なお見込なし。大局よく転移するや否やはむしろ山西に在りて北京になし[19]」といって、むしろ栄禄を北京に行かせないよう進言した。

李鴻章も、公使館攻撃に武衛中軍が加ったことは、捕獲した軍服、旗幟の証拠があり、それによって反対論があるとなれば、やむなく提案国の日本に調停を依頼しようとしたが[20]、各国の反対論が根強い以上全権就任を断念せざるを得ず、栄禄を行在に行かしめるよう朝廷に請う旨を、盛宣懐に伝えた[21]。十月五日に、各使が栄禄を深くにくんでおり、接待、保護も肯ぜざるといっている以上、栄禄の身にも危険があり、この際、行在に行かしむるか否かを上奏した[22]。

そして清廷でも、十月六日に決断し、栄禄を行在に赴かしむるよう命じ、さらに栄禄の統轄する武衛中軍を李鴻章

の節制に帰せしめた。(23)

こうして、日本の勧告で始った栄禄の全権委員任命問題は、列国の反対のため、北京での交渉の任からはずれた。公使館攻撃の際、総帥であった栄禄は、罪のがれられる筈もないのに、何ぞ事後かえって、樽俎折衝の任にあたるや、ということであろう。(24)

では公使館攻撃の時期と全権任命問題のおこる時期の栄禄の行動は実際どんなものであったのか。

二　公使館攻撃前後、栄禄の動向

李鴻章が栄禄に関して得ていた情報は、栄禄は武衛軍を総括し、義和団を庇護して公使館を攻撃したとはいえ、実はその意ではなかったこと、義和団が起った時も栄禄は力めて剿辦を主張し、奏請すること七度に及んだが允されなかったこと、(25)列国使臣は栄禄を保護しないとはいえ、過日公使館防衛で尽力した故、彼を深く咎める意志はなく、元兇の禍首を厳罰にすればそれで十分だ等(26)であったが、同時に、公使館攻撃は清国政府の主謀による官兵と義和団の攻撃であり、教会が焼かれ、教士が殺害されたのは、みな政府の使嗾するところであり、これが各国の公憤をかっているとも言っているというのもあった。(27)しかしその軍の総帥が栄禄であった。

当時、北洋五軍は宋慶の豫軍を武衛左軍、袁世凱の新建陸軍を右軍、聶士成の淮軍を前軍、栄禄が直轄する軍を中軍、董福祥の甘軍を後軍と称し、そしてこの五つの武衛全軍を栄禄が総帥していた。(28)

栄禄がこの事変の際、とくに初期の宣戦布告の頃、どのような行動をとったか具体的にはよく分らない。が、栄禄の全権任命問題で、とりわけ英国・米国・独国が強硬に反対したのは、公使館包囲中、武衛中軍と直接対峙し、その行動を目のあたりに見ていたためと思われる。

六月十六日朝廷は栄禄に命じ、武衛中軍を東交民巷一帯に派遣し、各国使館を防衛せよ、と上諭を出したことがあった(29)。

この当時の事情を公使館に籠城した柴五郎は次のように述べている。

六月十七日頃までは、二、三公使館直接防衛に派遣されていた四、五十名の八旗兵と、公使館区域の両端の正陽・崇文門を守備する数百の八旗兵のみであったが、十七日からは武衛軍と唱するものが、公使館区域周囲一帯、即ち外国人の哨兵線と相対して配置された。当時栄禄が武衛軍の総統領であって、伊・独・米・露の持場に対する方は、はじめに武衛中軍、即ち栄禄直轄の兵がきた。そして日・英・墺・仏に対する方面は、主に武衛前《ママ》軍、即ち例の慓悍をもって有名な董福祥の兵であった。しかし、その時の様子は、あながち我々を敵視している訳でなく、お互いに茶や煙草を与え合ったり、極めて友好的で、まず平和を維持していた、と(30)。上諭の通りである。

即ち官兵が公使館街に来て「我々は武衛中軍に係り、栄中堂の礼飭を奉じ、特に来りてこの地に駐紮し、貴堂を保護す」と通知すると、人心やや安んじたが、だが、同時に疑信あい半ばしたとある(31)。

ところが、十七日午後連合軍が大沽砲台を攻撃し、その陥落の報が十九日朝廷に達すると、午後三時より所謂第四次御前会議が開かれ、宣戦布告を決定し、午後四時各国公使に二十四時間以内北京退京が命ぜられた。翌二十日、独国ケットラー公使が殺害され、官兵と義和団による公使館攻撃がここに始り、翌二十一日に宣戦の諭旨が布告された。

六月二十日…三時半頃、即ち昨日いってきた二十四時間の時限の切れる約二十分前になると、いままで無事に相対していた支那官兵が発火を始めました。即ちこの日から支那の官兵とほんとうの戦いを開いたのでございます(32)。

開戦直後の公使館攻撃の様子は「遂に董福祥及び武衛中軍をして交民巷を囲攻せしむ。栄禄は自ら檄を持して之を督し、盡く諸使臣を殺さんと欲す」[33]「太后、ついで董福祥及び武衛中軍に命じ、交民巷を攻めしむ、砲声日夜絶えず」[34]「栄禄、総師をもって、直に武衛中軍及董福祥所統の甘軍を動員し、拳匪多人を率い使館及び西什庫教堂を囲攻せしむ」[35]とあり『拳乱紀聞』には伝聞ながら「この役、栄中堂の発令に係り、董軍に飭して開仗せしむ」とある。皇帝はこの時痛哭して「此くのごとくんば、則ち数千万の生霊必ず塗炭に遭い、三百年の宗社も守り難きを致さん」[36]と嘆いたという。

もと独国公使館の雇い人だったある清国人は、六月二十三日天津に来て、独国公使館を出た時の様子を「栄禄及董福祥ノ兵及義和団徒ハ公使館攻撃中ニシテ、壁上ヨリ大砲ヲ以テ攻撃スルコト六回ニ及ベリ」と陳述している[37]。『拳乱紀聞』の七月二十七日の条にも当時のことを「使館を包囲するの兵、みな栄禄の部下、董福祥所部の衆、嘉奨の上諭を得てより、使館を攻撃すること益々はげし」とある[38]。

八月十五日公使館街は救出され、両官は西方へ蒙塵するが、その直後の十七日、コンガー米国公使はヘイ国務長官に宛て、西太后や政府が、公使館救出の直前まで北京に滞り、公使館攻撃を組織し指揮していたこと、及び全軍が大学士栄禄の直接の統制と指揮をうけていたことには、数々の絶対的な証拠がある、その軍服や旗幟から、栄禄や董福祥の軍隊であることがすぐ分った[39]と報告している。

連合軍が北京に迫ってきた時、朝廷はいよいよ八月十一日を蒙塵の日と決め、その前日に栄禄、徐桐、剛毅、崇綺に留京辦事を命じていた。北京救出後、剛毅は命令を守らず、蒙塵した両宮の後を追って岔道まできたところ、皇帝が激怒して回京させようとしたが、西太后のとりなしで随行を許されるという一幕もあった[40]。清廷は八月十八日に改めて、栄禄、徐桐、崇綺に留京辦事の旨を与え、京城軍務にあたらせることに[41]した。

ところが、栄禄、崇綺も命令を守らず、十五日ひそかに北京を出て、保定まで来ていた。徐桐は十六日に自殺した。この四人が命令違反を行ったのは、連合軍から罪を問われるのを恐れ、禍を避けるためであったことは明かという。(42)

栄禄は北京へもどるどころか、なお保定に留っていたが(43)、列国間に自分の責任を追及する気運がある上に、講和全権委員の任命にも、それに反対論があることを知って、八月三十一日には「防務を経営するは、まさに行在を防衛する所以で、自ら分身して、和議に参与するは難し」といい、行在に行くことを許されんことを請うた。(44)回答は「別に諭旨を与える」ということであったが、その諭旨もまたず、翌九月一日には汽車で定州まで行った。(45)

栄禄はさらに当時の鉄路の終点であった正定まで行き、九月四日そこから袁世凱に電を寄せ「崇綺、徐桐と留京のことは照例の事に係り、留守議和の字様なし。行在に赴いて、夜長夢多を免れたい(46)」といっている。全権委員就任をいとい、早く行在に逃避せんとする真情が吐露されている。彼はさらに獲鹿まで行った。

清廷では栄禄を全権に添派する勧告を得てからも、しばらくは情勢をみていたが、李鴻章の提言もあり、ついに九月七日上諭が出され、前述の如く「言を弄して責任のがれは許さない」と言われては、栄禄も拒否しきれなかった。「奴才は知識庸愚にして、よくこの重任にたえんや(47)」の謙遜の言葉通り、就任を避けることができればというのが本音であったろう。外国側でも彼が就任に気が進まないのはみてとっていた。(48)

こうして彼は九月十五日に保定までもどり、やむを得ず任務を遂行せざるを得ないことを観念していた。(49)しかし全権の正式任命よりのち、かえって列国間に反対の声が高まり、盛宣懐の勧告もあり、李鴻章も前言をひるがえし栄禄をかばったので、行在に行かせることになった。

これをうけて栄禄は「李鴻章の言う所、各使は、使館を囲攻するは奴才の所部の各営に係り、保護するを肯せず、なお強いて行かば、その険測り難し…と。各使の使館攻撃の嫌疑を以て保護、接待するを肯ぜざる、その心測り難きも、奴才の一死は惜しむに足らず。ただ奴才のために全局を掣動し、誤りを残すこと浅からざるを恐る」[50]と言っているが、これで、むしろ全局が好転し、自分も夜長夢多の状況を免かれるのは、もとより願う所であったろう。

こうして栄禄は北京での全権委員としての任を離れた。栄禄は事変の責任の追及を恐れ、全権就任を出来るだけ回避した。しかし、列国側では、逆に九月二十五日に出された第一回の元兇処罰リストに、栄禄と董福祥の名がない点に不満であった[51]。列国はその後も、栄禄、董福祥、剛毅の厳重処分を要求し、もし朝廷が厳辦するなら、列国兵の西行をやめるであろうと迫っていた[52]。北京の実情を知らない南方督撫はこれを聞いて意外であった[53]。

これよりみても、栄禄が行在に行けたことは彼自身にとって幸運であったろう。そして外国側から強く処分することを要求されていた董福祥の厳罰に、栄禄が反対したのもそれが我が身に及ぶことを恐れたのではあるまいか[54]。

事変後、革職、降調の処分をうけた董福祥は、罪を問われないで、なお政府枢要の地位にある栄禄に対して、翌年上書して「今、栄中堂巍然として政を執り、而して祥は罪せらる。祥、愚鸞なりと雖ども、その故を解せず。…中堂、拳民を撫せんと欲せば、則ち李来中を薦め、中堂、外国を攻めんと欲せば、則ち祥は命をかけて死斗し、而して今ひとり罪を祥に帰す…」と公使館攻撃には疑念ありながらも、すべて栄禄の命令通り行動して今この結果となった、といった[55]。栄禄はこの書をうけとり、「置いて答えず」とある[56]。栄禄にとっては自責の念にからざるを得なかったであろうか。

もっともこの記録については、戴玄之や、C・タンは信頼できないとその信憑性を疑っている[57]。

公使館攻撃では武衛中軍が中途より控え、従って攻撃は董福祥軍及び義和国が中心であった。しかし栄禄は武衛全軍の総帥であれば、いかに董軍が中心であっても、外国人の目からは、その責任は免れない所であろう。

そしてこの事変の中で、栄禄が部下の董福祥を統禦できなかったのは事実であった。董福祥が、一八九〇年甘粛提督になった頃より、栄禄と知り合い、兄弟の契を結んだという。九八年董の兵が鉄路技師を殴辱した時、栄禄がかばってより、董福祥は驕横になったと[58]。かつて栄禄が諸将を召して酒宴をはった時、董が上座にすわった。宴たけなわとなり、董福祥が栄禄を字でもって〝仲華〟と呼んだ。栄禄は何ともできず「黙然として楽しまず、酒を罷む[59]」とある。もと〳〵栄禄は華福祥に抑えがきかなかったのである。六月十一日、日本公使館杉山彬書記官が董軍によって殺害された時、栄禄はこれを聞いて大いに驚き、董を召問しようとしたが、西太后の密旨を奉じていると称し出頭しない、栄禄は西太后にその不可を力言すると、太后もやや悟ったので、旨を請うて来させようとしたが、それも肯じない。栄禄は怒って軍法にかけようとすると、南苑に帰ったと。「福祥の跋扈の情形ほぼここに見る[60]」とある。栄禄は彼をいかんともし難かった。この点に関し、栄禄も「董は驕すでに極まり、栄禄の節制をうけない。董はもと聯拳滅洋を説としているが、近頃は端郡王が非常に彼を庇護している[61]」と董を統禦しきれない状況を自認している。

六月二十日、董軍、武衛軍が掠奪、焼毀をほしいままにし、多数の死傷者も出て、貝子溥倫らが争って栄禄に告げたが、栄禄は制する能わず[62]とある。

『夢蕉亭雑記』によれば「董福祥、武衛後軍を帯して、のち栄相の節制に帰す。何ぞ端郡王戴漪あい結納して、己の用となす。福祥も滅洋をもって自在となす。栄禄、再三戒飭するも、ついに命をきかず[63]」ということであった。栄禄が、外国人間に評判を悪くしたのは、その直轄する武衛中軍が、公使館攻撃の初期において中心的役割を果したと同時に、全期間を通じて中軍を含む武衛軍が掠奪・焼毀・暴行をほしいままにしたこと、その総帥者である栄禄がそれを統制できなかった点にある。掠奪・焼毀の対象は政府高官から、外国人、教会、清国人改宗者、一般大衆に及び、時には義和団擁護派の人も被害に遭うことがあった。

六月二十日、甘軍、武衛軍は、大学士孫家鼎、大学士徐桐、銭広溥尚書や粛王の邸宅を掠奪し、翰林院、吏部、礼部等の衙門を焼毀し、銭尚書は外国兵によって護衛されて難を免れたという。[64] 徐桐は義和団擁護派であった。「掠奪につぐに焚を以てし、誠に忌憚なきなり。先ず掠奪する者は甘軍なり、而して統制を司る者は武衛中軍なり。ただ統制も能はざるのみならず、これに従って掠奪す……官兵は土匪に比べ尤もはげし[65]」とある。

「武衛各軍は各処において財物を掠奪し、均しく大街において出売す[66]」といったような掠奪、焼毀、暴行の記事は『庚子記事』に連日の如く見え、董福祥の甘軍と栄禄の武衛中軍が激しかったのも事実である。「大学士栄禄は兵を知ると自負し、太后再び垂簾し、ことごとく兵権を以て之に委ね、みな一人の節制に帰す。所謂北洋五大軍なり。……武衛中軍、城内外に分布し、博奕・飲酒を好み、都市に横行す。都人これがために謡言して曰う〝武衛軍は虎狼の如し、誰が将軍かと思えば、栄中堂[67]〟」とあり、また「各処に兵勇雲集し、賢愚等しからず、各営の統帯にまた恤民の人を得難し。兇横なる者に至りては、武衛中軍より過ぐるなし[68]」とある。

さきに栄禄が全権委員に任命されんとし、独国領事が反対した時、張之洞が、栄禄の軍中に粗雑な者が混じるのもやむを得ない、と弁護したが、これに関し次のような記事もある。董福祥が公使館を攻撃し始めた時、西大后が「何日で勝つことができるか」と問うと、董は「五日必ずこれを滅す」「十日必ずこれを抜く」と。ところがその通りならなかったので、提督余虎恩が、董福祥と栄禄の前で争った。余虎恩がなじったので董福祥が怒ってこれを殺さんとしたが、栄禄が身を以てかばった。それで栄禄は余虎恩に別に十営を募集させた。ところが、市井の無頼を集め、倉卒に軍を編成したので、恇怯もっとも甚しかった[69]という。

三　栄禄に関する情報

講和会議の段階に入って、日本がまっ先に栄禄を全権委員に推薦した事情に次のような背景があった。北京公使館が官兵・義和団に包囲され、北京からの通信が殆ど杜絶した時、事変の情報を積極的に収集し、政府に報告したのは上海駐在小田切総領事代理であった。

小田切総領事代理は六月三十日に、日本陸軍教官から得た情報を打電してきた。「栄禄ハ屢々西太后及皇上ニ上奏シ、必要ノ措置ヲ執リテ義和団ヲ鎮圧シ、好意的協定ヲ遂クルノ目的ヲ以テ、列国公使ト交渉ヲ開カレンコトヲ勧告シタリ。然レドモ両陛下ノ侍従、親王、輔相其他高官ニ在ル多数ノ満州人ガ、殆ンド皆義和団ニ同情ヲ有スルモノナルニ依り、両陛下ハ到底其ノ勧告ヲ容ルヽ能ハザルノ地位ニ在リ、加エ目下北京ニ於ケル諸軍隊ノ士卒ノ大部ハ、義和団徒ヨリ成レリ。栄禄ハ事情如此ナルニモ拘ハラズ、列国公使ト会商セント欲シ、列国公使ハ指定ノ時日ニ於テ総理衙門ニ会同セントセリ。然ルニ其当日ニ至リ、独国公使ハ神機営ニ属スル兵士ノ為メニ銃殺セラレタリ、是ヨリ事態愈々重大トナリ、最早好意的協定ハ到底望ナキニ至レリ。右ハ極メテ内密ナリ」と。(70)

そして公使館攻防も休戦期間に入り、栄禄が公使館保護に尽力する七月下旬には「在京各公使ハ暗中慶親王、栄禄等ノ保護ヲ受ケ居ルモノノ如シ」(71)と報告し、栄禄らが公使館に対し好意的であることを伝えてきた。

さらに北京公使館救出も間近に迫ってきた八月十二日には「団匪初メテ起リシ時、栄禄ハ頗ル之ヲ憂ヒ、我六月十五日、李鴻章ヲ召シテ和ヲ議セシメ、袁世凱ヲ召シテ団匪ヲ剿討セシムベシト建議シ、其計画周祥ニシテ頗ル欽佩スベキモノナリキ」(72)と報告した。この三通をみれば、栄禄が義和団反対派、和平派の人物で、公使館には好意的で、しかも事態収拾の策も有していると判断するのは当然であった。第三報を日本外務省が接受したのは、八月二十二日、公使館が救出された直後、講和会議の段階に入った時であった。この情報を得て青木外相は、前述の如く直ちに翌日と翌々日に駐日李盛鐸清国公使と上海駐在小田切総領事代理に「慶親王、栄禄ノ如キ平和派ノ人物ヲ全権ニ加ヘルコト重要ナリ」とし、李鴻章にその旨伝えるよう、それぞれ要請、訓令したのである。全く小田切総領事代理の情報に基いているのである。

ところが北京駐在西公使は「外国代表者ハ同氏ヲ以テ、今回ノ大騒乱ニ対スル責任者ノ一人ト思惟シ居レリ」というと同時に、「本官ハ同人ノ日本党タルヲ曾テ聞知セズ」(73)と報告するように、栄禄は決して「親日派」でもなく、従って全権委員になっても、日本の講和会議における立場にそう有利になるまいと判断していた。

栄禄の全権就任反対論の中で、コンガー米国公使は日本に対し「同氏ノ任命ハ貴大臣ノ推薦ニ基クモノナリトノ故ヲ以テ、我軍隊ヲシテ之ヲ保護セラレンコトヲ需メ」きたので、西公使は「列国ノ注意ヲ惹カザルガ如キ方法ヲ以テ、之ニ保護ヲ与フルヲ良策ト思考シ」と列国にも非常に配慮し、その申し出は青木外相によって是認された。(74)

清国でも、栄禄の全権実現が不可能でもある場合も慮ってか、栄禄を全権委員としてではなく、「便宜辦事トシテ任命」せしめるとか、「慶親王ノ顧問」(75)として任命するとか、日本への配慮もされていた。

日本も、特に「親日派」でもない栄禄を是非とも全権にする必要もなく「他ノ列国政府ガ、其全権ヲ認可シ、之ト商議ヲ開始スルニ異議ナキ限リ、帝国政府ニ於テ、固ヨリ異議無之候」(76)とほぼ断念している旨を李盛鐸に伝え、栄の全権就任を強く主張することもなかった。

当時北京にいた内田外務省通商局長は、中国側資料によると「各国使臣は、使館攻撃は栄禄の所部の各営に係るにより、保護、接待をゆるさざるを調定す。これより先、日本外務部は細部を知らず、栄禄を添派するを請はんと商り、この議あり。一国にて敢て保護する所にあらず。[77]」と弁明していた。

結局、日本政府は小田切総領事代理の熱心な報告によって、栄禄の公使館攻撃の事実、それによる列国の栄禄への憎悪の念をよく知らないまま、平和派というイメージで、他国に先んじて栄禄を推薦して、結局列国の反対に会うことになった。また北京より遠くにいた李鴻章も、北京の実情をよく知らないまま、日本からの勧告をそのままうけ入れ、栄禄の添派を上奏していた訳である。

日本は公使館救出の軍事的行動において八カ国連合軍中、卒先して活躍したが、講和会議開始の際に、全権委員任命問題で、これが会議進行に有効であると判断したのであろうが、先走りをしてしまった訳である。

四　栄禄の評価

栄禄は、外国との重要な対応を決定すべき会議に出席しなかったり、出席しても殆ど発言せず、発言しても非常に慎重で、或はほぼ大約意見が出揃った後で、発言したり[78]、他人に代弁させたり、もとより〝諫死〟するなどはなく、むしろ逆で、はっきり自説を主張することもなかった。もともと義和団反対派であったが、六月二十日、朱祖謀が、使館を攻めるなきことを請うたので、皇帝が栄禄をして問状せしめたところ、朱祖謀は詳細に戦いをやめることを説いたが、栄禄はそれを上奏するを肯じなかった、と[79]。

ところがその朱祖謀の影響とも思われるが、公使館攻撃の早期決着に失敗した六月二十六日には、保定より南方の諸督撫宛てに「一弱国を以て十数強国に当る。危亡たちどころに見はる。両国あい戦ふも、使臣を罪せざるは、古より皆然りとす。祖宗の創業の艱難なるを、一旦邪匪に惑はされて軽しく一擲す。可ならんや。此れ悉く智者を待ちて知るべきことに非ざるなり。……奏片を上ること七次、以て勉強するなく、疾を力めて出陣するも、勢もっとも挽回し難し[80]」と公使館攻撃の不可の旨を発している。

六月二十日から公使館攻撃に加ったものの、董福祥のいう「五日必殲之」の期間が過ぎても、実際その通りにならず持久戦に入ると、公使館攻撃という事の大きさに驚き、これのもたらす結果の大なるに反省し、戦後に来るべき問題をいち早く感じとったのではあるまいか。六月二十五日には早くも、開砲禁止命令を出し、公使館と連絡をとり始めた[81]。それ以降は先人の言及するように、公使館を防衛するため苦脳し、そのために尽力した。

「使館を攻めること久しきも下せず、衆意や、怠る。栄相、大勢順ずるなきをみ、即ち方針を改め、ひそかに使署と消息を通じ、或は旨を奉ずると称し、瓜菓蔬菜を送り、東交民巷口に至って、洋人の出入を許す。一面設法して兵匪を索制し、急ぎ攻むるを得ざらしむ[82]」とまさに開戦数日後より、「両端」をとり始めた。

要するに栄禄は shrewd man であったという。開戦の頃でも、はっきりと反対を主張することで、自分の首をしめるような危険は冒さなかったし[83]、また和平派の許景澄、袁昶が反対を上奏して処刑されるのは李秉衡の主張あずかって力あったが、栄禄はこれと争うこともしなかった[84]。

『崇陵伝信録』に「使館……武衛軍これを環攻す。ついに克つ能はず。或る人云ふ栄相これを左右すと。ドーンドーンたる音みな空砲なり、且つひそかに粟米瓜菓を致す、他日講和の地のためなり[85]」とあるのも、公使館を落し得ないのをみて、後日講和の余地を残すと同時に、自己の立場を有利にするように、と解釈はできないか。

李剣農はつとに、こう言っている。「一面董福祥に命じ使館を攻撃させ、一面人に向って『両国あい戦うも、使臣を罪せず』と。この種、どっちつかずのずるさの罪悪、実に剛毅、戴漪の諸人に万倍す。今回の一事、栄禄はゆるすべからざるの一人[86]」と。栄禄は今回の事変のむしろ「元兇」というのであろうか。

八月四日小田切総領事代理が、李鴻章と会見した際、李鴻章は「北京政府ノ無謀愚策ヲ嘆ジ、袁昶及許景澄ノ斬首セラレタルコトニ対シ、大ニ悲憐ノ意ヲ表シ、栄禄ガ其ノ部下ヲ統御スル能ハザル事ヲ罵言シタリ(87)」というが、李鴻章と栄禄とは以前より親密で、当時も互いにかばい合っていた。李希聖『庚子国変記』に次のように言う。「鴻章、直隷総督をもって内召するに及び、太后の意測られず、栄禄ひそかに鴻章に報ず。鴻章病を謝し行かずして免る。故に禄を徳とすること尤も深し。拳乱起り、禄、武衛中軍をもって使館を攻む。董福祥はまた禄の所部たり。夷人、首禍を誅せんとし、禄の名、約中に在り。乃ち免れんことを鴻章に求む。鴻章これをはずす。その脱する所以に至りては、事秘密にして世間ことごとくは知らず。禄うち拳匪を主って戴漪に附し、而してそと激昂をなし、七次上書してこれを争ふも得る能はざると称し、頗る揚言して自ら解かんとす。世間或は多くこれを信ず」と(88)。

『西巡回鑾始末記』では栄禄を「肇禍諸王大臣記」の中に入れ、事変後もいよ〱枢要の地位にある栄禄と、死去した剛毅を比べ、「その同じく国賊たり、同じく国禍を醸すに至りては、則ち二人の共謀する所、末世に及ぶと雖も、分つ能はざるなり。近日議者、剛すでに死するをみれば、則ちよって追いうちをかけ、栄のなほ盛んなるをみれば、これをほめあぐ。これをおさえて地に入れ、これをあげて天に升せんと欲す。難しい哉(89)」と当時評論している。のち元兇処罰の際、義和団擁護派は、皇族でも、地方の微官でも、均しく刑罰を免れなかったのに、ひとり栄禄のみは免かれ、なお政府枢要の地位にあるのは「網漏呑舟（法網は舟を呑みこむ大魚のような大罪人をのがして処分しない）(90)」であったとされる。

しかも、行在に行ってからも、栄禄は軍機大臣として宮廷の中心にあった。董福祥らの元兇処分をはじめ、講和会議も裏面で指導し、「天下の事、みな大抵栄禄に決す」という実力者ぶりを発揮した。今回の事変の「和議調印は、もとより、両全権の因応咸宜による。而して文忠の造膝密陳、委曲求全その功もっとも偉大なること、外廷えて知らざるなり」「宮は蒙塵するもよく宮室恙なきを致し、法駕回京を致すはもとより両全権の因応咸宜による。而して、文忠の造膝密陳、黙回天聴、その功もっとも巨たり。蓋し、枢府その人を得れば則ち治り、その人を得ざれば則ち乱る[91]」といわれている。

おわりに

西太后の信任もっとも厚く、宮廷内の実力者、知恵者であった栄禄と、義和団事変との関連を、講和全権任命問題と関連する部分を中心に考えてきた。栄禄が公使館保護について如何に尽力したかについては、河村一夫氏らの研究に譲り、むしろ外国に対して不利な点、マイナスな点に視点を合せて少しくみてきたが、それについての直接的な具体的な資料は乏しく、それも伝聞の類が多く、栄禄に対する評価として当時からかなりきびしいものもあるが、少し感情的なのもある。

しかし、栄禄が全権委員に任命されることによって「彼の尽力も酬いられたというべきであろう」というのは、確かにそうだったが、それから先があった訳で、これからむしろ問題がでてきたのである。「列国公使の生命を救った為に清国の滅亡の危機を免がしめた栄禄の功績の大なる事は、毫末も疑いない[92]」というのも、公使館攻撃が持久戦に入った以後のことであって、開戦期においては栄禄部下の軍隊による攻撃には相当激しい衝撃をうけており、その栄禄が講和全権に任命されることは断じて許されるべきことでなく、むしろ栄禄の責任を追求することは急であった。

栄禄の言動の複雑さは、これはそもそも西太后をはじめとする清廷の対外政策が、その都度変化し、矛盾にみちた複雑な言動を行うという状況の下で、例えば、六月十六日公使館防衛の上諭を出した直後から、六月二十一日宣戦布告へ至る激変、戦争状況になった七月三日、露国、英国、日本に対し、危機の時局を挽回するため平和的解決を計るため、調停を請う国書を出す[93]同じ日に、各省将軍督撫宛には「断じて講和を行うの勢なし、心を一にしてともに大局を守るべし。まず和の一字を胸中より掃除し、つとめて一気に連絡し、彼の族の驕横を懾し、以って人心の団結を示せ[94]」という上諭を出させたり、公使館攻防戦の末期になって李秉衡を北上させ投入しながら、一面戦闘、一面休戦の状況をつくったり、こうした状況のもとで、実行者としての栄禄の立場をも配慮する必要はあろう。

結局、義和団事変時の栄禄の全体像をとらえるのは、坂野正高氏の言われるように難しい。『タイムス』特派員、G・E・モリソンは英国アーネスト・サトウ公使宛の一九〇一年十一月十五日付の書翰の中で、「一九〇〇年六月の外国人を皆殺しにせよという上諭に敢えてさからったことについて、張之洞と劉坤一の功績にどの程度帰すべきであるにせよ、栄禄の功績は更に大であったとすべきである。何故なら、彼はそれらの上諭を無視せよという電報をひそかにこの二人に打ったからであると、駐日公使蔡鈞は力説している。このような強力な支持がなければ、劉にせよ、張にせよ、宮廷の意向に敢えて反対はしなかったであろう。というのが蔡鈞の主張である。この言葉が真実か否かをたしかめる機会に私はまだ恵まれていない。もし本当だとすると、栄禄はこれまでみられていたよりも、より好意的に評価されることになる[95]」とのべているが、もっと検討を要する大変難しい問題である。より具体的な資料によって、その像をトータルにとらえる必要がある。

〔付記〕

最初に掲げた『景善日記』の信憑性に関し、最近、翻訳発刊されたヒュートレヴァー・ローパーの『北京の隠者―エドモンド・バックハウスの秘められた生涯[96]』によれば、『景善日記』はその日記の発見者であり、翻訳者であり、紹介者であるE・バックハウス自身（或はその部下）によって捏造されたものであるという。栄禄を理想化するバックハウスが偽造したというのである。それは発見されたとされる時から、十年後の一九一〇年『China under the Empress Dowager』（1910. London, Heinemann）〔J. O. P. Bland との共著〕の中で、翻訳の英文で紹介された訳であるが、バックハウスによる偽造だとすると、今まで『景善日記』に対して提出されていた疑問への回答になる。第一に『景善日記』には栄禄の公使館攻撃についての弁護的な記事が多く、義和団事変の責任を免がしめるために書かれたとされるなら、栄禄は罪を問われないまま一九〇三年に死去してしまっているのに、何故、一九一〇年出版の書物に収録する必要があったのかとの疑問への答でもある。『景善日記』は一九〇〇年八月十八日、即ち公使館街救出の三日後に、北京の景善の家の書斎で、バックハウスによって発見されたとされているが、この日記には王文韶や袁昶など他の記録と酷似した部分や剽窃された部分があり、それはお互に事前に見せ合ったのだと説明されているが、連合軍が北京に殺到し、両宮が蒙塵するという、いよいよ急迫する情況の中で、そのようなことが果して可能であったか、との疑問があった。それも出版まで十年という期間があれば、それは十分である。発見者がバックハウスであったか、その場所が景善の書斎であったかも、証人もいないし実証できない限り、問題はなくなり、難解な草書体の漢文の原典が、バックハウスに読め且つ内容が理解できたかの疑問も問題でなくなってくる。『景善日記』を発見したことは、当時のサトウ英国公使には告げたというが、それ以外には日記を見せていなかったし、共著者のブランドさえ、自分は原典の日記には当らず、ただ文章の校閲をしただけ、というから、十年の間、十分工作の時間はあったことになる。問題の誰によって偽造されたかの点では、栄禄党派ではなく、バックハウス自身であったとは、これで問題は大体が解決ということであろうか。それにしても何とも手のこんだ偽造というほかない。

注

（1）河村一夫「義和団事変に於ける栄禄の事績」上・中・下（『歴史教育』第四巻一〜三号一九五六年）戴玄之『義和団研究』（一九六四年）。
（2）程明洲「所謂〝景善日記〟者」（『燕京学報』第二十七期、一九四〇年）李守孔「光緒己亥建儲与庚子兵釁」（『故宮文献』第一巻第四期、一九七〇年）拙稿「景善日記について」（『中国史研究』第六号、一九七一年）。
（3）『義和団檔案史料』上冊、五〇五頁（以下『檔案』と略記する）。
（4）『李文忠公全集』電稿巻二十四－四十五（以下『李集・電稿』と略記する）。
（5）『日本外交文書』第三十三巻別冊二、北清事変、中、第一四一一号文書（以下、この場合、『日本外交文書』中と略記する。なお句読点、濁点は引用者、以下同様）。
（6）同右書、第一四一五号文書。
（7）『檔案』上冊五〇七頁この「調補直隷総督李鴻章摺」は『檔案』『李集・電稿』巻二十五－二十七はともに光緒二十六年八月初一日付であるが、『西巡大事記』巻一－二十一、『清光緒朝中日交渉史料』下冊巻五十六－五巻三九五八号文書では初三日付とある。今前者に従う）。
（8）『張文襄公全集』巻一六四電牘四十三－十八。
（9）『檔案』上冊、五三〇頁。
（10）同右書　五三九頁。
（11）『西巡大事記』（『清季外交史料』八）巻一－四十七。
（12）『清光緒朝中日交渉史料』下冊巻五十六－二十二第三九七四号文書。
（13）『李集・電稿』巻二十六－二十六。
（14）『British Parliamentary Papers』（『Blue Book』）China. No.1 1901. No.331『英国藍皮書有関義和団運動資料選訳』二一四頁。

（15）『日本外交文書』中、第一四五六号文書。
（16）『British Parliamentary Papers』China. No.1 1901. No.323.
（17）『Foreign Relations of the United States』1901. Appendix affairs in China No.419.
（18）佐原篤介『八国联軍志』（中国近代史資料叢刊『義和団』第三冊二二六頁）（以下、この場合『義和団』三―二二六頁と略記する）。
（19）『愚斎存稿』巻四十一―二十八。
（20）『李集・電稿』巻二十七―一。
（21）同右書　巻二十七―二二。
（22）『西巡大事記』巻二―二十九。
（23）『檔案』下冊　六七八頁。
（24）程明洲・前掲論文。
（25）『李洲・電稿』巻二十八―四。
（26）同右書　巻二十八―一。
（27）『檔案』上冊　五〇五頁。
（28）詳細は劉鳳翰『武衛軍』（中央研究員近代史研究所専刊三十八、一九七八）参照。
（29）『檔案』上　一四四頁。
（30）（32）　柴五郎『北京籠城』東洋文庫版　一二～一三頁、一八頁。
（31）鹿完天『庚子北京事変紀略』『義和団』二―四〇〇頁。
（33）李希聖『庚子国変記』『義和団』一―一六頁。
（34）羅惇融『庚子国変記』（中国近代内乱外禍歴史故事叢書）一三頁。
（35）呉永『庚子西狩叢談』（中国史文叢刊一）一四頁。

(36) 佐原篤介『拳乱紀聞』『義和団』一―一三八　同様の記録は『日本外交文書』上、第二七六号文書に「清人ノ日記訳伝送」としてある。
(37) 『日本外交文書』上　第六十六号文書。
(38) 佐原篤介『拳乱紀聞』『義和団』一―一五七頁。
(39) 『Foreign Relations of the United States.』China 1900 No. 395.
(40) 『西巡大事記』巻一―一。
(41) 同右書　巻一―二。
(42) 程明洲・前掲論文　本節は程論文に負う所多い。
(43) 佐原篤介『拳乱紀聞』『義和団』一―一六六頁。
(44) 『檔案』上冊　五三一頁。
(45) 『李集・電稿』巻二十五―四十二。
(46) 同右書　巻二十五―四十五。
(47) 『檔案』上冊　五六七頁。
(48) 『British Parliamentary Papers』China. No. 1 1901. No. 323.
(49) 『檔案』上冊　五九六頁。
(50) 同右書　下冊　六七九頁。
(51) 『British Parliamentary Papers』China No. 5 1901. No. 13.
(52) 『李集・電稿』巻二十八―一。
(53) 『李集・電稿』巻二十八―四。
(54) Chester C. Tan『The Boxer Catastrophe』1975. P. 139.
(55) 「董福祥上栄中堂稟」『西巡回鑾始末記』巻六、同書は吉田良太郎『西巡大事本末紀』と殆ど同じ。

(56)『清史稿』巻四五五　董福祥列伝。
(57)戴玄之は「董福祥上栄中堂稟辨偽」(前掲書所収)で、董の上書の内容を事実に照らして考証してその偽作であることを説明し、タンは前掲書一一五頁で栄禄は外国の要求する董福祥の厳罰には反対していたので、董福祥がこの様な手紙を書く理由がない、といっている。
(58)『西巡回鑾始末記』巻二「肇禍諸王大臣記」。
(59)李希望『庚子国変記』『義和団』一―二三頁。
(60)佐原篤介『拳事雑記』『義和団』一―二六〇頁。
(61)袁昶『乱中日記残稿』『義和団』一―三三八頁。
(62)羅惇融『庚子国変記』九頁。
(63)陳夔龍『夢蕉亭雑記』巻一―二十。
(64)『日本外交文書』上　第七十六号文書。
(65)佐原篤介『拳乱紀聞』『義和団』一―一四一頁。
(66)仲芳氏『庚子記事』七月二日条。
(67)胡思敬『驢背集』『義和団』二―四八七頁。
(68)仲芳氏『庚子記事』六月二十二日条。
(69)羅惇融『庚子国変記』一三頁　胡思敬『驢背集』『義和団』二―四九一頁。
(70)『日本外交文書』中　第一〇七五号文書　後述の六月二十六日栄禄が南方諸督撫に宛てた電信(注80)をふまえている。
(71)同右書　上　第五十六号文書。
(72)同右書　上　第八十三号文書。
(73)同右書　中　第一四三号文書。
(74)同右書　中　第一四九号文書。

(75) 同右書　中　第一四六〇、一四五五号文書。

(76) 同右書　中　第一四七一号文書。

(77) 『檔案』下冊　六七九頁。

(78) 阿部光蔵「義和団事変と清廷－事変勃発時における清廷消極派の事績を中心として－」（『外交史及び国際政治の諸問題－英修道博士還暦記念論文集－』一九六二年）。

(79) 李希望『庚子国変記』『義和団』一－一六頁。

(80) 『張文襄公全集』巻一六一　電牘四十－五。

(81)(83) C. Tan『The Boxer Catastrophe』P. 113.

(82) 呉永『庚子西狩叢談』一五頁。

(84) 李希聖『庚子国変記』『義和団』一－二十頁。

(85) 惲毓鼎『崇陵伝信録』（前掲『庚子西狩叢談』所収）一九頁。

(86) 李剣農『中国近百年政治史』上　一九四二　二〇七～二〇八頁。

(87) 『日本外交文書』中　第一二三四号文書。

(88) 李希望『庚子国変記』『義和団』一－二七頁。

(89) 『西巡回鑾始末記』巻二　一一八頁。

(90) 程明洲・前掲論文。

(91) 陳夔龍『夢蕉亭雑記』巻一－五十八・六十一。

(92) 河村・前掲論文

(93) 『清光緒朝中日交渉史料』下冊　巻五十三－三十三・三十四　第三八一七、三八一八、三八一九号文書。

(94) 『檔案』上冊　二二一頁。

(95) Purcell『The Boxer Uprising－A Background Study－』(1963) Appendix. Ching-Shan's "Diary" P. 284 坂野

正高『近代中国政治外交史』（一九七三年）四八〇頁による。

（96）　Hugh Trevor-Roper『Hermit of Peking－The Hidden Life of Sir Edmund Backhouse－』（のち一九七八年　ペンギンブックス）一九八三年六月　田中昌太郎訳・筑摩書房。

第二章　北京議定書の締結過程

はじめに

一九〇〇年（明治三十三年）夏、華北を中心におこった義和団事変に、日本は、独・露・英・仏・米・伊・墺の七カ国と共に軍隊を派遣して、包囲された北京公使館街と公使館員らの救出に主要な役割を演じたことは、日本の後年の中国大陸への侵略的進出に至る過程において、非常に重要な契機をなすものであった。

「日本が外国軍隊と共に武器をとって戦ったのはこれが最初である」し、「その軍規の厳格にして勇敢なることは何国も認めざるを得ないところであった。」[1]しかもこの事変に、八カ国連合軍中、最大量の軍隊と武器を出して戦い、また最大の犠牲を払いつつ、戦争に最も重要な役割を演じたのが日本軍隊であった（三〇三頁の表参照）。

ところでこの事変の終末である北京講和会議の席上において、日本は如何ほどその立場を主張できたか。列国による清国分割が惹起した義和団の排外運動、それによって生じた鎮圧戦争、その跡始末の北京講和会議であるから、舞台は殺気に満ち険悪の空気に包まれ、列国の駆引で緊張の域に達したという。「東洋唯一の独立国として此戦勝各国の一座に列した日本の立場が極めてデリケートであったことも亦当然」であり、「此会議が、日本建国以来最初の共同会議で、英・露・仏・独・米以下十箇国の全権と一座するのは初めての経験、而して何れも白色人種の中へ、文明劣ると見られて居た日本が、唯一の黄色を交へたのであるから、主張も駆引にも、容易ならぬ困難が伴はねばならなかった」こともまた当然であった[2]。

この講和会議がどのような経緯で進められ、やがて翌一九〇一年（明治三十四年）九月に、北京陥落より一年有余の紆余曲折を経て、北京議定書＝辛丑条約が締結されたか、鎮圧戦争の場において最も主要な役割を演じた日本が講和会議の場においてどれ程の役割を演じ得たか、幾多の難問題を含む北京議定書に日本の主張が果してどの辺までおりこまれたかを考察することは、近代日本の大陸進出を考える場合、一つの意味をもつものと思う。

従前、北京議定書の締結過程について考察した論文はない。わずかに戦後になって漸く出版された外務省版「小村外交史」[3]がやや詳しくその過程を叙述している程度である。講和条約を事実上、小村寿太郎公使が中心となって締結したと言って過言でないと思うが、しかしこの著作とてその小村公使がどのように日本政府と連絡をとりつつ、あるいはどのように列国全権と交渉したかなどの点には触れていないし、また微妙な当時の国際的関係の中で、日本がどのように行動したかについては、十分考察が行き届いていないように思う。

これらのことを明かにすることは、当時の日本の国際的地位を明かにすることであると思うし、それは、最後には軍事的侵略的進出となるに至った近代日本の対中国政策史の一段階を明かにすることでもあると思う。

しかしながら、北京議定書に含まれる内容は多様であり、ドイツ・日本への謝罪使の派遣、犯罪者の処罰、武器・弾薬その材料の輸入の禁止、国家・個人に対する賠償金の支払、公使館区域の設定と各国公使館に常置護衛兵の設置、大沽その他砲台の破壊、重要地点の軍事的占領、騒乱地方の科挙の停止、通商及航海条約の改正、総理衙門の改革など、それぞれに、みな歴史的に重要なものばかりであるが、ここでは特に賠償問題を中心にとりあげたいと思う。

「賠償問題は講和条件中の最重要問題で、かつ最難の問題であった。賠償の要求をなすものは十一カ国の多きに上り、そして各自の利害は種々の関係に於て相異れるものあったのみならず、現に蒙った損害の程度も同じでなかったから、その多寡、標準、賠償方法等に一致を見ることは容易でなく[4]」、それだけに賠償金分配に関する最終議定書の調印に至る過程は、当時の列国の力関係を示し、先の課題を明かにするにはよい素材と思われる。

結論的に言えば、日本の分配額は、連合国中最大の貢献をしながら、賠償総額四億五千万両中の僅か七・七％である三千四百七十九万両（日本円で約四千八百万円）でしかなかった（表参照）。何故に鎮圧戦争にあれだけの活躍をしながら、この少額になったのか。

賠償金を少額しか獲得できなかった理由を考察することを当面の課題とする訳だがそれ以外に賠償交渉の過程を通じて、他に如何なることが指摘できるのか、を併せて考えてみるのが小論の目的でもある。

一　出兵・撤兵問題

一九〇〇年（明治三十三年）八月十五日北京公使館街救出と共に列国の軍事活動は大体終結をつげ、舞台は一転して清国政府に対する善後外交の場にかわった。まずここで賠償問題にふれる前に、翌年一月いわゆる連名公書受諾に至るまでの時期において、後の賠償問題と深く関係する問題、特に日本軍の撤兵問題をとりあげてみよう。

義和団運動が日に日に盛んになってくると、日本はまず軍艦愛宕などの水兵を上陸させ、後に福島支隊を派遣し、さらに第五師団を増派し、結局八月上旬には連合軍一万八千中の日本軍九千[5]、北京陥落時には三万二千中の一万二千[6]、九月下旬には七万二千中の二万二千の多数を占め、終始連合軍中の主力であった。

当時、日本政府が列国の国際的関係に非常な考慮を払いながら、如何にして出兵に踏み切り、さらに北京陥落後そ

	決定配分額・両（%）	派遣兵力・人（%）	砲数・門（%）	死者・人（%）	負傷者・人（%）
ロシア	130,371,120(29.0)	15,570(21.6)	28(16.1)	160(21.2)	901(26.5)
ドイツ	90,070,515(20.0)	8,401(11.7)	22(12.6)	60(7.8)	304(9.0)
フランス	70,878,240(15.8)	7,080(9.8)	37(21.2)	50(6.6)	216(6.4)
イギリス	50,620,545(11.2)	10,653(14.8)	10(5.6)	64(8.5)	352(9.8)
日本	34,793,100(7.7)	21,634(30.1)	58(33.5)	349(46.1)	1,282(37.6)
アメリカ	32,939,055(7.3)	5,608(7.8)	11(6.2)	48(6.3)	279(8.3)
イタリー	26,617,005(5.9)	2,545(3.5)	5(2.8)	18(2.4)	36(1.1)
ベルギー	8,484,345(1.9)				
オーストリア ハンガリー	4,003,920(0.9)	429(0.7)	4(2.0)	8(1.1)	41(1.3)
オランダ	782,100(0.2)				
スペイン	135,315(0.03)				
ポルトガル	92,250(0.02)				
スェーデン ノルウェー	62,820(0.01)				
各国共通	149,670(0.04)				
合計	450,000,000両（100%）	71,920人（100%）	175門（100%）	757人（100%）	3,411人（100%）

◦Morse〈The International Relations of the Chinese Empire〉Vol 3. P.353
◦外務省〈条約彙纂〉第2巻第3部　P.2,600
◦中塚明〈義和団鎮圧戦争と日本帝国主義〉(『日本史研究』第75号)等により作成（派遣兵力は1900年9月の数だが必ずしも明確でないという）。

れを撤兵したかを見ておくことは、以下の講和会議のことと関連して参考になろうと思う。

当時の日本の為政者は国際社会における日本の立場と力量を認識し、一般国民の華やかな国権主義的・進取積極的な外交輿論の中で[7]、冷静に日本の現実の姿を見据え、大陸政策を判断していた。

為政者の多くは、この清国の内患の機会に乗じて、大陸進出の地歩を確保せんとする点では一致していた。ただそれがアジアに利害を有する列国との関係において、如何に行動するかが問題であった。桂陸相は「実際に於ては此を以って将来東洋の覇権を掌握すべき端緒なりとす」と認識し、それだけになお一層「十分なる決心と十分なる注意を以てせざるべからず。……若しこの劈頭に一歩を誤らば、多年の事業も水泡に帰すべければ、最も慎重ならざるべからず」と考えていた。「然れども是非列国の同盟には加らざるべからず」の一点はこれが大陸進出の好機であるだけに、彼を含めた当時の為政者の強い願望であった。けれども連合軍に加るについては、「其伴侶に加るには保険料を支払はざるべからず、将来列国の伴侶となる保険料を支払ふ心算なれば成るべく少数の兵を出し、列国の驥尾に附き、伴侶たるを失はざる位置に立つは、外交上策の得たるものなり(8)」と判断していた。そして先の福島支隊が派遣された。

したがって日本の大量出兵については列国に対して十分配慮した。列国の意向、特に英国のそれを窺う青木外相は英国代理公使にこう言ったという。

He said that if foreign naval detachments which have been actually landed should be surrounded or otherwise in danger, the Japanese Government would be ready to send at once a considerable force to their relief, if Her Majesty's Government concurred in such a course, but that otherwise his Government do not intend to send soldiers.(9)

日本の出兵は一にかかって英国の諾否如何にあることを進んで英国に申し入れたのである。ところが英国の態度は甚だ冷淡で確答を与えなかった。しかし英国海軍中将シーモアの率いる連合軍が天津郊外楊村で義和団に包囲攻撃され危機に陥入ると、青木外相は六月二十三日外務省に各国公使を招き、日本政府は関係各国と一致行動することを切望する旨を表明した(10)。しかし日本は「列国をして困難の極に陥らしめて後、初めて之を救ふ事(11)」すなわち「務めて積極的に自ら大兵を出すことを避け、列国をして援助を我国に乞はしむを以て得策とす(12)」るとは誰もが判断していた(13)。果して同日午後になって、英国代理公使は本国からの訓令に基いて日本の出兵を希望する旨申出てきた(14)。これが英国の第一回出兵慫慂と言われるものである。そして日本の意図通り英国をして日本に乞わしめることになったものの、直ちに多数兵力の派遣に踏み切れなかった。なお他の列国の意向が問題であった[15]。日本の依頼で英国は独露両国にこの旨照会の労をとったところ、両国は日本が特別の利権を獲得することを恐れ、日本の大軍派遣には賛成でなかったが、自国からは直ちに多量の兵も送れず、表面上日本の派兵を決然拒絶もできなかった。英国も南阿戦争に忙殺されて大兵を派遣する余裕もなかったから、英国は日本に対し、各国は日本の出兵に付いて異議はないから、早く出兵せんことを希望する旨を通告してきた[16]。

その後、英国はさらに七月三日・五日の二回にわたって日本の出兵を慫慂し[17]、日本も第五師団に動員令を下したが、英国は出兵の際の財政上の援助申入れと同時に、次のような依頼とも脅迫ともつかぬ強圧的な本国からの訓令を通告してきた。

Japan is the only power which can act with hope of success for the urgent purpose of saving the Legations, and, if they delay, heavy responsibility must rest with them.[18]

こうして日本は漸く大量出兵に踏み切り、連合軍の主力となった。すなわち「保険料を転じて大株主の地位[19]」に立ったのである[20]。

大量の増派には山県首相・伊藤博文は反対の意見を有していたというが[21]、為政者の多くの考えは、列国の同意を得た以上、躊躇する必要はなかった。こうして日本軍が北京救援に大きな活躍をして、北京救出戦争そのものは八月中旬終結したが、後にはさらに列国への配慮をすべき撤兵を如何にすべきかの問題が起ってきた。これは後の講和会議における日本の立場を考える場合、充分考慮すべき問題であった。

善後外交の段階に入って、八月下旬、劈頭第一に自国の立場を宣明し、各国に撤兵を提案したのは露国であったが[22]、列国は露国の意図する魂胆を疑い、同盟国仏国を除いて他の列国はその提案に応じなかった。先に日本の増派に反対し、さらに日本軍の将兵が、独軍元帥ワルデルゼーの指揮下に入ったことを、「帝国軍隊ハ之カ邏卒番兵ノ役」に供せられたと言って、統帥権の侵犯と激憤していた伊藤博文は、[23]北京救出後、速やかに日本軍を撤兵せんことを政府に申入れた。政府は同意しながらも何ら具体的な行動を起さず、さらに露国より提案をうけながらも、これに応じない状態に対し、「今ヤ第一ノ機会ヲ失シテ看ス看ス帝国カ撤兵提議タルノ地位ト名誉ヲ逸シ、更ニ第二ノ機会ヲ失シテ其ノ第一快諾者タルコト能ハサルニ至レリ」[24]と政府の無為無策を攻撃した。即刻撤兵することが、日本の出兵の精神を示し、清国に対する情誼を示し、そのことが日本将来への発展にとって重要な布石であるという点は、他の為政者と考えを等しくするところであった。

たとえば、桂陸相は「我兵力の大部分を引上げ前に云保険料を払ふに止め、即ち相当なる列国の伴侶たるを失はずといふ程度となし、将来に於ける極東問題に着々歩むること緊要なれ」と自ら認める「保守主義に傾きたる説」を立てた。この事変が中国大陸へ進出する絶好の機会であればあるほど、「既に得たる地位を失はざらん為には一進一退は必要」であったし、「若し一歩を誤るときは、所謂山を為る九仭の功を一簣に缺くと云如く、従来の労積も一朝に消滅し、戦ひに勝ちて外交に其所を失ふ如き事をば深く慎戒せざるべからざる」[25]ところであった。山県首相も「再ビ出兵スルモ我ニ在テ甚タ容易ノ事」であるため、「我独リ大兵ヲ駐屯スルハ策ノ得タルモノニ非サルノミナラス偶々以テ各国ノ猜忌ヲ招クニ至ラハ是レ我レノ利ニ非ザルナリ」と判断していた。しかし撤兵が本意でないことは、別に巧妙な方法をも同時に考えていた。[26]

日本の為政者は、日本の出兵・撤兵に関し、とにかく列国の動向・意向を十分参酌し、列国の日本に対する思惑について十分配慮しなければならなかった。日本の大量出兵もこれによって決して清国において過大の利権を獲得しようとする意図ではないことを、撤兵という行動によって最低限ポーズとしても、列国の猜疑を除かなければならなかった。

その年十月、問題であった清国側全権委員も、慶親王・李鴻章を列国が承認し[27]、北京列国使臣会議も談判を開始したので、日本もその軍隊の一部を北京に留め、他は撤退の途に就いた。

二　小村寿太郎公使の登場

清国全権委員任命問題も列国が慶・李両全権を承認して解決したので、明治三十三年（一九〇〇年）十月五日に至り、仏国外相デルカッセは列国政府に「左ノ項ヲ以テ談判ノ基礎ト為サンコトヲ提議」してきた。すなわち(一)北京列国代表者の指名すべき元兇の処罰、(二)兵器輸入の禁止、(三)国家・団体並に個人に対する相当の賠償、(四)北京公使館常備護衛兵の設置、(五)大沽砲台の破壊、(六)北京天津間通路二、三の地点の軍事的占領の六カ条ある[28]。この提議に対し列国の多数は大体賛成し、日本も一、二修正の意見をのべて同意の旨を回答した[29]。この仏国提案が後日のいわゆる連名公書の基礎となったもので、以後十数回にわたる列国使臣会議はこれを中心に審議を重ねて行った[30]。そして、さらに必要な事項若干を加え、同年十二月に至って十二カ条の講和条件を確定した[31]。この講和条件の清国政府への提出方法が問題となったが、結局一通の連名公書を提出することに決定し、十二月二十二日列国使臣がこれに連署し、二十四日筆頭のスペイン公使から清国全権委員に手交され、皇帝に勅答を得ることを要求した。

明治三十四年（一九〇一年）一月十六日清国の連名公書正式受諾によって講和会議は一段落し、以後は十二カ条の実施に伴う細目を決定する段階にはいった。丁度この時日本政府は駐露公使小村寿太郎に帰国を命じ、直ちに駐清公使に任命し、三十四年一月初、小村公使は北京に着任し、前任の西徳二郎公使と交替した。

小村公使は義和運動が盛んであった明治三十三年六月に露都から青木外相あてに「日本国将来ノ行動ハ専ラ関係列国ノ態度ニ依リ決セラルベキハ勿論ナリト雖モ本官ノ思料スル所ニ依レバ如何ナル変局アルモ之ニ応ズベキ準備アランコトモ最モ緊要ナルベシ、此ノ目的ニ対シ且這般事難ノ最終解決ニ際シ欧州協同ノ外ニ置カル、コトナカラシメンガ為メ、日本国ハソノ兵力並ビニ清国ニ於ケル陸海軍ノ行動ニ於テハ終始少ナクトモ最強国ト均等ヲ保有セザルベカラズト信ズ[32]」と意見を具申し、同月二十九日にも「日本国ガ自国及関係列国ノ利益ヲ計ランガ為迅速ニシテ強硬ナル措置ヲトリ」(564)と自己の意見を開陳していた。さらに七月六日には露国の大兵増派を報じた後、日本も「現今ノ時機最モ大兵ヲ清国ニ送ルニ適シ、且兵数上列国ト均衡ヲ維持スルノ必要顕然タルニ依リ、本官ハ既ニ動員ノ命ゼラレタル師団ヲ速ニ発遣セラレンコトヲ切ニ勧告スルヲ躊躇セズ」(588)と勧め、同月十二日には「日本国ニシテ若シ此ノ好機ニ乗ジ列国ト懇切ナル共同ノ動作ニ出ツルノ精神ヲ以テ敏活ニシテ確実ナル挙措ヲ執ルトキハ、其ノ国威ヲ発揮スベキハ勿論、清国問題ヲ解決スルノ際欧州連合ノ間ニ立テ優勢ヲ制スルヲ得ベシト信ズ」(615)と自己の意見を具申していた。当時の日本の在外公使のなか、最も熱心に終始一貫強硬策を献策した。この「好機」への洞察力とその対策の意見でもって今回の転任になったのであろう。「日本の肝心の目的は支那です。其の支那の問題は今度の北京会議が大切です。」と考えていた小村公使は日本からの意向問合せに対し、「早速承諾の返事[33]」をした。

明治三十三年十月、日本は列国に「対清国商議の基礎となるべき一切の提議及び要求は先づこれを在北京関係列国代表者協同の審査修整に附すべし[34]」と提案し、これが各国の賛成を得て以後この方針で会議が進められ、露国の単独談判の画策を牽制したのも、在露の小村公使から具申してきた意見に基いているのである(1305)。

こうして以後の講和談判は日本は小村公使を通じてその細目の条項を審議して行った。

しかしこの談判は全く列国側の一方的なものであった。清国側には「種々ノ所望ヲ案出スルノ権利………如此モノニハ無之」(1921)というような高圧的であったし、賠償を始め種々寛大な措置を清国から要請するに対し、列国は極めて冷淡な態度であった[35]。条約締結について事後慶親王・李鴻章から皇帝への報告の上奏分の中に

　拠送致和議総綱十二款、不容改易一字。臣等雖経迭送説帖、於各欵応商之処、詳細開説、而各使置若罔聞、且時以派兵西行、多方恫喝[36]。

とあるように清国からみれば全く脅迫的なものであった。

この談判では、清国側の質問に対しては列国側の説明をもって各、提議とした。審議の過程で特に問題となったのは清国側の希望による若干の項目で、その中で最も重要なものは、元兇処罰と賠償支払に関する問題であった。元兇処罰問題はその公使を殺害された独国が当然のことながら最も強硬で、むずかしい問題であったが、それも幾多交渉の結果解決した。それよりも重要でかつ最も困難であったのが賠償問題であった。

しかし困難であったのは清国との交渉が困難であったのではなかった。賠償を要求する国は十三カ国に上ぼり、列国間でそれぞれの要求を如何に調和するかが困難であった。列国の眼中に清国はなく、清国の将来は列国の利害だけでもって決定された。

三　日本の賠償金要求

明治三十三年二月二十三日の使臣会議は賠償金の類別・賦課法の原則等を審議するため、調査委員を設けることに決し、米・独・蘭・白四カ国公使が任命された(2066)。その調査委員の報告をまって、使臣会議は三月十四日賠償の範囲・算定基礎を次のように決定した。

一、千九百年ノ排外騒動ヨリ生ジタル直接及近接ノ結果ニアラサル損害ハ要求スルコト得ス
二、賠償ノ要求ハ左ノ三大項ニ分テ分類ス即チ
　甲　国家ニ対スル賠償
　乙　団体・会社及ヒ個人ニ対スル賠償
　丙　外国人ニ雇使セラレ居リタル清国人ニ対スル賠償（2071）（以下略）

この算定基準に基いて小村公使は四月十日財源調査委員会に対し、他国に先んじ、日本の要求額を国家賠償四千一百五十七万四千円、会社・個人賠償二百五十万円、合計四千四百七万七千円（他に毎一ヵ月費用概算二百万円）と通知した（2091）。この国家賠償金は本国への問合せの際の回答、軍費支出費四千九十一万六千円に対して、鉄道修繕費六十五万八千円のみを加算したに過ぎないものである。加藤外相はこの回訓の際、この金額は正確な実費のみであるから、同僚に示す時は大いに裁量を加えるよう「特別ナル注意」（2061）を喚起していたものである。

日本が賠償問題についてその立場を困難にし、結局派遣兵力に比しては少額の賠償金になってしまったそもそもの原因はここにその出発点があった。どこの国よりも早く、そして、正直であったのだがいわゆる掛値なしに実費だけを要求したのである。この報告を受け取った加藤外相は大いに悔やんだが、既に後の祭りであった。日本が「真正ニ実費ノミヲ要求」した以上、「各国共正実ニ要求ヲ提出セサル、コトヲ希望」（2102）する以外方法はなくなった。しかしその期待も空しく各国が法外な金額を要求してきたことは、たとえば米国が一九〇八年に至って賠償金の大部分を自ら放棄したことによってもわかる。[37]

各国の要求額が清国の負担能力、四億五千万両を大幅に超過することが見込まれ、何らかの方法によって要求額を削減する必要が生じてくると、加藤外相は四月三十日英国公使と会見し、日本の派遣兵数、その活躍からして日本の

要求は、極めて正当であることをのべ、何らかの基準（派遣兵数・派遣距離の長短等）で計算するのでない限り、他国と同一の定率で要求額を削減することには極力反対し暗に英国の援助を要請した（2113）。

先に小村公使は、償金は五分利附の公債証券をもって支払う方法を献策し、日本政府も是認を与えてそう理解していたので（2058）、利子が四分に落着きそうになると、小村公使は五月二十三日の使臣会議の席上で、「列国中四朱利ヲ以テ資金ヲ借リ能ハサルノ邦国ハ現ニ損耗ヲ蒙ルヘシ」（2137）と発言した。これは日本の経済的脆弱さを示したものであろう。加藤外相も英国公使に「遺憾ナカラ我国ノ信用ノ程度甚タ高カラサルガ故高価ニ売却スヘキ見込ナシ」（2162）と、日本の経済的実力を認めざるを得ない状態であった。

しかしこの時、加藤外相が「要求金額ハ現金ヲ受領スルコトヲ基礎トシテ計算シタルモノ」と発言しているのも不可解なことである。日本当局は利子附公債証券による償還方法を考えておきながら、現金を受領するものと考えて要求金額を公表したことになる。ここに前後矛盾するものがある。しかし一旦「掌中の骨牌」を示した以上、後からいろいろ日本の立場を説明してもそれは不可能なことであった。

五月末に至って、駐清独国公使は、償金の要求額を七月一日迄の計算によること、総額を四億五千万両に限ること、利子は四分とすること、という英国提案に賛成し、償還・担保の問題は後日の討議に譲って、以上のことを速やかに清国政府より正式に約諾を得ることが得策であると声明を発表したので、小村公使も両国の提案を受諾せんことを本国に献言し、その採否の回訓を請求した（2145）。これに関する日本政府の回訓は、五月三十一日加藤外相が上奏して裁可を得て打電されたが、同日の回訓は、両国提案を受諾せよという訓令と同時に、さらに「証券ニシテ若シ年四分利附ノモノトスレハ日本要求ノ総額ニ対スル五分ノ年利ト同額ノ利子ヲ生スヘキ元金ヨリ少額ナルモノハ即時償還ヲ基礎トシテ計算シタル我要求額ノ同価物ト認ムルコト克ハサルヘシ」と声明するよう訓令した（2155）。これは、将来、必要に応じて日本の先の要求を撤回することを容易ならしめ、また割増要求権を留保するための配慮であった。この間、日本国内でも各国公使に対し、日本は償金の減額にはもちろん反対だし、各国一率に按分比例的に減額することには日本は絶対同意できない旨、日本の立場の説明に懸命に努力していた（2162）。やがて伊藤内閣を退く加藤外相がその直前小村公使にあてた機密電報は、小村公使の交渉に不満をもつものとして注目されるから少々長いが引用しよう。

賠償見積額ヲ御通知ニ及ビタル際ニモ右ハ実際ノ消費額ニ止マリ候ニ付愈提出ノ場合ニ於テハ他国ノ振合ヲ見可成是等ト権衡ヲ失セサル様十分ノ注意裁量ヲ用ヒラルベキ旨附加シタル儀ニ有之且又当時ノ考ニテハ右損害見積額ハ寧ロ閣下ノ参考ニ供シタルモノニシテ愈提出ノ前ニテ各国ノ振合ヲ参酌シ今一度請訓ノ上決定額ヲ御申出可相成ト予期致居候処……単ニ鉄道修復費六十五万八千円ヲ附加シ其合計ヲ以テ我要求金額トシ公然御提出相成候趣ニテ実ハ甚意外ニ相感ジ申候殊ニ其当時仏露両国ハ未ダ其要求額ヲ明言セズ既ニ明言シタル諸国モ独逸ハ勿論其他一見懸値アルヲ知ルべキモノ少ナカラザリシ儀ニ付傍々閣下ノ電報ニ対シ意外ノ感ヲ懐キタル次第ニ有之候……閣下ノ処置モ……明ニ訓令違反トモ云ヒカタキニ付其儘ニ致候得共若シ閣下ニ於テ多少ノ裁量ヲ用ヒラレタランニハ償金減額或ハ債権請取等ノ問題ニ対シテモ帝国政府ハ大ニ進退ノ自由ヲ得タル儀ニ有之此点ニ関シテハ本大臣ニ於テ閣下ノ処置ニ対シ遺憾アルヲ免カレス候乍去今更致方モ無之候……」（2163）。

だから今後は割増要求等に十分尽力するよう訓令したのである。

使臣会議の席上、各国の要求額を公表するよう議題が提出された時、殆どの各国代表は、財源調査委員会の調査結果が未だ報告されていない理由でその表明を断わったが（2103）、小村公使自身その委員であった点からしても、小村公使の処置は、加藤外相の不満も当然であったろう。

当時日本では桂内閣（第一次）が成立して、小村公使は外務大臣に就任する予定であったが、北京講和会議は他の元兇処罰問題も解決し、賠償問題も漸く具体的な細目交渉の段階に入ったので、小村公使がそのまま北京に滞って、事実上、外務大臣としての全権限と全責任で樽俎折衝に当った。これからは殆ど小村公使ペースで交渉が進められた。六月十五日の使臣会議において、議題が賠償の支払方法の件に移った際、小村公使は先の加藤外相よりの訓令に従って、割増要求権を留保する旨の声明を発し（2174）、同月二十一日には小村公使はこれに関する覚書を使臣会議に提出して同僚の考慮を求めた（2186）。

しかしこの日本の割増要求声明に対する列国の反響は複雑であった。多数は日本が大兵を連合軍に提供して北京を救援した大功にかんがみ、日本の要求を諒解したが、独国や伊国は他国が日本の例にならって割増要求をするだろうと難色を示し（2185, 2201）、事実、露国はその動きを示した（2203）。

その間、曾弥臨時兼任外相は割増要求に関して英国の賛成を得るべく、林駐英公使に対して、「貴国駐剳国政府ヲシテ好意ノ鑑察ヲ取ラシムルコトニ全力ヲ尽サルヘシ」（2176）と訓令していた。その結果英国外相の林公使への返答は、「英国政府カ受領スヘキ証券ノ一部ヲ日本国ニ転交スルノ意アリ」（2184）という好意ある解答であった。米国も日本に同情を示し、(38) 日本の受領すべき清国証券額面価格あるいは九割以上でこれを売出さんとし、自国資本家に対して勧誘を試みる様子であった（2205）。

しかし日本はこれら米英両国の好意を断然謝絶した。それは小村公使の意見具申によったのであるが、「第一、権利問題トシテ要求スヘキモノハ決シテ之ヲ恩恵問題トシテ諾受スヘカラス、第二、何レノ外国政府タルヲ問ハス其金銭上ノ恩義ノ下ニ立ツハ日本ノ威厳ヲ損スヘシ、第三、此類ノ提案ヲ諾受スルハ日本ノ関係ヲ有スル国際問題ノ解決ニ於テ平等ト自由行動ニ影響ヲ及ホスヘシ」（2195）と誠に毅然たるものであった。

小村公使はその後も筋を通そうと大いに努力した。「若シ我国カ確乎タル態度ヲ保持スルトキハ遂ニ其目的ヲ達スルヲ得ヘシ、何トナレハ我弁論ノ正当ナルコトハ何レノ国モ之ヲ批評スル能ハサレハナリ」（2186）と確信していたが、小村公使の強硬意見通り、それをどこまでも徹底的に主張できるには、当時の日本は未だ国際的に力量が不足していた。まして日本の割増要求が、「談判ヲ遷延セシメ」るであろうという列国の反響は（2199, 2200）、問題解決の遅滞の責任を日本が負わなければならないという恐れも出てきた。これは列国協同という日本の基本方針にも反するし、内外の輿論にも堪えないところであった。義和団戦争当時あれほど強硬であった日本の国内輿論も[39]、この点に関しては批判的で、第十六帝国議会でも憲政本党議員が「支那償金割増要求に関しては独り日本の国柄として対面を毀損するのみならず支那に対する政策としても誠に好ましからざるなり[40]」それを撤回してはと演説しているほどであった。

事態が必ずしも日本に有利でないことに日本政府は多少周章の様子であったが、小村公使が最後の努力を払うから「全分ノ委任ヲ本官ニ与ヘラレンコトヲ請フ」て（2215）、日本政府も事実上外務大臣である小村公使には「全然貴官ノ裁量ニ一任シ」（2188）、「本件ニ関スル臨機応変ノ措弁権ハ全ク之ヲ貴官ニ附与ス」（2248）と全幅の信頼を寄せ、曾弥臨時兼任外相もまず小村公使の意見を尊重し（2238）、総理への報告にも、要求撤回の必要があってもその辺は、「小村公使ヲシテ適宜ノ処置ヲ執ラシムベキ考ニ有之」（2187）とあり、全く小村ペースで進められた。その間、小村公使は「本使独個ノ私説」として要求権を按分比例的に減額することを露国公使にほのめかし（2204）、さらに英国公使との会談の際、小村公使自身の意見を問われて、「全ク私説トシテ且極メテ内密ニ……本官ハ我要求ノ撤回ヲ我政府ニ勧告スルヲ以テ列国協調ノ利益ニ叶フ」（2212）と回答した。

日本は周囲の情勢から「早晩其追加要求ヲ放棄セサルヲ得サルヘキコト明確」（2216）となってきたと判断していた。ところが、小村公使はこの「私説」を米国にも伝えたので[41]、駐米高平公使から、米国が「日本カ追加要求ヲ撤回シタル宏量ト賛シ……日本カ償金問題ヲ速カニ落着セシメントノ善意ノ意思ト敬服」（2233）している旨を伝えてきた。日本政府は周章狼狽して、それは事実無根であるからすぐ取消方を高平公使に訓令したが（2233）、これまた既に後の祭であった。高平公使が続いて米国の各新聞があらん限りの讃辞を尽して日本の措置を賞讃している時、今これを取消しては「大失望ノ結果トシテ反動的ノ論議ヲ攪起スルノ虞ナキヲ保セス候」（2247）と伝えてきては、最早どうにもできない状態となった。日本は、ここにまたしても、軽率な言動によって再び失敗を演じたことになる。

最早こうなった以上、日本は割増要求を撤回する代り、何か放棄の代償を得たいと考えた。七月二十六日の訓令では、追加要求は継続主張すべし、それが不可能な場合は、四億五千万両より余剰金生ずる時は、それで日本の追加要求を加算し、それで按分比例的に減額するか、を主張せよというのであった（2248）。この際にも小村公使は剰余金が出るだろうという判断の甘さがあった[42]（2263）。

そして再び仏国よりの提案があり、各国分配額は保留したまま、ついに九月七日最終議定書の調印の運びとなった。各国に如何に分配するかの議案は各国の個人損害額が出揃わないため、その後も交渉が進められたが、さらに一年後の一九〇二年（明治三十五年）六月十三日、第一回利子支払の直前に、日本が割増要求の撤回を北京外交団に通知し、翌十四日賠償金分配に関する議定書に調印を見て、賠償問題はここにすべて終った[43]。日本は割増要求を撤回したのみならず、按分比例的減額案をも承諾するに至り、結局、日本の分配額は総額四億五千万海関両のうちの僅か七・七％である三千四百七十九万両、日本円に換算して当初の要求額五千七万円[44]に対して四千八百万円余に減額され最終決定された。

四　列国の意向と日本の対英依存

次に各国の意向を見てみれば、これより先、三月二十四日（一九〇一年）、清国政府が負担し得る賠償の最高限度を調査する必要が生じ使臣会議は清国財源調査委員を設けることに決し、小村公使と英・独・仏各国公使がその委員に任命された（2077）。その任務は㈠債権者と債務者とを同時に満足せしめる支払方法の研究、㈡清国の国内生活に干渉せずに他に転用し得る確実な財源の調査、の二点であった。同委員は数次会合を重ねて意見を交換し、また本件に関し情報を提供し得べき地位にあり、また経験・学識を有する幾多専門家の意見を徴し[45]、さらに日・英・独三国公使自身もそれぞれの意見を開陳した覚書を提供した。この際重要な助言をしたのが、総税務司のロバート・ハートであったと思うが[46]、四月末その最終報告を使臣会議に提出した。その要領は左の如くであった。

一、賠償金総額

概算六千五百万磅とする。但しこの中に包含される占領費用は七月一日迄の分に止める。

二、仕払方法

（甲）清国のみの信用による起債、（乙）各国共同保障に係る起債、（丙）証券の支払、以上三種の法案について委員会は甲案により一時に起債することは容易ならずと認め、乙丙両案の利害得失は各本国政府の判断に委すことにする。

三、起債方法

各国で保障する時は六千五百万磅の償金に対して七千万磅の公債で充分と認む。その利子は四分として千八百万両、四分五厘として二千万両となり、元金の償却は、担保に供する歳入で、現実に増額するに至る迄これを繰り延ばすこととする。

四、財源

全会一致で是認されたものは、(甲) 現行の関税収入及び外国人監督の下にある釐金税より生ずる余剰金、この金額百五十二万両、(乙) 従来の免税品をも含める一切の貨物に対し五分迄の平準率に輸入税を増加する。但し阿片及び穀類はこの限りにあらず。この金額二百五十万両、(丙) 内地関税収入、この金額三百万両以上合計七百二万二千両、前記の必要な金額に応ずるにはなおこの上千三百万両を要するから、委員会は財源の追加案として輸入税を一割迄増率するか、はた現行の塩税によるかを研究したるもその取捨の意見はこれを表白しない (2108)。

償金総額は使臣会議で審議の結果、総額四億五千万海関両と決定し、その旨を五月七日清国に通告した。報告書の中にある支払方法・財源、それに伴う海関税引上げ問題は、以前からも問題のあったところで、各国間に幾多交渉を重ねた難問題であり、解決を長びかせたのも結局この交渉が困難であったからである。

列国共同保障のもとに清国に外債を発行せしめるとの案は露国大蔵大臣ウイッテの発案によるもので、財源調査委員会に対してもその採用を勧めてきたものである。この案に積極的に賛成するのは同盟国仏国だけで、墺国を除いて殆ど列国がこれに反対し (2114)、結局、本案は採用されなかった。

米国は共同保障案には条件をつけて反対し[47]、輸入税引上げ問題には種々条件を提出してきた[48]。

要求額の多かった独国は、年賦償還に反対して一時払いを要求し (2067)、その財源捻出のため輸入税を一割二分に引上げ、従来免税物品にも新たに課税することを主張した (2088)。

ところがその輸入税引上げに絶対反対したのが英国であった。英国は共同保障案にも絶対反対であったし、輸入税の引上げは五分に止め、それも穀類を免除するか[49]、あるいは通商条約を改訂するとか、その他、内地税廃止、河川港湾改良等の通商上の便宜を与える条件なしには反対であった（2084, 2141）。独国は当初は英国と友誼的に連絡をとってきたのであるが（2145）、その輸入税引上げ問題を機に、両国はむしろ対立的関係になっていったのである[50]。

各国それぞれの利害損失によって妥協し難かったこれら諸問題、賠償交渉に日本はどういう態度をもって臨んだか。それは基本的には列国協同主義であった。

賠償の算定基準承諾の際の訓令は、「他ノ関係諸国カ償金委員ノ報告ヲ是認スルニ於テハ日本政府モ亦之ヲ是認スヘシ」（2087）であったし、賠償交渉の進行について英・独両国の提案に対しても、「日本政府ハ其択フ所ヲ曲ケテ列国多数ノ希望ト認ムル所ノ者ニ譲リ証券ヲ以テ償金ヲ仕払フノ案ニ同意スル旨ヲ発言スルコト」（2155）という訓令であった。「若シ他列国カ受諾スルニ於テハ帝国政府モ亦之ヲ受諾スヘシ」（2137）というのが、義和団戦争・北京講和会議を通じて、終始一貫、日本の基本的方針であった。しかし、日本は列国の後からばかりついて行ったのではなかった。個々の問題に対して、それぞれ具体的な腹案を用意していた[51]。けれども「列国ニシテ悉ク同一歩調ニ出スルナラハ」（2184）、日本は敢て独自の道を択ばなかった。いや当時の日本の実力からして択べなかったといった方がより適切だろう。結局、列国協同主義という一線に、自国主張の一線をどこ迄妥協し得るか、その矛盾をどう調和するかに当時の為政者は一番苦慮したことであろう。

列国協同主義の基本方針の中でも、とりわけ大国である英・米・独三国と連絡をとりながら、講和談判を進めた。

三国公使と密接に連絡をとれとは、しばしば日本政府の訓令するところであった（2156, 2216）。しかしとりわけ、特に英国とは緊密な連絡をとりつつ交渉を進め、英国とは終始同一歩調をとった。日本が英国に意識的に接近しようとしたことは、義和団戦争当時、既にその事例があるが[52]、賠償問題については両国の利害が相伴うこともあって、日本も英国に依存し、英国もむしろ日本に協調的であった。

日本が英国に接近しようとするのは、英国が列国中でも最強国と意識するからである。輸入税引上げ問題で加藤外相は「英国ニ於テ不同意ナル場合ニ他列国カ協議スルモ実益ナキヲ奈何セン」（2136）と英国の実力を認識している。また「日本国ハ英国ヨリモ幾分カ一割増率説ニ歩ヲ進メ得ルヤモ知レスト雖モ大体日本ノ立脚地ハ英国ノ立脚地ト相同シキルコトハ承知アリタシ」（2146）と仏国公使に諒解を求めたのも、英国の反対を表面に立てて、その裏には英国を楯にして日本の利益を守ろうとしたからである。それは対清国貿易において日英の利害が完全に一致していたからである。日本の対清国貿易の実績は、当時既に、欧州大陸の全部を合せたものを凌駕し、日本より上位にあるのは英国のみで、日本の対清国貿易は今後、ますます発展する状態であった。英国が輸入税引上げに反対すると同様の理由は日本にもあった。だから加藤外相の小村公使への訓令にも「五分ヲ超過スル増率ハ之ニ対スル同価値ノ譲歩ナクシテハ……応スル能ハス而シテ日本国政府ハ壹割ノ増率最高限度ヲ示スモノニシテ何等ノ事情アリトモ是ヨリ以上ハ承諾スヘキ限ニアラス」（2129）とあった。

割増要求問題で、日本は英国の実力と同情をかりてこれを実現しようとしたこと、それの撤回に関し小村公使が秘密というべきものを英国に打明けて失敗したことは前にふれた。秘密事項でも予めまず英国に打診的にもらすのは本国の加藤外相も同様であった。

「未タ嘗テ他ニモ語ラサル所」でも、まっさきに英国には打明けるし（2146）、五月三十日英国公使との会談の際にも、外相は小村公使に割増要求の訓令する意であることを発言したところ、英国公使からそれを英国に電報しても差支ないかと問われて、加藤外相は、「未タ訓令ヲ発シタルニアラサル故其含ニテ当分機密ヲ守ラル、ノ條件ヲ附シ打電セラレテ可ナリ実ハ此事ハ他公使ニハ何人ニモ告ケサリシナリ」（2162）と答えている有様である。加藤外相をついだ曾弥臨時兼任外相も林駐英公使宛ての訓令の中には「貴官ハ同侯（ラウンスダウン）ニ告クルニ幸ニモ日本政府カ……斯クノ如ク腹蔵ナク且内話的ニ英国政府ニ打チ開クヲ得ルハ一ニ日英国間ニ存スル好意ノ疏通並ニ相互ノ信任関係ノ之ヲシテ然ラシムル所ナル旨ヲ以テセラルベシ」（2225）とも言っている。

日本はこのように英国を信頼・依存したので、英国も日本に好意的であり、輸入税引立げ問題では逆に日本の援助を求めてきた（2236）。

それぞれの国の利害損失によって困難であった賠償交渉に、日本は列国中でも特に列強に、列強中でもとくに英国と歩調を合せて交渉を進めた。全くの英国依存外交路線であった。

その後も種々交渉の後、なお細目の協定を残しながら九月七日最終議定書が調印された。賠償に関する規定はその第六条であって、その要領は次の如くである。

(イ)賠償金総額四億五千万海関両

(ウ)利率　年四分

従って元金・利子を合計すると、賠償金総額は最終的に、実に九億八千二百二十三万八千百五十両という巨額に上る。

(ハ)償還年限　三十九カ年

(ニ)支払方法　清国政府の経済力を考慮し、年を経るに従って償還年額が逓増するように定めてある。

一九〇二年～一九一〇年　一八、八二九、五〇〇両
一九一一　～一九一四　一九、八九九、三〇〇両
一九一五　　　　　　　二三、二八三、三〇〇両
一九一六年～一九三一年　二四、四八三、八〇〇両
一九三二　～一九四〇　三五、三五〇、一五〇両

(ホ)担保　(一)海関税の剰余並に輸入税引上げによる増収入　(二)旧関収入で海関の管理に移されたもの　(三)塩税の剰余

そしてこれらは毎月列国の銀行家委員会に交付する。

(ヘ)財源　輸入税率を現実五分に引上げる。但し条件として　(一)従価税をなるべく従量税に改めること。(二)白河及黄浦江の水路を清国政府と経費を分担して改良すること。(53)

最終議定書の調印によって賠償金に関する問題は清国政府との間には確定したが、列国間にその四億五千万両を如何に分配するかの問題が未だ確定しなかった。各国の要求額を合計すると四億六千余万両となり、確定額より一千余万両超過することが判明したので、何らかの方法で減額せねばならなくなった。結局、どの国もが納得できる方法はこれしかなかったのだが、前述のように日本・英国の反対にも拘わらず、要求額の平均三分ずつ按分比例的に減額したのである。そして翌一九〇二年六月十四日列国間に賠償金分配に関する議定書の調印を見るに至り、三〇三頁の表の如く分配額が確定した。

おわりに

日本は義和団戦争に多くの兵員を派遣し、従って多くの軍費を支出したが、なぜ少額の賠償金しか得られなかったかということになると、それは第一は当時の日本の国際的な位置づけによると思うし、第二には日本の外交技倆の拙劣さによると思われる。

まず、当時の日本の国際的地位は、力学的な国際社会における力関係によるが、それには㈠政治的理由として日本は強力に日本の要求を主張しなかった。いや主張できなかったと言った方が適切であるかも知れない。それにはまず第一に日本の実力を冷静に国際社会の中に据えて見る時、日本の実力から見てできなかったのであろう。日本は先に清国に大勝していたとは言え、当時はまだ列強の中の一員としての地位はなかった。小村公使が露国より帰国して一週間ばかりの日本滞在ですぐ清国に赴任したが、その間伊藤首相に会談したところ、首相は「北京の善後談判に於て日本が果してコンサート・オブ・パワーズに這入れるかどうか。善後談判の中心たる列強国の中に列強の一として日本を本当に加えて呉れるだらうかという疑念」をもらしたという。それに対して小村公使は「断じてさう云う憂いはありませぬ。日本は当然今度はコンサート・オブ・パワーズに入れもするし、また這入らなくちやなりませぬ。不肖ながら私が其の通り日本の地位を北京で確立します」(54)と確答したというが、当時における日本の国際的地位は伊藤首相をしてこのような思いを抱かしむる程度のものでしかなかったのである。だから列強の国際会議に日本が初めて列席できただけで十分だったのかも知れない。第二にそういう疑念は無意識的に賠償に重きを置かないという態度となったのであろうか。山県首相もその意見書で賠償に附随する監督問題について「此ノ問題ハ我ニ於テ重大ノ関係ヲ有セサルヲ以テ[55]」と言うほどであり、ずっと後の幣原喜重郎の談話でも「日本の当局者に余程大きな考えがあった。日本があれだけの兵を出してあれだけの働きをして物質的利益の要求は日本が一番少ない。思い切って物質的利益は要求しないという方針だった[56]」とある。こういう程度なら何も出兵数に比して賠償額の少ないことを憂う必要もなかった。だから「既に我帝国の威信は十分に彰はれたるを以て、故障なくして列国使臣会議の結了を得たり[57]」という桂首相の手記や、「此初舞台に於て、日本代表が五千万円の実費賠償を受けた上に、我外交の正義一点張を発揮したことは満足と視られないこともない[58]」という当時の北京公使館一等書記官石井菊次郎の記録のように、とにかく初めての国際会議が故障なく無事に終了したということだけで十分満足だったのかも知れない。

しかし日本は日本の主張をのべなかった訳ではない。十分主張があり、それぞれに具体的な腹案を用意していた。けれどもそれをどこ迄押し通せるかが問題であった。押し通せるには力量が不足していた。したがって自己主張と列国協同の矛盾をどう調和するかが悩みであった。だから列国の意向にはいじらしいまでの配慮をした。したがって第三に出すぎてはいけないという配慮を必要とする意識の中には、あの「三国干渉」の記憶がどこか脳裏を離れなかったのであろう。考えてみれば賠償獲得においてこそ、まさにあの「臥薪嘗胆」の思いをはらす好機であるはずだったが、実はその逆で、再び来るかも知れない列国の干渉が一番恐ろしかった。桂首相も「廿七八年の結果を視よ。軍事には全勝を得たけれども、三国同盟の為に遼東の地は還付したるが如きを再演するを戒めざるべからず[59]」と自伝に記している。

「三国干渉」は日本の出兵の時でも、それを躊躇させる原因となっていた[60]。「三国干渉」の再演だけは演じたくないという意識が他国の要求とつり合わない結果となった。初めての列国共同作戦に参加して鯱張っていたという日本軍隊と、初めての国際会議に列席して鯱張っていた日本外交官の姿が窺われる。

(二)このようにどこ迄も強力に主張できない政治的非力の背景には経済的非力があった。当時恐慌、あるいはそれに近い不況がおこるため、経済力が脆弱で出兵戦費にたえず[61]、戦況の報告に文字通り一喜一憂して株式が高騰暴落するなど経済界は混乱[62]し、当時の大蔵大臣をして「軍隊が相当の勝利を収めても、我が国は倒産を免れないだらう[63]」と憂慮させるほどの経済力の底の浅さがあった。あるいは日本の賠償交渉について、某外国人をして「自らの利益を犠牲に供して迄も何故に斯く事件の終局を急ぐや」と不思議がらせ、その原因を「内地財政上の関係よりして[64]」とみるように、少しの償金でも早く獲得したいためとみられるような国内財政の窮迫があった。事実この清国償金は、特別会計にするかどうかで国内で議論をよんだところであった[65]。

結局、明治維新を迎えて三十余年の新生日本は、当時国際社会の中では未だに政治的にも経済的にも力量不足であり、それがため「我が外交は、未だ北京に重きを為さなかった[66]」のである。

次の外交技倆の幼稚さの点は、確かにこの講和会議が日本建国以来の最初の国際会議で、しかも欧米列国の中に唯一の東洋の日本が加ったのであるから、乏しい経験と技倆ながら一人前の人格を与えられて、最後まで列国協調を保ってこの困難をやりとげた功績だけでも甚大であった。また「鼠公使」とあだ名された小村公使以下当事者も目ざましく精力的に活躍したことも事実であった。

しかしながら、なおかつ日本外交の幼稚さ、あるいは拙劣さを感ずるを禁じ得ないのである。小村公使自身が財源調査委員でありながら、その委員会の調査報告が終っていない段階で、他列国に先んじて日本の要求額を掛値なしに実費だけを公表した点は、それも正直と言えようが、石井菊次郎が「初め帝国政府は我要求最小限を五千万円と概算して之を小村公使の参考まで電示したのであったが、北京会議は……誰とて口を開くものがなかったから、小村公使は其裁量を以て正義及び対支友情の模範を示したのであった。然るに……他国の代表は……遠慮なく膨大なる巨額を申し出た。支那人は『乞フ隗ヨリ始メヨ』と謂ふが斯る場合に列強に先じて口を開くは考へ物である。日本には『物言へハ唇寒シ秋ノ風』という諺がある。外交には此諺の方が大事であるやうだ。……何と言っても列国は古狸であり、単り当時の日本は未だ経験に乏しかった」[67]と記するように、当事者の実感としてもそうであった。そして後になって日本の立場を色々説明して割増要求をするなどは、方法として最もまずかった。さらに日本がその「親権者」とも言うべき英国に依存するあまり、英国やあるいは米国に秘密事項をも打明けてそれがもれて、ついに割増要求を放棄せざるを得なくなった事態など、外交の駆引で失態と言わざるを得ないのではないか。

「正直一点張り」で通じると判断したところに、外交意識の幼稚さが見られようし、それが通じないところに外交社会の複雑さがあった。

この日本外交技倆に対し、日本が事ごとに依存していた英国の態度はどうであっただろうか。賠償支払方法について共同保障案が出た際、「吾人ハ本問題ヲ一個ノビジネスト見做サルヲ得ス而シ右ノ発議ハ更ニビジネスニ適ハサルモノナリ」(2148)と英国外相が断言して反対する時、そこに新生日本に比して古狸英国の面目が窺われる。「我利害を犠牲に供するが如きは外交に老練なる邦国の決してなさざる所なり、流石に英国は怒らず、恨まず、又急がず、諒々として反対の議論を主張し居れり、然るに貴国（日本）は非常に事件の終局を急ぐ風あり、之が為に動もすれば即ち主張を差控え、若くは撤回せんとするの憾を生ずるに至る……我々外国人の解せざる所」との談話は既に当時における日本外交政策に対する外国外交官[68]の批評なのである。

小村公使は当時最も積極的な強硬的な意見の持主であったが、その意見に比して外交技倆はまずかったと言わざるを得ないのである。

以上、賠償交渉の過程を主として何故少額の賠償金しか獲得できなかったかについて検討してきた訳だが、更にそれを素材にして他に如何なる点が指摘できるだろうか。

第一は、既にみてきたが、対英追随外交である。この講和会議では、経済的利害が相伴うこともあって、徹頭徹尾英国に依存する路線をとった。明治政府成立以来、英国が日本の「親権者」の位置にあったため、日本は必然的に英国に依存したが、英国を信頼し、英国に依存する態度はまさに小心的で滑稽と言うべき程の英国一辺倒である。日本外交の英米協調主義という、いわゆる「霞ケ関正統外交」[69]はここにもその姿を見出し得るのではないか。そしてこの義和団戦争・講和会議が日本に一つの教訓を与えた。それは日本が未だ列強の一員として地位が確立していない当時、他の列強の脅威から身を守り、清国における地歩を確保するには欧米列国と同盟せねばならないということである。こうして日英同盟が締結されたのは辛丑条約の締結後半年あとの一九〇二年（明治三十五年）一月のことであった。日英同盟はまさにこの戦争、会議の過程から準備されたものであった[70]。

第二に、当時の日本の為政者の対清国意識がどう指向されていたかと言うことである。それは言葉の上では、隣邦清国に対する友誼・同情という言葉がでてくるが、事実はそういったものは殆どなかった。当時の一般的な国民輿論と同様、清国を一段と高い所から見下す論理であった。だから日本は日本の大陸発展の立場からのみ物を考えた。この時、日本の物質的要求が少なく正直一方だったので、「支那の方じゃ日本の方を信用するようになった。………日本に寄越す留学生も非常に殖えてきた[71]」というが、来日留学生の数がこのころより増加してきたのは事実だが[72]、それは別に理由があることで、『加藤高明伝』の編者が言うような「支那を助けんとした伯の苦心の数々[73]」ではなく、加藤外相自身が明言するように、たとえば清国の保全も「日本人カ特ニ清国人ニ対シテ愛情ヲ有スルニ非ス日本ハ日本ノ為ニ」（2146）にするのであり、「日清貿易ヲ阻害スル釐金ノ如キハ此際ニ於テ廃止セザレバ再ビ廃止スルノ機会ナカルヘシ」(2162)と戦勝を機会に内政に干渉までして、対清貿易を有利にしようとする考え方であった。

第三には、これらを総括して当時の日本が如何にして欧米帝国主義列国の地位にのぼらんとして汲々としていたかである。日清戦争後、欧米列国がアジアに帝国主義的進出を計る情勢の中で、ひとり日本は「三国干渉」以後「無力の沈黙」を余儀なくされていた。このような情勢の中で勃発した義和団戦争に、日本は国際的孤立に陥入ることを極度に警戒しながらも、大陸進出の好機とばかり大軍を派遣した。しかし事後の講和会議では、当時としては極めてまじめに欧米列国の「驥尾」について、清国において欧米列国と同様の地位を得ることに努力を払っていた姿が窺われる。結果、それは実現され、日本はこれよりアジア側より西欧側につくようになった。つまりこの時、日本がいわゆる「極東の憲兵」の地位を欧米列国より承認されたという点も、以上の論点から指摘できる。

以上、北京議定書締結当時の総理であった桂首相自身「必ずしも北清事変善後の措置を以て十分なりと思惟せざりし」[74]様子だったが、しかしこの義和団戦争・講和会議を通じて、日本が漸く国際社会に登場し、列強の一員としての地位を獲得したことは、後年の日本の中国大陸への侵略的進出に至る過程において、非常に重要な一段階を飛越したことになり、以後日本の清国への軍事的・侵略的進出の出発点がここにあるとすれば、これの持っている歴史的意義は誠に大きいものと言わねばなるまい。

注

(1) 清沢洌『日本外交史』上巻二八六頁。

(2) 伊藤正徳『加藤高明伝』上巻三八四~三八五頁。

(3) 信夫淳平が大正十一年に著した『侯爵小村寿太郎伝』が出版されないままであったのが、昭和二十八年に至って外務省版として刊行されたものである。

（4）『小村外交史』一七三頁。

（5）戴玄之『義和団研究』一四七頁。

（6）藤村道生『山県有朋』（人物叢書六十七）二〇一頁。

（7）本書第三部第三章参照。

（8）『桂太郎自伝』巻三（『明治史料』七、三二頁）いつごろどの部分が書かれたかよく分らないが、伝記はこれをもとにして書かれたものといわれている。

（9）Blue Book, China No. 3.（1900）〔No. 121〕文書、日本代理公使ホワイトヘッドから外相ソールスベリーにあてられたもの。

（10）『清国事変要録』（『日本外交文書』第三十三巻所収）七一一頁～七一二頁（以下『要録』と略記する）。

（11）『桂太郎自伝』三四頁。

（12）徳富猪一郎『公爵山県有朋伝』下巻四〇九頁。

（13）たとえば有賀長雄が外交専門誌「外交時報」第三十号で「清国事件に於る日本の態度」と題して同様の意見をのべている。

（14）Blue Book, China No. 3.（1900）〔No. 170〕文書『要録』七一二頁。

（15）Blue Book, China No. 3.（1900）〔No. 180〕文書。

（16）Blue Book, China No. 3.（1900）〔No. 252〕文書。

（17）『要録』七一六頁・七一八頁。

（18）Blue Book, China No. 3.（1900）〔No. 265〕文書。

（19）『桂太郎自伝』三四頁。

（20）日本の出兵の経緯については田保橋潔「義和拳匪乱と日露」（『東西交渉史論』下巻）、稲生典太郎「義和団事変と日本の出兵外交」（『開国百年記念明治文化史編集』）、中塚明「義和団鎮圧戦争と日本帝国主義」（『日本史研究』第七十五号）等があり、小論もこれらより多く教示を得た。

(21)　『公爵山県有朋』下巻四〇九頁、『伊藤博文伝』下巻四二九頁。

(22)　『要録』七三四頁～七三五頁。

(23)　『伊藤博文伝』下　四三二頁。

(24)　『伊藤博文伝』下　四三九～四四〇頁。

(25)　『桂太郎自伝』三五頁。

(26)　「山県侯意見書」『北清事変善後策』二五七頁で「別ニ師団又ハ旅団ノ動員ヲ命ジ交代ノ名ニ藉リテ之ヲ行フヲ可トス果シテ然ラハ再ヒ出兵スルニ当テ亦能ク各国ノ疑ヲ避クルヲ得ヘシ」とのべている。

(27)　清廷は初め李鴻章を講和全権大臣に任命したが、列国は李の位地勢力を疑い、上諭の真偽さえ疑って相手にしなかったので、日本から李の他に平和党の有力者を講和委員に任命するよう清帝に上奏した結果、李の他に慶親王、両江総督劉坤一、湖広総督張之洞の計四名を全権にする上諭が出され、列国は漸くこれを承認した。但し劉と張とはその任地にあって商議に与かった。栄禄も全権委員に任命されたが、列国の反対にあった。本書・第三部第一章参照。

(28)　『要録』七四三頁。

(29)　『要録』七四五頁。(二)については、清国をして外国人の生命財産を保護すべき義務を尽すを得ないとの口実を与える虞れがある。(四)については、言語・習慣を異にする各国の兵を集めて一部隊を編成することは困難で、各国の守備兵を各国公使館に設置しては如何と修正意見をのべ、大体その通りいれられた。

(30)　賠償問題に関するもののみをみれば、十月二十八日の第三回会議では「賠償ヲ受クル権利者」の中に、「外国人ニ雇使セラレ居リタル為ニ輓近ノ事変中ニ於テ身体若ハ財産ニ損害ヲ被リタル清国人」を包含することが決定され（『要録』七五二頁）又十一月十九日の第八回会議では「国家ニ対スル賠償」という語句を「軍事行動ノ費用、籠城中清国ニ於テ殺害セラレタル分遣隊ノ兵卒並ニ官吏ニ対スルモノヲ包含ス」と解釈を統一した。『要録』七五五頁。

(31)　これが後日最終議定書として確定したものである。前文に「人類ノ歴史ニ前例ナキ罪悪・国際ノ法則ニ反シ、人道ニ反シ、且ツ文明ニ反スル罪悪」として四カ条の罪状を並べあげている。『要録』七六三〜七六四頁。

(32) 外務省編『日本外交文書』第三十三巻別冊一・(『北清事変』上)、第三七二号文書（以下本文中の（　）内の数字は同書第三十三巻別冊一・二・三〔『北清事変』上・中・下〕の文書番号を示す）。

(33) 桝元卯平『自然の人・小村寿太郎』五〇五頁。

(34) 『要録』七四七〜七四八頁。

(35) たとえばこの要請に対する回答は「此等ノ要求ニ考慮ヲ与フルト否トハ一ニ清国政府カ曩ニ提出シタル諸条件ヲ履行スヘキ決心ヲ其ノ行為ニ表示スルノ誠意アルト否トニ依テ定マル」と使臣会議全会一致で可決するといったような調子であった(1920)。

(36) 王芸生『六十年来中国与日本』第四巻四一頁。

(37) 田村幸策『支那外債史論』（一四八〜一四九頁）に、米国は被害実費以上に賠償金を要求し、しかもこの事実は当初から自覚していたが、米国が受領しないとそれが他国に振向けられ、結局清国の負担を軽減しないから、ひとまず超過を知りながらそれを受取り、後日、適当な機会に清国に返還する意向であったとのことで、この間の消息はルート国務長官より駐清公使に既にもたらされていたという。

(38) Foreign Relations of the United States, 1901, affairs in China.〔No. 118〕文書でロックヒル駐清公使から、ヘイ国務長官にあてた電文にThe embarrassment of Japan is so real, and on the other hand, that country deserves so much the thanks of all others for the prompt, efficient, and the modest way in which it performed its work here last year, that I trust some means may be devised to prevent it sustaining any loss. とある。

(39) 前掲拙稿。

(40) 「大阪朝日新聞」明治三十五年一月二十六日　大石正己代議士の発言。

(41) Foreign Relations of the United States. 1901 affairs in China. P.376にMr. Rockhill reports that he is informed by the Japanese minister that he will not insist on additional allowance, but will reserve the question the future.

とある。

（42）Blue Book China. No.1（1902）〔No. 174〕文書。

（43）『日本外交年表並主要文書』上巻一四七頁。

（44）『小村外交史』一七四頁、『公爵桂太郎伝』乾巻一〇一九頁に日本の頭初の要求額はともに五千七百万円とあるのは、五千七万円の間違いであろう。

（45）Morse: International Relations of the Chinese Empire Vol. 3 P. 351

（46）坂野正高「ロバート・ハート」（『世界史講座』第V巻二五八頁）参照。彼は委員会に覚書を提出して、清国の負担能力、支払方法・担保・監督方法について意見をのべ（2089）これがほぼ全面的に最終議定書にとりいれられている。

（47）Dennett: Americans in Eastern Asia. N.Y. 1922 P.659.

（48）Dennett 前掲書、p661~662. Blue Book, China. No. 1.（1902）〔No. 150〕文書に米国の条件を、1. General revision of the Customs Tarriff and conversion of advalorem into specific duties. 2. Wihdrawal of the prohibition of the expotation of rice. 3. Abolition of the li-kin tax, including the transit dues and all other inland taxes on every foreign article of import excepting opium, which will be taxed as hithertn. 4. Revision of the tarriff for li-kin on exports. 5. Chinese Government to take part in the improvement for navigation of the Whangpoo and Peiho, giving security for their financial contributions. とある。

（49）Blue Book, China. No. 1.（1902）〔No. 65〕文書ラウンスダウン外相はE・サトウ駐清公使にあてて、The following are cardinal points of our policy:

1. To avoid making China bankrupt.
2. To make no addition beyond 5 per cent. to maritime customs, except in consideration of satisfactory settlement of questions dealt with in Article 11 of joint note to the Chinese Plenipotentiaries.
3. Not to take part in a joint international guarantee of a Chinese Loan.

と英国の基本的態度を示している。

(50) 田村前掲書一三八～一四一頁。

(51) たとえば2156, 2181, 2216号文書。

(52) たとえば352号文書で青木外相は鄭天津領事あてに「事態漸ク危怡ニ趣キ貴官ノ責任極メテ重大ナルニ依リ貴官ハ深思熟慮諸事遺憾ナキヲ期シ且其地駐在ノ各国領事特ニ英国領事ト終始協同シテ一切ノ事ニ処スヘシ尤モ英国領事ト共同スルニ方リ之カ為メ他国領事ノ悪感情ヲ惹起セサル様注意セラルヘシ」とある。

(53) 田村、前掲書一三一～一三三頁。

(54) 本多熊太郎『魂の外交（日露戦争に於る小村侯）』二六四～二六五頁。

(55) 『山県侯意見書』所収「北清事変善後策」二五九頁。

(56) 朝日新聞社『日本外交秘録』八六～八七頁。

(57) 『桂太郎自伝』四六頁。

(58) 石井菊次郎『外交余録』三二頁。

(59) 『桂太郎自伝』三四頁。

(60) Blue Book. China No. 3.（1900）〔No. 190〕文書、『日本外交秘録』八八頁、松井慶四郎男談。

(61) Blue Book, China No. 3.（1900）〔No. 260〕文書で、駐日ホワイトヘッド代理公使はソールスベリ外相にあてて青木外相との会見の結果、

I understand that he means that his Government will send a large military expedition if, by previous agreement among the Powers, they are assured that Japan will be protected from complications, and will be resonably indemnified for outlay of money and men.

との判断を報告している。

(62) 『ベルツの日記』明治三十三年六月十八日、「国民新聞」明治三十三年六月十七日、「中外商業新聞」明治三十三年六月二十

日。

(63) 藤村前掲書、二〇六頁。

(64) 「大阪朝日新聞」明治三十四年七月二十五日。

(65) 工藤武重『帝国議会史綱』七二八～七二九、『原敬日記』明治三十四年十一月二十九日、三十四年十二月二十五日。

(66) 『加藤高明伝』、上巻三九〇頁。

(67) 石井前掲書三二頁。

(68) 「大阪朝日新聞」明治三十四年七月二十五日。

(69) 内山正熊「霞ヶ関正統外交の成立」（『日本外交史の諸問題』Ⅱ 七頁）参照。

(70) Pooley: "The Secret Memoirs of Count Tadasu Hayashi" Lond. 1915 p. 117～118 で当時駐英公使だった林薫は、
According to my judgement at that time, the pro-Japanese Sentiment in England extended from the highest to the lowest and humblest citizen. …… England could not but feel rather resentiful towards Russia. She realized the neccessity of joint action with Japan in the Far East, and that proved to be one of the most important reasons why the Anglo-Japanese Alliance was later concluded.
とのべている。服部宇之吉『北京籠城回顧録』二三三頁参照。

(71) 『日本外交秘録』八五頁　林権助男談。

(72) 実藤遠『日中友好史』七〇～七一頁。

(73) 『加藤高明伝』、上巻三八七頁。

(74) 『公爵桂太郎伝』乾巻一〇二五頁。

第三章　義和団事変と日本の輿論

はじめに

民主々義においては、それが正しく機能される限り、内政問題であれ、外交問題であれ、国民の輿論が政府の政策決定に大きく反映されなければならない[1]ことは言うまでもない。ところで、近代日本の歴史において、国民の輿論が対外政策の決定に正しく重要な役割を演じた事例は極めて乏しいようである。明治維新政府成立以来の日本の為政者は、外交政策決定に関し広く国民の輿論を参酌しようとする努力を余り払わなかったようだし、湧き起る輿論に対しても殆どこれを無視し、いわゆる「国論の統一」の名の下に「統一された国論」を押しつけることの方が多かったのではなかったか。外交は交渉相手あってのことだから、国内的な論争によって対外的利益を阻害することは避けるとの論拠の下に、いわゆる「秘密外交」を押し通してきたのではなかったか。

しかしながら以下に見る義和団事変の時期（十九世紀末～二十世紀初）においては、これとはやや異った事態が見られる。事変に関し政党から質問書が提出されて政府からその答弁がなされる。更に議会において外務大臣が施政方針演説を行う。それは日本の外交史上未だかつてなかった新しい事態であった。どうしてこのような事態が発生したのか。それは、対外的には日清戦争後清国各地に派遣されるようになった新聞社特派員の戦況の逐一報告、外国通信社による海外ニュースの伝来が、国内的に事変に関する国民の関心を高め、政党が政府の施策を追及し、あるいは民間諸団体が輿論の形成に活躍し、民衆がそれに様々の反応を示したことによるものと思われる。それではそれらはどのような動きを示したのか。

また今一つ小論のねらいは次の点にもある。

義和団事変は周知のように一八九九年（明治三十二年）、排外主義を唱える清国民衆が、鉄道を破壊し、教会を焼き、洋人を殺害し、遂に一九〇〇年六月より北京の各国公使館地区を包囲攻撃したことから、露、英、仏、独、米、墺、伊、それに日本の八カ国が軍隊をくり出し、包囲された公使館や居留民を救出し、更に義和団運動そのものをも鎮圧したものである。その北京救出、義和団鎮圧戦争において、一番多くの軍隊と武器を出し、一番多くの犠牲を払いつつ、鎮圧に一番重要な役割を演じたのが日本軍隊であった。ところがその日本軍隊の凱旋を迎える日本民衆はどうであったか。何故に先の日清戦争の時のように沸きかえらなかったのか。それは民衆のこの戦争の受け取り方が今までとは違っていたことによると思われる。それではどのように違っていたのか。

従来、義和団事変と日本の動向について研究された論文は若干あるが[2]、日本の輿論の動きを考察したものはない。ところで日本の輿論が、義和団鎮圧戦争にいかなる役割を果し、その後の大陸政策にいかに反映したかを知ることは極めてむずかしい課題であり、将来の研究にまちたいが、小論ではその前提として事変の時間の経過[3]とともに、日本の輿論がどのように形成され推移して行ったかを観察したいと思う。

このような課題を主として当時の新聞を通じて考察したいと思う。したがってここにいう輿論とは概して当時の新聞を通じてみられる国民の中の有識者、あるいは中間層以上の意見を指していうのであるけれど、果して輿論が新聞を形成するのか、新聞が輿論を形成するのか、恐らくは後者の傾向が非常に強かったと考えられる当時としては、今日のような輿論とはやや意味を異にしているし、またその新聞も主として大阪朝日新聞を資料にしている点でも極めて限定した意味における輿論である。

日本の新聞界は明治二十年代、日本の国際的劣勢が国民主義的主張を押し出したが、日清戦争の勝利を経て、東洋の強国としての地位を勝ち取るとともに、戦勝の自負は輿論を国際膨張主義へと向わせた時代であった。すなわち日本の新聞界は明治三十年代には一般に対外進取的論調が抬頭してきた時期であった(4)。そういう傾向の中で特に大阪朝日新聞は、清国十五カ所を初めアジア各地に特派員を派遣して、「東洋に関する記事の最も注意を払うに足るものが多い」とか「海外電報の豊富なるものは、それ〈時事〉と〈朝日〉か」と評判されており、一方でその論調は国権主義的であり、対外強硬派として一般に受取られていた(5)。したがって大阪朝日新聞による資料それ自体幾分個性的な資料であるかも知れない。しかし報道戦に力を注ぎ、更に重要なことに、一九〇〇年（明治三十三年）七月には経世家としてすでに名のある内藤虎次郎（湖南）(6)を入社させるなど、論説に重きを置き出した大阪朝日新聞は、浮動する国民を一つの方向にもって行った点で、また一つの輿論を代表するものであろう。

〔本文中の、また注記中の（　）内の算用数字は大阪朝日新聞の明治年月日の日付を示す。単に月日のみしか示さないのはすべて明治三十三年（一九〇〇年）のそれである。その他の新聞資料は主に『新聞集成明治編年史』第十一巻によった。〕

一　新聞論調について

明治三十三年（一九〇〇年）一月、戊戌変法後衰退の一途を辿る清朝王室に光緒帝譲位、皇太子即位の風説があることがわが国に伝えられた。この件に関し憲政本党から衆議院に対し事実の確認、今後の対策等七カ条にわたる質問書が提出された[7]。同党からは先にも外交不振の質問書が提出されていたが、「然るに外務当局者は未だ何らの答ふる所あらず、国民は殆ど外交当局者の施設に惑ふものなり」（2・5）という状態であった。今回の風説は全く清朝王室内の事件であり、何ら国際外交上秘密にする必要がないにもかかわらず、秘密にして明かにしないのはわが国外交政策の基本方針を示しているようである。秘密外交の理由であるなら、ただその秘密の理由を宣明すべきであるとの不満は国民一般のものであっただろう。

ところで今回の一件は外交上あるいは内政上それほど重要な問題でないようにみえるけれど、当時の新聞に「苟も以て東隣の親交国たるもの、其吉凶を確めて其賀すべきは賀し弔ふべきは弔ひ、且つ外交の政策寸時も忽せにすべからざるなり。然るに其皇太子立つも……皇帝危害の説あるも我視て冷然たり。如何んぞ親交国たる天職を尽すと云はんや」（2・5）という評論はもはや日本が清国に対し、単なる親交国よりそれ以上のものであることを暗示しているようである。日清戦争後日本の清国に対する関心が高まったことは事実であるが、清国の命運に日本がその鍵を握っているという感情の発生もまた争われない事実であろう。

さて、義和団運動は一八九九年末まず山東省で活発になり、山東巡撫毓賢[8]が義和団と内通しているとの理由で袁世凱に更迭され、袁が猛烈な弾圧を加えるに及んで、運動は山東省から直隷省に広がり、一九〇〇年春より盛んになってきた。この間の報道は清国各地の特派員から日本に逐一通信され、また清国地方官もさらには北京朝廷もこれを鎮圧するのに熱心でないため、全国的な排外思想を抬頭せしめ、今日の事態を生んだことなど、かなり的確に解説されており（4・11）、日本国民もその成行きを注目した。

一体に義和団運動は十九世紀以来発生したいわゆる教案―仇教運動＝反キリスト教運動―の最大なるもので、[9]彼らが「替天行道、扶清滅洋」を標榜したように当初はキリスト教及びそれに連なる宣教師、西洋人、清国人信者、洋品販売商人、洋品店、教会などを対象に爆発したものであり、[10]したがって直接日本および日本人に向って起した敵対行為ではなかった。北京通信員も四月中旬には「宣教の為に各地に散在せる同胞を有せる欧米人は実に大いに戒心する所あるも、日本人は存外平気に候」（4・19）と伝えている。「大いに戒心する」欧米各国は続々軍艦を大沽に派遣し兵員上陸の準備を進めている当時においてすら、「清廷向後の動静如何は此処一寸面白き見物なり」（4・30）との通信は、日本は対岸の火事の見物という心算であったようである。あるいはその事変は日本に直接関係のない他所事としか受取りようがなかったのではなかったか。それは運動が五月に入っていよいよ盛んになり、十七日北京郊外の涞水県で宣教師十三名が殺害され、さらに北京にも団員が乱入し、各国公使館が危機に陥入った二十日前後でも、新聞紙上には「我公使よりは何等の音信も到らずという」（5・23）ことだけしか載らない状態では、当地の外交官がこの運動を重要視していないことを意味し、日本国民もそれ以上何もなし得なかったのではなかったか。

しかし五月二十七日琉璃河停車場及び鉄道線路が破壊され、二十八日長辛店、蘆溝橋および豊台停車場が焼かれると、ついに在北京列国公使は護衛兵を招致することに決し、その旨を総理衙門に通知した。すると、「北京近郊にこの椿事あって政府は何ら為す所がない。清国万事皆常理の外にあり、これ其社会の不整理にして文明の光被未だ遍ねからざるに由」（5・23）という評論が出てくる。これは日清戦争後現れる清国軽蔑観が鉄道破壊という反文明的行為の現象面を把えてのみの議論で、このような理論はこの時期以来対清国観として一つの高まりを示してくる。

ところがこのような論評の仕方は事変がますます発展してくるとともに、また別な方向をとってくる。すなわち東京日日新聞は「義和団匪の如き国際交通を妨碍する文明の公敵を討滅するは、自国の利益の為にも、帝国政府の当務に属し……秩序恢復の職任は我進みて之を尽さざるべからず……若し鎮圧に強力を要するに於ては帝国陸軍は之に当るの覚悟あるべきは無論なり」(11)といった議論を主張してくる。日本に対して直接危害を加えないその時点までの義和団運動と、この事変に関する日本官民の把握からすれば、このような論理は一体どこから出てくるのであろうか。いわゆる内政干渉以外の何物でもなかろう。その前日の記事にも「北京は人心平穏なるが如し、西駐清公使よりの電報として聞く所によるも、畢竟烏合の衆の団体にて左迄憂ふるべきものにあらず」(5・31)と報道し、なお運動を日本に対して切迫した危機として受取っていないのである。しかし日本軍がこの文明の公敵を鎮圧するのはわが国の利益に連なると飛躍する。この論理はもう二日すれば大阪朝日新聞にもっと明確に出てくる。すなわち六月三日の論説に「義和団の暴発―抜本的救治を要す―」と題して「同種同文の交誼に於て清国啓発の責任は我国に在り……世人は其理由の漠然たるを咎むる者あれば、吾人は国家自衛の上より内政刷新を求むるの権利ありと立論するなり。……今日義和団の暴挙の結果として……直接に其影響を被むるものは日本なるを知るべく、……我国は……率先して今回を機として……愚民をして攘夷の迷想を懐かしめざる様尽力せざるべからず」(6・3)と論評する。

わが国に清国内政刷新を要求する権利がある、この理論は一段と高い次元から清国を見下す立場から発想するものであり、こうして内政に干渉して清国をわが国の進む方向にたどらせることがわが国の利害と一致し、わが国の自衛に連なるというのである。また清国と同種同文の立場にある日本は、清国を啓発し指導することが隣人に対する交誼だというのである。ここに漸く日本がアジアの主人公―アジアの命運を握る立場にあるという理論が明確に出てくる。

列国が艦隊を続々大沽に派遣して海兵隊を上陸させている六月上旬、日本も軍艦笠置・須磨等を大沽に投錨させ水兵の上陸をみる。その間の新聞論調は「帝国は一歩も列国に後るべからず、宜しく十分地歩を占めて清国将来の変通に応ずの覚悟なかるべからず」とある。列国がそれぞれ清国に根拠地を有するにしても最後の実力を有するのはわが国であり、わが国は東洋を興すをもって天職とし、その啓蒙もその平和を維持するのもわが国の責任である。この点においてわが国が独り清国に代って匪賊を討滅してもよいではないか（6・8）と主張する。もっともこのような主張はひとり大阪朝日新聞に止まるのでなく、大体当時の日本国内に醸成された広い一般的輿論を代表するものであることは、国民新聞等にも同様の論説があることによっても窺われる。[12]

こうして新聞界は、清廷より日本に対して援軍の要請があったわけでもないのに、日本の東洋における責任の重大さを振りかざして、大陸進出政策を推し進めるべく国民と当路者に覚悟の程を告げるのである。大阪朝日新聞が輿論を一つの方向に形成させることに急であったことは、「此際此時最も必要なのは国民の決心である」（6・12）と外交家ばかりいくら力んでもその後楯となる国民の決心がなければ何もならないと説き、国民的輿論を背景にした外交の必要を説く。しかしその輿論とは国権主義的方向へ結集されたそれへの統一を指向しているのである。

大阪朝日新聞によれば「わが国の対清策、対東洋策は明治二十九年予算編成の時より一決せらるるものなり」という。「二十万噸の海軍、五十万の陸兵、皆今日の為にあらずや」（6・14）と言い、政府の態度が緩漫であると攻撃する。「この際に及んで我国の態度も不明に候、国民は誠に歯痒ゆく候」（6・14）というが国民よりも先んじて歯痒く感じたのは当の朝日新聞ではなかったか。

こういう対清積極論の背景には、在北京の列国公使がもはや清国をもって無政府の状態と認めたというニュースが伝えられ、[13]それが更に各国が連合して匪徒を討伐する時期は過ぎ、もはや清朝本国を討伐する時期が到来したとの認識へと変化させたことによるものと思われる。

六月十一日日本公使館書記生杉山彬が惨殺され、[14]その報道が伝えられると、極端な評論として次のようなものさえ現れる。即ち「天殊に支那帝国の運命を一転回せしめんが為に、義和団を北清に蜂起せしめ、以て列国の協同一致して支那改革に従事せんことを促したるが如き観…」（6・17）があるという。義和団運動を過小に評価するか、もしくは運動の本質に対する理解を全く欠くものの言と言わざるを得ない。「我帝国幸に此の時機に処し、団匪の掃攘に対して最も有力の地歩を占め」ており、「自ら進んで牛耳をとり、清国の死命を制する地位に在りながら……晏然として列国の後に従ひ、其成行を傍観するは帝国の面目にあらざるなり」と「政府の決心如何」（6・16）と急追する。

この間六月上旬より北京の東交民巷—各国公使館街が義和団に包囲され外部との連絡が途絶え、六月二十日独国公使ケットラーが狙撃されて死亡し、翌二十一日清朝は開戦の詔書を発布した。その日より清国官兵が義和団員とともに各国公使館へ攻撃を開始し、以後約二カ月にわたっていわゆる北京籠城が続くのである。

二　政界の動き

新聞界が連日政府の緩漫な外交政策を攻撃し、国民輿論をある一つの方向に統一すべく論陣をはる時、漸く政党もこれに対応して動きを見せてくる。

事変に関しまず最初に動きを示したのは憲政党であるが、同党は六月十二日代議会を開き、左のような決議をなした。

一、東洋目下の時局に対し政府をして隣誼を全うせしむる事。
二、前項の件に付、政府をして敏活の処置を為さしむ事。

更に十四日評議員・代議士の連合会議を開き万場一致の議決で

支那問題に関しては帝国益々外国と協商の手段を進め平和の恢復に務むべきものとす。

と可決した。（6・15）しかし内容はきわめて漠然としており、何ら具体的方針もなく当然と言えば余りに当然な決議をなしているに過ぎない。

さらに旧進歩党系の憲政本党も犬養毅、大石正己ら集って協議するが事変の真相摑み得ず、如何なる議決をなすべきかに迷い、帝国議会の臨時召集を要求すべしとかその態度を決しかねるのが実情のようである（6・15）。しかし六月十五日評議員会の議決として左のような決議を発表した。

一、清国事変に処する当局の行動は時機を失するの虞あり、此際敏活の行動をなさん事を望む。

一、清国の事変に対する我邦の今日の動作は、他日の勢力に関係するを以て始終列国との均衡を保つ事を要す（6・16）。

たしかに西徳二郎駐清公使は六月十八日青木外相にあてた機密報告で「…本官ニハ初ヨリ此騒動ハ一地方ノ事ニテ革命的ノ性質アル者ニ非レバ一時困難ニ陥入ルモ各国共同ノ交渉ニテ早晩何トカ治ルヘクシテ……」[15]と述べるごとく、かなり事変を楽観的に観察していたことは事実である。先の二点に関し党員が青木外相を訪問して質問したところ、外相は公使館当局の処置敏活を欠いた点については、仏国公使ピションを除き、わが公使のみならず他の国の公使も総て平静の態度をとっていたと解答している。この点に関しては籠城した当時の公使館一等書記官石井菊次郎も『外交余録』の中で同様のことを回想している。[16] さらに第二の質問—政府の今後の態度については、列国と協同一致の行動をとることは勿論であるが、わが国は敢てこの際他国より先走った行動をとらないと同時に、ある国の他国に先んじての専恣の行動は絶対にこれを許さないであろうと解答している（6・16）。

さらに軍備拡張を主張する帝国党は、一番遅れて六月二十六日に至って初めて次のような決議をなした。

一、我党は今日の清国事変を以て重大の国家問題と認め、朝野を問はず挙国一致を以て変局に処し、進退動作其機宜を誤まるなからん事を期す。
一、今回清国事変の真相を視察する必要を認め、党員数名を清国に派遣する事。
一、佐世保に在る負傷兵に対し慰問状を贈る事（6・29）。
やや具体的といえようが、今更視察員の派遣とはとの感なきにしもあらずである。

　このような政党の動きに対して大阪朝日新聞は痛烈に批判する。一般的にその決議の漠然としていること、このような決議は政党でなくとも発表し得ること、発表したところで何ら時局に効益がないこと、憲政党は政府の政策に賛同するのみ、憲政本党は国家火急の時に臨時議会を召集すべしとの愚をとらんとしているという（6・29）。しかし大阪朝日新聞が論評するごとく、政党たるもの常に外交機関を備え、その情報・報道などで政府と競争するだけの用意があってもしかるべきであるが、政党の外務政務機関が一新聞社の外報部にも劣るというのであれば、口先で政権を云々するだけで、その実用意がないわけで、天下の公党というには貧弱であろう、この点新聞界より罵倒されてもそれに反駁出来ない状態では、議会政治を支えるべき政党の未熟さがうかがわれるようである。

　既成の政党がこうして義和団事変に対して的確な処置を取り得ない状態の中で、各所より批判が出てくるが、やがて憲政党を中心に新政党結成の動きが出てくる。その理由としてあげられるものの中に、一、伊藤侯をして外交問題を処理せしむること。二、大政党に依らずんば増税案通過し難きこと、の二点がある（8・6）。結局議会対策として大政党の組織を計画するが、その中で外交界に絶大な影響力をもつ伊藤博文[17]に外交問題を担当させ、増税を実施せんとすることは[18]、結局義和団事変がわが国の外政だけでなく、内政問題でも重要な意味をもってくるようになったことを示唆している。こうして新たに組織された政党が立憲政友会[19]であり、九月十五日発会式をあげ、その政治綱領の一節に次のように外交方針を宣言する。

四、余等同志は外交を重じ支那と誼を厚くし、文明の政を以て遠人を倚安せしめ、法治国の名実を全からしめんことに努むべし。

五、余等同志は中外の形勢に応じて国防を充実するを必要とし、常に国力の発達と相伴行して国権国利の防護を充全ならしめん事を望む[20]。

やがてこの立憲政友会を中心にして、同年十月十九日伊藤内閣（第四次）が組閣され、外相に加藤高明が迎えられる。こうして山県首相・青木外相と交替する。

伊藤内閣に入閣した加藤は新外相として外交施政方針を発表した。新内閣の外交方針は前内閣のそれを踏襲して、列国との協同政策を第一に置くと当りさわりのない発言をしながらも、外交事項について秘密の貴ぶべきことは当然であるけれど、その範囲に属さないものは公表して国民に知らしむこと、さらに外交施策に対する忠告、非難も喜んで聴入れることを誓い（11・9）、新外相は出発に当って輿論外交を唱導して、まず好感をもって一般から迎えられた。

しかし入閣の際、伊藤に満韓交換主義[21]を放棄させることを条件に新外相となった加藤は、外交政策上伊藤と意見が必ずしも一致しなかったことは容易に想像できる。国民同盟会の頭山満・根津一ら五委員が清国問題について外相に会見を申込んだがそれが謝絶された。その理由としてそれは結局政府の方針未だ一定しないためであろうと憶測されている。すなわち外相は元来強硬な意見を有し、首相に頻りに決心を促すが、恐露病者の伊藤になお決心が容易につかないため、未だ政府の方針一定しないのだと（34・1・24）。

このような状態の中で第十五帝国議会が開会されるが、由来議会の質疑を通じても外交施策がどれほど闡明されるかは、今日の事態に照らしてもほぼ想像できる。帝国党も議会に対して質問書の提出を計画するが、政府は秘密外交を口実に明確な答弁はしないだろうと最初から悲観的な観測であった（34・1・26）。果して大石正己が憲政本党を代表して外交に関する質問書を提出して、一、義和団事変の顚末の議会への報告。一、事変の善後処置。一、満州問題に関して某国に対する対抗同盟結成の必要性を質疑したのに対し（34・2・8）、政府答弁書として満州問題にのみ解答している程度である（34・2・10）。

ただ義和団事変の報告の点については外相自ら議会に臨み、先の解答の意味の演説をしている。が、事変談判の終極の時期については、「何れの時期に於て終局すべきは今日にありては明言し得ず、只帝国政府は為し能ふ丈速かに其終局を告げしめん事を図り、及ぶ限り速かに落着せしめん事を希望し、又現に実行しつつありと言ふの外なきのみ…」（34・2・10）と正にこれは議会向け政府答弁の典型のような解答をしているに過ぎない。

しかしこのように誠に模糊とした内容であっても、秘密主義をとってきた日本外務当局の常道に慣らされてきた国民大衆には、初めて議会に向って報告がなされた点だけでも歓迎された。また大石の質問も民間の輿論を代表しての質疑であった。加藤は先に慷慨して輿論の勢力微弱で政府を動かすだけの力のないことを罵倒していたが（34・2・11）、今身政府の要路にあり、外交輿論の勃興してきたのを見、心ひそかに何と感じたことであろう。

加藤は当時国民より一般に好感をもって迎えられていたが、それは一つには彼の外交基本方針と、当時の国民輿論にかなりの共通点があったためではなかろうか。翌三十四年六月桂内閣が成立した時、加藤は外相の地位を退くが、大阪朝日新聞は特に社説を掲げてその復任を望んだくらいである（34・6・21）[22]。

三　民間諸団体の動き

政党がようやく活発に動き出してくると、民間においても幾つかの団体が義和団事変についての輿論を形成すべく会合を開いて啓蒙活動を行い、政府に対しても圧力団体としての動きを見せてくる。

公使館杉山書記生が殺害された直後、副島種臣が会頭をつとめる東邦協会は、六月十九日評議員会を開き、清国問題に関して大いに輿論を喚起すべきことを決したが、結局意見がまとまらなかった。しかしその談論の間に次のような意見に帰着したという。一つは清国政府を国敵と認めること、二つは列国協同の必要性、三つは書記生殺害に関しては他国の意向に参酌なく清朝に断固その責任を問うこと（6・20[23]）。

さらに日清戦争後いち早く東亜の大同団結を企図して組織された東亜同文会（明治三十一年、会長近衛篤麿）は、列国が協同してまさに北京を救出せんとする八月、臨時総会を開いて左のごとき決議を採択した。

宣言案　　支那保全は本会の夙に首唱する所たり。茲に事局に鑑み益此主義の当然なるを信じ而して之を貫徹せん事を期す。（8・17）

この会は隣邦清国の領土保全をもって義和団事変の際国策推進に協力するが、その運動はやがて国民同盟会に合流する。したがってこの時期においてもっとも大規模で、もっとも組織的に活動した民間団体は国民同盟会であり、以下同会の動きを中心に見てみよう。

この年八月包囲された北京各国公使館も列国軍隊によってその囲みを解かれたが、露国兵が満州の地を占領するにいたると、中央・地方の各新聞雑誌記者およびこれと関係する人々、代議士等五十数名が集り、同志記者倶楽部の決議として左の「決議」をなした。

列国は既に北京における使臣救援の目的を達し、今や清国に対する処分を講ずるの機に会す。吾人は国是を擁護し国論を一致せしむるの急要なるを認め、ここに左の議を決す。

一、帝国は極力清国の保全を図る事。

二、帝国はこの目的を達せんが為速に列国に対して後図の協商を提議すべき事。

なおこの席上、今回の戦争において陸軍当局が従軍記者に便宜を与えなかったことに対して非難が出、陸軍の待遇に不満の意が表された（8・24）。この際の当局の見解は今回の戦争はいわゆる正式の戦争でないとの解釈によるものであるという。もっともこの戦争に対する国際法的な解釈もまちまちで、専門的学者にもむずかしい問題であった[24]。

ここに参会した新聞記者等と東邦協会・東亜同文会と合流して、国民同盟会を組織せんと発起人会を開いた。その際の宣言案と同約款を少々長くなるが次に引用してみよう。

今や連合軍既に北京に入り公使救援の目的を達して撤兵の議起り、列国皆保全を誓言して清廷も亦媾和の望みを有するに似たりと雖も、……満州の禍乱は方に半にして露国は大兵を此処に集め而して支那人の疑惧益甚だしきを加え、陰雲暗澹北清の野に鬱積し変局の終極果して樽俎の間に定まるべきかは未了の問題に属し……。支那の変乱は啻に支那の変乱に止まらずして其波及する所実に寰宇の大局に関す……謂ふに東洋の平和を克復するは寰宇の平和を克復する所以にして、支那を保全し朝鮮を擁護するは唯り国権国利を自衛するのみにあらず、吾人既に東洋の平和を保ち世界の進運を扶くるを以て我日本国民の天職なりと自覚し、開国の宏謨是に於て立ち進取の大計是に於て定まれり、今の時に当り此宏謨に基き此大計に頼り、一方には列国連合の主旨に随って支那の保全を主持し、他方には甲午宣戦の大旨に副うて朝鮮の形態を扶掖し、以て大局の平和を克復するは我国民の権義にあらずや、此権義を尽すに当りては列国と長く相連合すると同時、踏跙逡巡左視右顧の陋を学ぶなく自主の精神を以て必ず初志を貫徹するの大決心あるを要す。茲に吾人は国民的大同盟を組織し以て国論の統一を図り当局者の後楯となり聊か事局《ママ》に稗益する所あらんとす。吾人の眼中党派なし官民なし同感の士君士其れ奮起来会せよ。

同約款 第一条 我国民は終始平和を維持する目的を以て今回の事局《ママ》に処し厳正なる方針を取る事、第二条我国民同盟会は前条の主旨を主張し以て国論の統一に努むべし、第三条　我国民同盟会は其目的を達する迄其会名を継続すべし。（9・12）

右の宣言案ならびに同約款にもられたことは、これまで紹介した国内輿論の集成とみるべく、満州問題の今後の重要性、支那保全、朝鮮確保、東洋の平和におけるわが国の使命をのべ、この時に当り全国民の覚悟の必要性を説き国民輿論を統一して外交政策を推進する背景にならんとするものである。

同会は九月二十四日、貴族院議長近衛篤麿をはじめ、島津忠亮ら貴族院議員九名、大石正已、河野広中、犬養毅ら衆議院議員十九名、他に三宅雪嶺・頭山満および新聞通信記者等総計九十三名が[25]参会して発起人会の起草した宣言案、同約款を満場異議なく原案通り採択しここに正式に発足した。こうして極東問題の解決（支那保全、朝鮮扶立）を目的とした国家主義団体として出発した。

同日近衛は、支那保全は列国皆唱導する所であるからこれを発表しても外交上特に不都合でないことをのべ、また同会をもって黄色人種同盟説を唱える者の言を否定し、また国家問題を政党問題に利用するものであるとの非難は邪推に過ぎないとのべ[26]、また同会を排露主義者の団体と称する者に対しても反駁している（9・15）。したがって同会の発足に当ってその主旨に対する疑問が各方面から出ていたことは、近衛の発言からも想像されるが、日頃国権主義的論調を掲げる大阪朝日新聞は特に九月十三日論説を載せ、国民同盟会の準備を見、「国家の為に甚だ之を喜び」全面的な賛意を表明している。そして国民に対しては「上下一致国論統一するに非ざれば、宣言案のいわゆるわが日本の権義天職を尽す遂に望むべからざるなり」と同会の線に沿うての国論統一の必要を説き、一方政府に対しては、「当局者も亦既に已に後顧の憂なければ樽俎折衝の際大いに奪発する所あらんことを祈る。国民既に一致自主の精神を以て必ず初志を貫徹するの大決心あらば、百万虎狼の奏ありと雖も亦復何をか憂へんや」（9・13）と前進せんことを激励している。国民同盟会がこれより国民運動を始めて輿論を結集せんと宣言しているに過ぎないのを、大阪朝日新聞ではそれがあたかも全国民一致した輿論であるかのごとく、その主張を展開している。

ここに国民同盟会が各界の有志の人々を結集して組織された関係からして、政界に少なからず波紋を呼ぶが、立憲政友会は総務委員会を開き「国民同盟会の行動は外交上国家に不利なるものと認む、故に本会は挙げて之に反対すと決し、したがって政友会々員で同盟会にいる人は近日中に同盟会を脱退する予定という（9・19）。その理由は判然としないが当時の新聞の報道によると、外交は由来機先を制することが重要であり、また外交は漫りにこれを公表すべきでないとの理由があげられている。[27]政友会内閣にも批判攻撃的であった大阪朝日新聞は、「国民同盟会の行動を不利とする者、国家に不利に非ずして政友会に不利なりとし、外交上に不利なるに非ずして其の内閣窺伺の野心より打算せる内政上に不利なりとするに過ぎず」（9・22）ときめつけ、伊藤に政権を委るわが国は常に国力以内に収縮をなしているという。

これより以後国民同盟会は全国的な運動を精力的に推進して行く。十一月熊本・仙台・大津・多度津・神戸・富山に大会を開き、十二月近畿大会を開き、参会者はいずれも千をもって数えられた。仙台の東北大会では政友会の妨害に会い（11・25）、熊本の大会では根津一らの演説の後、「帝国の独立防衛上大陸的進取政策を取る必要を認む」との決議さえ採択している（11・27）。こうして同盟会遊説員は全国各地受持地方の遊説を終了し国論を喚起したので、十二月二十日東京において中央大会を参会者二千数百名の下に開いた。この大会において特に問題となったのは同会の基本方針＝支那保全、朝鮮扶立以外に一、清国に対する媾和の条件　二、満州の現状に関する問題であった。講和条件に各国共通の要求と各国特別の要求があり、独国公使、日本外交書記生殺害のような事件に対する要求は後者に属するから談判上これを後にし、各国共通の要求を先とすれば、本会の目的である支那保全を謀るに大いに利があるという。その講和条件よりも重要であったのが満州問題であったことは、当日決議案とは別にこれに関する特別決議案が満場拍手で可決されたことによってもうかがわれる。ここに両者を掲げてみる。

決議案　　我国民同盟会の主張する清国の保全は、今や帝国の国論となりたるのみならず、又実に世界公論たるに至れり。然れども由来我外交当局者は往々薄志弱行に流れ逡巡措置を謬るの弊あり。殊に列国の中に在っても其行動未だ全く吾人の心胸を安んずる能はざるものあるを見る故に、本会は益々奮励を以て斯の国論を遂行すべし。

特別決議案　　満州目下の状態は支那保全の大計を障礙し、朝鮮に危害を及ぼす虞ありと認む。依って速に之が救済の策を講ずるを要す(28)。

列国が北京の公使館を救出し、各国兵が次々に撤退するが、露国兵が満州にとどまって帰国しない状態は大いに各国を刺激する。特にその地が朝鮮と接壌するだけに日本の関心を引いたことはいうまでもない。この特別決議案も名こそ露国とは出さないが、それを仮想していることは明かである。さらに露国が清国と露清密約(29)を締結する議が新聞に報ぜられると、日本国内の輿論は激昂する。明治三十四年三月十日に開催された演説会ではもっと積極的な決議文が朗読される。

その演説要旨は左の通りである。

一、支那に対する列国の警告に当局者が協同したるは可なり、更に一歩を進めて直接に露国に抗議若くは忠告をなす事を要す。一、露国にして警告にも忠告にも応ぜず、満州条約を断行するときは最後の決心と覚悟を定むる事。一、仮令列国は或程度の忠告迄に止まる事あるも、我邦は徹頭徹尾単独を以てしても目的を貫くの決心必要なる事。一、露国にして強て満州条約を締結したる時は、其行動既に列国の伍件を脱したるものなれば、日本も

亦列国協同に顧慮する事なく進で露国に当るべき事。(34・3・11)

この国内輿論に関し、日本は清国政府と露国政府に対し幾度も露清密約を破棄せんことを勧告するが、これらのことが外国に伝えられてか、すでに明治三十四年(一九〇一年)四月には英国の新聞と米国の新聞に[30]、日露開戦説が掲載されるにいたる[31]。

さらに列国の抗議によって遂に露国は満州密約の全部を撤回する旨を清国に通告すると、国民同盟会は大会を五月東京に開き、その成果に満足すると同時に、さらに徹底的な解決を要求する決議文を発表する[32]。

こうして国民同盟会は、当時もっとも組織的な民間団体として全国的に精力的な活動を行って、かなりの国民の支持を得たが、大阪朝日新聞に「国民同盟会の宣言案を読んで」という一読者が、「ひとつ家のひかえ柱や秋の風」という一句を投稿する(9・14)。それへの期待をもった民衆も幾らかいただろうけれど、しかしまた一方「その宣言案中『必ず初心を貫徹するの大決心あるを要す』とある大決心とは戦争をも辞せざる意を指したるものか」と発会式当日毎日新聞の某記者が質問したところ、近衛以下の人々はもちろんと答え、反対の人は本会の議に与る必要なしと解答したので、当記者は憤然席を蹴って退場するという一幕もあった(9・12)。大阪朝日新聞はその発足を喜んだが、その反対の立場の人もあったことは事実で、国民の間にこの会に対して批判的な疑問が出ていたことも、先の近衛の発言からも推測される。

その後も国民同盟会は、組織的な行動力をもって外交輿論の形成に活躍してきたが、しかし元来種々な分子の集合体であるだけに議論の一致しないことがままあり、明治三十四年八月頃には活動が鈍り、このままでは自然消滅の他なしという状態になった。すでに会員中には、解散を主張する者、満州問題多難の折からますますその必要性を説く者、クラブ組織に改組すべきことを説く者、拡張して政党組織にすべきことを説く者など、種々不振回復策が講ぜられたが（34・8・14）、ついに明治三十五年（一九〇二年）四月声明文を発して解散した。[33]国民同盟会は義和団事変当時最大の圧力団体として外交輿論形成にあずかった力は大きく、それ自体の成果は収めてここに一年有余の活動にピリオドを打ったのである。

なおこの時期は、東洋の形勢急迫を告げる時局下、東洋問題に関する団体が若干組織されるが、その名称だけを紹介すると、報国戦友会、東洋問題研究会、東洋青年会[34]、というのがある。

これら以外に後の歴史に大きな影響を与えたものに黒竜会と[35]対露同志会がある。前者は義和団事変直後明治三十四年二月より正式に発足している。当初はシベリヤ、満州、清国、朝鮮における百般の事情を研究し、これの経営をなすことを目的とし、会員は主に当地にあって、実事に見識を有する人々で組織されていたが、後に大アジア主義を唱えて多数の大陸浪人を集め、玄洋社との関係を深めながら強硬な大陸進取策を主張し、侵略主義的右翼団体に成長して行ったことは周知の事実である。

後者の対露同志会は国民同盟会解散後、近衛、頭山らに戸水寛人博士らが加わり、満州問題について輿論を喚起すべく、主として大阪朝日新聞を舞台に活動を展開した。その間いわゆる七博士事件[36]を起したりしながら、日露開戦までその会盟を続けた。

四　民衆の反応

義和団事変に対する出兵外交、鎮圧戦争における日本軍の活躍が毎日大々的に新聞に報道される中において、民衆[37]はこの事変・戦争をどう受けとめていたであろうか。

反応の仕方には二つの方向があって、大多数は今まで見てきた線に沿ってこの事変を契機に積極的に大陸進出を計れと主張する者と、今一つは圧倒的少数派であったけれど非常に注目すべき意見として、いわゆる反戦思想[38]、平和主義思想、さらに社会主義思想がようやく起ってくることである。

当時の大阪朝日新聞に「葉書だより」という欄があって、さし当り今日の声欄に相当するものであろうが、それへの投稿を中心に民衆のこの事変に対する反応をみてみよう。

「呑気な内閣の下に呑気な公使を以てしては国威振はず、列強の後に瞠若たること無理ならず」とは、前駐清公使大鳥圭介の談話であるが（6・19）、当時の民衆は事変に対して采配を振る山県首相、青木外相に心もとなさを感じていたことはその欄への投書でも[39]、また「外交時報[40]」上における専門家の批判でもうかがわれる[41]。

大沽攻撃において日本水兵の先登第一が伝えられると「戦と外交とは車の両輪であるから一方が進むばかりでは目的は達しない。外交当局者は大沽先登者のようにいざ鎌倉という時に第一に手腕を現して貰いたい」（6・29）と老退役兵が投書しているように外交施策がアンバランスで遅れをとっているように見えたのは一般的であったようである。更には「此度の事変は我邦一箇のことではない。実際名義実益共に我邦が大兵を派するは正道であり、人道の自然でもあるのだ。我輩は兵を動かすという一点からいうと二十七、八年戦役よりは今度の方が一層至公至正だと考える」（6・30）といった投書もある。恐らくは対外問題に積極的な新聞論調への敏感な反応と思われるが、派兵は日清戦争時より大義名分ありと言うのは注目されよう。こうして連日特派員や従軍記者からの報道で、大沽・天津一番のりの記事や、エピソード的な武勇談が載せられ、号外が何十回と出されると、一種の興奮状態が国内に醸し出されてくる。

しかしここで注目したいのはこういう傾向の中で、事変の発展、日本軍の派遣、鎮圧戦争に対して批判的な意見がようやく吐かれるようになったことである。

かつては条約改正案に反対し、国粋主義を唱えた谷干城はこの事変に対し談話を発表し、「世上頻りに云為するが如き大兵を動かすの要あらざるは余の認めて疑はざる所……我国の此間に処するは最も慎重の態度を採り、縦に豪言漫語を放ち事を好み変に乗ずるが如き児戯的挙措なからんを望まずんばあらず」（6・18）と慎重論を採り、以後彼の態度は持続され日露開戦にも批判的であった。

葉書だよりの欄にも「本紙が清国事変で埋めらるる代り此処へ経世的記事を載せて貰いたい」（7・12）と素直な不満が吐露されている。

そして幸徳秋水が(42)この戦争に真向から反対を唱えたのは、万朝報(43)から特派された堺利彦が戦争の悲惨さを報じた後、(44)連合軍が正に北京に向い進撃しつつあった八月上旬であった。万朝報に「人類の終極の理想は平和に在り」と題して「世の平和論者や非戦争主義者何ぞ今に於て大に起て平生の主張を呼号せざるや……社会の幸福は断じて平和に在らざるべからず……一日の戦争を禁ずるは社会一日の幸福なる也。一部の軍備を廃するは人間の理想に一歩近づく也。……我等平和論者、非戦主義者は何ぞ多数兵士の苦境を説かざるや……何ぞ戦地人民の不幸を説かざるや……何ぞ一般社会の損害を説かざるや。貿易は停止する也、生産業は萎靡する也、金融は必迫する也、貧民は増加する也、而して之に加ふるに諸種の苛重なる賦税は負担せしめらるる也。而して世人は国威・名誉の発揚を喜べり、一般社会の不幸と一般社会の損害と其極に達して、人をして酸鼻に堪ざらしめて、而して買ひ得たる国威と名誉とは是れ果して人生の目的なる乎、『沢国江山入戦図、細民何計楽樵漁』是れ千古の同歎也、吾人万民の膏血を以て数個の宰相、数個の将軍の朱紫を飾る者、豈に是れ文明の目的乎(45)」と。今ぞ非戦、平和を唱えるのはわれらの天職・責務なりと説いた。この幸徳の主張はいわば理想主義の立場からのものであり、人道主義的非戦論の域を出ないものであるけれども、義和団鎮圧戦争という現実の中より生れた反戦論であった。(46)

更に幸徳は三カ月後には同じ紙上に「排帝国主義論」を発表する。義和団鎮圧戦争に参加する日本帝国主義を、時論的ではあったが「単に軍人的帝国主義に過ぎざらんのみ、空威的飴細工的帝国主義に過ぎざらんのみ」と把え、「今や国民を挙げて此空威に心酔し、此飴細工に眩す、国家前途の為寒心の極に非ずや[47]」と歎いた。更に彼は翌年四月『二十世紀の怪物・帝国主義』を出版している。

幸徳らの活躍した万朝報は小粒ながら山椒の役割を果し、帝国主義・軍国主義に反対し、社会主義・労働運動により理解を示したが、絶対的に少数者の意見であり、どれほどの影響を及ぼしたか疑問である。がしかしこの反戦思想の影響であったかどうか、八月十四日日本軍初め連合軍が北京に入城、公使館員を救出すると、勿論「号外一声手に取り見れば北京陥落列国公使無事、万歳万々歳！」（8・19）の声も聞かれるが、特に大阪市が各家に祝賀の国旗を掲揚すべく督励したところ「区役所より一般へ触れ出したる割合には少数なるを免れざりき。是れ或ひは市民の等閑に考え居りたる故なるか、将た使丁の足を吝みたるによるや」という現象が見られた（8・20）。するとある慷慨生は投書して「国民は国旗を掲げて祝すべき筈であるのにその様子が見えないのは如何いふ理か、自国一己の為の戦勝にのみ祝するを知りて、人道の為に血を流したる同胞の戦勝を喜ばざる大日本帝国民にはよもあらじ」と慨歎する（8・20）。続いて神戸市長も同じ告示を出したが、結果は大阪の場合と同様であった（8・21）。

同じ戦勝でも今回のが、日清戦争のそれと違って民衆に受容されていたことは明かであって、日清戦争当時戦勝の報が伝わる毎に、満都は国旗と提灯に溢れ、男の子の玩具も士官帽子、サーベル、鉄砲、軍旗と尚武の気充ち充ちていたとは大きな違いであった。それは鎮圧戦争においてもっとも多くの役割を果した日本軍将兵の凱旋にも、日本民衆は同様にさびしい歓迎をした。万朝報に「寂たり、北清事変勇者の歓迎」と論説を掲げ、「日清戦争の時我軍の清国より還るや、我が上下官民狂呼して之を歓迎したりき……今年の凱旋兵を見るに何ぞ其れ落莫たるや」といい、その理由は戦争の期間の甚だ短いこと、今回の戦勝の名誉は独り日本の独占するところでなく、連合国に分つところにあることとしながら、「吾人は征清軍のために聊か気の毒の感無きに非ずも、平和主義の為には寧ろ之を祝せざる能はず」とし、「戦争の結果が武人を追賞するの弊を生じ、武人を追賞する弊は殺伐の気を醸成し、戦争を好むの風を鼓吹し、軍備を拡張するの動機となり、有害なる『ヴァニティ』を尚ぶの原因となり、其害毒の及ぶ所測り知るべからざるものあり、吾人が平生戦争に反対して平和主義を主張する所以のものは、戦争が人類のブラザーフードを破壊するが為なり、戦争の結果が人心に悪感化を与ふること極めて大なる為なり、今や征清軍が北清より帰るに及んで、国民が之を歓迎すること爾かく盛ならざるため、戦争より生ずる悪感化の比較的少きの兆として之を慶せざる能はず、然り平和主義の為に、非戦主義の為に、吾人は大に之を慶せざる能はざるなり[48]」という。

もっともそれがためか、翌年山口師団長以下の第五師団中心部隊の帰還の時には、宇部・広島ではいたる所、アーチ、大小国旗、提灯で装飾し、煙火数十発を準備し、歓迎事務所を設けて万遺漏なきを期し（34・7・4）、凱旋当日「幾百の町村旗・学校旗を飜したる町村有志、各学校生徒を始め老若男女の雨中を厭はず歓迎する者其幾万なるを知らず」（34・7・12）と報道されている。そしてその凱旋軍には特に勅語を贈り[49]、更に日清戦争の例にならい、山口師団長以下の将兵と、公使館員への論功行賞が大々的に発表された。

ところでその勅語にある「軍紀を重じ、風紀を粛にし」というのは事実であろうか。北京に入城した連合国軍が官府を破壊し、財宝を略奪したことはかくれもない事実であり、日本軍の将兵もその例にもれなかったことは、当時公使館付武官として二カ月間籠城した柴五郎砲兵中佐の回想「北京籠城[50]」でも明かである。この時略奪した「ことに価値あるもの」は財宝・骨董・書籍・馬蹄銀等であるが、その中、馬蹄銀二百五十万両は日本国庫に納めるべきところ、途中で山口師団長以下数名の将校によって横奪された。これが発覚して問題化したのがいわゆる「馬蹄銀分捕事件[51]」

であるが、関係の将校・商人が家宅捜索を受け、新聞紙上には明治三十五年二月頃、毎日のように報道されその成行が注目された。大阪朝日新聞はこの件に関し特に論説を掲げ、国家の重鎮たる師団長の私宅を裁判官が捜索するにはそれ相当の理由があってのことだろうとし、「抑亦北清事変以来、我日本軍紀の厳粛にして秋毫も犯す所なく、清廉潔白を以て威名を列国に轟かしたるは[52]、吾人の竊かに誇称したる所なりしに実際は即ち然らず」と現実を認めざるを得なくなり、「この際証拠品の有無を論ずるは卑怯未練の沙汰で……関係者謹んで其進退を伺ひ、若くは自ら進んで職を辞して天下に謝罪し悔悟の意を表すべし」と主張し、「若し然らずんば社会の輿論は囂々として起り仮借する所なからん」(35・2・13)と警告した。しかしその捜索、裁判はいかなる方法で進んだのか、同年五月には関係の疑獄容疑者は第五師団軍法会議において、予審免訴となり無罪を言渡された[53]。

おわりに

以上のように義和団事変は、日本の各界にさまざまの影響を与えて、各界もそれぞれの方向でその解決策を発表し行動してきた。法学博士有賀長雄[54]は「早く国民の輿論を確定」する必要を説き、「他列強が其不能を自認し我れに依頼するを竢ちて、他列強より多くの任務を取る事」がこの際日本にとってもっとも得策だと主張する[55]。さまざまの反応の中には、少数ながら消極的慎重論、反戦論もあった。しかしながらにもかかわらず、大勢は大阪朝日新聞に見られるような積極的対外強硬論、国権主義論が支配的であった。これが輿論形成の大きな要素と思われる。以下明治三十三年七月以降の論調をもう少し見てみよう。

事変当時我国の経済力は極めて脆弱で[56]、英国政府よりの軍費の保証と、四回に渉る慫慂によって[57]七月六日正式に閣議で第五師団の派遣を決定した。(58) 欧米諸国が我国の増派を歓迎しているとの報道が伝ると、(59) 日本の出兵に国際的輿論の支持もあると判断したのか、この義和団事変の鎮圧戦争に参加することこそが、日本が世界の雄国に発展する真に絶好の機会であると認識するに至る。即ち大阪朝日新聞の七月十五日の論説に「若し夫れ胆略智謀能く此機会を利するを得ば、大手腕を揮て国家の威信面目を立て、果して東洋の一大雄国たるの実を世界に発揚するを得ば、勿論の事にて実に千歳一遇の好機会なり」（7・15）と。

包囲された北京公使館を救出するため速かに北京に進撃すべしとは恐らく当時の大多数の国民の輿論であったろうが、独皇帝の「旗を北京城頭に樹てずんば止まず」（7・28）の演説を援用し、独り日本のみの独走でなく国際的な加担者を見出す。

連合軍による天津占領は七月十四日で、七月十七日頃より清国官兵の北京公使館攻撃は弛み、この頃より事実上休戦の状態に入っていたのであり、更に天津の朝日特派員は清国側より講和の申込みあることを伝えるが、大阪朝日新聞の論調は阿片戦争の時の例をあげ「清国の媾和は常理を以ては律すべからず故、今日媾和の声の如き耳にすべきにあらず」ただ「進軍を弛む勿れ」（8・2）と主張する。清国の秩序回復を表面上の理由にしているが、天津陥落で清国は「弱者の本性を暴露」し、講和申込みで「清朝の態度一変しつつあるは以て窺知するに足るべし」と認識しながら、善後処理の講和会議は北京占領をまって後、すなわち日本が絶対有利な立場になってから後に講ずべきだと主張する。

この頃よりいずれ迎えるべきあろう終戦後の講和に関する論調が盛んになってくる。「我軍は現に連合軍の主力たり……我軍隊の前進する処には連合軍は必ず之と偕に前進せざるべからず、其損害に多少の差あるは勢の免れざる所なるも、我に在ては此の如き損害を犠牲とするも、寧ろ早く北京救出の目的を達して津京方面に於ける局面を収拾し其勢力を蓄養して列国の挙動を監視し、東洋の平和を危うする者に対しては、我猶ほ最強なる抗議を主持するの余裕あることを、列国に知覚せしむるに若かざる也」（8・13）と。講和会議の主導権を握るためには多少の将兵は犠牲にしても、北京進軍を躊躇せざるべしという。

そして八月十四日連合軍が北京を占領し公使館員らを無事救出、光緒帝・西太后以下は山西をへて西安に蒙塵する。ここに事変そのものは落着するが、多くの人々が心配する[60]戦後処理の問題が起ってくる。「北京占領は日本が難局に入る第一門である。国民が決心する所ある日だ」（8・24）という覚悟の声も聞かれる。

「列国が我国に清国の鎮定を依頼するならば、平和克復後の対清策も全権を我国に委して貰ひたい」（7・16）という国民の声の下に、日本が鎮圧戦争において主人公であったように、講和会議においても主人公であるべしとの論調が展開されてくる。日本は清国と特に宗教上の憎悪もなく、土地租借の仇もなく、根強い葛藤もないから「公平無私、能く彼我の利害を明らかにし、調停の任を尽すを得るものは我邦を置いて他に求むべきなし」（9・11）といい、事変終結後の講和会議の場において主導権を握って清国と列国との調停の任に当らなければ、いわゆる功一簣に欠くことになるという。

さらにこの論理は「此の間に於て、其力を振い東洋平和の大業を成就するは豈我邦の栄誉に非ずや。抑も其職分に非ずや、機会再び来り難し、天の与ふる、取らずんば反って咎あることを知らざる乎」（9・19）という論調にまで発展する。日本が欧米強国の間に列して、大陸進出の真に千歳一遇の好機を逸しては、天罰が当るというわけであろうか。

以上義和団運動の発生より進展、落着、その善後処置と、事変の進行と共にあった日本の国民輿論の推移を辿ってきたが、日清戦争勝利後の日本の自負心は、対外膨張主義を鼓吹する風潮の中で、この頃一つの高潮期を迎えていたようである。

その中には若干の批判論はあるにせよ、大筋においては、新聞界は事変に対し初めは他所事の意識から、㈠出兵について列国協同の必要を説きながらも、絶対に他国に遅れをとるなと主張し、㈡さらにわが国の地理上の位置より単独出兵も可とし、㈢さらには大陸進出の機会を逸することなく、今この時その地歩を固めよという輿論が形成されてきたと考えられる。それはさらに事変が落着すると、㈣講和会議においても戦争の場合と同じく、主導権を握って列国の調停の任に当れと発展する。㈤この事変こそが日本にとって天から与えられた対外進出の千歳一遇の好機であり、この機をとらえることにより日本は強国の一つに列せられ、列強に雄飛することになろうという主張へと増幅する。そして率先して清国の内政に干渉し、内政改革を求め、清国を指導することは、同種同文の交誼より、またアジアにおける日本の使命よりして当然の権利であり、かくして日本がアジアの主人公たり得るという。[61]

一方新聞界の動きに呼応する民間諸団体の中では、国民同盟会に集約的にみられるように、初めは清国保全の初志を貫徹せんことを求め、やがて帝国の独立防衛上進取的大陸政策をとることを期し、さらに露清密約の噂が出てからは、露国との開戦をも辞さない主張に発展する。これをひきついだ対露同志会に至っては、対露強硬外交を叫び、ついにそれは対露開戦実現まで輿論をもって行く役割を果す。またこの頃結成された黒竜会は軍部との連繋を深め、侵略主義的右翼団体として大陸に積極的に進出して行った。

こうして浮動する輿論を一つにまとめて発生してきたショーヴニズムの気風が、やがて日本のそれから後の大陸政策への一つの基盤をなしたと考えられる。この時期に義和団事変＝清国内患の機を把えて大陸に進出するという国民輿論は、すでに国内に出来上っていたと考えられ、したがって、日本の帝国主義的大陸進出[62]を支える国民的輿論はこの時期に形成されたと言い得ると思う。すなわち日本外交史において、対外平等を求める意識から、対外優越を求める意識への転換の時期がここにあったとみられる。

こうした国民輿論が外交政策の決定にいかに反映されたかは将来の実証にまちたいが、例えば事変後、露清密約締結の風聞が伝えられると国内輿論が沸騰し、日本政府は重ねて両国に厳重な抗議を行いついにそれを撤回さすに至るが、この際日本はいわゆる輿論外交を背景にしたわけであろうけれど、果してそれのみが日本政府をしてこのような態度を取らしめ、その結果が先のであったのだろうか。やはり現実にはそれよりは清国に利害を有する列国の態度、つまり国際的輿論が与って力あったと思われる。したがってこの時期においても国民輿論が正しく機能して、外交施策を決定したと断定し得るかどうか。

ともあれ、明治維新政府成立以来、日本外交の中心課題が条約改正問題であり、それにほとんど全勢力を投入してきて、日清戦争を経た後も外交の経験も実力も技術も乏しい日本が、はじめて欧米列国と共同して清国に派兵するという状態の中で、自信の無さと、とまどいと他国の思惑をうかがいつつ、脆弱な経済力を背景にしながら、しかも最大量の軍隊を出し、多大の犠牲を払いつつ鎮圧戦争にもっとも大きな役割を果し、他国からその活躍を称讃されるに至ったのは、やはりその背後に強力な国民輿論の支持があってのことと思われる。それがなければ、いかに地理的・歴史的その他の客観的情勢が日本に有利であっても、あれまでの活動はなし得なかったであろう。あるいは加藤高明外相はあれまで国民から迎えられなかったであろう。

そして大阪朝日新聞が明治三十三年七月十五日の社説に掲げていう「吾人は今日の時機を見て東洋局面の展開を目せんとし、而して其変化に依って欧米列強権勢の消長盈虚因て決すべく、清国の盛衰興廃因て成るべく、又我日本国威の張弛成敗亦決する所あるべく、実に世界権勢変局の時期となれり」(7・15)との認識は正しいと思う。この事変のもたらす意義は、たしかに清国にも、日本にも新しい時期を劃する重要な意味をもち、東洋近代史の一つの「曲り角」になったと思われるからである[63]。

注

（1）ダグラス・H・メンデル著中村菊男他訳『日本・世論と外交』ライシャワー序文。

（2）田保橋潔「義和挙匪と日露」（『東西交渉史論』下巻一九三九年）稲生典太郎「義和団事変と日本の出兵外交」（『開国百年記念明治文化史論集』一九五二年）河村一夫「北清事変と日本」（『日本外交史研究―明治時代』一九五七年）中塚明「義和団鎮圧戦争と日本帝国主義」（『日本史研究』第七十五号、一九六四年）。

（3）簡単に事変の経過をたどると、運動は一八九九年（明治三十二年）までは、指導者に明裔を称する者がいて「反清復明」の傾向もあったが、後に「扶清滅洋」の旗を掲げ、はじめ山東の各地で活発であったのが、同年末より直隷にも及んだ。朝廷のこれに対する態度は保護するがごとく、せざるがごとくきわめて曖昧で確固たる対策がなかった。列国の要求により直隷総督裕禄は禁令を出すが、効果なく北京近郊に波及して涞水事件を起すのが五月十七日、五月二十日在北京十一カ国公使団が義和団の速かなる鎮撫を清国に要求、五月二十七日公使団会議護衛隊招致要請を決議、五月三十日日本軍艦笠置出発、五月三十一日各国分遣隊北京に到着、この頃北京城内外に団員が出没し、六月六日西太后は剛毅・趙舒翹を義和団集結の地にやって宣撫工作を始めた。十日北京外交団天津との連絡途絶え、六月十一日日本公使館書記生杉山彬が清国兵に殺害された。十三日団員が北京に大挙侵入、各国公使館を包囲し、十七日大沽砲台引渡しを要求して拒絶されると連合軍は武力占領する。十七、十八日連日御前会議で義和団利用・掃討の両派に分れて激論するが結論が出ない。二十日、独国公使ケットラーが清国官兵により殺害され、その日の会議の席で視察から帰ってきた剛毅が義和団を利用して保清滅洋すべしと報告し、さらに大沽陥落の報が入ると、六月二十一日皇帝はついに各国に対する宣戦の上諭を発布し、公使館街を官兵により包囲させた。以後政府により義和団優遇の措置（食糧・武器弾薬提供）がとられる。六月二十三日、七月三日、五日と三回にわたり英国より日本に出兵慫慂があり、七月六日閣議は第五師団二万の出動を決定、各国に通告する。英国代理公使は七月八日日本軍増遣の場合財政上の補助も辞せずとわが国に申出で、さらに十四日百万磅の財政援助を通告してきた。七月十四日天津陥落、八月五日北倉、六日揚村、十二日通州城を占領して、八月十四日各国連合軍は北京に侵入、十五日完全に占領して各公使館を救出する。同日未明光緒帝、西太后は蒙塵する。

二カ月にわたる北京籠城を西徳二次公使は次の五期に区分している。第一期六月一日〜六月十日、義和団匪鉄路破壊、第二期六月十日〜六月二十日団匪北京に侵入し、外人家屋焚焼、教民虐殺、第三期六月二十日〜七月十七日連日連夜戦闘、第四期七月十七日〜八月六日事実上の休戦　第五期八月六日〜八月十三日一面平和的交渉、一面敵より襲撃。

十月八日第一回北京列国公使会議があり、以後会議を重ね、北清事変に関する最終議定書が調印されるのは、翌一九〇一年（明治三十四年）九月七日である。（矢野仁一「義和挙匪の真相」『清朝末史研究』所収。堀川哲男「義和団運動研究序説」『東洋史研究』第二十三巻第三号・服部宇之吉「北京籠城日記」他『東洋文庫』五十三解説、外務省『日本外交年表並主要文書』上、金家瑞『義和団運動』）

（4）西田長寿『明治時代の新聞と雑誌』二三五頁。

（5）西田　前掲書二四六頁。

（6）『万朝報』主筆、清国遊学の後、再度大阪朝日新聞に入社し健筆を振った。日露戦争には開戦論を唱えた。「しかし彼を特別なジンゴイスト（強硬主戦論者）のように思ったら、それは大間違いだ。当時の日本人の最大多数はこれと大同小異であった」（宮崎市定「内藤湖南とシナ学」中央公論一九六五年・十月号）その論説は支那問題の権威と認められていた。

（7）『日本』（新聞）二月一日。

（8）一八九八年山東巡撫となったが、天主教宣教師が天主教の保護を要求してもこれを無視し、義和団員を殺傷した部下を処罰したり、義和団を保護したので、フランス公使の抗議により、九九年末免職された。がすぐ山西巡撫に転任され、ここでも義和団を保護し、教民を殺傷した。京津陥落後西太后にしたがって西行、連合軍により首魁に指名されて処刑された。

（9）一八六〇年北京条約締結以来、宣教師・教民と清国人との紛争が各地で絶えまなかった。

（10）単にキリスト教関係者に対してのみでなく、いやしくも直接間接ヨーロッパ的なものと関連をもつ者はすべて攻撃対象となった。一般外人とその施設、新設の交通通信施設、洋品取扱い商人とその施設、洋式の教育機関、外人墓地等にもおよんだ。また六月以降になると、〈保清滅洋〉の旗をかかげながら、その対象は中外教徒・非教徒を問わず、資力ある者への攻撃へと移行する。堀川・前掲論文。

(11)『東京日日新聞』六月一日同紙は伊藤博文・井上馨の系統と見做されている。(西田・前掲書二三八頁)

(12)『国民新聞』六月九日「我国は……清国に対して最も厚き利害の関係を有する強国の一つとして、決して他国の後へに落ち可きに非ず。……清国に接近し、他国に比して便宜の地位に立ち居れば……艦隊を派し、陸兵を送りて列国と共同するも亦辞する所にあらざるべし」なお国民新聞は山県・桂系とされている。(西田・前掲書二四〇頁)

(13)『国民新聞』六月十二日。

(14) 最近発見された小川量平(青年技術者として渡清しこの事変に遇い籠城した)の「北京籠城日記」(『暮しの手帖』第八十三号、昭和四十一年二月に「原文の調子を損はぬ程度の口語文に書き改め」全文紹介している)に杉山書記生惨殺について、彼が笠置陸戦隊を出迎えるため出かけ、遭難した模様を「…上司の無謀な命令が、むざむざ有為の士を殺したのである。本人としては、どんな気持であったろうか。しかも我等は前日この事件について公使館員と議論をしたではないか。しかし館員は形勢を見る明がなく、予の意見を用いず、大胆にも氏一人を派遣した。その所置の非なること呆れ果てるのみである。」と記している。(六月十一日の日記)

(15) 河村・前掲論文。

(16) 石井・同書二七頁に「…通訳官会議では万場一致で義和団の乱とは名が大に過ぎる。……歯牙にかくるに足りないという結論に達した。外交団は……至極暢気に日を送っていた。然るに……事態はどうも重大性を帯びるの感ありて……今度は公使会議が開かれた。其所で仏国ピション氏だけは単り悲観説をのべたが、他の公使はさきの通訳官会議の報告が先入主となっているため、相変らず重きを置かなかった。」とある。

(17)『大阪朝日』八月六日に「今日の外交に対し意見あるものは伊侯一人なり碌々たる諸公皆成を伊侯に仰ぐやにて伊侯自身も抱負頗る高く、吾輩今日当局にあらざるも、実際の外交は皆吾輩の手より成れり、と公言し居る位なれば、北清事件の進行に従ひ朝野の伊侯に待つもの多く、伊侯亦色めき来たるの兆なきにあらずといふ」という記事が見える。

（18）増税は前々年明治三十一年からの懸案であった。日清戦後の急激な軍備拡張のため、財政が破綻をきたし、次年度に赤字が出ることが予想されたので、伊藤（第三次）内閣は明治三十二年度より地租その他の増税を要求したが、否決された。その後山県内閣の時に地租増徴法案が通過したが十分でなかった。

（19）「政友会の成立は……政党自身が絶対主義官僚とブルジョワ、地主分子との結合の場となりはじめ、政党と国会そのものが天皇制権力の統治の一機構と化しはじめたことを意味した。」（小山弘健他著『日本帝国主義史第一巻―日本帝国主義の形成』一五一頁）発会にあたって入会勧誘状が、無所属代議士・市長・市会・府会議員・資本金五万円以上の会社社長、同十万円以上の銀行頭取・商業会議所会頭・副会頭・多額納税者・弁護士・地方の名望家などに発送された。

（20）『東京朝日新聞』九月十六日。

（21）当時の政治家には概観して連露派・携英派の対立があり、前者には伊藤博文・井上馨・山県有朋等が属し、その共通意見は満州におけるロシアの現状を認める代りにロシアをして韓国における日本の地位を認めさせようという、いわゆる満韓交換主義であった。他方日英提携論は、桂太郎・加藤高明・小村寿太郎等の主張する意見であった。（英修道『明治外交史』一五九～一六〇頁。）

（22）後任に駐清公使小村寿太郎が予定されたが、同日の大阪朝日新聞に「吾人は小村公使の技倆を認むると同時に永く駐清公使たらんことを望むものなり。……今日の外交加藤氏の如きに待つもの多し。故に再び氏の要職に就かんことを吾人否国民の切望する所なり。」とある。

（23）当日の来会者は副島会頭・近衛副会頭・片岡建吉・鈴木重遠・大石正己・志賀重昂・小山正武らで、「我公使館杉山書記生殺害を以て、世人は或は清廷を敵視するの尚早なりと唱えるものあるというが、かの生麦の事件を想起してみよという、英国は之を以て我政府の責任を問うて来た、今回の事件は我が公人の被害であるから、清廷に其責任ある事は言う迄もない」という意見も出た。同会は「東邦協会々報」という機関紙を出している。

（24）『外交時報』第三十二号で法学博士有賀長雄は「清国事件と国際公法」と題して「大沽占領北京攻援は果して之を戦争と視做すべきや否は大問題……各国政府は戦争に非すと公言せり……戦争に非すとせば内治干渉即ち国際警察の場合と見るか……

報復の場合と見るか……されば今回の事件を国際法の上より評論するは近頃の難事たるべく…」と言っている。東京日日新聞七月二十五日には「今回の事件は全く国際公法のケタに掛らぬものなり」とある。

(25) 当日上野精養軒の発会式に参集した者は、本文に記載する人の他に、佐々友房・鈴木重遠・鈴木万次郎・神鞭知常・箕浪勝人ら衆議院議員、国友重章らがあり、後には根津一・中江兆民もこれに加った。

(26) 『読売新聞』九月二十五日。

(27) その理由として第一点に関しては、朝に右すべき態度をとるにしても、もし国家に不利ならばこれを変じて左するも止むを得ない。要は国家の利不利を察して進退の懸引をなすべきだと言い、第二点に関しては支那問題につき保全の方針をとるにしても、列国が分割の方針をとれば、わが国は飽くまで保全の方針を固執すべきか、また逆に分割の方針をとるにしても、外国が保全の方針をとればわが国独り分割の方針を断行すべきか。是れは大いに考慮を要すべき所と言い、外交事項は漫りに之を口外すべきでないと言う。(9・19)

(28) 『時事新報』十二月二十一日。

(29) 露国が極東総督アレキシェフ・奉天将軍増棋を通じて、駐露公使楊儒との間に結ぼうとしたもので、当時の新聞に「信ずべき筋より出で」ものとして報ぜられた大要は、満州の治安維持のため露兵の駐屯権を認め、これに清国は宿舎・食糧の便宜を与えること。露国の満州における行政権・警察権を認めること、鉄道敷設工事を清国が援助すること、など満州を実質的にその支配下におこうとするものである。(『時事新報』明治三十四年一月十六日)

(30) 『時事新報』明治三十四年四月七日。

(31) 『国民新聞』明治三十四年四月十六日。

(32) 五月十七日神田錦輝館における国民同盟会大会の決議案「帝国政府が輿論に従い露国に忠告して満州条約を破壊せしめたるは吾人之を可とす。吾人は更に帝国政府が事実上の占領を解かしむるの手段を尽くすべき責任あるを認む」(34・5・18)

(33) 明治三十五年(一九〇二年)四月二十七日国民同盟会解散声明文「我が国民同盟会は創立当初の約款に掲げたる第一条及び第二条の目的を貫徹したるを以て、乃ち第三条に基き茲に其会盟を解く」(35・4・29)

（34）「報国戦友会」は非役海軍武官らを会員とし、日露開戦の不可避を予想して資財を集め、有事の際義勇艦隊を組織することを目的としたもの。「東洋問題研究会」は東亜同文会・国民同盟会中の有志者および大学出身者の会合で、外交・軍事・経済等の部門に分け、日露清韓及び南洋諸島等につき報告研究するもの。「東洋青年会」は東洋諸国の開発・指導あるいは東洋諸国の実情を研究することを目的とし、清韓ルソンの官吏・学生及び日本の大学または専門学校出身の人々により組織されたものである。（34・2・1）

（35）当初の会員は、内田甲、平山周、尾崎行昌、可児長一らで、二月一日正式に発足した。（『国民新聞』明治三十四年二月一日）

（36）東大教授戸水寛人ら七博士が桂太郎首相を訪れて、対露即時開戦論を主張したので政府はこれを不当とし戸水を休職にした。ところが東大側は、大学教授の言論・研究の自由の侵害として教授陣は総辞職を宣し、久保田譲文相も辞職した。当時世間に大きなショックを与えた事件であった。

（37）一般大衆という意味であるが、当時の文盲率や当時すでに大新聞であった大阪朝日の読者という点から考えると、やはり中間層あるいはそれ以上を指すものと限定されよう。学令児童就学率は明治六年28％、十年40％、十五年49％となっている。（小林一男他著『近代日本教育の歩み』四四頁『学制八十年史』）

（38）それまでの非戦運動は徴兵忌避という形であって、それは政治的反政府運動に連なっていたが（松下芳男『三代反戦運動史』二三〜二四頁）この時に本来の反戦思想が初めてみられた。

（39）『大阪朝日』六月二十六日「葉書だより」の欄に「采配を揮るものが甚だ心配だ。山県老は伊藤や西郷に相談すれば良かろうが、大山どんは如何……青木も青くなるだけで以前の公使の時のような勢は無かろう。此上は二人連れ立って一寸川上と陸奥に訊ねに往ったらよかろう」とみえる。

（40）「断じて内外政府若くは政党に関係することなし」と発刊の辞でのべ、「外交史及国際法講習の余力を以て外交の実地に及ぼさんとする」目的のため、明治三十一年（一八九八年）二月創刊された外交関係専門誌。有賀長雄が主宰するような形である。

（41）法学博士有賀長雄は『外交時報』第三十三号上で「清国事件に関する日英外交批評」と題して、日本出兵外交にふれ「…抑も北京救援は世界仁道に対する徳義上の作業なり……然るに此の如き作業の為めに始めより金銭の出処を云々するは恐らくは四千万日本人の本懐に非ず……日本国民にして若差し当り自ら軍費を支出し、後に至り其出づべき処より出づるを俟たむことを承諾するに於ては、何をか苦しみて未だ出兵せざる前より金銭の出処を云々せむや。此の点に於て山県内閣の外交は明に日本国民の意志に違ひたりと言はざるを得ず……之を要するに青木外務大臣の清国事変に関する日英交渉は其大体の成績に於て失敗なりしとは言はず、然れども外交技術上よりすれば、極めて拙劣遅鈍なるものにして、而して又英国官民の我れに対する感情を冷却せしめたるの患あり、若青木外務大臣以上の外交家をして其地位に在らしめば、更に有益なる方策を施すの余地綽々たりしこと疑を容れず、惜哉。」と論評している。

（42）明治三十年頃より社会主義思想に傾倒し、社会民主党に参加し、マルクス主義の礎石をわが国に据える業績を残した。やがて「非戦論」によって社会主義の立場からする反戦運動の組織者として活躍したが、それに対する弾圧がはげしくなり運動が行きづまると、革命的サンディカリズムにその革命的情勢の実現の場面を求め、さらに無政府主義に傾く中で、やがて大逆事件の悲劇となった。（塩田庄兵衛「幸徳秋水の社会主義思想―明治のマルクス主義」『近代日本の形成』一三一頁）なお、石母田正は「幸徳秋水と中国」（『続・歴史と民族の発見』三一九頁）で「明治時代の社会主義思想家、たとえば幸徳秋水にあってさえ、ヨーロッパやアメリカにおける社会主義の諸潮流にはあれほど敏感に呼応しながら、アジア諸民族、ことに中国の民族運動と日本のプロレタリアートとの連繋については十分の関心と配慮が欠けているように思われます」と指摘している。

（43）黒岩涙香が明治二十五年創刊した。幸徳・堺・内村鑑三らが在社し、あらゆる社会悪に筆誅を加え、社会的正義を高唱し、当時において最も進歩的な一般新聞であった。読者層は恐らく知識層と考えられ明治四十年頃発行部数は八万～十万といわれている。（『国民新聞』十三万、『東京朝日新聞』十万、『時事新報』七万、『読売新聞』三万、『東京日日新聞』七万、西田・前掲書二七二頁）

（44）『万朝報』七月二十五日に堺利彦（枯川）が「戦後の北清を観る」という視察記をのせ、その中で天津城内外の街路に日本兵や清国人老若男女の死体塁々とある凄しい光景を伝えている。

（45）『万朝報』八月七日。

（46）中塚・前掲論文。

（47）『万朝報』十一月十七日　幸徳秋水「排帝国主義論」「英国の総選挙に於いて……米国の大統領選挙に於いて、所謂帝国主義は勝利を獲たり、故に万人皆曰く、帝国主義は世界の大勢也、之に順ふ者は栄え之に逆ふ者亡ぶ。我国民亦之を以て其主義・目的とせざるべからざると。……古の武力を以て領土を拡張する者は……名づけて一個人的帝国主義とも称すべく、其事や固より非義不正たるを免れず、然れども今や帝国膨張や国家国民の生存上洵とに已むを得ざるもの、是れ自然の大勢にして名づけて国民的帝国主義といふべしと。…然れども……今の帝国主義は王公一身の帝国主義に非ずと雖も、亦決して国民的帝国主義に非ず、唯夫れ資本家的、富豪的帝国主義のみと。……然り欧米の帝国主義は其国力の膨張也、少くとも其資本の膨張也、其行為の是非と其結果の利害は兎に角、之れ有りて而して後初めて帝国主義なる者は公言せらるるを得べし。而して我日本が、其外交は無能、其財政は困迫、其資本家と経済市場は萎靡困頓を極むるの今日に於て、如何に陸海軍備のみを振廻して帝国主義を主張するも、此主義や国民的にもあらず、資本家的にもあらず、単に軍人的帝国主義に過ぎざらんのみ、空威的飴細工的帝国主義に過ぎざらんのみ。」

（48）『万朝報』十一月二十九日。

（49）勅語「客歳清国の変乱あるに当り、汝等戮力励精機に応じて動き、以て其任務を尽し、嘗て戒飭せし旨に遵ひ、軍紀を重じ風紀を粛にし、欧米各国の軍と共同して克く鎮静の績を挙げ、帝国陸海軍の光輝を発揚せり。朕深く之を嘉す、汝将校以下将来益忠勤を効さむことを望む。」（34・7・16）

（50）柴砲兵中佐口述「北京籠城」平凡社版九九頁「英米軍はすでに（八月）十四日の午後に北京に入っており、日本軍は夜おそく入ったのでありましたが、他国の兵は不案内ゆえ手をつけずにおりましたので、十五日朝早く日本兵を出して大蔵省、米倉その他役所の主なるものを占領いたしました。それがために当然の戦利として、ことに価値あるものはほとんどことごとく日本の手にはいりました。」

(51) 松下芳男『日本陸海軍騒動史』一六九頁。第十章「馬蹄銀分捕事件」議会でも問題になりかけたが、陸軍側によって握りつぶされたという。

(52) もっとも事変中、日本軍紀が他国のそれより良好であったことについては、アメリカのプロテスタント宣教師であったArthur Brownの〈New Forces in Old China〉, N.Y. 1904の三二八頁に諸列強軍隊の掠奪・強姦をのべた後で、I am glad to report that, with the single exceptions of the Japanese who were universally assigned the first place from the view-point of good behaviour, I heard fewer complaint regarding the American troops than any other. とみえ、また彼は宣教師Mooreの書いた報告から次の言葉を引用している。（同書三二一頁）

You can hardly form any conception of the exposure and hardships under any but the American and Japanese flags. The English have scareely any but the Sikhs, who are lustful and lootful to a degree. The Russians are brutal and the German deserve their reputation for brutality.

(53)『時事新報』明治三十五年五月十一日。

(54) 東京大学・早稲田大学等で国際法を講じていた権威、日清・日露戦争の時は国際法顧問として従軍し、後に袁世凱の法律顧問もした。

(55)『外交時報』第三十号　有賀長雄は「清国事件に於ける日本の態度」という論説の中で、日本のとるべき地位は、他に㈠連合の協議に於て各国に一様の地位に立ち、受動的に其決議を執行すること。㈡他列強にして異議なくは甘じて他列強より多くの任務を取らむことを提供することの二策があるが、本文に掲げる策が一番得策だと主張する。その理由は「況んや外交上に於て最も緊要なるは連合戦局の将に終らむとする最後の一段に在るをや、故に日本は飽く迄持久の策を取り常に余力を存し置くを以て必要の事とす……更に重要なる理由は…我より進みて他列国に越ゆる勤労を提供すると、他列国の之を要求するを待つとの間に大差ある所以のものは他無し他列国の要求に依りて動くときは我より他列強に対し連合の条件を指定することを得べきに因る。……進て列国に越ゆる勤務を取るに於ては必ず相当の報賞なかるべからず……又他日の地歩を作る為最も必要のことなりとす」として本文の策を以て「本邦の輿論を堅め我が当局者をして拠る所あらしめむと欲するなり」

と言う。

（56）六月北京公使館街の包囲が始まると、株価は日に日に下り、一時は株式売買中止説まで飛び出す有様で（『国民新聞』六月十七日）、しかし六月十七日連合軍の大沽占領の報が伝ると、株価は一斉に高騰し取引所は繁忙を極め、為に後場は遂に延期する迄に至ったという。（『中外商業新聞』六月二十日）大陸よりの報道に正に文字通り一喜一憂、動揺極りない有様であった。この状態の中で『大阪朝日新聞』は論説を掲げ、列国はわが陸海軍の武力のみならず、わが国の経済力がどの程度までこの事変に堪え得る実力を有するかを観察しているから、国家より救済を期待する実業者の態度と、人心の混乱に乗じて思惑を逞うせんとする投機者の態度に警告を発している。（同紙六月二十五日）

（57）稲生　前掲論文。

（58）『日本外交年表並主要文書』上、一九三頁「北清事変出兵に関する閣議決定」。

（59）『国民新聞』七月十日。

（60）「寝られぬ程心痛」する市井のある老人は「事変の終局に到りて外国の笑を受けぬよう又誰が大使になり升か気懸りでなりませぬ。二十七、八年の終局のようにならぬように祈って居り升」と投書している。（8・21）

（61）信夫清三郎編『日本の外交』六七頁に「日本は、北清事変に参加することにより、中国民衆の反帝国主義運動を鎮圧する強力な尖兵となり、列強の中国分割方針にたくみに追従しながら、いわゆる〈極東の憲兵〉としての地位をかためた」とある。

（62）井上清「日本帝国主義の形成」（『近代日本の形成』一一二頁）を初め、日本帝国主義形成期をこの時にとるものが多い。

（63）清国は一九〇一年（明治三十四年）九月北京議定書（＝辛丑条約）の締結を余儀なくされ、以後清朝三百年の祖法を次々に改廃し、（一九〇一年女子纏足禁止、一九〇二年光復会組織、一九〇四年華興会組織、一九〇五年中華革命同盟会組織、科挙の廃止、内閣改革、戸部銀行設立、立憲大綱発布、日本へ留学生派遣等）事実上ここに清朝滅亡の兆を見せる。日本は、国内的には社会主義運動が起りその政党への弾圧が始り（『万朝報』を退社した幸徳や、安部磯雄、片山潜、河上清、木下尚江、西川光次郎らによって社会主義政党の組織されるのは、義和団鎮圧戦争の過程に生れた反戦思想、平和主義思想と無関係ではなかろう。しかしその社会民主党も明治三十四年二月発足当日即日に禁止された）八幡製鉄所創業、日本興業銀行設立など経済的にようやく産業革命の段階に入ると考えられ、対外的には北京駐兵権を得て大陸進出の地歩を更に固める段階に入ると考えられる。さらに国際的には明治三十五年（一九〇二年）の日英同盟締結に発展する。この日英同盟締結については北京に当時二カ月籠城した服部宇之吉が、『北京籠城回顧録』の中で（平凡社版、二二三頁）わが日本水兵及び義勇兵がよく難局に当って公使館の防衛を全うしたことを、当時の駐清英国公使マクドナルドが激称し、「知らず後年の日英同盟は、遠くこの籠城に源を発せるにはあらざるか」と回想している。更に当時の駐清仏国公使ピションは第一次世界大戦当時には外務大臣の要職に就いた人だが、彼が大戦の当初、頻りに日本出兵論を唱えたのは、籠城当時毎日日本人の活躍を目撃していたことがその原因であろうと、服部は想像している（同書二一五頁）。この想像は大いに可能性のあることであろうと思われる。「北清事変によって〈極東の憲兵〉としての地位を確保した日本は、日英同盟によって極東における帝国主義の実践場への第一歩をふみだすこととなった」（信夫編・前掲書七一頁）

（補録）義和団賛論

青　柳　　猛

有美君嚢に義和団賛論の言あり、深く欧米基督教徒の無道を責め、支那の可憐なる国粋黨が為に万斛の涙を灑げり。時正に独逸公使殺さるるの以前にありき。君初め之を地方新聞の為に筆して、新聞官を恐れて載せず、為に時機を過てり。今や女学雑誌前号に英人某の論あり、今回亦た奥邃君の文ありと雖ども、其の時に於て先だつものは即ち此文とす。故に序を以て左に連載すと云爾。編者白。

義和団なる暴徒の一体あり、盛んに声言して曰く、耶蘇教会を盡滅し外国人を退去し終るに非ずんば止まずと。世の涙脆き人はこれを耳にするのみにして、切りに暴徒の度し難きを歎じ、在留外国人の助け少なく憐れ多きに泣き、耶蘇教会の迫害せらるゝこと甚しきものあるに同情すべしと雖も、我れは、却て此くの如くにして三千世界の恨怨をその一体に集め、以て万人の咀ひの中心たる義和団徒を憐まんとするものなり。我れは思ふ、悪むべく責むべきは彼等暴徒の一団に非ずして、却て外国人（日本人をも含む）にありと、又偏癖頑迷なる耶蘇教徒にありと、殊に外国政府の権力を頼んで驕慢自ら悦ぶ宣教師輩にありと。義和団の如き、寧ろ気の毒なるものに非ずや。

欧西諸邦の各政府は、老大剛毅なる支那帝国が、その神経過敏ならず、象の如く些かの刺激に動ずる色なきを好機とし、その奇貨おくべきに乗じ、各競ふて得手勝手なる行動を肆にし、何の権利なきに種々の口実を構え、しきりに暴戻なる権力を後ろ楯として、尺寸の地と雖ども、其領土に侵入し、以て利益するところあらんとあせり、独は膠州湾を借り入れ、露は旅順口を手のうちのものとし、英は遂に威海衛に拠れるに非ずや。而して、我が日本帝国の如きも、又僅に少数為政家の利益と野心とに便せんとし、おこがましくも正義人道の名を借して無名の軍を挙げ、早く既に台湾全島を割き償金四億両を払はさしめたるに非ずや。殊に老年の李大人をして態々媾和使たるの労を自らし、はる〴〵この土に来朝せしめ、しかも之を待つに鉄丸を以てせるに非ずや。その無礼も極まれりといひつべし。天豈に永久にかゝる暴慢を忍ばんや。凡て劔をとるものは劔にて亡ぶべし。血の己れによりて出でしものは、必ずまた其首に還るものなり。徒に人を苦しめ人を泣かしめ、我れ独り能く安んじ得らるべきものに非ず。人を悩まし人を責めしものは、又悩まし責めらる。支那民族、如何に其感覚するところ鈍しと雖ども、遂に起たざるべからず、劔を取りて是等の屈辱のために戦はざるべからず。抑そも義和団とは、即ち外国諸政府の此くの如き驕慢無礼に憤激して起れる血誠男子の団結が、茲に無頼の雷同者を待ちて、遂に黨を成すに至れるものならんか。今に至りて欧西諸邦の政府が、その外交官と国民との財産生命を危ふせらるゝものあるに驚き、切りに絶叫憤怒することの如きは、我れ殆んど其所因を解するに苦む。此くの如きはたゞ是れ猪食ツた当然の酬いのみ、其膠州湾を呑み、旅順口を呑み、威海衛を呑みし当然の酬ひのみ、天罰のみ。人は、我が北京公使館の書記生杉山某が、城外に於て残忍酷薄なる殺害を蒙りしを聞ひて、義和団徒と大清国官兵との野蛮暴逆なるを憎めども、焉ぞ知らん、これ曾て我が邦がおこがましくも無名の軍を起し、彼の地幾千百の貴重なる人命を犠牲にし、その宝血を流して彼れの領土を取り其財貨を運び来り、あまつさへ老体の英雄を煩はしてこれに無上の侮辱を加へたるための天罰ならんとは、応報ならんとは。

たゞ僅に書記生一人の残殺せられたる如き、天刑の寧ろ我れに甚だ軽きものにして、日本国民が皇天上帝の恩慈寛仁に拝謝せざるべからざることなりとす。今の世は道心危く人道堕落して振ふことなしと称せらるれども、公義の善神なほ上にありて公道を司り給ふ。豈に権力の横行狼藉を許るさんや。怖るべきは因果と応報と、これに伴ふ天罰となるかな。此くの如くにして咀はるべき諸外国権力のうち殊に最も咀はるべきは、我が日本帝国なり。今日の騒擾を起せし所因のもの、我れを以て観れば、其責や実に帝国政府にあり。その罪や誠に軽ろからず。日本帝国が、かの台湾全島を割譲せしめて之を占有せしの一事は、遂に平和なりし東洋の天地に一大波瀾を起し、東洋に於ける列国の権力平均を乱さしむるに至れり。是に於てか独逸はこの権力平均を恢復せしめんとして、勢ひ些少の口実により、膠州湾の地を占領せざるべからざるに至り、露国英吉利素より又これに習はざるべからず。故に以為らく、日本政府にして、もし台湾の割譲を強ひ東洋の権力平均を狂はしむるが如きことなくんば、遂に膠州湾旅順口威海衛の占領なく、随て義和団の蜂起を見るの要なかりしと。故に知る、義和団をして其野蛮力を揮ふに至らしめしもの、其真因實に日本政府にあるを。帝国たるもの、その罪まことに重且つ大ならずや。然るを、なほ且つしら〴〵しくも義和団の暴戻を責めんとする、没道理の限りといふべし。之れを譬ふれば、列国（日本をも含む）は、漫りに支那なる家宅に侵入して、掠奪を逞ふせんとする持凶器強盗の如し。またつまらぬ口実に喧嘩を吹きかけて、ユスらんとする賻徒の仲間の如し。この種の乱暴狼籍者の、到底論難説服の平和手段によりて却くべからざるはいふまでもなく、自然の必要上、勢ひ之を干戈の力に訴へて相争ひ相撃たざるべからず。かの持凶器強盗は、これを防ぐにピストルと刀劍とを以てするも、決して罪に非ず。何れの国家の法律もこれを正当防禦なりとして敢て刑に問はざるに非ずや。義和団徒が、列国居留民を襲撃し、切りに惨殺を行ふことの如き、これ即ち支那帝国領内に於ける列国権力の自儘勝手を制せんとする正当防禦に外ならざるのみ。何ぞこれをしも責むべけんや。然るを列国民（日本国民をも含む）の、おのが醜悪を棚に隠して、義和団とこれを庇護する支那政府の非とをのみ鳴らさんとする虫のよさよ、殊に騒擾をして今日あるに至らしめし日本国民の、台湾割譲を叫びし口の泡を拭ふて、これ等の非を鳴らさんとする虫のよさよ。宜なる哉、大清国民が、欧米諸国の民を呼んで『洋鬼』とひい、日本人を称して『東洋鬼』といふことや。然り、欧西の民は西洋の鬼なり、日本の国民は東洋の鬼なり。しかく傍若無人なる野蛮行動をなして、恬然省ることなき欧西人と日本人との如き鬼の如き民族には、之を談るに平和と仁義と公道とを以てすべからず、たゞ武力あるのみ。人あり若しロングフエローが作なるマイルス、スタンディッシュの言に聴かば、必ずや思ひ半ばに過ぎん。

茲に欧西の諸地方より、東洋に渡来する宣教師といふものあり。中には非凡異彩の大人物ありと雖ども、その多くは己が一神教徒たるを鼻にかけ、武力を後ろ楯とする公使領事を頼みとして、切りに異教国民なる我等を軽侮蔑如し、無禮にも稱ぶに所謂ヒーゼンとて、羅馬市民が北方より浸入せる野蛮草莽の民に興えたる稱を以てし、これを人類と禽獣との間に位する一種の劣等動物の如くに観るを常とす。このことや、我が帝国の領内にありて、なほ且つ少なからざるなり。況んや、支那帝国に於てをや。彼等宣教師の輩、かの中華の民族が、殊に恭謙禮讓甚だ忍辱の心篤きものあるに乗じ、そのヒーゼンたる賤んじて、居常概ね驕傲に出で、侮慢以てこれに対せるや必せり。かの宣教師が敷々殺戮せらるゝことあるも、これがためなるべく、必ずしも、其曲獨り頑迷なる支那人にのみありといふべけんや。またこれ等の不心得なる宣教師に伝道せられたるものゝうちには、自らその同胞兄弟たるを忘れて、虎の威を借る狐の如く、宣教師の力に隠れて放まに自ら高しとし、同宗門に属せざる国民を蔑り賤んずるか如きことあるべし。是れ彼の義和団をして宣教師を放逐し耶蘇教會を盡滅するに非ずんば、止む能はずと聲言せしむる所因ならんか。

是に至りて思へば、徒に彼の徒黨の責め憎むべきのみを知りて、外国宣教師と耶蘇教會員との一部が、甚だ厭ふべく卑しむべき挙動あるを黙過せんとするは、蓋し得手勝手の最も甚しきものして、至極の不公平といはざるべからず。聖バルトロマイ祭日の、惨殺を敢えてせる耶蘇教會の子孫よ、爾曹は決して義和団の乱暴を責め罵るの権利なきものなり。されど又思へば、これ其佛徒たると切支丹たると、將た儒者たるとを問はず、誰人も犯し易き人類の弱点たるなり。故に以爲らく、憐むべきは義和団にして気の毒なるは義和団なり、而して責め悪むべきは、外国人（日本人をも含む）と之れに直隷する耶蘇教徒なりと。我れを以て観れば、かのアルメニャ虐殺事件の如きも、全くこの義和団蜂起と其軌を一にするものにして、必ずしもマホメット教徒の乱暴狼籍にして人道を解せざるによるに非ず、彼の地の切支丹が、所謂文明の宗教なるものを鼻にかけ、一般同胞を軽視するに基せるものならんか。又、かの十字軍がピエール菩薩の赤誠熱心を以てして、なほ且つ成効の結局を見る能はず、たゞ僅にその副結果を以て満足せざるべからずして、救世尊者の霊跡は、今尚依然として回々教徒の手中にある如き、盖し十字軍の口實とせる處ハレステナなるマホメット教徒が基督教殉教者を遇すること、甚た冷酷なりしといふにあれども、其實これらの殉教者が、自ら一神教徒たると、欧州権力の其援護者たるとを鼻にかけ、これを軽侮するを悦びとせるより、その怨みを買ひしに因るものにして、全く無名の軍に過ぎざるため、正義公道を司り給ふ善神の祝福を受くること能はずして、却て咀はるゝに至りしものなればなり。

故に謹んで義和団徒の一体に告ぐ。宜しく其精鋭を磨き、かの皮層の文明と曲解せる耶蘇教義とを楯として、傲慢不遜、肆に他国の領内に侵入し其民族を苦め侮らんとする諸列国と所謂耶蘇教徒なるものとの上に、一大打撃を下し、彼等が所謂野蛮力の如何に恐ろしく、ヒーゼンと称せらるゝ人非人々種の、如何に辱しむべからざるものなるかを示し、物の見事に将棋倒しとなし遣すべし。昔は、秦王唐且を見て怫然色をなして曰く『公亦嘗て天子の怒を聞く乎。天子の怒は伏屍百万里、流血千里なり』と。唐且直に其声に応じて曰く『大王嘗て布衣の怒を聞く乎、若し士必ずしも怒らば、伏屍二人、流血五歩にして天下絞素す。今日是れなり』と、即ち劔を挺て起ちしに非ずや。今や欧西列国と日本帝国との政府は、所謂耶蘇教国と文明国との怒を示さんとして、あせり騒ぐに似たり。これ当に義和団徒が、憤然としてヒーゼン国民の怒りの、如何に驚天動地のものたるかを、眼にもの見せんずくるべき秋に非ずして何ぞ。あゝ、義和団の志士よ、奮って戦ふべし、精鋭を盡くして進むべし。若し欧西の耶蘇教国にして、幸ひ之により深く反省するところあり、日本国また大に悔悟することあるを得て、秦王の如く相共に声を合せ『寡人諭りぬ』と長跪拝謝するに至らば、是れたゞに欧西耶蘇教諸国と日本帝国との幸福なるのみならず、又実に人類世界の最大光栄ならずや。イスラエルの民を導ひてエジプトの軛より救ひ出し、紅海の水を裂ひてカナンの地に到らしめ給へる万軍の神エホバ、必ずや義和団徒の一体を祝し給はむ。

（原載『女学雑誌』第五百十三号（明治三十四年（一九〇一年）二月二十五日）一六～二〇頁　一九八四年六月復刻　なお本文は総ルビ付きである。）

初出一覧

本書に採録するにあたって、加筆、訂正　削除を行ったが、各部各章に対応する初出論文は次のとおりである。なお各章に関連する資料等について若干の補足をしておく。

第一部　近代華南社会と日本

第一章　戊戌維新期の上海亜細亜協会をめぐって　『奈良史学』第十六号　一九九八年十二月

小論の要旨の中文訳「関于上海亜細亜協会的成立」は『戊戌維新一百周年国際学術討論会論文提要集』に収められている。小論は、中国史学会、北京大学共催で、一九九八年八月、北京大学で開催された同討論会に参加し、発表した報告を基にしたものである。

第二章　義和団運動後の福建と日本　『奈良史学』第八号　一九九〇年十二月

小論の要旨の中文訳「義和団運動期間的福建和日本」は『義和団運動与近代中国社会国際学術討論会論文集』（斉魯書社、一九九二年七月）に収められている。小論は、義和団運動九十周年にあたって、中国義和団研究会等四者共催で山東省済南市において、一九九〇年十月に開催された同討論会に参加し、発表した報告を基にしたものである。

第三章　林維源の福建勧業銀行設立計画をめぐって　『奈良史学』第十号　一九九二年十二月

『板橋林本源家伝』（林本源祭祀公業、一九八五年二月）の林公維源伝略、林公爾嘉伝略、のどちらにも、福建勧業銀行、福建信用銀行両行に関する記載はない。

第四章　福建辛亥革命と日本－米国とも関連して－　『奈良大学紀要』第二十号　一九九二年三月

『Foreign Relations of the United States 1911, 12, 13』には Samuel Gracey 福州領事や Julian H. Arnold 厦門領事との往復文書は殆どない。

第二部　初期対日民族運動

第一章　一九〇五年、中国における対日ボイコット（上）（下）

『東海大学文学部紀要』第二十四、二十五輯　一九七六年二月、七月

次の第二章と合訂したものの要旨の中文訳「関于日俄戦争后帰還満州問題」は『以史爲鑑、開創未来（上）一九九七年中日関係史大連学術研討会論文集』（大連出版社、二〇〇〇年十月）に収められている。要旨は、中国東北地区中日関係史研究会等共催で、一九九七年八月　大連市で開催された、中日関係史学術研討会で報告したものである。

第二章　「割閩換遼」要求風説と湖南・禹之謨　『奈良史学』第十四号　一九九六年十二月

第一章の小論発表後の一九八三年に復刻された『申報』、一九八一年に発刊された『禹之謨史料』等を素材にして作成したものである。

第三章　中華民国成立期、華南・南洋における対日ボイコット－孫文・革命派の動きをめぐって－

小野川秀美・島田虔次編『辛亥革命の研究』筑摩書房　一九七八年三月

一九八六年発刊の中国近代史資料彙編『中日関係史料－一般交渉(上)(下)』（中央研究院近代研究所編）の中

華民国元年至五年「抵制日貨」の所に、駐小呂宋楊書雯総領事、駐爪哇蘇鋭釗総領事等との往復文書が何件か収められている。

第四章　二十一ヵ条要求と華僑の対日ボイコット　『東海大学文学部紀要』第三十一輯　一九七九年七月

一九八五年発刊の中国近代史資料彙編『中日関係史料　二十一条交渉』民国四年至五年に駐小呂宋総領事、駐爪哇総領事等との往復文書が何件か収められている。

第三部　義和団事変と日本

第一章　義和団事変と栄禄－講和全権任免問題を中心に－　『奈良大学紀要』第十二号　一九八三年十二月

栄禄の評価については、今日、ほぼその信憑性が否定され、偽造文書とされている、いわゆる『景善日記』の記述との関連性がやはり問題であろう。

第二章　北京義定書の締結過程－小村公使の賠償交渉を中心に－　『ヒストリア』第四十九号　一九六七年十二月

小論の中文訳「北京義定書的締結過程－以小村公使的賠償交渉爲中心－」は『義和団研究会会刊』一九八四年第一・二期に収められている。

第三章　義和団事変と日本の輿論　『ヒストリア』第四十四、四十五合併号　一九六六年六月

小論発表後、野原四郎「義和団運動－日本人の評価に関して－」（『講座現代中国Ⅱ　中国革命』一九六九年九月）によって『女学雑誌』（第五百十三号　明治三十四年二月二十五日）に青柳猛「義和団賛論」が収められていることを知った。当時のひとつの輿論として不可欠だと思われるのでここに全文を補録することにした。

あとがき

京都大学在学中は、宮崎市定先生、田村実造先生、佐伯富先生、佐藤長先生の董陶をうけることができ、里井彦七郎先生のご助言を得ることができた。卒業後、高等学校の教員をしながら、何の報いることもできなかったが、三十歳を過ぎてから漸く勉強を始めるようになったのは、全く波多野善大先生のご指導によるものであった。波多野先生には「近代における中国と日本」の全般についてご教示を頂いた。いつも温くご忠言とご助言を賜った。最初の口頭発表の場、雑誌掲載の場を紹介して下さったのも先生であった。それより以後、今日まで勉強を続けられたのも、変らない先生のご鞭撻の賜物である。感謝の気持で一杯である。

そして研究の転機になったのが、京都大学人文科学研究所研究班に参加し、ある日、近藤秀樹氏より、ご自身が苦労して収集された外務省外交史料館の未公刊資料を示され、「これで何かまとめたら」と勧められた時であった。本書第二部第三章の小論はこれからできた。これより前の時期の問題も調べる必要がでてきて、第一章の小論ができた。発表年月日はより早いが、実はこうして生まれた。また時期を下げたりして、「初期民族運動の研究」を進めることになった。宮川尚志先生にお世話頂いた東海大学の在職中はもとより、それより以来、時々外交史料館に通い、ご厄介になっている。

こうして民族運動の研究を進めていくと、満州と交換する対象の地である福建、運動を積極的に推進する華僑の出身地である閩粤地方、台湾総督府の「対岸経営」の対象地である華南地方に関心を向けざるを得なくなった。その際、これらの問題について、ご助言を賜りご指導頂いたのが中村孝志先生であった。いつも温く激励して頂いた。

ご教示、ご指導を賜った方々は、ほかにも多々おられる。

大阪市立大学大学院聴講生として、天野元之助先生、中山八郎先生のご講義に列席させて頂いた。

そして、京都大学人文科学研究所研究班の方々である。小野川秀美先生、島田虔次先生はじめ、北山康夫先生、寺広映雄先生、北村敬直先生、小野信爾先生、小野和子先生、大谷敏夫先生、堀川哲男氏、狭間直樹氏、森時彦氏ら多くの先学、同僚の方々である。もとの高等学校の先生方やお名前をあげない多くの方々の支援もうけた。

また資料収集のために訪れたいろいろな機関で便宜を計って頂いた。ひとつひとつ個々の名称をあげないが、とりわけ外務省外交史料館の河村一夫氏にはいろいろご配慮ご教示を頂いた。厚くお礼を申し上げたい。

本書はこれら多くの方々のご援助によって刊行できた。ご指導を賜った諸先生、諸先学同僚の方のなかには、すでに鬼籍に入られた方もおられるが、ここに改めて感謝の念を申し上げたい。

本書の刊行は、山根幸夫先生のつよいお勧めによるものである。何年も前から、何人かの人から勧められていながら、なかなか決断できないでいたが、今回寺広映雄先生から山根先生に話をして頂き、汲古書院に紹介して頂くことになった。刊行をご快諾された汲古書院、終始刊行へのお世話を頂いた同書院の坂本健彦氏には心よりお礼を申上げたい。

二〇〇二年九月

菅　野　　正

索　引

人名索引

さ行

た行

な行

は行

ま行

や行

事項索引

さ行

た行

な行

は行

ま行

や行

ら行

わ行

菅　野　　正（すがの　ただし）

1933年５月　大阪市に生れる。
1959年３月　京都大学文学部史学科（東洋史学課程）卒業。
　　　　　　大阪府立高等学校教諭をへて、
1973年４月　東海大学文学部専任講師。同助教授をへて、
1980年４月　奈良大学文学部助教授。
1982年４月　同教授。現在に至る。

主要論文
「景善日記について」『中国史研究』６.1971
「辛丑条約の成立－庚子賠款を中心に」『東洋史研究』31－３.1972
「民国２年、満洲における対日ボイコット」『東海史学』12.1978
「辰丸事件と在日中国人の動向」『奈良大学紀要』11.1982
「五四前夜の日中軍事協定反対運動」『奈良史学』３.1985
「大阪博覧会（1903年）と中国」『奈良史学』13.1995等

汲古叢書41
清末日中関係史の研究
二〇〇二年一〇月　発行
著　者　菅　野　　正
発行者　石　坂　叡　志
整版印刷　富　士　リ　プ　ロ
発行所　汲　古　書　院
〒102-0072 東京都千代田区飯田橋二-五-四
電　話　〇三（三二六五）九七六四
ＦＡＸ　〇三（三二二二）一八四五

ISBN4-7629-2540-3 C3322